Kommunikation & Recht

Tätowierung und Urheberrecht

von

Lars Rieck

Fachmedien Recht und Wirtschaft | dfv Mediengruppe | Frankfurt am Main

Inhaltsverzeichnis

1. Kapitel: Einleitung

A. Untersuchungsgegenstand

I. Ausgangssituation

Die Anfertigung von Tattoos hatte noch vor wenigen Jahrzehnten einen vornehmlich negativen Ruf. Das Tätowieren erfolgte oft als inoffizielles Nebengeschäft in Hinterzimmern von in Rotlichtbezirken gelegenen Gaststätten[1] oder Friseurbetrieben, zumal der schlechte Ruf häufig eine gewerberechtliche Zulassung als Tätowierbetrieb verhinderte.[2]

Mittlerweile hat sich die deutsche Tattoobranche jedoch zu einem stetig wachsenden Geschäftsbereich entwickelt. Im Jahr 2012 wurde ihr Jahresumsatz anlässlich einer Stellungnahme des ProTattoo e. V. für den Gesundheitsausschuss des Deutschen Bundestags auf ca. 50 Millionen Euro geschätzt. Dieser Umsatz soll damals von rund 6.000 offiziellen Studios mit ca. 20.000 Beschäftigten erwirtschaftet worden sein. Dabei wurde von einer Zahl von ca. 2 Millionen angefertigten Tattoos jährlich ausgegangen.[3]

Seit 2012 dürften diese Zahlen angesichts der allgemein wahrnehmbaren Rezeption von Tattoos in den deutschen Medien und in der deutschen Gesellschaft merklich gestiegen sein. So gaben einer Studie des Ipsos-Instituts (2019) zufolge 21 % der befragten deutschen Männer und Frauen an, ein Tattoo oder mehrere Tattoos zu haben. Die Studie geht zudem von rund 8.000 offiziellen Tattoostudios in Deutschland aus.[4]

---

1 Dpa/lno, Museum nimmt Tattoo-Ikone von St. Pauli in den Fokus, 26.11.2019 (https://www.sueddeutsche.de/kultur/ausstellungen-hamburg-museum-nimmt-tattoo-ikone-von-st-pauli-in-den-fokus-dpa.urn-newsml-dpa-com-20090101-191126-99-892258) (geprüft am 29.09.2024); *Setzer*, Der König der Tätowierer – Nadelstiche der Geschichte, 06.05.2022 (https://www.stuttgarter-nachrichten.de/inhalt.der-koenig-der-taetowierer-nadelstiche-der-geschichte.c8cfdfeb-7abf-44b3-9191-7cf4f106df02.html) (geprüft am 29.09.2024).

2 *Spamer*, in: Eberwein/Petermann (Hrsg.), Die Tätowierung in den deutschen Hafenstädten, 1993, S. 33, 40 f.; *Petermann*, in: Eberwein/Petermann (Hrsg.), Die Tätowierung in den deutschen Hafenstädten, 1993, 13; *Feige/Streckenbach*, Ein Tattoo ist für immer, 2003, 39; *Wittmann*, Geschichte, 07.04.2023 (https://warlich-rum.de/pages/geschichte) (geprüft am 29.09.2024).

3 *Pilath*, Wer schön sein will, muss zahlen?, 2012 (https://www.das-parlament.de/2012/18_19/Innenpolitik/38792174-318496) (geprüft am 29.09.2024); *Stutzmann*, Der Selbstverschuldungs-Paragraph, 2012 (https://protattoo.org/2012/04/13/der-selbstverschuldungs-paragraph/) (geprüft am 29.09.2024).

4 Dpa, Jeder Fünfte in Deutschland ist tätowiert, 2019 (https://www.sueddeutsche.de/gesundheit/gesundheit-jeder-fuenfte-in-deutschland-ist-taetowiert-dpa.urn-newsml-dpa-com-20090101-190923-99-994055) (geprüft am 29.09.2024).

Die meisten Tattoostudios pro Kopf der Bevölkerung befinden sich in Deutschland dabei überraschenderweise nicht in international geprägten Großstädten wie Berlin oder Hamburg, sondern überwiegend auf dem Land in Bayern.[5]

Während Tattoostudios weiter nahezu allerorten entstehen und Reality-TV-Formate wie „LA Ink", „Miami Ink" u. a. den Alltag sowie die Arbeitsabläufe von Tattoo Artists begleiten und sie zu Stars machen, bestehen mittlerweile auch soziale Medien mit dem Schwerpunkt auf Videodarstellungen wie z. B. Instagram zu einem erheblichen Anteil aus Darstellungen tätowierter Körper. Sowohl Tattoos Artists als auch Tattoo Models nutzen die sozialen Medien als Hauptwerbeplattform für ihre Angebote.

Gleichzeitig werden große Player der Farben- und Pigmenteindustrie auf den boomenden Markt aufmerksam. So verkündete das bekannte deutsche Traditionsunternehmen Edding in einer Pressekonferenz am 19. August 2020, in Zukunft selbst entwickelte Tattoofarben anzubieten und ab Oktober 2020 sogar mit eigenen Tattoostudios auf den Markt zu treten[6], verkündete jedoch im September 2024 überraschend den Ausstieg aus der Branche.[7] Die Beiersdorf AG mit ihrer Körperpflegemarke Nivea ging bereits im Herbst 2019 mit Pflegeprodukten speziell für Tattoos auf den Markt.[8] Selbst die Textilindustrie hat sich auf den Trend eingestellt und bietet mittlerweile ganze Produktlinien blickdichter Businesshemden für Tätowierte an.[9]

Mit dem zunehmenden Einfluss der Tattookultur auf die deutsche Bevölkerung sowie durch deren gesellschaftliche Wahrnehmung im Alltag stellen sich vermehrt Fragen über die rechtliche Einordnung von Tattoos und Tattoo Artists bei Konflikten über Immaterialgüterrechte, insbesondere Urheberrechte.

Dabei wohnt dieser Kunstform des Einbringens von Farbe in die menschliche Haut aufgrund des dadurch zum Ausdruck gebrachten persönlichkeits-

---

5 *Milbradt*, Tattoo-Studios, 2015 (https://www.zeit.de/zeit-magazin/2015/46/tattoo-studios-bayern-deutschlandkarte) (geprüft am 29.09.2024).

6 *Hintz*, Einstieg in den Tattoo-Markt mit selbst entwickelten, EU-konformen Farben im eigenen Tattoostudio, 2020 (https://web.archive.org/web/20220704084547/https://www.edding.tattoo/presse/edding-einstieg-in-den-tattoo-markt) (geprüft am 29.09.2024).

7 *Kapalschinski*, Tattoos: Edding-Aus weckt große Zweifel an gesundheitlich unbedenklicher Tinte, 2024 (https://www.welt.de/wirtschaft/article253714516/Tattoos-Edding-Aus-weckt-grosse-Zweifel-an-gesundheitlich-unbedenklicher-Tinte.html) (geprüft am 29.09.2024).

8 *Balzter*, Tattoo-Boom: Edding wird zum Tätowierer, 2019 (https://www.faz.net/aktuell/wirtschaft/mittelstand/der-stifte-hersteller-edding-wird-zum-taetowierer-16452965.html) (geprüft am 29.09.2024).

9 ETERNA, Cover Shirt (https://www.eterna.de/de/slim-fit-cover-shirt-in-weiss-unifarben/1sh05518-00-01-42-1-1) (geprüft am 29.09.2024).

rechtlichen Anspruchs und des nicht beliebig veränderbaren oder übertragbaren Trägermediums der menschlichen Haut eine ganz besondere Dynamik und Eigenart inne. Kommt es zu Konflikten im Bereich der Immaterialgüterrechte, so können die altbewährten Grundsätze von Normen, Rechtsprechung und Literaturmeinungen nicht ohne Weiteres auf die dortigen Fallgestaltungen übertragen werden. Konflikte im Tattoobereich und Urheberrecht bedürfen daher einer eigenständigen und ausführlichen rechtlichen Betrachtung, zumal das Tattoo meist als Ausdrucksform des allgemeinen Persönlichkeitsrechts besonders bewertet und gewichtet werden muss.

Auch bedarf es einer belastbaren Einordnung der Kunstform des Tätowierens als kreativer Schöpfungsprozess innerhalb des Werkkatalogs des Urheberrechtsgesetzes. Eine einordnende deutsche urheberrechtliche Rechtsprechung ist bislang nicht festzustellen. Deshalb ist die vorhandene urheberrechtliche Rechtsprechung zunächst auf ihre Anwendbarkeit auf den Tattoobereich zu überprüfen.

Hilfsweise heranzuziehende Rechtsprechung aus anderen Rechtsgebieten liefert zum Teil – jedenfalls aus urheberrechtlicher Sicht – unbefriedigende Ergebnisse. So ist Tätowieren in der Vergangenheit jedenfalls in sozialrechtlichen Konflikten höchstrichterlich ausnahmslos als in erster Linie handwerkliche Tätigkeit angesehen worden.[10] Diese und andere Rechtsprechung aus weiteren Rechtsgebieten und Rechtskreisen sowie die mittlerweile vereinzelt auftretenden urheberrechtlichen Literaturmeinungen sind im Folgenden zu analysieren. Für urheberrechtlich interessierte Kreise erscheint z.B. die Einordnung jedes Tattoos als rein handwerkliche Leistung als mindestens fragwürdig, denn sie berücksichtigt weder den technischen Fortschritt noch den steigenden künstlerischen Anspruch der aktuellen Generation von Tattoo Artists hinsichtlich ihrer Techniken sowie ihres Schöpfungsprozesses.

Wo die aus einer solchen Neueinordnung resultierenden Rechte der Tattoo Artists als kreative Schöpfer mit den Rechten der Tätowierten oder Dritter kollidieren, ist eine bislang nicht erfolgte ebenso kreative Auslegung der gegebenen Normen und der vorliegenden Rechtsprechung erforderlich.

Aktuell gibt es, wie bereits oben angerissen, zu den sichtbaren oder zu erwartenden urheberrechtlichen Konflikten selbst im internationalen Kontext nahezu keine Rechtsprechung und nur wenig Literatur.

Auch birgt gerade das Spannungsverhältnis zwischen der durch Tattoos ausgedrückten Handlungsfreiheit und dem allgemeinen Persönlichkeitsrecht auf der einen Seite sowie dem Immaterialgüterrecht und der Kunstfreiheit auf der anderen Seite ein besonderes Konfliktpotenzial.

10 BSG, Urt. v. 28. Februar 2007, Az. B 3 KS 2/07 R, ZUM-RD 2007, 449, 451.

II. Autor

Der Autor interessiert sich seit Mitte der 1990er-Jahre für Tattoos. In seiner Tätigkeit als selbstständiger Fachanwalt für Urheber- und Medienrecht sowie Fachanwalt für gewerblichen Rechtsschutz ist ihm aufgefallen, dass es in Deutschland nahezu keine Berufszugangs- oder Berufsausübungsregelungen für das Tätowieren gibt. Auch hat er bemerkt, dass in Rechtsprechung und juristischer Literatur – abgesehen von Themen wie Schadensersatz bei missglückten Tattoos sowie dem äußeren Erscheinungsbild von Beamten und Soldaten – kaum rechtliche Einordnungen von Tattoos vorzufinden sind.

Er hat deshalb beschlossen, die wenigen vorhandenen Normen und Entscheidungen auf einer Website zu sammeln sowie dort rechtliche Einschätzungen zu veröffentlichen. In diesem Zusammenhang wurde er von einem befreundeten Tattoo Artist gefragt, ob es rechtliche Konsequenzen haben könnte, bekannte Cartoonfiguren oder Markenlogos zu tätowieren. Aus den Ergebnissen seiner Nachforschungen zu dieser Frage und sich anschließenden Folgefragen entstanden Fachartikel, Vorträge und schließlich die Idee zu der vorliegenden Dissertation.

III. Zielsetzung

Die vorliegende Arbeit soll zur Einordnung des gesellschaftlichen Phänomens Tattoo in das Rechtsgefüge der Urheberrechte beitragen. Ziel ist, am Urheberrecht und an Tattoos Interessierte für diese besonderen rechtlichen Probleme zu sensibilisieren sowie eine rechtliche Einordnung und erste Ansätze für Lösungen der absehbaren und vorliegenden Konflikte zu bieten.

IV. Methode und Aufbau

Um die angestrebte Einordnung des Phänomens Tattoo in das Rechtsgefüge der Urheberrechte vornehmen zu können, sind zuerst Definitionen, Entstehungsgeschichte, Praktiken und Eigenarten der Tattoobranche aufzuzeigen.

Weiterhin sind aktuelle internationale Fallgestaltungen vorzustellen, um das Problembewusstsein zu schärfen. Damit soll ebenfalls belegt werden, dass Fallgestaltungen mit Tattoos auch im deutschen Urheberrecht jederzeit möglich sind.

Sodann sind solche auch für den europäischen und insbesondere den deutschen Rechtskreis mindestens denkbaren oder sogar aktuell vorliegenden Fallgestaltungen an den gegebenen Normen sowie der bekannten Rechtsprechung im Urheberrecht zu messen.

Schließlich ist ein etwaiger Bedarf für die Anpassung von Normen und die Präzisierung von Rechtsprechung zu formulieren.

B. Hypothesenbildung

Die vorliegende Arbeit soll zur Klärung der urheberrechtlichen Problemstellungen in Bezug auf Tattoos beitragen. Metahypothese ist deshalb, dass auf Tattoos bezogene Rechtsstreitigkeiten in nahezu allen Bereichen des Urheberrechts in Deutschland jederzeit möglich und keineswegs fernliegend sind.

Die grundlegende Hypothese der Arbeit ist, dass nicht nur das Anfertigen von Vorlagen für Tattoos, sondern auch das Anfertigen von Tattoos selbst durch Einbringung von Farbpigmenten in Hautschichten eine persönliche, geistige Schöpfung mit über das handwerklich Normale hinausgehender Schöpfungshöhe und mithin urheberrechtsfähig sein kann.

Die zweite Hypothese der Arbeit lautet darauf aufbauend, dass Tattoo Artists bei Verletzung ihrer Urheberpersönlichkeits-, Nutzungs- und Verwertungsrechte anderen Urhebern wie Fotografen, Bildhauern oder Malern gleichgestellt sind. Damit ist zwangsläufig auch die Anwendbarkeit des urheberrechtlichen Folgerechts aus § 26 UrhG, des § 32a UrhG etc. zu prüfen. Tattoo Artists wären damit auch an der Verwertung ihrer Werke in Bildbänden, Computerspielen, Filmen oder an den Erlösen aus der Tätigkeit als sogenanntes Tattoo Model angemessen zu beteiligen.

Die dritte Hypothese der Arbeit basiert ebenfalls auf der ersten und besagt, dass Tattoo Artists als Urheber auch bezüglich der Veröffentlichung von bearbeiteten Versionen und vor der Entstellung ihres Werks geschützt sind. In diesem Bereich stellen sich grundlegende Fragen hinsichtlich der Abwägung der Rechte des Urhebers mit dem allgemeinen Persönlichkeitsrecht und der Handlungsfreiheit des Tätowierten.

2. Kapitel: Definition, Geschichte und Funktionen

A. Definition und Etymologie

Unter dem Begriff „Tätowieren“ ist die Einbringung von Farbpigmenten in das Unterhautgewebe zu verstehen.[11] „Tattoos“ sind das optisch wahrnehmbare Ergebnis der willentlichen Einbringung von Farbpigmenten in die oberen Hautschichten der menschlichen Haut auf manuelle oder maschinelle Weise.[12]

Manche Definitionen, wie z.B. die von *Ruhnke*, schließen jedoch auch versehentliche, beispielsweise durch Schmutzeinbringung in Wundstellen des Körpers erfolgte Verfärbungen oder Vernarbungen mit ein,[13] während *Weber* nur die *„absichtsvolle und funktionsgerichtete, freiwillig vorgenommene Einlagerung von Farbpigmenten in der menschlichen Haut, welche permanent ist und zeichen- oder bildhaften Charakter besitzt“.*[14], als Tätowierung gelten lassen will. Letzteres Verständnis überzeugt, denn es entspricht der wohl weit überwiegenden Wahrnehmung der adressierten Verkehrskreise und Rezeption in Gesellschaft und Medien.

Der Prozess des Tätowierens war in Europa bereits lange vor den Südseeexpeditionen von Tasman, Wallis, Bougainville, Cook und anderen Entdeckern bekannt.[15] Zunächst nutzte man aber regional unterschiedliche Begriffe für den Hautstich, z.B. „punktieren“, „bemalen“, „einstechen“, „prikschilderen“ (holl. = stechmalen), „Male stechen“, „Male pfetzen“, „merken“, „Stipfelei“, „Dipfelei“ oder „compungere“ (lat.).[16]

Erst das europaweit große Interesse an den o.g. Expeditionen und den mit ihnen importierten Südseeinsulanern in der zweiten Hälfte des 18. Jahrhunderts führte zur Durchsetzung des dem Tahitianischen zugeschriebenen Wortes *ta-tu* oder *tatau*[17] für „Wunden schlagen“, wobei es im englischen Sprachgebrauch aufgrund der Nähe zur bereits seit 1644 belegten Nutzung des Wortes *tattoo* für „Zapfenstreich“ schneller als anderenorts adaptiert

---

11 *Feige/Krause*, Tattoo-Lexikon, 2004, 244.

12 *Friederich*, Tätowierungen in Deutschland, 1993, 63; *Finke*, Tätowierungen in modernen Gesellschaften, 1996, 15ff.; *Weber*, Soziologische Aspekte der europäischen Körpertätowierung, 2003, 6.

13 *Ruhnke*, Die Tätowierung, eine soziokulturelle und medizinische Betrachtung, 1974, 11.

14 *Weber*, 6.

15 *Oettermann*, Zeichen auf der Haut, 1979, 9.

16 *Oettermann*, 9; *Petermann*, in: Eberwein/Petermann (Hrsg.), Die Tätowierung in den deutschen Hafenstädten, 1993, 7; *DeMello*, Bodies of inscription, 2003, 45; *Feige/Streckenbach*, Ein Tattoo ist für immer, 2003, 10.

17 *DeMello*, 45; *Petermann*, in: Eberwein/Petermann (Hrsg.), 7f.

wurde.[18] Erste belegte Verwendungen finden sich in den Reisebeschreibungen der Weltumsegler und Forschungsreisenden Louis Antoine de Bougainville („tataou“, Voyage autour du Monde 1766 bis 1769, Paris 1771) und James Cook („tattow“, Logbuch, 1771) sowie George Forster („tattow“, A Voyage Round the World, London 1777), in dessen deutschen Ausgabe (Berlin 1778 bis 1780) bereits das Verb „tättowiren“ benutzt wurde.[19]

B. Entwicklungsgeschichte

Tattoos gehören seit Anbeginn der Menschheitsgeschichte zur Kultur. Sie sind eine jahrhundertealte[20], wahrscheinlich sogar jahrtausendealte[21] Tradition und auf allen Kontinenten und in allen Kulturkreisen bekannt.[22] Früheste schriftliche Belege finden sich in alttestamentarischen Verboten der Bibel, die im Buch Mose gleich an mehreren Stellen (Moses 3/19/28 und 2/21/5) Hebräern den „Hautstich“ untersagen.[23] Weitere auf Tattoos hindeutende Erwähnungen finden sich in Hesekiel 9/6 („*...aber die das Zeichen an sich haben, von denen sollt ihr keinen anrühren.*“) sowie Jesaja 44/5 („*Und ein anderer wird in seine Hand schreiben...*“) und 49/16 („*Siehe, in die Hände habe ich dich gezeichnet...*“).[24]

Bereits die in den Alpen gefundene, ca. 5300 Jahre alte Gletschermumie „Ötzi“ weist über 60 Tätowierungen auf.[25] Einige Forscher messen ihnen aufgrund ihrer Positionierung therapeutische Bedeutung bei.[26]

Unter den germanisch-keltischen Stämmen und Mittelmeervölkern der Antike sollen ebenfalls Tätowierungen üblich gewesen sein,[27] von denen die

---

18 *Oettermann*, 121.

19 *Petermann*, in: Eberwein/Petermann (Hrsg.), Die Tätowierung in den deutschen Hafenstädten, 1993, 115.

20 BSG, Urt. v. 28. Februar 2007, Az. B 3 KS 2/07 R, ZUM-RD 2007, 449, 451.

21 *Kunter*, Paideuma: Mitteilungen zur Kulturkunde 1971, 1, 19; *Oettermann*, 9; *Levy*, Tattoos in modern society, 2009, 6 ff.

22 *Kunter*, 1; *Levy*, 6 ff.

23 *Kunter*, 16; *Oettermann*, 12.

24 *Kunter*, 16.

25 *Levy*, 9 ff.; *Europäische Akademie Bozen*, Neuentdeckte Tätowierung auf Ötzis Körper torpediert bisherige Erklärungen Ötzi: Tattoos geben Rätsel auf – scinexx | Das Wissensmagazin, 27.01.2015 (https://www.scinexx.de/news/medizin/oetzi-tattoos-geben-raetsel-auf/) (geprüft am 29.09.2024).

26 *Levy*, 9; *Lobstädt*, Tätowierung, Narzissmus und Theatralität, 2011, 99; *Müller*, Ötzis therapeutische Tattoos, 2016 (https://www.deutschlandfunknova.de/beitrag/gletscher-mumie-oetzis-therapeutische-tattoos) (geprüft am 29.09.2024).

27 *Kunter*, 12 ff.

Völker der Pikten und Skoten möglicherweise sogar ihre Stammesnamen herleiten.[28]

Zudem war ein Tattoo ein Erkennungszeichen der frühen Christen, die die Anfangsbuchstaben Christi, ein Lamm, ein Kreuz oder einen Fisch auf der Stirn oder dem Handgelenk trugen.[29] Unter koptischen Christen in Ägypten gilt ein tätowiertes Kreuz auf der Innenseite des rechten Handgelenks als Symbol der Abgrenzung zum Islam[30], während anhand von Mumienfunden belegt werden konnte, dass bereits zum Zeitpunkt des Baus der Pyramiden von Gizeh vor 4500 Jahren Ägypter mit Nadeln tätowiert wurden.[31]

Außerdem war eine Tätowierung ein beliebtes Mitbringsel von Kreuzzüglern und Pilgern aus Jerusalem.[32] So ist die Geschichte der palästinensischen Familie Razzouk dokumentiert, die nach eigenen Angaben seit rund 700 Jahren Kopten und Pilger zunächst in Ägypten und später in Jerusalem tätowiert.[33]

Spätestens durch die seefahrenden Entdecker wie Captain Cook sowie die zeitgenössisch weithin beachtete Meuterei auf dem britischen Dreimaster „Bounty“ 1789 fand die Tätowierung erneut Eingang in die populäre westliche Kultur.[34] Europaweit bekannt wurde z. B. die Bildsprache der Ganzkörpertätowierungen aus dem Südseeraum und Ozeanien, seit die Cook-Expedition im Jahr 1774 den tätowierten Eingeborenen Omai mitgebracht und in Europa ausgestellt hatte.[35] Dieses breite gesellschaftliche Interesse schlug sich auch in zeitgenössischer Literatur nieder, z. B. 1795/96 in *Goethes* „Wilhelm Meisters Lehrjahre“ (*„ ... auf den zarten Armen mit vielen Hundert Punkten sehr zierlich abgebildet... “*)[36] sowie in *Melvilles* 1851 erschienenen Literaturklassiker „Moby Dick“ in der Figur des Queequeg[37], eines am ganzen Körper tätowierten Harpuniers.

28 *Kunter*, 14; *Lombroso*, Der Verbrecher in anthropologischer, aerztlicher und juristischer Beziehung, 1887, 270; *Oettermann*, 12.

29 *Lombroso*, 267; *Kunter*, 16; *Oettermann*, 13.

30 *Oettermann*, 14.

31 *Levy*, 9 f.

32 *Lombroso*, 267; *Kunter*, 16 ff.; *Oettermann*, 15; *Spamer*, in: Eberwein/Petermann (Hrsg.), Die Tätowierung in den deutschen Hafenstädten, 1993, S. 33, 52; *Levy*, 19.

33 Razzouk Family, Razzouk Tattoo | Since 1300 (http://razzouktattoo.com/) (geprüft am 29.09.2024).

34 *Petermann*, in: Eberwein/Petermann (Hrsg.), 8; *Levy*, Tattoos in modern society, 2009, 20 ff.

35 *Oettermann*, 9.

36 *Goethe*, Wilhelm Meisters Lehrjahre, 2019, 600 f.

37 *Melville*, Moby-Dick oder Der Wal, 2017, 62.

Wohl auch deshalb war es im europäischen Adel und in höheren Gesellschaftskreisen im 19. Jahrhundert in Mode, tätowiert zu sein.[38]

Zusammenfassend führt *Oettermann* über die auf Europäer ausgeübte Faszination aus: *„Tattoo war ein schönes, geheimnisvolles Wort, das sich beinah wie von selbst in die graue Großhirnrinde des Europäers tätowierte und bis heute nicht ausgelöscht ist.“*[39]

Im weiteren Verlauf des 20. Jahrhunderts gerieten Tattoos jedoch jedenfalls in den industrialisierten Gesellschaften in ein makelbehaftetes Schattendasein.[40] Tätowierte galten in der westlichen Kultur plötzlich als randständige Teile der menschlichen Gesellschaft. Tattoos waren allenfalls noch unter Handwerkern, Seeleuten, Soldaten, Schaustellern und Prostituierten verbreitet. 1971 wähnte *Kunter* den *„Tatuierbrauch in Europa zusehends im Verschwinden“*.[41]

Diese weitreichende soziale Ächtung wird maßgeblich auf sozialwissenschaftliche Studien des italienischen Kriminologen *Cesare Lombroso* Ende des 19. Jahrhunderts zurückgeführt.[42] *Lombroso* forschte auf der Suche nach Belegen für seine These vom „geborenen Verbrecher“ an 3886 *„ehrlichen Leuten“*, 5343 *„Verbrechern“* und 2343 *„Irren“*.[43] Seine Erkenntnisse gewann er damit vornehmlich an im Gegensatz zu *„ehrlichen Leuten“* leichter verfügbaren Strafgefangenen und anderweitig Untergebrachten, darunter sowohl Soldaten als auch Zivilisten.[44] Da insbesondere die Strafgefangenen in seiner Untersuchung verhältnismäßig häufig Tätowierungen aufwiesen,[45] kam er zu dem Schluss, dass sogenannte Berufsverbrecher eine überdurchschnittliche Neigung zu Tätowierungen hätten,[46] was umgekehrt und *„vor allem“* den Rückschluss von Tätowierungen auf angeborene kriminelle Neigungen zulasse.[47] Auch sei der Vorgang des Tätowierens mit den damit verbundenen Schmerzen für den Verbrecher *„das Vorgefühl seines Endes“*[48] und eine Art Auslebung der bei „normalen“ Menschen laut *Lombroso* nicht

---

38 *Spamer*, in: Eberwein/Petermann (Hrsg.), 51 ff.; *Finke*, 47 f.; *Weber*, 7; *Wittmann*, in: Campbell (Hrsg.), Tattoo & Religion, 2019, S. 76, 79; *Levy*, 23, 52.

39 *Oettermann*, 9.

40 *Kunter*, 1 f.; *Levy*, 25 f.

41 *Kunter*, 1.

42 *Kunter*, 2; *Weber*, 8.

43 *Lombroso*, 255 ff.

44 *Lombroso*, 255 ff.; *Weber*, 8, Fn. 17.

45 *Lombroso*, 260 ff.

46 *Ders.*, 271 f.

47 *Ders.*, 530.

48 *Ders.*, 261.

vorhandenen Lust am Schmerz.[49] Schließlich hätten *„Päderasten"* eine besondere Vorliebe für das Tätowieren, so *Lombroso*.[50]

Die Thesen *Lombrosos* und seiner Schüler blieben nicht unwidersprochen, hielten sich aber dennoch bis ins 20. Jahrhundert in der deutschen Gesellschaft.[51] So hatten sie offenbar große Wirkung auf das Werk des einflussreichen österreichischen Architekten *Adolf Loos*, der in seiner provokanten Streitschrift „Ornament und Verbrechen" anmerkte: *„Der moderne mensch, der sich tätowiert, ist ein verbrecher oder ein degenerierter. Es gibt gefängnisse, in denen achtzig prozent der häftlinge tätowierungen aufweisen. Die tätowierten, die nicht in Haft sind, sind latente verbrecher oder degenerierte aristokraten. Wenn ein tätowierter in freiheit stirbt, so ist er eben einige jahre, bevor er einen mord verübt hat, gestorben.* "[52]

Die gesellschaftliche Anerkennung der Thesen *Lombrosos* gipfelte in der von *Oettermann* und *Wittmann* beschriebenen Instrumentalisierung der Tätowierung im Nationalsozialismus: Während ein offizielles Verbot von Tattoos im Nationalsozialismus bis heute nicht wissenschaftlich nachgewiesen werden konnte, wurde die Zwangstätowierung einerseits als von *Oettermann* beschriebenes „Zeichen der Herrschaft" aus praktischen und das Elitegruppengefühl aufwertenden Gründen für SS-Angehörige eingeführt, während andererseits Häftlinge in Konzentrationslagern auf diese Weise markiert und letztlich zur Nummer degradiert wurden.[53] Parallel kam es im Deutschen Reich jedenfalls zu Verboten der Zurschaustellung von Tätowierungen in der Öffentlichkeit und der Verfolgung von Tätowierern und Tätowierten als „Asozialen".[54]

Tattoos galten fortan je nach Blickrichtung und gesellschaftlicher Positionierung als Stigma Randständiger oder als Symbol der Abgrenzung und Auflehnung gegen die gesellschaftliche Norm, weshalb sie insbesondere in Jugend- und Subkulturen wie Hippies, Rockern, Punks etc. modern wurden.[55]

In der DDR waren Tattoos als „Staatsfeind" verboten, wurden bei einem Haftantritt genauestens protokolliert und die sie Tragenden wurden als „asozial" ausgegrenzt. Letztlich galten in der DDR Tattoos seit den 1950er-Jahren mangels spezifischer Utensilien wie Tätowiermaschinen als ausgestorben.[56]

---

49 *Ders.*, 272.
50 *Ders.*, 263.
51 *Spamer*, in: Eberwein/Petermann (Hrsg.), 36; *Wittmann*, Tattoos, 2015, 22 ff. mwN.
52 *Loos*, Ornament und Verbrechen, 2019, 10.
53 *Oettermann*, 109.
54 *Oettermann*, 91 f.; *Weber*, 9; *Wittmann*, Tattoos, 2015, 28 ff.
55 *Schmidt*, Das äußere Erscheinungsbild von Beamtenbewerbern, 2017, 177; *Weber*, 9 f.
56 *Feige/Krause*, 60 m.w.N.; *Feige/Streckenbach*, Ein Tattoo ist für immer, 2003, 38.

Noch 1976 kam die Autorin einer juristischen Dissertation, offensichtlich auf *Lombroso* aufbauend, zu der Feststellung, dass *„Tätowierungen in der Regel ein Indiz für kriminelles Verhalten"* seien.[57]

Seit etwa 1990 steigt die soziale Akzeptanz von Tattoos jedenfalls in den westlichen Gesellschaften und hier insbesondere unter Jugendlichen und jungen Erwachsenen wieder.[58] Spätestens seit Mitte der 2010er-Jahre sind Tattoos deutschlandweit und international geradezu ein gesellschaftliches Mode-Phänomen.

21 % der Deutschen dachten laut einer 2010 veröffentlichten Statista-Umfrage darüber nach, sich tätowieren zu lassen. Im Rahmen der gleichen Studie gaben rund 25 % der befragten Deutschen an, mindestens ein Tattoo zu haben.[59] Das Ipsos-Institut kam 2019 zu ähnlichen Prozentzahlen.[60]

Im internationalen Vergleich sind die Zahlen gleichartig. So gaben Anfang der 2010er-Jahre 21 % der erwachsenen US-Amerikaner an, tätowiert zu sein, bei den unter 40-Jährigen waren es sogar rund 38 %.[61]

C. Funktionen von Tattoos

Für die ursprüngliche Motivation zu Körperschmuck und Tattoos gibt es verschiedene Deutungen.

So beschreibt *Kunter* die medizinisch-hygienische Betrachtungsweise, die Betonung von kultischen und sozialen Gründen, Schmucksitten aus reinem Spieltrieb und ästhetischem Reiz sowie mögliche weitere Begleitmotive.[62]

Finke unterteilt die Funktionen zusammengefasst in *„Mitgliedszeichen, Ausdrucksmöglichkeit für Abgrenzung und Exklusivität, Mittel zur Verstär-*

---

57 *Klees-Wambach*, Kriminologische und kriminalistische Aspekte des Tätowierens bei Rechtsbrechern, 1976, 157.

58 BSG, Urt. v. 28. Februar 2007, Az. B 3 KS 2/07 R, ZUM-RD 2007, 449, 451; *Bidlo*, Tattoo, 2010, 7; *S. Kampmann*, in: S. Kampmann/Herrmann/Petri u. a. (Hrsg.), Tattoo, 2011, 40 ff.

59 *Karger*, Tätowierte: Anzahl der Tattoos Statista, 2010 (https://de.statista.com/statistik/daten/studie/160696/umfrage/taetowierte-anzahl-der-tattoos/) (geprüft am 29.09.2024).

60 Dpa, Jeder Fünfte in Deutschland ist tätowiert, 2019 (https://www.sueddeutsche.de/gesundheit/gesundheit-jeder-fuenfte-in-deutschland-ist-taetowiert-dpa.urn-newsml-dpa-com-20090101-190923-99-994055) (geprüft am 29.09.2024).

61 PR Newswire, One in Five U. S. Adults Now Has a Tattoo, 2012 (https://www.prnewswire.com/news-releases/one-in-five-us-adults-now-has-a-tattoo-140123523.html) (geprüft am 29.09.2024).

62 *Kunter*, 2.

kung sexueller Reize, Schmuck und nicht zuletzt die der politischen Stellungnahme".[63]

Weber differenziert im Wesentlichen drei Funktionen: die soziale Positionierung, die Ästhetisierung des Körpers und – insbesondere bezüglich Frauen sowie häufig im diskriminierenden Kontext – die Sexualisierung durch Tattoos.[64]

Eine empirische Analyse u. a. zu Motivationen liefert schließlich *Meier*.[65]

Einige der o. g. übereinstimmenden sowie weitere bislang offenbar unbeachtet gebliebene Funktionen werden im Folgenden kurz beleuchtet.

I. Körperschmuckfunktion

In der allgemeinen gesellschaftlichen Diskussion über Funktionen von Tattoos ist diejenige des Körperschmucks die naheliegendste. Gemäß der o. g. von *Meier* durchgeführten nicht repräsentativen Onlinestudie ist die Verzierung des Körpers auch die stärkste angegebene Motivation der befragten 2733 tätowierten Personen.[66]

Bereits die erste europäische Tattoomode der Neuzeit Ende des 19. und zu Beginn des 20. Jahrhunderts unter europäischen Adligen und Bessergestellten (s. o. S. 9) dürfte neben der Faszination an der vermeintlichen Südseeexotik vornehmlich der Verzierung des eigenen Körpers gedient haben.

Heute beschreiben viele Tätowierte ihr Bedürfnis nach einer Veränderung des Körpers, einer Art Inbesitznahme ihres zunächst als unattraktiv empfundenen Körpers durch Tattoos oder sogar, wie von *Weber* beschrieben, als eine *„Möglichkeit der körperlichen Selbsterfahrbarkeit und -kommunikation".*[67] Wieder andere Tätowierte beschreiben das Bedürfnis nach Veränderung des Körpers durch Tattoos als Verarbeitung von Schicksalsschlägen, erlittenen Misshandlungen etc.[68]

Als Spezialform der Körperschmuckfunktion sei noch die Make-up-Funktion erwähnt, heute meist in Form von sogenanntem Permanent-Make-up (PMU). So sind Lippen- und Augenbrauentattoos spätestens seit der Tattoomode unter europäischen Adligen und bessergestellten Bürgern des 19. Jahrhunderts bekannt.[69] Heutzutage wird häufig auch bei Augenbrauen und

63 *Finke*, 158.
64 *Weber*, 11–26.
65 *Meier*, Inked: 0,3 mm unter der Haut der Gesellschaft, 2010, 48–54.
66 *Ders.*, 28 ff.; 65 f.
67 *Meier*, 48 ff.; *Weber*, 2.
68 *Binnie*, in: Campbell (Hrsg.), Tattoo & Religion, 2019, S. 20, 21; *Wittmann*, in: Campbell (Hrsg.), Tattoo & Religion, 2019, S. 76, 81.
69 *Feige/Streckenbach*, 23; *Weber*, 7.

Wimpern nachgeholfen, um eine dauerhafte Make-up-Funktion zu erzielen und tägliches Schminken oder kontinuierliches Nachschminken zu vermeiden.[70] Die ersten wissenschaftlich belegten kosmetischen Tätowierungen der neueren Zeit wurden seit 1951 von dem Frankfurter Tätowierer *Horst „Samy" Streckenbach* durchgeführt. Er tätowierte Schönheitsflecke, Lidstriche, Augenbrauen und auch Lidschatten.[71]

II. Sozial zuordnende Funktion

Eine weitere nicht zu vernachlässigende Hauptfunktion von Tattoos ist, jedenfalls in der früheren Menschheitsgeschichte, jene der sozialen Zuordnung, sei es als Stammeszeichen der Skoten, Pikten und Skythen, als Erkennungszeichen von Glaubensgemeinschaften wie den Urchristen, Kreuzzüglern, Jerusalempilgern und heutigen koptischen Christen, die damit oft auch noch eine kultisch-religiöse Funktion verbanden und sich ein christliches Begräbnis erhofften, zur Stärkung des Zusammengehörigkeitsgefühls z. B. bei Matrosen eines Schiffes, Soldaten einer Einheit, als Zugehörigkeitszeichen politischer Überzeugungen, Subkulturen oder auch als Ausweis der Initiation, des sozialen Status und der verbildlichten Familien- und Lebensgeschichte des Trägers wie bei den Südseevölkern Ozeaniens.[72]

Eine Mischform aus sozial zuordnender und Informationsfunktion ist in der Kennzeichnung anderer Menschen durch Tattoos als Straftäter, „Eigentum" oder zur Entmenschlichung zu sehen.

So ist aus der Antike überliefert, dass die Römer ihre Legionäre und die Griechen ihre Sklaven tätowieren ließen, um sie jeweils als solche zu kennzeichnen, Deserteure leicht überführen zu können und auf die Herkunft oder den „Verfügungsberechtigten" hinzuweisen,[73] oder auch Slaven und Straftäter im Wege der *„deformare stigmatum notis"* ähnlich einer Brandmarkung entsprechend kennzeichneten, z. B. durch Einbringung von Farbpigmenten in die frische Brandmarkung, um die abwertende Markierung auch nach Abheilung der Brandwunde gut sichtbar zu machen.[74]

70 *Morel*, Lash Enhancement Tattoos Are About to Be the Hottest New Trend, 13.02.2017 (https://www.allure.com/story/lash-enhancement-tattoos-are-about-to-be-the-hottest-new-trend) (geprüft am 29.09.2024).

71 *Kohrs*, in: Campbell (Hrsg.), Tattoo & Religion, 2019, 89.

72 *Friederich*, 275 ff.; *Finke*, 131 ff.; *Oettermann*, 11 ff.

73 *Gilbert*, Tattoo History, 2000, 15 f.; *Oldenburger*, Die Geschichte der Tattoos: Das Phänomen der Zeit, 22.05.2022 (https://www.mytattoo.com/de/blog/die-geschichte-der-tattoos/) (geprüft am 29.09.2024).

74 *Oettermann*, 104.

Auch im vorchristlichen China[75] und dem Japan der Edo-Zeit (1603 bis 1867) [76], vermutlich sogar schon dem der Kofun-Zeit (300 n. Chr. – 710 n. Chr.)[77], wurden Tattoos zur Kennzeichnung von Straftätern verwendet.

Im Nationalsozialismus kam es schließlich gleich zu mehreren parallel benutzten sozialen Zuordnungen mit und durch Tattoos.

Zum einen konnte sich als Teil einer Elite des Dritten Reiches fühlen, wer über eine SS-Blutgruppentätowierung verfügte.

Zum anderen dienten im Wege des Zwanges eintätowierte Häftlingsnummern zur weiteren Entmenschlichung der Insassen in Konzentrationslagern, indem die Häftlinge ihres Namens beraubt und wie Schlachtvieh oder seelenlose Waren auf die eintätowierte Nummer reduziert und im gesellschaftlichen Gefüge degradiert wurden (s. o. S. 10). Heutzutage lassen sich Nachkommen von Überlebenden der Shoa sogar als eine Art Performancekunst in der Form der Bricolage alte Häftlingsnummern ihrer Vorfahren tätowieren, um sich medienwirksam gegen die Entmenschlichung von Individuen zu Nummern zu richten.[78]

In bestimmten Bereichen setzt sich der Ausdruck von Herrschaftsanspruch über die tätowierte Person durch Zwangstätowierung fort. So verewigen einige Zuhälter ihren „Eigentumsanspruch“ auf Prostituierte in Form von auf den „Eigentümer“ hinweisenden Tattoos bis heute.[79]

Schließlich ist in der Ausdrucksform der sogenannten „Gangtattoos“ und „Knasttattoos“ eine sozial zuordnende Funktion zu erkennen.

Durch den Erwerb von Tattoos in Form von z. B. auf die Verbüßung von Freiheitsstrafen oder die Verübung bestimmter Delikte hinweisenden

75 *Gilbert*, 77; *Rödel*, Alles über japanische Tätowierungen, 2004, 21.

76 *McCallum*, in: Rubin (Hrsg.), Marks of civilization, 1988, 116 f.; *Rödel*, 21 f., 28 ff.

77 *Rödel*, 21.

78 *Rojkov*, Auschwitz-Gedenken: Tätowiertes Mahnmal, 26.01.2015 (https://www.zeit.de/gesellschaft/zeitgeschehen/2015-01/auschwitz-gedenken-tattoos-kz-nummern) (geprüft am 29.09.2024); *Stölzner*, Das Erbe der Shoa: Die Häftlingsnummer als Bricolage, 2016 (https://www.zukunft-braucht-erinnerung.de/das-erbe-der-shoa-die-haeftlingsnummer-als-bricolage/) (geprüft am 29.09.2024); *Cwojdzinski*, Die Tätowierung als Medium, 2019, 202.

79 *Müller*, Zuhälter-Methoden: Für Fluchtversuch verprügelt, rasiert und tätowiert, 26.03.2012 (https://www.welt.de/vermischtes/weltgeschehen/article13947307/Fuer-Fluchtversuch-verpruegelt-rasiert-und-taetowiert.html) (geprüft am 29.09.2024); *Norak*, Eigentums-Tattoos von Zuhältern – Betroffene identifizieren, 2020 (https://sandranorak.com/2020/10/17/eigentums-tattoos-von-zuhaltern-betroffene-identifizieren/) (geprüft am 29.09.2024); *Norak*, Tattoos in der Prostitution als Eigentumsstempel der Zuhälter, 02.06.2020 (https://www.trauma-and-prostitution.eu/2020/06/03/tattoos-in-der-prostitution-als-eigentumsstempel/) (geprüft am 29.09.2024); *Sidner*, Zuhälter brandmarken ihre Prostituierten als Eigentum, 2015 (https://www.woman.at/gesellschaft/zuhaelter-prostituierte) (geprüft am 29.09.2024).

„Knasttränen“ am Auge[80] oder anderen explizit auf ihre Gangzugehörigkeit hinweisenden Tattoos ordnen sich deren Träger freiwillig bestimmten, von weiten Teilen der Gesellschaft negativ angesehenen sozialen Gruppen und Schichten zu.

III. Medizinische Funktion

Eine weitere, jedoch oft übersehene Funktion von Tattoos ist die medizinische. Wie bereits oben erwähnt, wird den rund 5000 Jahre alten Tätowierungen der Gletschermumie „Ötzi“ wegen ihrer Platzierung am Körper im Zusammenhang mit vermuteten Gelenkbeschwerden u. Ä. von einigen Wissenschaftlern eine medizinische Funktion beigemessen (s. o. S. 7).

Doch auch in der Neuzeit erfüllen Tattoos wichtige medizinische, z. B. psychologische Funktionen, wie bei der Tätowierung zur Überdeckung von sogenannten Schwangerschaftsstreifen und Narben oder von Stümpfen amputierter Körperteile. *Wittmann* dazu: *„So wie der Verlust des Arms eine gewaltsame, unfreiwillige Körpermodifikation war, so ist die Modifikation durch die Tätowierung das Gegenteil, nämlich freiwillig.“*[81]

Zudem erfüllt z. B. die Tätowierung von Brustwarzen i. V. m. plastischer Chirurgie auch eine wichtige medizinische Funktion für von Mastektomie betroffene Frauen, da dadurch ein Zustand hergestellt wird, der die Mastektomie verdeckt und sogar die entfernten Brustwarzen illustratorisch nachbildet.[82] Pionier auch dieser Art der Tätowierung war seit 1974 der deutsche Tätowierer *Horst „Samy“ Streckenbach* (s. o. S. 13), nach dem die sogenannte *Streckenbach*-Technik benannt ist[83] und der auch damals bereits Narben tätowierte, um sie zu kaschieren.[84]

IV. Informationsfunktion

Schließlich ist Tattoos häufig auch eine Informationsfunktion beizumessen.

So verewigten Seeleute die von ihnen angelaufenen Häfen, amourösen und nautischen Erfahrungen wie das Passieren der Datumsgrenze oder Kapumrundungen in Form von Tattoos.[85] Auch heute wählen Tätowierte ihnen persönlich wichtige Daten wie Datumsangaben wichtiger Ereignisse, Namen

80 *Aitken-Smith*, Tattoo Dictionary, 2017, 215 f.
81 *Wittmann*, in: Campbell (Hrsg.), 81.
82 *Ders.*, in: Campbell (Hrsg.), 82.
83 *Hüter*, Geburtshilfe und Frauenheilkunde 36 (1976), 10, 13; *Kohrs*, in: Campbell (Hrsg.), 89.
84 *Winkler*, pardon 1975 (01.04.1975), 14, 18.
85 *Feige/Streckenbach*, 17 ff.

von Partnern, Familienmitgliedern u. Ä. als Tattoo oder lassen bedeutende Ereignisse oder Personen aus ihrem Leben bildlich festhalten. Zu Zeiten des aktiven Sklavenhandels dienten deutlich sichtbar eintätowierte Informationen über die Trägerpersonen aufgrund eines beispielsweise in weiten Teilen Afrikas fehlenden Meldewesens sogar als Ausweis der Herkunft und Schutz vor Verschleppung.[86] *Lobstädt* sieht in Tattoos daher ein eigenes Kommunikationsmittel.[87]

Selbst die Unterhaltungsfilmindustrie nahm sich des Themas funktionaler Tattoos an. So tätowiert sich in dem US-Kinofilm „Memento" aus dem Jahr 2000 der an anterograder Amnesie leidende Protagonist wichtige Details eines von ihm aufzuklärenden Mordfalles in die Haut, um sein Kurzzeitgedächtnis zu ersetzen.[88]

Tattoos mit Informationsgehalt sind auch Mittelpunkt der ersten Staffel der US-Fernsehserie „Prison Break", in der der Protagonist die gesamte Planung für eine Gefangenenbefreiung großflächig auf seinen Körper tätowieren lässt, um dann selbst eine Straftat zu begehen und in das gleiche Gefängnis gebracht zu werden.[89]

Weiter gibt es mittlerweile auch Tattoos in Form von Barcodes, QR-Codes oder mit der sogenannten Soundwave-Technologie, die mit der richtigen App gescannt Informationen preisgeben, auf Websites weiterleiten oder z. B. ein bestimmtes Musikstück auf dem Mobilgerät abspielen lassen.[90]

Tattoos können jedoch ebenfalls eine Art Mischform zwischen medizinischer Funktion und Informationsfunktion erfüllen. Einige Tätowierte gehen dabei so weit, Willenserklärungen oder wichtige medizinische Informationen zum Gegenstand von Tattoos zu machen, wie verschiedene in der Medizingeschichte dokumentierte Fälle beweisen.

So müssen Ärztinnen und Ärzte immer wieder darüber entscheiden, ob sie ein jede Form der Wiederbelebung ablehnendes Tattoo (z. B. „D. N.R." oder „Do Not Resuscitate" auf der Brust) von bewusstlosen Patienten in lebensbedrohlichen Zuständen berücksichtigen oder nicht.[91]

---

86 *Akintola*, Süddeutsche Zeitung 13.05.2018.

87 *Lobstädt*, Tätowierung, Narzissmus und Theatralität, 2011, 125.

88 Memento (2000) – IMDb (https://www.imdb.com/title/tt0209144/) (geprüft am 29.09.2024).

89 Prison Break (TV Series 2005–2017) – IMDb (https://www.imdb.com/title/tt0455275/?ref_=nv_sr_srsg_0) (geprüft am 29.09.2024).

90 *Donelly*, 5 Reasons Why Barcode Tattoos Aren't Such A Great Idea, 2020 (https://www.tattoodo.com/a/5-reasons-why-barcode-tattoos-arent-such-a-great-idea-4815) (geprüft am 29.09.2024); *Siggard*, Skin Motion™ – Tattoos brought to life!, 2018 (https://www.youtube.com/watch?v=-7U1LWoDZUQ) (geprüft am 29.09.2024).

91 *Cooper/Aronowitz*, Journal of General Internal Medicine 2012, 1383, 1383 ff.; *Holt/Sarmento/Kett u. a.*, The New England journal of medicine 377 (2017), 2192, 2192 ff.;

Auch wird in der erbrechtlichen Literatur diskutiert, ob ein selbst angefertigtes Tattoo ein eigenhändiges Testament in der Haut des Erblassers darstellen könne.[92]

Weiterhin besteht die Möglichkeit, medizinische Informationen z. B. über ständig eingenommene Medikamente zu transportieren. Der Autor trägt auf der Brust ein Tattoo, um im Unglücksfall Ersthelfer und Ärzte bei überraschenden Operationen über seine Medikation zu informieren und auf diese Weise mögliche lebensbedrohende Zustände durch fehlende medizinische Informationen zu vermeiden.

Zudem kann die Bereitschaft zur Organspende mittlerweile durch die Initiative Opt.Ink des Vereins Junge Helden e. V. mittels eines speziell für diesen Zweck entworfenen und von vielen Tattoo Studios gratis angebotenen Tattoos angezeigt werden.[93]

Schließlich sind Tattoos mit ähnlichen medizinisch-informatorischen Funktionen aus der Geschichte bekannt, so z. B. die bereits erwähnten Blutgruppentattoos der Mitglieder der SS in der Zeit des Dritten Reiches oder die US-amerikanische „Operation Tat-Type“ in den US-Bundesstaaten Illinois und Indiana in den 1950er-Jahren, als zehntausende Schulkinder und Freiwillige reihenweise Blutgruppentattoos erhielten, um so „wandelnde Blutbanken“ für den nuklearen Ernstfall vorzuhalten.[94]

V. Zwischenergebnis

Bei den vorgenannten Funktionen sollte es sich um die gebräuchlichsten Funktionen von Tattoos handeln. Die tatsächliche Anzahl und Varianz von Funktionen von Tattoos sowie deren Mischungen dürften aber in etwa so

---

Rieck, Müssen Ärzte ein „Keine Wiederbelebung!“-Tattoo beachten?, 13.12.2017 (https://tattoo-recht.de/muessen-aerzte-ein-bitte-nicht-wiederbeleben-tattoo-beachten/) (geprüft am 29.09.2024).

92 ROSE PARTNER Rechtsanwälte Steuerberater, Tisch, Tätowierung, Testament, 09.11.2020 (https://www.rosepartner.de/blog/tisch-taetowierung-testament.html) (geprüft am 29.09.2024); RINCK Notare Rechtsanwälte Fachanwälte, Tätowiertes Testament?! Die Kirche soll erben, 25.05.2024 (https://www.youtube.com/shorts/Jxpk4y-WOQP0) (geprüft am 29.09.2024).

93 *Junge Helden e. V.*, OPT.INK – Das Organspende-Tattoo, 2023 (https://junge-helden.org/optink#map) (geprüft am 29.09.2024).

94 *Rieck*, Operation Tat-Type: Tattoos für den nuklearen Ernstfall, 28.01.2019 (https://tattoo-recht.de/operation-tat-type-tattoos-fuer-den-nuklearen-ernstfall/) (geprüft am 29.09.2024).; *OrangeBean Indiana*, The Atomic Tattoo Experiment, 2020 (https://orangebeanindiana.com/2020/01/07/indiana-blood-type-tattoo/) (geprüft am 29.09.2024); *Wolf/Laumann*, Journal of the American Academy of Dermatology 58 (2008), 472 ff.; *Yeager*, Atomic Tattoos – 99 % Invisible, 15.01.2019 (https://99percentinvisible.org/episode/atomic-tattoos/) (geprüft am 29.09.2024).

hoch sein wie die Anzahl und unterschiedlichen Motivationen ihrer Trägerinnen und Träger.

D. Vergleichbare und nahe Techniken

Eine jedenfalls abrissartige Beschreibung vergleichbarer und tattoonaher Techniken erscheint bereits aufgrund der unterschiedlichen Definitionen des Begriffs „Tätowierung" bzw. „Tattoo" (s. o. S. 6) erforderlich.

I. „Biotattoos", Henna und Bodypainting

Auch die gezielte Veränderung des Körperäußeren durch Aufbringung von Farbe, sei es von kurz anhaltender Dauer wie beim Bodypainting oder für mehrere Tage oder sogar Wochen wie bei sogenannten Biotattoos und der Benutzung von Henna-Farben, erfüllt sehr ähnliche Funktionen wie Tattoos. Diese eher kurzzeitigen Veränderungen des körperlichen Aussehens dürften wegen der Nähe zur Illustration urheberrechtlich ebenfalls wie Tattoos zu beurteilen sein. Lediglich hinsichtlich bestimmter Konsequenzen wie möglichen Beseitigungsansprüchen o. Ä. werden Unterschiede zu machen sein, da Tattoos naturgemäß ungleich dauerhafter als die zuvor genannten Techniken sind. Insofern dürfte insbesondere der persönlichkeitsrechtliche Aspekt bei Tattoos wesentlich schwerer zu gewichten sein.

II. Branding und Cutting

Ähnlich wie Tattoos verändern auch Branding und Cutting, d. h. das gezielte Verbrennen und Vernarben bestimmter Hautstellen in Verschönerungsabsicht, das Aussehen und die Beschaffenheit der Haut. Da es sich hierbei jedoch im Vergleich zu Tattoos in der europäischen Gesellschaft um seltener auftretende Kulturphänomene handelt, dürfte von der Betrachtung dieser Techniken noch weniger Einfluss auf die urheberrechtliche Einschätzung von Tattoos zu erwarten sein.

III. Piercing, Implantate etc.

Wie Tätowierungen begleiten auch Piercings die Menschheit seit Tausenden von Jahren.

So soll beispielsweise die bereits eingangs erwähnte Gletschermumie „Ötzi" ebenso wie z. B. Pharao Tutenchamun und Buddha über Piercings verfügt haben. Während die Bibel in Genesis 24,22 einen Nasenring als Geschenk erwähnt, sollen bei den antiken Griechen und Römern vornehmlich Ohrringe beliebt gewesen sein und auch Azteken und Mayas Piercings geschätzt haben.[95]

Heute verzieren weiterhin weltweit indigene Völker mit mittels des Durchstoßens von Hautpartien getragenem Körperschmuck wie Lippentellern und Ringen ihre Körper.

Daneben hat sich das Piercing auch in den modernen Gesellschaften seit etwa Mitte der 1990er-Jahre als weitgehend akzeptierter Körperschmuck etabliert. Viele Tattoostudios bieten ebenfalls Piercings an.

Einige der bekanntesten Pioniere auf dem Gebiet des Tätowierens waren häufig auch Vorreiter auf dem Gebiet des Piercings, so z. B. der bereits erwähnte *Horst „Samy" Streckenbach* (s. o. S. 13). Er war bereits seit den 1940er-Jahren in Deutschland als Tätowierer und Piercer tätig, eröffnete 1965 in Frankfurt das wahrscheinlich erste deutsche Piercingstudio und entwickelte aufgrund seiner handwerklichen Fähigkeiten in Zusammenarbeit mit dem gelernten Betriebsschlosser und Tätowierer *Manfred Kohrs* Mitte der 1970er-Jahre das erste sogenannte *Barbell*-Piercing.[96] Damit revolutionierten beide das Piercing, weil das *Barbell* sich z. B. als für Zungenpiercings besonders gut geeignet herausstellte.[97]

Während Piercing zunächst in keinem Zusammenhang zu Tattoos zu stehen scheint, gibt es dennoch die bereits oben angedeuteten Näheverhältnisse. Auch wird nicht zu bestreiten sein, dass es sich bei beiden Techniken um Veränderungen des visuellen Erscheinungsbildes des Körpers handelt, die zumeist in der Absicht der Verschönerung erfolgen. Zudem kann die gezielte Kombination von Tattoos und Piercings auch zu einem harmonischen Gesamtwerk führen. Für die weitere Betrachtung der urheberrechtlichen Besonderheiten von Tattoos wird die verwandte Technik Piercing jedoch als von untergeordneter Bedeutung erachtet.

IV. Illustration, Graffiti und Leinwandmalerei

Ganz anders könnte dies für den Bereich der Illustration sein. So liegt es nahe, Tattoos als Fortsetzung der Illustration auf einem anderen Trägermedium – hier der Haut – statt Leinwand oder Häuserwand anzusehen. Vor diesem Hintergrund dürfte es sich anbieten, die vorhandene Rechtsprechung und Literatur zum urheberrechtlichen Umgang mit Illustration, sei es gewollt oder möglicherweise sogar aufgedrängt wie im Bereich Graffiti, zu

---

95 *Reichard/Schaab*, Tätowier Magazin 2020, 62 ff.
96 *Kohrs*, in: Campbell (Hrsg.), 88.
97 *Schaab/Kohrs*, Tätowier Magazin 2020, 80.

betrachten und hinsichtlich ihrer Anwendbarkeit auf Tattoos mit ihrem besonderen Trägermedium Haut zu prüfen.

V. Bildhauerei

Ähnliches dürfte auch für den Bereich der Bildhauerei gelten, denn bei der Beurteilung der Urheberrechtsfähigkeit von Tattoos wird häufig auf die angeblich vornehmliche handwerkliche Tätigkeit bei ihrem Anfertigen Bezug genommen. Dies dürfte jedoch in besonderem Maße ebenfalls für z. B. die Bereiche der Bildhauerei und der sonstigen körperlichen Formgebung sowie der Illustration gelten, wo ebenfalls mit mechanischen Tätigkeiten Farbe auf Trägermedien aufgebracht wird. Gerade der oberflächenverändernde Eingriff der Bildhauerei in das Objekt könnte aber, da dies dem Einbringen der Tattoofarbe in die Hautschichten ähnlich ist, ganz besondere Einsichten bei der urheberrechtlichen Beurteilung von Tattoos bringen.

3. Kapitel: Anwendbarkeit des Urheberrechtsgesetzes

Fraglich ist, ob die in Deutschland vorhandene urheberrechtliche Gesetzgebung, Rechtsprechung und Literatur geeignet sind, die Besonderheiten tattoobezogener Fallgestaltungen angemessen zu berücksichtigen.

Im Weiteren ist zunächst zu erörtern, ob Tattoos als Werke im urheberrechtlichen Sinne eingeordnet werden können. Sodann ist das Ergebnis der Erörterung auf die existierenden urheberrechtlichen Regelungen anzuwenden.

A. Werkqualität von Tattoos

Bei der Beantwortung der Frage, ob es sich bei Tattoos um urheberrechtsfähige Werke handelt, sind zunächst zwei getrennte Betrachtungen erforderlich. Bei der Beurteilung ist zwischen den Ergebnissen der Erstellung eines Tattoos und einer Tattoovorlage zu unterscheiden. Diese Differenzierung ist erforderlich, da in der wenigen vorhandenen tattoobezogenen Rechtsprechung[98] in Deutschland bei der Bewertung teilweise ausdrücklich zwischen dem Anfertigen von Tattoovorlagen und demjenigen von Tattoos unterschieden wird. Die Unterscheidung ist in der o. g. Rechtsprechung von wesentlicher Bedeutung für den Ausgang der Beurteilung, ob jeweils Werkqualität gegeben ist, wie im Weiteren noch zu erörtern sein wird. Zunächst sind beide Begriffe jedoch zu definieren.

Tattoos sind, wie bereits oben definiert (s. o. S. 6), das optisch wahrnehmbare Ergebnis der willentlichen Einbringung von Farbpigmenten in die oberen Hautschichten der menschlichen Haut auf manuelle oder maschinelle Weise.[99]

Bei Tattoovorlagen handelt es sich um von Menschen entworfene, analoge oder digitale Zeichnungen, die auf Papier, vergleichbaren Trägermaterialien oder z. B. mithilfe von elektronischen Zeichentablets erstellt werden.

Sodann sind sowohl Tattoos als auch Tattoovorlagen am Werkbegriff und den Werkarten des § 2 UrhG zu messen.

---

98 BFH, Urt. v. 23.07.1998, Az. V R 87/97, DStRE 1998, 771; BSG, Urt. v. 28. Februar 2007, Az. B 3 KS 2/07 R, ZUM-RD 2007, 449; OLG Hamburg, Urt. v. 04.05.2011, Az. 5 U 207/10, GRUR-RR 2012, 26; LSG für das Saarland, Urt. v. 09.06.2020, Az. L 1 R 23/19, openJur 2021, 7868; SG Hamburg, Urt. v. 18.06.2020, Az. S 48 KR 1921/19, openJur 2020, 47924.

99 *Finke*, 15 ff.; *Friederich*, 63; *Weber*, 6.

I. Werkbegriff, § 2 Abs. 1 UrhG

§ 2 Abs. 1 UrhG definiert unter den Oberbegriffen Literatur, Wissenschaft und Kunst einen Katalog an Werkarten.[100] Dieser Katalog soll nach dem Willen des Gesetzgebers nicht abschließend sein, wie die Verwendung des öffnenden Adverbs *„insbesondere"* in § 2 Abs. 1 UrhG zeigt.[101]

Sowohl bei Tattoos als auch bei Tattoovorlagen handelt es sich jeweils um eine Form von Illustration auf und bezüglich Tattoos in einem Trägermedium. Damit bietet sich, wie bei anderen Illustrationen, die Einordnung unter den Oberbegriff der Kunst an. Angesichts des Katalogs der Kunstformen des § 2 Abs. 1 UrhG liegt die Vermutung nahe, dass es sich entweder um Darstellungen i. S. d. § 2 Abs. 1 Nr. 7 UrhG, um Werke der bildenden oder der angewandten Kunst i. S. d. § 2 Abs. 1 Nr. 4 UrhG sowie hinsichtlich der Vorlagen um Entwürfe solcher Werke handeln muss.

1. Darstellungen wissenschaftlicher oder technischer Art gem. § 2 Abs. 1 Nr. 7 UrhG

Werke gemäß § 2 Abs. 1 Nr. 7 UrhG sollen Informationen über den in ihrem Fokus stehenden wissenschaftlichen oder technischen Gegenstand vermitteln.[102] Sowohl Tattoovorlagen als auch Tattoos selbst können und sollen diese Voraussetzung gemäß ihren häufigsten Funktionen nicht erfüllen (s. o. S. 11 ff.). Sie befassen sich zumeist schon nicht mit einem wissenschaftlichen oder technischen Gegenstand. Jedenfalls erfolgt der Transport von Informationen in aller Regel allenfalls als Zusatz zur vornehmlich gewünschten Schmuckfunktion (s. o. S. 12 ff.). Eine Einordnung von Tattoovorlagen und Tattoos als Werke i. S. d. § 2 Abs. 1 Nr. 7 UrhG liegt demnach fern.

2. Werke der bildenden Künste gem. § 2 Abs. 1 Nr. 4 UrhG

Aufgrund ihrer Nähe zum Bereich der Illustration, Malerei und Bildhauerei bietet sich für Tattoovorlagen und Tattoos eine Einordnung in die Werkarten des § 2 Abs. 1 Nr. 4 UrhG, mithin in den Bereich der bildenden oder ange-

---

100 *G. Schulze*, in: Dreier/G. Schulze/Raue u. a. (Hrsg.), UrhG, 2022, § 2, Rn. 2.; *Loewenheim/Leistner*, in: Schricker/Loewenheim/Leistner (Hrsg.), UrhR, [6]2020, § 2, Rn. 5.; *Bullinger*, in: Wandtke/Bullinger (Hrsg.), UrhR, 2022, § 2, Rn. 4.

101 *G. Schulze*, in: Dreier/G. Schulze/Raue u. a. (Hrsg.), UrhG, 2022, § 2, Rn. 3.; *Loewenheim/Leistner*, in: Schricker/Loewenheim/Leistner (Hrsg.), UrhR, [6]2020, § 2, Rn. 5.; *Bullinger*, in: Wandtke/Bullinger (Hrsg.), UrhR, 2022, § 2, Rn. 2.

102 *G. Schulze*, in: Dreier/G. Schulze/Raue u. a. (Hrsg.), UrhG, 2022, § 2, Rn. 222.; *Loewenheim/Leistner*, in: Schricker/Loewenheim/Leistner (Hrsg.), UrhR, [6]2020, § 2, Rn. 226.; *Bullinger*, in: Wandtke/Bullinger (Hrsg.), UrhR, 2022, § 2, Rn. 131.

wandten Künste an. Auch einige Stimmen der juristischen Literatur ordnen Tattoos den Werken der bildenden Künste zu.[103] Ob diese Kategorisierung für Tattoovorlagen und Tattoos selbst zutreffen kann, ist im Folgenden zu untersuchen. Dazu ist zunächst der urheberrechtliche Begriff der bildenden Kunst zu definieren.

Alle Gestaltungen, die in zwei oder drei Dimensionen erfolgen und ihren ästhetischen Wert durch den Einsatz von formgebenden Mitteln wie Farbe, Linie, Fläche, Raumkörper und Oberfläche vermitteln, werden dem Oberbegriff der bildenden Kunst untergeordnet.[104] Werke der bildenden Kunst im engeren Sinne sind ausschließlich durch eine formgebende Tätigkeit gekennzeichnet[105] und dienen keinem funktionellen Gebrauchszweck.[106]

a. Tattoovorlagen

Tattoovorlagen sind Zeichnungen aus menschlicher Hand. Sie vermitteln ihren ästhetischen Wert zweidimensional durch Farbe, Linie und Fläche (s. o. S. 21).

Werden Tattoovorlagen einzig dazu angefertigt, sie zur Erstellung einer Schablone oder eines sogenannten *„Stencil"* abziehbildartig auf die Haut des Kunden aufzubringen, damit der Tattoo Artist sich bei Erstellung des Tattoos daran orientieren kann, ist dies als funktioneller und einziger Gebrauchszweck anzunehmen. Die Klassifizierung als Werk der bildenden Kunst im engeren Sinne scheidet damit nach der o. g. Definition aus.

Dies eröffnet jedoch angesichts des beschriebenen Gebrauchszwecks als Werk der angewandten Kunst die Einordnungsmöglichkeit als Werk der bildenden Kunst im weiteren Sinne.

---

103 *A. Nordemann*, in: A. Nordemann/J. B. Nordemann/Czychowski (Hrsg.), UrhR, 2018, § 2, Rn. 184.; *Duvigneau*, ZUM 1998, 535, 542; *Mezger*, Die Schutzschwelle für Werke der angewandten Kunst nach deutschem und europäischem Recht, 2016, 64; *Leßmöllmann/Peifer*, Tattoo-Recht: Diese Strafen drohen bei kopierten Motiven!, 2019 (https://feelfarbig.com/artikel/diese-strafen-drohen-bei-kopierten-motiven/) (geprüft am 29.09.2024); *Schack*, Urheber- und Urhebervertragsrecht, 2021, Rn. 234.

104 *A. Nordemann*, in: A. Nordemann/J. B. Nordemann/Czychowski (Hrsg.), Rn. 137.; *Bullinger*, in: Wandtke/Bullinger (Hrsg.), UrhR, 2022, § 2, Rn. 81.

105 BGH, Urt. v. 09.12.1958, Az. I ZR 112/57, GRUR 1959, 289, 290; BGH, Urt. v. 19.01.1979, Az. I ZR 166/76, GRUR 1979, 332, 336.

106 BGH, Urt. v. 12.05.2011, Az. I ZR 53/10, GRUR 2012, 58, Rn. 17; OLG Düsseldorf, Urt. v. 30.10.2007, Az. I-20 U 64/07, ZUM 2008, 140, 142; *G. Schulze*, in: Dreier/G. Schulze/Raue u. a. (Hrsg.), UrhG, 2022, § 2, Rn. 158.; *A. Nordemann*, in: A. Nordemann/J. B. Nordemann/Czychowski (Hrsg.), 138 f.; *Loewenheim/Leistner*, in: Schricker/Loewenheim/Leistner (Hrsg.), UrhR, [6]2020, § 2, Rn. 165.; *Bullinger*, in: Wandtke/Bullinger (Hrsg.), UrhR, 2022, § 2, Rn. 86.

Schließlich ergibt sich auch die naheliegende Einstufung als Entwurf eines Werks gem. § 2 Abs. 1 Nr. 4 UrhG, allerdings nur dann, wenn sich Tattoos selbst innerhalb der noch folgenden Prüfung als Werke der bildenden Kunst i. S. d. § 2 Abs. 1 Nr. 4 UrhG herausstellen. In diesem Fall bietet sich diese letzte Kategorisierung als naheliegendste für Tattoovorlagen an.

Eine Unterscheidung innerhalb des § 2 Abs. 1 Nr. 4 UrhG mag zunächst überflüssig erscheinen, hat jedoch z. B. in Hinblick auf das Folgerecht aus § 26 UrhG Konsequenzen. Gemäß § 26 Abs. 8 UrhG gilt dieses nicht für Werke der Baukunst und der angewandten Kunst.

Soweit sie nicht nur als zeitweilige Vorlage zur unmittelbaren Anfertigung eines Tattoos, sondern beispielsweise auch als Wandschmuck wie andere Zeichnungen, Gemälde oder Lithografien genutzt werden sollen, sind Tattoovorlagen angesichts ihres ästhetischen Gehalts und in Ermangelung eines rein funktionellen Gebrauchszwecks der Werkart der reinen bildenden Kunst gem. § 2 Abs. 1 Nr. 4 UrhG zuzuordnen.

Auf der Suche nach einer geeigneten Werkart zur Klassifizierung von Tattoovorlagen ist somit auf die im Katalog des § 2 Abs. 1 Nr. 4 UrhG genannte Werkart der bildenden Kunst zurückzugreifen.

b. Tattoos

Die Klassifizierung von Tattoos in den Katalog des § 2 Abs. 1 Nr. 4 UrhG fällt ungleich schwerer.

Zunächst ist bei einem Tattoo ähnlich wie bei Illustration, Malerei und Bildhauerei an ein Werk der reinen bildenden Kunst zu denken. Neben der zumeist als schmückend beabsichtigten Umgestaltung des Anblicks der betroffenen menschlichen Hautstellen erscheint ein Gebrauchszweck jedenfalls bei oberflächlicher Betrachtung nicht ersichtlich (s. o. S. 11 ff.).

Würde man die Schmuckfunktion jedoch als einen die zweckfreie Kunst ausschließenden Gebrauchszweck ansehen, käme jedenfalls eine Einordnung in den Bereich der angewandten Kunst infrage.

Schließlich besteht auch die Möglichkeit, dass es sich bei einer Vielzahl eher alltäglicher Tattoos um Werke der angewandten Kunst und, bei einigen wenigen, z. B. im Rahmen eines Kunstprojekts entstandenen und damit ansonsten zweckfreien, besonders kreativen und hochwertigen Tattoos mit starker künstlerischer Aussage um Werke der bildenden Kunst handelt. Allerdings fehlt es Tattoos wegen ihrer ortsgebundenen Manifestation in der Haut ihrer Trägerperson an einer den Werken der angewandten Kunst anhaftenden Produkteigenschaft in Form eines beliebig handelbaren Erzeugnisses. Dies würde gegen ein Werk der angewandten Kunst sprechen. Der urheberrechtliche Werkbegriff in Bezug auf Werke der angewandten Kunst ist deshalb im Folgenden näher zu erörtern.

Ob die Eigenschaften von Tattoos und insbesondere die Schmuckfunktion dazu geeignet sind, eine Einordnung von Tattoos in den Bereich der reinen bildenden und damit zweckfreien Kunst zu versagen, wird anschließend zu erörtern sein.

Schließlich ist auch der jeweilige Schutzumfang zu bewerten.

In Ermangelung einschlägiger deutscher Rechtsprechung in urheberrechtlichen Streitigkeiten über Tattoos und zur Bewertung der o. g. juristischen Stimmen und Fragestellungen erscheint zur urheberrechtlichen Einordnung von Tattoos in den Werkkatalog des § 2 UrhG eine Analyse der höchstrichterlichen Rechtsprechung der letzten Jahre zur Werkqualität im Urheberrecht erforderlich (aa.). Im Interesse der Wahrung der Einheitlichkeit der Rechtsprechung ist sodann ergänzend die tattoobezogene Rechtsprechung aus anderen Rechtsgebieten zu betrachten (ab. bis ad.). Insbesondere Entscheidungen des Bundessozialgerichts (im Weiteren: BSG), des Sozialgerichts (im Weiteren: SG) Hamburg, des Landessozialgerichts (im Weiteren: LSG) für das Saarland, des Bundesfinanzhofs (im Weiteren: BFH) und des Oberlandesgerichts (im Weiteren: OLG) Hamburg sind bei der Frage der Einordnung von Tattoos als Kunst zu analysieren.

aa. Urheberrechtliche Rechtsprechung

Als Beobachtungszeitraum für die Analyse der obergerichtlichen urheberrechtlichen Rechtsprechung der letzten Jahre wird ein Zeitraum von rund 13 Jahren angesetzt. Dieser wird so gewählt, um insbesondere den Umbruch in der urheberrechtlichen Rechtsprechung des BGH zum Werkbegriff und zur Werkqualität sowie zur Abgrenzung der Werke der angewandten Kunst von Werken der bildenden Kunst in dem Urteil vom 13. November 2013 zum Az. I ZR 143/12 – *Geburtstagszug* darstellen und einordnen zu können. Weiter soll auch die einschlägige Rechtsprechung auf europäischer Ebene bis hin zur Folgerechtsprechung ausgewählter unterer Instanzen beleuchtet werden, um anhand des sich bietenden Gesamtbilds eine Einordnung für Tattoos vornehmen zu können.

(1) EU-Ebene

Das Urteil des Europäischen Gerichtshofes (im Weiteren: EuGH) vom 13. November 2018 in Sachen Levola Hengelo BV ./. Smilde Foods BV postulierte erstmals einen autonomen, EU-einheitlichen, allgemeinen Werkbegriff[107] im Sinne der Richtlinie 2001/29/EG des Europäischen Parlaments und des Rates vom 22. Mai 2001 zur Harmonisierung bestimmter Aspekte des Urheberrechts und der verwandten Schutzrechte in der Informationsgesellschaft[108] (im Weiteren: InfoSoc-RL).

Zunächst müsse eine geistige Schöpfung eines Urhebers vorliegen, die einen Teil seiner Persönlichkeit beinhalte und wiedergebe.[109] Zudem müssten Gestaltungselemente zwingend solche Schöpfungen ausdrücken, um ihnen Werkcharakter zugestehen zu können.[110] Da aber die Formulierung „Werke der Literatur und Kunst“ gemäß Art. 2 Abs. 1 der Berner Übereinkunft alle Erzeugnisse auf dem Gebiet der Literatur, Wissenschaft und Kunst ohne Rücksicht auf die Art und Weise und die Form des Ausdrucks erfasse sowie sich der urheberrechtliche Schutz gemäß Art. 2 des WIPO-Urheberrechtsvertrags und Art. 9 Abs. 2 des Übereinkommens über handelsbezogene Aspekte der Rechte des geistigen Eigentums auf Ausdrucksformen erstrecke, bedeute der Ausdruck „Werk“, auf den sich die InfoSoc-Richtlinie bezieht, zwangsläufig eine Darstellungsform des durch das Urheberrecht geschützten Gegenstands, die dessen Identifizierung oder Wahrnehmung mit ausreichender Präzision und Objektivität ermögliche, auch wenn diese Darstellungsformen nicht zwingend von dauerhafter Natur sein müssten.[111]

Mit seinem Urteil vom 12. September 2019 in Sachen Cofemel-Sociedade de Vestuário SA ./. G-Star Raw CV präzisierte der EuGH den in Sachen Levola Hengelo BV ./. Smilde Foods BV[112] geschaffenen allgemeinen Werkbegriff und klärte das Verhältnis des Urheberrechts zum Designschutz weiter.

Demnach führe die subjektiv wahrgenommene ästhetische Wirkung eines Modells allein nicht dazu, dass man auf einen Gegenstand schließen könne, der im Sinne des zuvor genannten allgemeinen Werkbegriffs des EuGH mit ausreichender Genauigkeit und Objektivität identifizierbar sei.[113] Zum anderen könnten ästhetische Erwägungen zwar das Ergebnis schöpferischer Tätigkeit sein. Jedoch sei die bloße ästhetische Wirkung nicht ausreichend, um zu bestimmen, ob es sich um eine geistige Schöpfung handele, die die

107 EuGH, Urt. v. 13.11.2018, Az. C-310/17, GRUR 2019, 73, 75 – Anmerkung Schack.

108 *Europäisches Parlament*, Richtlinie 2001/29/EG des Europäischen Parlaments und des Rates vom 22. Mai 2001 zur Harmonisierung bestimmter Aspekte des Urheberrechts und der verwandten Schutzrechte in der Informationsgesellschaft, 22.05.2001 (https://eur-lex.europa.eu/legal-content/DE/TXT/HTML/?uri=CELEX:32001L0029) (geprüft am 29.09.2024).

109 EuGH, Urt. v. 13.11.2018, Az. C-310/17, GRUR 2019, 73, 74, Rn. 36.

110 EuGH, Urt. v. 13.11.2018, Az. C-310/17, GRUR 2019, 73, 74, Rn. 37.

111 EuGH, Urt. v. 13.11.2018, Az. C-310/17, GRUR 2019, 73, 74, Rn. 39 f.

112 EuGH, Urt. v. 13.11.2018, Az. C-310/17, GRUR 2019, 73.

113 EuGH, Urt. v. 12.09.2019, Az. C-683/17, GRUR 2019, 1185, 1188, Rn. 53.

Entscheidungsfreiheit und die Persönlichkeit des Urhebers reflektiere und somit Originalität verkörpere.[114]

In seinem Urteil vom 11. Juni 2020 im Fall SI, Brompton Bicycle Ltd gegen Chedech/Get2Get wandte der EuGH den einheitlichen Begriff des Werks erneut auf Produkte an, bei denen die Form zumindest teilweise durch das Ziel eines technischen Ergebnisses bestimmt wird. Wenn es sich bei diesen Produkten um originale Werke handele, die aus einer geistigen Schöpfung hervorgegangen seien, weil der Schöpfer des Werks durch die Auswahl der Produktform seine kreative Kompetenz auf eine eigenständige Art und Weise demonstriere, indem er freie und kreative Entscheidungen treffe, die seine Persönlichkeit reflektierten, könne auch für solche Erzeugnisse Urheberrechtsschutz gewährt werden.[115] Ein Gegenstand könne nur dann nicht als Werk im Sinne des einheitlichen Werkbegriffs des EuGH betrachtet werden, wenn seine Erstellung ausschließlich durch technische Überlegungen, Vorschriften oder sonstige Einschränkungen bestimmt werde, die keinen Spielraum für die Ausübung künstlerischer Freiheit und somit für kreative Entscheidungen böten, wodurch die notwendige Originalität für die Anerkennung als Werk zwangsläufig fehlen müsse.[116]

In Bezug auf Tattoos ist damit zum einen festzustellen, dass diese bei Vorliegen einer persönlichen geistigen Schöpfung jedenfalls im Hinblick auf ihre Ausdrucksform in Form einer Einbringung von Farbpartikeln in die menschliche Haut mit illustrierender Wirkung ohne Weiteres dem harmonisierten urheberrechtlichen Werkbegriff des EuGH unterfallen. Sie sind mit hinreichender Genauigkeit und Objektivität wahrnehmbar.

Mit dem Verzicht auf die Dauerhaftigkeit der Ausdrucksform ist damit zum anderen sogar festgestellt, dass auch nicht dauerhafte Tattoos dem urheberrechtlichen Werkbegriff des EuGH unterfallen können.

Weiter ist im Hinblick auf die zitierte EuGH-Rechtsprechung zu erkennen, dass es sich bei Tattoos zwar nicht um mit gewerblichen Modellen vergleichbare Ergebnisse schöpferischer Tätigkeit handelt. Um dem einheitlichen Werkbegriff des EuGH zu unterfallen, wird aber auch bei Tattoos stets ein mit hinreichender Genauigkeit und Objektivität identifizierbarer Gegenstand i. S. d. allgemeinen Werkbegriff des EuGH vorliegen müssen, welcher eine geistige Kreation verkörpert, die die Entscheidungsfreiheit und Individualität des Schöpfers reflektiert, und damit das zweite Kriterium des allgemeinen Werkbegriffs des EuGH, nämlich die Originalität, erfüllt. Zeigt sich in Tattoos mithin über eine ästhetische Wirkung hinausgehend die Persönlichkeit des Urhebers in der Nutzung der ihm gegebenen Gestal-

114 EuGH, Urt. v. 12.09.2019, Az. C-683/17, GRUR 2019, 1185, 1188, Rn. 54.
115 EuGH, Urt. v. 11.06.2020, Az. C-833/18, GRUR 2020, 736, 738, Rn. 38.
116 EuGH, Urt. v. 11.06.2020, Az. C-833/18, GRUR 2020, 736, 737, Rn. 24 ff.

tungsspielräume, wird von einem urheberrechtlichen Werk zu sprechen sein. Zwar mögen im Einzelfall auch bei Tattoos technische oder andere Zwänge das Erscheinungsbild des Arbeitsergebnisses mitbestimmen. So sind Tattoo Artists naturgemäß an räumliche Vorgaben der zu tätowierenden Körperstelle und die Hautbeschaffenheit der Trägerperson gebunden. Dass das ästhetische Erscheinungsbild eines Tattoos jedoch vollständig durch technische oder andere Zwänge bestimmt wird, ohne kreative Entscheidungen des Tattoo Artists zu ermöglichen, erscheint kaum denkbar. Doch selbst in einem solchen Fall erscheint eine Originalität herbeiführende, die Persönlichkeit eines Urhebers ausdrückende Einflussnahme innerhalb der ihm zugestandenen Gestaltungsspielräume möglich, beispielsweise in Bezug auf Illustrationsart, Größe, Anordnung, Farbwahl etc.

Angesichts der jüngeren einschlägigen Rechtsprechung des EuGH spricht diese jedenfalls nicht gegen die Einordnung von Tattoos als urheberrechtlich geschützte Werke.

Im Folgenden ist anhand der jüngeren nationalen Rechtsprechung zur Werkqualität insbesondere im Bereich der angewandten Kunst zu analysieren, ob auch die nationale Rechtsprechung eine Einordnung von Tattoos als urheberechtlich geschützte Werke zulässig erscheinen lässt.

(2) Nationale Ebene

Während der BGH für den Urheberrechtsschutz eines Werks der angewandten Kunst in ständiger Rechtsprechung in der Vergangenheit einen höheren schöpferischen Eigentümlichkeitsgrad als bei Werken der zweckfreien Kunst verlangte[117], deutete er im Urteil vom 12. Mai 2011, Az. I ZR 53/10 – *Seilzirkus* erstmals eine in der Zukunft mögliche Änderung der Rechtsprechung in Bezug auf die Anforderungen an die Gestaltungshöhe eines Werks der angewandten Kunst an.[118] Jedoch führe lediglich die Nutzung eines handwerklichen oder konstruktiven Gestaltungsspielraums oder der Ersatz eines technischen Elements durch ein anderes nicht automatisch zur Schöpfung eines originären Kunstwerks.[119] Entscheidend sei einzig, ob der ästhetische Gehalt für sich genommen ausreichend sei, um als künstlerische Leistung betrachtet zu werden.[120]

Seit dem Urteil vom 13. November 2013, Az. I ZR 143/12 – *Geburtstagszug* verlangt der BGH für Werke der angewandten Kunst keinen höheren Eigentümlichkeitsgrad mehr als bei Werken der zweckfreien Kunst. Es sei ausreichend, wenn die Werke eine Gestaltungsqualität aufwiesen, die nach

117 BGH, Urt. v. 22.06.1995, Az. I ZR 119/93, GRUR 1995, 581, 582.
118 BGH, Urt. v. 12.05.2011, Az. I ZR 53/10, GRUR 2012, 58, 62, Rn. 33.
119 BGH, Urt. v. 12.05.2011, Az. I ZR 53/10, GRUR 2012, 58, 61, Rn. 30.
120 BGH, Urt. v. 12.05.2011, Az. I ZR 53/10, GRUR 2012, 58, 60, Rn. 22.

Meinung der für Kunst aufgeschlossenen und mit künstlerischen Betrachtungsweisen einigermaßen vertrauten Personenkreise es rechtfertigten, sie als „künstlerische“ Leistung zu bezeichnen.[121] In der Vergangenheit hatte der BGH ein deutliches Überragen der Durchschnittsgestaltung von Werken der angewandten Kunst gefordert. Dies wurde damit begründet, dass zwischen dem Urheberrecht und dem Geschmacksmusterrecht lediglich ein gradueller Unterschied bestehe. Für die Fähigkeit, Urheberrechtsschutz zu erlangen, wird verlangt, dass sich die gestalterische Leistung deutlich von der alltäglichen, nicht geschützten Durchschnittsgestaltung absetzt, ähnlich wie im Fall des Geschmacksmusterschutzes, wo die Gestaltung sich ebenfalls von der nicht geschützten, alltäglichen Durchschnittsgestaltung unterscheiden muss.[122]

Die Abkehr von der Forderung des deutlichen Überragens der Durchschnittsgestaltung begründete der BGH mit der Reform des Geschmacksmusterrechts im Jahr 2004.[123] Der Gesetzgeber habe dem Geschmacksmusterrecht eine vom Urheberrecht abweichende Schutzrichtung gegeben. Es werde ersichtlich, dass nach der Neuregelung der Schutz als Geschmacksmuster nicht mehr die Eigentümlichkeit (gemäß § 1 Abs. 2 des alten Geschmacksmustergesetzes) und somit die gestalterische Qualität erfordere, sondern die Eigenart (nach § 2 Abs. 1 und 3 des Geschmacksmustergesetzes) und somit die Unterscheidbarkeit des Musters voraussetze.[124] Es existiere kein hierarchisches Verhältnis mehr zwischen dem Geschmacksmusterrecht und dem Urheberrecht, bei dem das Geschmacksmusterrecht als Basis für ein gleichartiges Urheberrecht fungiere. Daher ließen sich gesteigerte Anforderungen an den urheberrechtlichen Schutz von Werken der angewandten Kunst nicht mehr rechtfertigen.[125]

In Bezug auf die notwendige gestalterische Qualität für eine Werkqualität hebt der BGH unter Verweis auf die Seilzirkus-Entscheidung hervor, dass eine ästhetische Wirkung nur dann Urheberrechtsschutz begründen könne, wenn sie nicht einfach dem praktischen Nutzen entspringe, sondern auf einer künstlerischen Leistung basiere. Weiterhin werde für die Anerkennung als eigene geistige Schöpfung vorausgesetzt, dass ein Freiraum für Gestaltung existiere und dieser vom Schöpfer genutzt werde, um seine kreative Seele auf eine originelle Art und Weise darzustellen. Außerdem resultiere eine zwar für den Urheberrechtsschutz ausreichende, jedoch geringe gestal-

121 BGH, Urt. v. 13.11.2013, Az. I ZR 143/12, GRUR 2014, 175, 177, Rn. 26.
122 BGH, Urt. v. 22.06.1995, Az. I ZR 119/93, GRUR 1995, 581, 582; BGH, Urt. v. 13.11.2013, Az. I ZR 143/12, GRUR 2014, 175, 176, Rn. 18.
123 BGH, Urt. v. 13.11.2013, Az. I ZR 143/12, GRUR 2014, 175, 177, Rn. 26.
124 BGH, Urt. v. 13.11.2013, Az. I ZR 143/12, GRUR 2014, 175, 178, Rn. 35.
125 BGH, Urt. v. 13.11.2013, Az. I ZR 143/12, GRUR 2014, 175, 178, Rn. 34.

terische Qualität in einem dementsprechend begrenzten Schutzumfang des betroffenen Werks der angewandten Kunst.[126]

Seinen Schwenk in der Rechtsprechung bestätigte der BGH in der Folge mehrfach[127] und präzisierte ihn, indem er z. B. die von der Revision geforderte Anerkennung als urheberrechtlich geschütztes Werk am Fehlen einer den Werkcharakter kennzeichnenden künstlerischen Leistung scheitern ließ und zudem eine *„nicht zu geringe Gestaltungshöhe"* vermisste.[128]

Weitere Präzisierung erfuhr die BGH-Rechtsprechung mit dem anknüpfenden Urteil vom 7. April 2022 zum urheberrechtlichen Schutz des *Porsche 911* und seiner Vorgänger. Der BGH stellte darin klar, dass der von ihm im Hinblick auf § 2 Abs. 1 Nr. 4 UrhG angewandte Werkbegriff dem unionsrechtlichen Begriff des urheberrechtlich geschützten Werks im Sinne der InfoSoc-RL entspreche.[129]

Für die Anerkennung als Werk der angewandten Kunst sei weiterhin maßgeblich, ob es sich zum einen um ein Original in Form einer eigenen geistigen Schöpfung seines Urhebers handele, indem es die Persönlichkeit des Urhebers in Form seiner freien kreativen Entscheidungen zum Ausdruck bringe. Andererseits sei die Klassifizierung als Werk solchen Elementen vorbehalten, die eine derartige Schöpfung manifestierten.[130]

Der BGH bestätigte die Auffassung der Vorinstanz, dass bei technisch notwendigen und allgemein akzeptierten Richtlinien die Anerkennung als Werk der angewandten Kunst ausschließlich für den Gesamteindruck gelte, der durch die spezifischen Eigenschaften der Gestaltung hervorgerufen werde. Dieser Gesamteindruck müsse sich außerdem deutlich von den zum Zeitpunkt der Schöpfung existierenden Gestaltungen unterscheiden. Ferner erreiche eine Gestaltung, die durch die Kombination bereits bekannter Formen entsteht, lediglich eine niedrige gestalterische Qualität und somit einen deutlich begrenzten Schutzbereich im Sinne der „kleinen Münze"; Schutz werde nur gegen identische Nachbildungen oder nur minimal abweichende Gestaltungen gewährt.[131]

Während der BGH die Gestaltung des Porsche 356 als Vorgängermodell des Porsche 911 als ein urheberrechtlich geschütztes Werk der angewandten Kunst einordnete, hatte noch kurz vorher das OLG Braunschweig kon-

126 BGH, Urt. v. 13.11.2013, Az. I ZR 143/12, GRUR 2014, 175, 179, Rn. 41.
127 BGH, Urt. v. 05.11.2015, Az. I ZR 76/11, GRUR 2016, 487; BGH, Urt. v. 5.11.2015, Az. I ZR 91/11, GRUR 2016, 490; BGH, Urt. v. 29.04.2021, Az. I ZR 193/20, GRUR 2021, 1290.
128 BGH, Urt. v. 29.04.2021, Az. I ZR 193/20, GRUR 2021, 1290, 1296, Rn. 60.
129 BGH, Urt. v. 07.04.2022, Az. I ZR 222/20, GRUR 2022, 899, 902, Rn. 29.
130 BGH, Urt. v. 07.04.2022, Az. I ZR 222/20, GRUR 2022, 899, 902, Rn. 29.
131 BGH, Urt. v. 07.04.2022, Az. I ZR 222/20, GRUR 2022, 899, 906, Rn. 60.

trär dazu der äußeren Gestaltung des Ur-Käfers keinen urheberrechtlichen Schutz als Werk der angewandten Kunst zuerkannt, da sämtliche von der Klägerin benannten Gestaltungselemente vorbekannt seien und in der gewählten Kombination auch keine künstlerische Leistung im Sinne der BGH-Rechtsprechung darstellten.[132]

Obgleich der BGH in späteren Urteilen für den urheberrechtlichen Schutz eine gestalterische Qualität, welche Minimalanforderungen übertreffe sowie im Zusammenhang mit Gebäuden eine das übliche Baugeschehen und die gewöhnliche Architektur übertreffende Abgrenzung der Bauplanung oder des Bauwerks verlangte[133], erkannten in der Folge diverse Instanzgerichte auch bei nur geringer Individualität Urheberschutz zu.

In der Folge setzte der BGH seine mit der Entscheidung *Geburtstagszug* eingeleitete Rechtsprechungslinie (s. o. S. 28 ff.) zwar fort, stellte in der Entscheidung *Vitrinenleuchte* vom 15. Dezember 2022 allerdings präzisierend klar, dass eine geringe Gestaltungshöhe auch zu einem engen Schutzbereich führe.[134]

(3) Anwendung durch Instanzgerichte

Bereits rund 15 Monate nach der *Geburtstagszug*-Entscheidung wandte das OLG Köln in seinem Urteil vom 20. Februar 2015, Az. 6 U 131/14 – *Designerurne* die damit verbundene Änderung der BGH-Rechtsprechung an, indem es ein Urteil des Landgerichts (im Weiteren: LG) Köln hielt. Eine mit Hirschmotiv verzierte Urne sei ein Werk der angewandten Kunst gemäß § 2 Abs. 1 Nr. 4 UrhG, weil sie nach Auffassung des OLG und LG Köln einerseits durch eine kreative und farbenprächtige Gestaltung besteche und andererseits in der Auswahl der verwendeten Stilelemente eine starke Reduktion aufweise. Es gehe hierbei nicht um eine einfache Kombination bereits bekannter Motive. Ferner werde der Schutz nicht für eine grafische Landschaftsdarstellung mit einem Hirsch angestrebt, sondern für eine Urne, die mit dieser Darstellung verziert sei, als ein Werk der angewandten Kunst.[135]

Aufgrund des Verwendungszwecks als Dekor einer Urne werde es als ein Werk der angewandten und nicht der bildenden Kunst betrachtet. Der Einsatz einer Darstellung, die bereits für sich genommen kreative Merkmale zeigt, als Verzierung einer Urne erreiche ein Maß an Originalität, das über dem Mindestniveau des gerade noch für Schutz infrage kommenden Bereichs der „kleinen Münze" liege.[136]

---

132 OLG Braunschweig, Urt. v. 10.3.2022, Az. 2 U 47/19, ZUM-RD 2022, 342, 370.
133 BGH, Urt. v. 29.04.2021, Az. I ZR 193/20, GRUR 2021, 1290, 1296, Rn. 60.
134 BGH, Urt. v. 15.12.2022, Az. I ZR 173/21, GRUR 2023, 571, 573, Rn. 15.
135 OLG Köln, Urt. v. 20.02.2015, Az. 6 U 131/14, ZUM-RD 2015, 383, 385.
136 OLG Köln, Urt. v. 20.02.2015, Az. 6 U 131/14, ZUM-RD 2015, 383, 386.

Damit ist festzustellen, dass bereits der Gebrauchszweck der Verzierung eines Produkts wie einer Urne von LG und OLG Köln als disqualifizierend für die Anerkennung als Werk der bildenden Kunst angesehen wird. Dem schloss sich im Ergebnis auch das OLG Hamburg in Bezug auf einen mit einem die Persönlichkeit des Urhebers widerspiegelnden ästhetischen Eindruck eines pyramidenförmigen Heizstrahlers an.[137]

Zum Schutzumfang urheberrechtlich geschützter Werke, die sich im untersten Bereich des Werkschutzes bewegen, äußerte sich das OLG Frankfurt am Main in einem Verfahren des einstweiligen Rechtsschutzes mit Urteil vom 30. Juni 2015, Az. 11 U 56/15. So wies es im vorliegenden Fall in Bezug auf Tapetenmuster darauf hin, dass der geistig-schöpferische Gehalt wegen der auf einer rein zufälligen und naheliegenden Aneinanderreihung eines Naturprodukts beruhenden Wirkung im untersten Bereich des Werkschutzes verharrte. Es erscheine daher nicht unwahrscheinlich, dass – unabhängig vom klägerischen Werk – ein Dritter auf die gleiche Idee komme.[138] Dafür spreche auch eine gewisse Gebräuchlichkeit im Umgang mit den gewählten Motiven und Mustern.[139] Insbesondere im Bereich der sogenannten „kleinen Münze“, an der Schnittstelle zwischen Schutzfähigkeit und Schutzlosigkeit, wo technische Notwendigkeiten oder konventionelle und naheliegende Designansätze eine bestimmte Formgebung nahelägen, träten Doppelschöpfungen auf.[140]

Unter ausdrücklicher Bezugnahme auf die *Geburtstagszug*-Rechtsprechung des BGH entschied das OLG Frankfurt am Main mit Urteil vom 15. September 2020, Az. 11 U 76/19 – *Powerherz* einige Jahre später ebenfalls konsequent, dass ein Produkt, dessen Gestaltungsmerkmale durch den Gebrauchszweck (hier Ästhetik und angeblich energetische Wirkung) vorgegeben sei und dessen Gestaltung sich im Übrigen nicht von dem gebräuchlichen Formenschatz einschlägiger Produkte abhebe, nicht über urheberrechtliche Schöpfungshöhe verfüge. Gleiches gelte für ein Design, das lediglich vorbekannte Gestaltungsmerkmale nachahme, wenn die Änderungen gegenüber dem Formenschatz allein auf handwerkliche Fähigkeiten des Designers zurückzuführen seien.

In seiner Beurteilung zum urheberrechtlichen Schutz von Sandalen gelangte das OLG Hamburg mit dem Beschluss vom 14. Oktober 2021, Aktenzeichen 5 W 40/21 – *Grand Step Shoes* zu der Schlussfolgerung, dass maßgeblich sei, ob trotz des eindeutigen Gebrauchszwecks genügend Freiräume für eigenständige, kreative Entscheidungen existierten, die die Individualität

---

137 OLG Hamburg, Urt. v. 30.03.2023, Az. 5 U 77/21, ZUM-RD 2023, 481, 488 f.

138 OLG Frankfurt a. M., Urt. v. 30.06.2015, Az. 11 U 56/15, openJur2015, 14282, Rn. 22.

139 BGH, Urt. v. 27.01.1983, Az. I ZR 177/80, GRUR 1983, 377, 378; OLG Frankfurt a. M., Urt. v. 30.06.2015, Az. 11 U 56/15, openJur2015, 14282, 22.

140 OLG Frankfurt a. M., Urt. v. 30.06.2015, Az. 11 U 56/15, openJur2015, 14282, 22.

des Urhebers reflektierten und von ihm auf persönliche Art genutzt würden.[141] Bei dieser Einschätzung müsse der objektive Werkbegriff zugrunde gelegt werden. Es müsse nach objektiven Maßstäben beurteilt werden, ob das Ergebnis der Arbeit als Kunstwerk betrachtet werden könne oder nicht. Ausschlaggebend sei, inwiefern künstlerische Kreativität im Werk objektiv feststellbar sei. Die subjektive Intention des Urhebers, ein Kunstwerk erschaffen zu wollen, sei dabei irrelevant.[142]

In einem ähnlichen Rechtsstreit bezüglich des urheberrechtlichen Schutzes von Sandalen äußerte das Landgericht Köln in seinem Urteil vom 3. März 2022 Vorbehalte gegen die Anerkennung eines unionsweit harmonisierten Werkbegriffs, insbesondere im Bereich der angewandten Kunst. Das Gericht vertrat die Meinung, dass der EuGH mit der Harmonisierung des Werkbegriffs seine Befugnisse überschreite.[143] In den Erwägungsgründen der InfoSoc-Richtlinie werde eine Vereinheitlichung des Werkbegriffs über die in Erwägungsgrund 20 aufgeführten Richtlinien hinaus nicht erwähnt. Die nationalen Gerichte verfügten über einen weitreichenden Ermessensspielraum bei der Anwendung des Werkbegriffs. Dies stehe im Einklang mit der autonomen Interpretation des unionsrechtlichen Werkbegriffs, indem ein Ermessensspielraum der nationalen Gerichte bei der Anwendung des Werkbegriffs auf verschiedene Werkarten anerkannt werde.[144]

In seinem Urteil vom 9. Juni 2022, Az. 14 O 283/20 äußerte das LG Köln erneut Bedenken gegen den harmonisierten Werkbegriff bei Werken der angewandten Kunst. Maßgeblich seien Gestaltungshöhe und Werkqualität.[145] Deutsche Gerichte seien befugt, Bewertungen vorzunehmen und besäßen einen weitreichenden Ermessensspielraum bei der Anwendung des Werkbegriffs auf die verschiedenen Arten von Werken.[146]

Ein Produkt werde erst dann zu einem kreativen Werk, wenn der Schöpfer von etablierten Gestaltungsnormen abweiche und danach handele, indem er ein physisches Objekt herstelle, das als Exemplar oder Vorlage für die von ihm festgelegten Regeln dienen könne. Der Schwerpunkt solle nicht primär auf einzelnen Gestaltungselementen liegen, sondern auf dem Gesamteindruck, den das Werk auf den Betrachter vermittele.[147] Lasse sich ausschließen, dass ein Designer gänzlich nach festgelegten Vorgaben vorgegangen sei, könne davon ausgegangen werden, dass er zumindest bis zu einem ge-

---

141 OLG Hamburg, Urt. v. 14.10.2021, Az. 5 W 40/21, GRUR 2022, 565, 566, Rn. 22.
142 BGH, Urt. v. 27.02.1961, Az. I ZR 127/59, GRUR 1961, 635, 638; OLG Hamburg, Urt. v. 14.10.2021, Az. 5 W 40/21, GRUR 2022, 565, 566, Rn. 28.
143 LG Köln, Urt. v. 03.03.2022, Az. 14 O 366/21, ZUM-RD 2022, 314, 317, Rn. 38 ff.
144 LG Köln, Urt. v. 03.03.2022, Az. 14 O 366/21, ZUM-RD 2022, 314, 317, Rn. 41.
145 LG Köln, Urt. v. 09.06.2022, Az. 14 O 283/20, ZUM 2023, 59, 62, Rn. 53.
146 LG Köln, Urt. v. 09.06.2022, Az. 14 O 283/20, ZUM 2023, 59, 63, Rn. 56.
147 LG Köln, Urt. v. 09.06.2022, Az. 14 O 283/20, ZUM 2023, 59, 63, Rn. 59.

wissen Grad eigene kreative Entscheidungen gefällt habe. In diesem Fall bestehe die Annahme, dass er den vorhandenen kreativen Spielraum tatsächlich genutzt habe, um sein geistiges Werk zu erschaffen.[148]

Wenn die in Frage stehende Gestaltung nicht so markant von einer als Werk der angewandten Kunst geschützten Grafik abweiche, dass die Unterschiede den Gesamtcharakter und die Wahrnehmung wesentlich veränderten, werde sie üblicherweise als eine einfache Variante der geschützten Gestaltung angesehen und falle somit in den Bereich des Schutzes.[149]

Zuvor wandte das LG Frankfurt am Main in seinem Teilurteil vom 22. Dezember 2021, Az. 2-06 O 111/21 die *Geburtstagszug*-Rechtsprechung des BGH und den harmonisierten Werkbegriff des EuGH auf das bekannte 3-D-Puzzle „Zauberwürfel" an. Dem könne keine urheberrechtliche Werkqualität zugesprochen werden, da es nicht die gestalterische Qualität erreiche, die es rechtfertigen würde, von einer künstlerischen Leistung zu sprechen. Die allgemein bekannten Gestaltungselemente – die Gitterstruktur und die sechs Grundfarben eines würfelförmigen Körpers – böten an sich keine Besonderheit. Die Beeinflussung des menschlichen Geistes erfolge jedoch durch die Spielidee oder das zugrundeliegende mechanische Konzept, was ein ausschließlich durch technische Erfordernisse bedingtes Merkmal sei. Dieses Merkmal sei dem Zweck des Gebrauchs geschuldet und somit nicht schutzfähig. Der durchaus vorhandene breite Gestaltungsspielraum werde vom Schöpfer nicht genutzt, um seine kreative Geisteskraft auf originelle Weise darzustellen. Auch die gesellschaftliche Wertschätzung, wie die Aufnahme in das Museum of Modern Art (MoMA) in New York, änderten nichts an dieser Beurteilung, da diese Anerkennung vor allem der damals innovativen Spielidee gegolten habe. [150] Da das Merkmal nicht variabel und damit keinen Gestaltungsalternativen zugänglich sei, verbiete sich auch eine Einordnung unter den harmonisierten Werkbegriff des EuGH.[151]

Im Gegensatz zum LG Köln wandte das LG Düsseldorf in seinen Urteilen vom 8. Dezember 2022, Az. 14c O 46/21 – *LEGO-Minifigur*[152] und vom 22. Dezember 2022, Az. 14c O 45/21 – *Softwalls*[153] den harmonisierten Werkbegriff des EuGH ohne Bedenken auf Werke der angewandten Kunst an. Es erkannte beispielsweise im ersten genannten Fall sowohl die erforderliche Individualität als auch die notwendige Gestaltungshöhe, da die Originalität

148 LG Köln, Urt. v. 09.06.2022, Az. 14 O 283/20, ZUM 2023, 59, 63, Rn. 60.
149 LG Köln, Urt. v. 09.06.2022, Az. 14 O 283/20, ZUM 2023, 59, 64, Rn. 72-74.
150 LG Frankfurt a.M., Urt. v. 22.12.2021, Az. 2-06 O 111/21, GRUR-RS 2021, 41512, 23.
151 LG Frankfurt a.M., Urt. v. 22.12.2021, Az. 2-06 O 111/21, GRUR-RS 2021, 41512, 24.
152 LG Düsseldorf, Urt. v. 08.12.2022, Az. 14c O 46/21, openJur 2023, 841.
153 LG Düsseldorf, Urt. v. 22.12.2022, Az. 14c O 45/21, openJur 2023, 840.

in einem deutlichen Abweichen von vorbekannten Gestaltungen eine gänzlich andere Formensprache spreche und ihr Schöpfer den großen, ihm zur Verfügung stehenden Gestaltungsspielraum durch ein sich aus der Masse abhebendes Gepräge genutzt habe, das seine Individualität und Persönlichkeit widerspiegele. Aus diesem Grund lasse sich nach Meinung der Kreise, die Kunst gegenüber aufgeschlossen seien und über ein gewisses Verständnis für Kunstanschauungen verfügten, von einer künstlerischen Leistung sprechen.[154]

(4) Zwischenergebnis

Damit sind die anhand der Rechtsprechung entwickelten Voraussetzungen in Bezug auf Werkbegriff und Werkqualität auf Tattoos anzuwenden. Sodann sind etwaige Einschränkungen des Schutzbereiches zu thematisieren. Schließlich ist die im Raum stehende Frage zu beantworten, ob das Vorliegen jeglichen Gebrauchszwecks die Einordnung als Werke der bildenden Kunst ausschließt.

Wie bereits oben (s. o. S. 27) festgestellt, schließt die jüngere einschlägige Rechtsprechung des EuGH die Einordnung von Tattoos als urheberrechtlich geschützte Werke jedenfalls nicht aus. Als autonomer Begriff des Unionsrechts ist der Werkbegriff einheitlich zu interpretieren und anzuwenden.[155] Das in Frage stehende Werk muss als Original eine persönliche geistige Schöpfung des Schöpfers sein, die durch das Spiegeln der Persönlichkeit des Urhebers dessen freie kreative Wahlmöglichkeiten manifestiert.[156] Wenn jedoch keinerlei Spielraum für künstlerische Freiheit existiert, da das Design durch technische Überlegungen, Vorschriften oder andere Einschränkungen festgelegt wurde, ist die notwendige Originalität nicht gegeben.[157]

Auch die nationale Gesetzgebung in Form des § 2 Abs. 1 Nr. 4 UrhG erfordert zur Feststellung eines Werks der bildenden Kunst einschließlich der Werke der angewandten Kunst eine persönliche geistige Schöpfung gemäß § 2 Abs. 2 UrhG. In den oben bereits zitierten Entscheidungen *Zugangsrecht des Architekten*[158] und *Porsche 911*[159] wurde die ständige Rechtsprechung

154 LG Düsseldorf, Urt. v. 08.12.2022, Az. 14c O 46/21, openJur 2023, 841, Rn. 207.

155 EuGH, Urt. v. 13.11.2018, Az. C-310/17, GRUR 2019, 73, 74, Rn. 33; EuGH, Urt. v. 12.09.2019, Az. C-683/17, GRUR 2019, 1185, 1186, Rn. 29.

156 EuGH, Urt. v. 12.09.2019, Az. C-683/17, GRUR 2019, 1185, 1186, Rn. 29 ff.; EuGH, Urt. v. 11.06.2020, Az. C-833/18, GRUR 2020, 736, 737, Rn. 22 ff.

157 EuGH, Urt. v. 12.09.2019, Az. C-683/17, GRUR 2019, 1185, 1186, Rn. 31; EuGH, Urt. v. 11.06.2020, Az. C-833/18, GRUR 2020, 736, 737, Rn. 27.

158 BGH, Urt. v. 29.04.2021, Az. I ZR 193/20, GRUR 2021, 1290, 1296, Rn. 57.

159 BGH, Urt. v. 07.04.2022, Az. I ZR 222/20, GRUR 2022, 899, 902, Rn. 28.

zum Begriff der persönlichen geistigen Schöpfung[160] vom BGH fortgeführt. Es besteht weiterhin die Notwendigkeit einer individuell geprägten Schöpfung, deren ästhetischer Wert so hoch ist, dass Kreise, die Kunst gegenüber aufgeschlossen sind und über ein gewisses Verständnis für Kunst verfügen, von einer „künstlerischen" Leistung sprechen würden. Nur wenn die ästhetische Wirkung der Gestaltung auf einer künstlerischen Leistung fußt und dies zum Ausdruck bringt, kann sie Urheberrechtsschutz erlangen.[161]

Die erwähnten Voraussetzungen entsprechen auch dem unionsrechtlichen Begriff des urheberrechtlich geschützten Werks im Sinne der InfoSoc-RL, der EU-weit einheitlich interpretiert und angewendet werden muss[162], auch wenn z.B. das LG Köln dies kritisiert, wie bereits oben ausgeführt (s.o.S.33 f.). Der harmonisierte Werkbegriff fordert, wie bereits oben erläutert (s.o.S.25 ff.), das kumulative Vorliegen der beiden Voraussetzungen Originalität im Sinne einer eigenen geistigen Schöpfung des Urhebers[163] und Eignung, als Element eine solche Schöpfung zum Ausdruck bringen zu können[164]. Für ersteres muss das Element die Persönlichkeit des Schöpfers reflektieren, indem es die freie kreative Wahl des Urhebers zeigt, der den ihm zur Verfügung stehenden Spielraum für künstlerische Freiheit nutzt, ohne dabei vollständig durch Vorschriften oder andere Beschränkungen eingeschränkt zu sein.[165] Schließlich muss das zu bewertende Element für den erforderlichen Ausdruck der Schöpfung einen Gegenstand repräsentieren, der mit ausreichender Präzision und Objektivität identifiziert werden kann,[166] der als Ausdrucksform jedoch nicht zwingend von Dauer sein muss.[167]

---

160 BGH, Urt.v. 27.01.1983, Az. I ZR 177/80, GRUR 1983, 377, 378; BGH, Urt.v. 10.12.1986, Az. I ZR 15/85, GRUR 1987, 903, 904; BGH, Urt.v. 01.06.2011, Az. I ZR 140/09, NJW-RR 2012, 174, 175; BGH, Urt.v. 12.05.2011, Az. I ZR 53/10, GRUR 2012, 58, 60, Rn.17; BGH, Urt.v. 13.11.2013, Az. I ZR 143/12, GRUR 2014, 175, 176, Rn.15.

161 BGH, Urt.v. 12.05.2011, Az. I ZR 53/10, GRUR 2012, 58, 62, Rn.36; BGH, Urt.v. 13.11.2013, Az. I ZR 143/12, GRUR 2014, 175, 179, Rn.41.

162 BGH, Urt.v. 29.04.2021, Az. I ZR 193/20, GRUR 2021, 1290, 1296, Rn.58; BGH, Urt.v. 07.04.2022, Az. I ZR 222/20, GRUR 2022, 899, 902, Rn.28; *Hartwig*, GRUR 2022, 1023.

163 EuGH, Urt.v. 13.11.2018, Az. C-310/17, GRUR 2019, 73, 74, Rn.36; EuGH, Urt.v. 12.09.2019, Az. C-683/17, GRUR 2019, 1185, 1186, Rn.29; EuGH, Urt.v. 11.06.2020, Az. C-833/18, GRUR 2020, 736, 737, Rn.22.

164 EuGH, Urt.v. 13.11.2018, Az. C-310/17, GRUR 2019, 73, 74, Rn.37; EuGH, Urt.v. 12.09.2019, Az. C-683/17, GRUR 2019, 1185, 1186, Rn.29; EuGH, Urt.v. 11.06.2020, Az. C-833/18, GRUR 2020, 736, 737, Rn.22.

165 EuGH, Urt.v. 12.09.2019, Az. C-683/17, GRUR 2019, 1185, 1186, Rn.30; EuGH, Urt.v. 11.06.2020, Az. C-833/18, GRUR 2020, 736, 737, Rn.23 f.

166 EuGH, Urt.v. 12.09.2019, Az. C-683/17, GRUR 2019, 1185, 1187, Rn.32; EuGH, Urt.v. 11.06.2020, Az. C-833/18, GRUR 2020, 736, 737, Rn.25.

167 EuGH, Urt.v. 13.11.2018, Az. C-310/17, GRUR 2019, 73, 74, Rn.40.

Jedenfalls werden alle Tattoos, bei denen sich Tattoo Artists einer einzigartigen Bildsprache in Form ihres individuellen Stils bedienen, ohne Weiteres die beiden o. g. Voraussetzungen Originalität im Sinne einer eigenen geistigen Schöpfung des Urhebers und Eignung, die Persönlichkeit des Urhebers widerzuspiegeln, erfüllen.

Der Überblick über die Rechtsprechung der letzten Jahre zum urheberrechtlichen Werkbegriff zeigt darüber hinaus, dass selbst für Tattoos, die sich des vorbekannten Formenschatzes bedienen und schöpferisch neue Kombinationen schaffen, der Schutz als Werk der angewandten Kunst zunächst möglich erscheint. Betrachtet man die einschlägige nationale Rechtsprechung der letzten Jahre, so vermag die *Seilzirkus*-Entscheidung[168] des BGH in Bezug auf Tattoos noch keine Klarheit zu verschaffen. Insbesondere über das Einfärben von Hautflächen oder bloße geometrische Formen u. Ä. hinausgehende, illustratorisch anspruchsvolle Tattoos verkörpern als Illustrationen jedenfalls mehr als das Nutzen handwerklich-konstruktiver Spielräume hinsichtlich der Gestaltung oder den Austausch technischer Merkmale durch andere. Eine Einordnung als urheberrechtlich geschütztes Werk gemäß § 2 Abs. 1 Nr. 4 UrhG kann damit zwar jedenfalls nicht abgelehnt werden. Das *Seilzirkus*-Urteil bietet aber keine Orientierungshilfe, ob Tattoos ein Werk der bildenden Kunst sein können oder es sich stets allenfalls um angewandte Kunst handelt.

Eine bessere Orientierungshilfe in Bezug auf Tattoos bietet die *Geburtstagszug*-Entscheidung[169] des BGH. So ist festzuhalten, dass zur Beurteilung, ob es sich um ein Werk der angewandten oder bildenden Kunst handelt, die Feststellung eines Gebrauchszwecks ausschlaggebend sein wird. Folgt man der Auffassung, dass es sich bei Tattoos um mit einem Gebrauchszweck ausgestattete Werke der angewandten Kunst handelt[170], werden auch hier keine höheren Anforderungen an den Eigentümlichkeitsgrad zu stellen sein als an Werke der bildenden Kunst. Um Werkqualität zu erreichen, wird jedoch auch bei Tattoos stets ein dem Urheber zur Verfügung stehender und von ihm schöpferisch-originell ausgenutzter Gestaltungsspielraum erforderlich sein. Während die Einordnung als Element, das eine Schöpfung zum Ausdruck bringen kann, aufgrund der grafischen Darstellung von Tattoos unproblematisch erscheint, wird es somit stets zusätzlich die Persönlichkeit des Urhebers widerspiegeln müssen, indem es die freie kreative Wahl des Urhebers zum Ausdruck bringt.

Soweit es sich um eher alltäglich erscheinende „Gebrauchs"tattoos aus dem ausliegenden Vorlagenalbum von Tattoo Artists handelt, die gleichwohl mit

168 BGH, Urt. v. 12.05.2011, Az. I ZR 53/10, GRUR 2012, 58.
169 BGH, Urt. v. 13.11.2013, Az. I ZR 143/12, GRUR 2014, 175.
170 OLG Hamburg, Urt. v. 04.05.2011, Az. 5 U 207/10, GRUR-RR 2012, 26, 28.

über vorbekannte grafische Grundmuster, bloße Flächenkolorierung etc. hinausgehenden, kreativen Einflüssen der individuellen Formensprache ihrer Urheber Ausdruck verleihen, erscheint eine Anerkennung jedenfalls und mindestens als Werk der angewandten Kunst zunächst denk- und vertretbar.

Konsequenz der Beschränkung auf das Werk der angewandten Kunst wäre in Ansehung der aktuellen BGH-Rechtsprechung[171] allerdings zwingend ein auf die Kopie des individuellen Werks oder nur marginal abweichende Gestaltungen eingeschränkter Schutzumfang. Eine solche Beschränkung des Schutzbereichs mag für sogenannte „Gebrauchs"-Tattoos angemessen und branchennah erscheinen. Anderenfalls wäre z. B. die Weiterentwicklung der Kreativität der Kunstform durch behindernde „chilling effects" zu besorgen. Insofern erscheinen derartige „Gebrauchs"tattoos ähnlich wie Mashups aus dem grafisch-digitalen Bereich oder Samplings aus der Musikszene. Jedenfalls Letztere hatte das Bundesverfassungsgericht (im Weiteren: BVerfG) im Gegensatz zum BGH[172] dann als zulässig erachtet, wenn es sich zum einen um ein stilprägendes Element der Kunstform handele. Die erforderliche kunstspezifische Betrachtung verlange, genrespezifische Aspekte nicht unberücksichtigt zu lassen.[173] Zum anderen stünde den Beschränkungen der künstlerischen Betätigungsfreiheit lediglich ein geringfügiger Eingriff ohne erhebliche wirtschaftliche Nachteile gegenüber.[174]

Die Ansicht des BVerfG erscheint auch auf sogenannte „Gebrauchs"-Tattoos übertragbar, die vorbekannte grafische Muster u. Ä. mit eigenen kreativen Einflüssen ihrer Urheber kombinieren. Im Lichte der Harmonisierung des Urheberrechts in der EU darf aber nicht die einschlägige Rechtsprechung des EuGH zum gleichen Fall übersehen werden, die einer unlizenzierten Verwendbarkeit die engen Grenzen der Verwendung in geänderter und nicht wiedererkennbarer Form setzt.[175] Daran müssen sich auch „Gebrauchs"-Tattoos messen lassen, insbesondere dann, wenn sie im Wesentlichen vorbekannte grafische Formen oder Formensprache übernehmen.

Wie bereits ausgeführt (s. o. S. 37 f.), mag ein auf die Kopie des individuellen Werks oder marginal abweichende Gestaltungen eingeschränkter Schutzumfang für Tattoos mit geringem eigenschöpferischem Beitrag des Tattoo Artists noch vertretbar erscheinen und damit den Weg zur Anerkennung solcher „Gebrauchs"-Tattoos als Werk der angewandten Kunst eröffnen.

Bei hochkünstlerischen Tattoos, die vollständig auf eigenen Entwürfen eines Tattoo Artists beruhen und bei denen keine Übernahme vorbekannter Ele-

171 BGH, Urt. v. 07.04.2022, Az. I ZR 222/20, GRUR 2022, 899, 906, Rn. 60.
172 BGH, Urt. v. 13.12.2012, Az. I ZR 182/11, ZUM 2013, 484, 484 ff.
173 BVerfG, Urt. v. 31.05.2016, Az. 1 BvR 1585/13, NJW 2016, 2247, 2251, Rn. 99.
174 BVerfG, Urt. v. 31.05.2016, Az. 1 BvR 1585/13, NJW 2016, 2247, 2252, Rn. 101 ff.
175 EuGH, Urt. v. 29.07.2019, Az. C-476/17, GRUR 2019, 929, 929, 931, Rn. 31 ff.

mente erkennbar erscheint, ist ein derart eingeschränkter Schutzbereich aber ebenso wenig vertretbar wie bei anderen Kunstwerken mit überragender eigenschöpferischer Ausdruckskraft. Schon deshalb schließt sich jedenfalls für derartig hochkünstlerische Tattoowerke eine Einordnung als Werk der angewandten Kunst aus.

Darüber hinaus ist zu berücksichtigen, dass das der Begriff des Werks der angewandten Kunst für Gebrauchsgegenstände mit eigenschöpferisch-kreativen Anmutungen geschaffen wurde. So fällt in rechtshistorischer und teleologischer Hinsicht auf, dass bereits § 2 des Kunstschutzgesetzes diesen Schutz einführte, allerdings die Begrifflichkeit „*Erzeugnisse des Kunstgewerbes*" nutzte. Bereits damals wurde „*Kunstgewerbe*" sowohl als die gewerbliche Vervielfältigung und Verbreitung von zu Gebrauchszwecken dienenden Schöpfungen mit künstlerischer Eigenart als auch die Vervielfältigung und Verbreitung gewisser Gattungen von reinen Kunstschöpfungen beispielsweise in Bronze, Porzellan usw. definiert.[176] Dies deutet auf handelbare Produkte in körperlicher Form hin, die vornehmlich zu gewerblichen Zwecken hergestellt und durch Handelsunternehmen vertrieben werden.

Auch durch die einschlägige höchstrichterliche Rechtsprechung (s. o. S. 25 ff.) und juristische Literatur[177] zieht sich stets das Vorhandensein von Betrachtungsobjekten in Form von körperlichen Produkten und damit frei handelbaren Gebrauchsgegenständen, die beispielhaft als „*formschöne Gebrauchsgegenstände, die meistens industrielle und serienmäßig hergestellt werden*" definiert werden.[178] Ihnen ist gemein, dass sie neben oder ohne zwingenden Zusammenhang zu der Sicherstellung ihrer als Gebrauchszweck beabsichtigten Funktion einer künstlerisch anmutenden Formensprache ihrer Schöpfer Ausdruck verleihen.

In Bezug auf Tattoos erscheint es bereits fernliegend, diese als Gebrauchsgegenstände oder handelbare Produkte für den Massenmarkt anzusehen, die neben einer z. B. als Anschaffungszweck vornehmlichen Gebrauchsfunktion – als angenehmer Nebeneffekt – zusätzlich einer nicht dem Gebrauchszweck geschuldeten, künstlerischen Formensprache Ausdruck verleihen.

Zwar ist auch Tattoos zumeist eine Art Gebrauchszweck in Form der gewünschten Verschönerung der tätowierten Körperstelle oder des Gesamteindrucks der körperlichen Erscheinung beizumessen (s. o. S. 12 f.). Der Unterschied zu den mit der Einordnung als Werke der angewandten Kunst gemeinten Gebrauchsgegenständen liegt aber darin, dass es sich bei Tattoos

176 *Osterrieth/Marwitz*, in: Das Kunstschutzgesetz, ^{2}1929, 38 B.II.

177 *A. Nordemann*, in: A. Nordemann/J. B. Nordemann/Czychowski (Hrsg.), UrhR, 2018, § 2, Rn. 139.; *Bullinger*, in: Wandtke/Bullinger (Hrsg.), UrhR, 2022, § 2, Rn. 96.; *G. Schulze*, in: Dreier/G. Schulze/Raue u. a. (Hrsg.), UrhG, 2022, § 2, Rn. 158.

178 LG Köln, Urt. v. 01.07.2009, Az. 28 O 42/09, ZUM-RD 2009, 613, 614.

zum einen schon nicht um frei handelbare, gewerblich hergestellte Produkte in Form körperlicher Gegenstände handelt. Sie sind vielmehr dauerhaft in den obersten Hautschichten einer Person installierte Ansammlungen von Farbpigmenten und damit weder ein Produkt in Form eines körperlichen Gegenstandes noch frei handelbar.

Zum anderen fallen Gebrauchszweck und individuell-künstlerische Gestaltung bei Tattoos im Gegensatz zu Gebrauchsgegenständen des Massenmarktes nicht auseinander oder kann bei Tattoos der Gebrauchszweck bei Wegfall der individuell-künstlerischen Gestaltung nicht erreicht werden, ebenfalls im Gegensatz zu Gebrauchsgegenständen des Massenmarktes, die ihren Gebrauchszweck auch ohne jede künstlerische Anmutung erreichen könnten. Bei Tattoos ist der Gebrauchszweck jedoch identisch mit der individuell-künstlerischen Anmutung oder untrennbar damit verbunden. Die Erreichung des vornehmlichen Gebrauchszweck der Körperverschönerung ist zwingend mit dem Aussehen des Tattoos verbunden und kein nicht zwingender Nebeneffekt, wie bei auch künstlerisch gestalteten, alltäglichen Gebrauchsgegenständen. Selbst bei vornehmlich anderen Zwecken wie sozialer Zuordnung, medizinischer oder informatorischer Funktion dienenden Tattoos ist die Verbindung von Zweckerreichung und Aussehen der Tattoos zwingend, auch wenn diese Arten von Tattoos selten Schöpfungshöhe erreichen dürften. Daher bleibt zu beachten, dass Werke der reinen bildenden Kunst – in Abgrenzung zu Werken der angewandten Kunst – keinem funktionellen Gebrauchszweck dienen,[179] sondern der Fokus auf dem ästhetischen Ausdruck des Werks liegt. Dies gilt ebenfalls für der Schmuck- oder Verschönerungsfunktion dienende Tattoos.

Zwar mag der Vergleich mit anderem Körperschmuck und damit mit Werken der angewandten Kunst aufgrund der vornehmlichen Funktion von Tattoos naheliegen. Bei anderem Körperschmuck handelt es sich aber – erneut im Gegensatz zu Tattoos – um körperliche Gegenstände, die vom Körper getrennt und frei gehandelt werden können (s. o. S. 39 f.).

Weiter ist das Trägermedium Haut insbesondere bei künstlerisch anspruchsvollen Tattoos mit Schöpfungshöhe nur als eines von vielen möglichen Trägermedien für ansonsten typische Werke der bildenden Kunst anzusehen. Derartige Tattoos dienen keinem anderen Gebrauchszweck als der Verschönerung des Trägermediums und letztlich des Trägers, sodass es sich um reine Kunst handelt.[180] So dient auch ein an eine Hauswand gehängtes Gemälde

---

179 *Dreyer*, in: Dreyer/Kotthoff/Meckel u. a. (Hrsg.), UrhR, ^{4}2018, § 2, Rn. 248.; *Bullinger*, in: Wandtke/Bullinger (Hrsg.), UrhR, 2022, § 2, Rn. 86.

180 *Duvigneau*, 535; *Dustmann/W. Nordemann*, in: Ebling/Schulze (Hrsg.), Kunstrecht, ^{2}2012, S. 95, 2. Teil, Rn. 48; *A. Nordemann*, in: A. Nordemann/J. B. Nordemann/Czychowski (Hrsg.), UrhR, 2018, § 2, Rn. 184.; *Mezger*, 64; *Leßmöllmann/Peifer* ; *Lampmann*, Tattoos und Urheberrecht: Wem gehört die Körperkunst?, 05.03.2019 (https://

oft vornehmlich dazu, die Wand oder den Raum zu schmücken. Angesichts dieses offensichtlichen Gebrauchszwecks erscheint es dennoch abwegig, dem Gemälde deshalb die Eigenschaft als Werk der bildenden Kunst abzusprechen. Eine Differenzierung zwischen z. B. kunstvoller Aufbringung von Farbpigmenten auf Leinwand als bildender Kunst und kunstvoller Einbringung von Farbpigmenten in menschliche Haut als angewandter Kunst vermag nicht zu überzeugen. Die Einordnung als zweckfreie, bildende oder zweckgebundene, angewandte Kunst würde damit auch ausschließlich von dem für die Kunst gewählten Trägermedium abhängig gemacht werden. Dies wäre willkürlich.

Schließlich erscheint eine Einordnung von Tattoos als Werk der angewandten Kunst auch angesichts der immer wieder zu beobachtenden schöpferischen Ausdruckskraft und Wirkung hochkreativer, künstlerisch anspruchsvoller Tattoowerke gerade im Hinblick auf die Einordnung vergleichbarer Werke wie z. B. Illustration und Kunstmalerei als verfehlt.

Wenn Tattoos urheberrechtlicher Schutz beigemessen werden soll, liegt die Einordnung als Werke der reinen bildenden Kunst näher und erscheint angesichts der obigen Ausführungen einzig passend. Die Einordnung als Werk der angewandten Kunst dagegen wirkt abwegig. Soweit in der wenigen, sich mit Tattoos befassenden urheberechtlichen Literatur überhaupt eine Einordnung innerhalb der Werkarten des § 2 Abs. 1 Nr. 4 UrhG erfolgt, werden Tattoos ausnahmslos als Werke der reinen bildenden Kunst eingeordnet.[181] Angesichts der Flut an Tattoos verschiedenster künstlerischer Qualität wird stets der Vorbehalt einer individuellen Betrachtung gelten müssen. Die Einordnung als Werk der angewandten Kunst jedenfalls erscheint aufgrund der obigen Feststellungen fernliegend.

Zur Wahrung der Einheitlichkeit des Rechts soll im Folgenden noch die die Werkqualität von Tattoos beurteilende Rechtsprechung aus anderen Rechtsgebieten betrachtet werden.

ab. Wettbewerbsrechtliche Rechtsprechung

Neben den o. g. Beiträgen der urheberrechtlichen Rechtsprechung und Literatur leistet auch ein Urteil des OLG Hamburg in einer wettbewerbsrechtlichen Angelegenheit einen Diskussionsbeitrag zur Einordnung von Tattoos als Kunstwerke.

---

www.lhr-law.de/magazin/urheber-designrecht/tattoos-und-urheberrecht/) (geprüft am 29.09.2024); *Schack*, Rn. 234; *Ludyga*, ZUM 2023, 22, 23.

181 *Duvigneau*, 544; *Dustmann/W. Nordemann*, in: Ebling/Schulze (Hrsg.), 2. Teil, Rn. 48; *Mezger*, 64; *A. Nordemann*, in: A. Nordemann/J. B. Nordemann/Czychowski (Hrsg.), UrhR, 2018, § 2, Rn. 184.; *Leßmöllmann/Peifer* ; *Hoeren/Risthaus*, in: Hoeren (Hrsg.), 137; *Schack*, Rn. 234; *Ludyga*, 23.

In einem Rechtsstreit über die Anwendbarkeit der Pflicht zum Aushang eines Preisverzeichnisses in einem Tattoostudio aus § 5 Abs. 1 PAngV hatte bereits die erste Instanz die Klage als unbegründet abgewiesen. § 5 PAngV finde keine Anwendung auf das von der Beklagten betriebene Tätowierstudio, da die Leistungen eines solchen Studios anders als beispielsweise solche eines Friseurs oder Schneiders als künstlerische Leistungen i. S. v. § 9 Abs. 8 Nr. 2 PAngV zu qualifizieren seien, bei denen eben nicht primär die handwerkliche Tätigkeit im Vordergrund stehe.[182]

Leistungen eines Tätowierers würden zudem in der Regel auf Basis von schriftlichen oder visuellen Entwürfen erbracht, die speziell auf den jeweiligen Fall zugeschnitten seien. Folglich seien diese Leistungen gewöhnlich als individuell angepasste Dienstleistungen zu betrachten und nicht als standardisierte Services, die in vielen Fällen auf die gleiche Art und Weise angeboten und durchgeführt würden.[183]

Dieser Begründung des LG Hamburg schloss sich das OLG Hamburg nur teilweise an. Eine Anwendbarkeit von § 9 Abs. 8 Nr. 1 PAngV lehnte es ab, weil es sich bei dem für das individuelle Tattoo unstreitig üblicherweise nur mündlich mitgeteilten Preis nicht um ein schriftliches Angebot im Sinne der Norm handele.[184]

Das OLG hielt mit der Vorinstanz § 9 Abs. 8 Nr. 2 PAngV für einschlägig. Unter ausdrücklicher Erwähnung der o. g. Rechtsprechung des BSG und im Lichte von Sinn und Zweck der PAngV beurteilte das OLG Hamburg die Leistungen von Tätowierern als jedenfalls der angewandten Kunst i. S. d. § 2 Abs. 1 Nr. 4, Abs. 2 UrhG zuzurechnen. Bei einem Teil der erbrachten Tattoos handele es sich nach Einschätzung des auch für Urhebersachen zuständigen Senats um persönlich-geistige Schöpfungen i. S. v. § 2 UrhG. Jedenfalls im deutschen Kulturkreis dienten sie jedoch der Verschönerung des körperlichen Erscheinungsbildes und seien somit nicht zweckfrei wie die sogenannte bildende Kunst.[185]

Diese Einordnung von Tattoos als Werke der angewandten Kunst gem. § 2 Abs. 1 Nr. 4 UrhG des OLG Hamburg ist jedoch im Ergebnis aus den bereits o. g. Gründen (s. o. S. 38 ff.) abzulehnen.

Zudem verkennt die vom OLG Hamburg vertretene Ansicht, dass künstlerisch anspruchsvolle Tattoos auch andere Funktionen als jene der Verzierung des Körpers haben oder sogar keinem anderen Zweck als dem Selbstzweck dienen können, wie dies z. B. bei der „Body-Art“ von *VALIE EXPORT* und

182 LG Hamburg, Urt. v. 24.09.2010, Az. 327 O 702/09, GRUR-Prax 2010, 493, 493.
183 LG Hamburg, Urt. v. 24.09.2010, Az. 327 O 702/09, GRUR-Prax 2010, 493, 493.
184 OLG Hamburg, Urt. v. 04.05.2011, Az. 5 U 207/10, GRUR-RR 2012, 26.
185 OLG Hamburg, Urt. v. 04.05.2011, Az. 5 U 207/10, GRUR-RR 2012, 26, 27 f.

Prof. Timm Ulrichs[186] oder auch bei zeitgenössischen Tableau Vivants in Form von Tattookunstwerken über mehrere menschliche Körper hinweg[187], den „Tattooed Lines“ *Santiago Sierras* auf Arbeitslosen, Prostituierten und Drogenabhängigen[188] oder sogar auf nichtmenschlicher Haut, wie z. B. bei den tätowierten „Pigs“ *Wim Delvoyes*[189] der Fall ist.

Für den Schutz von Tattoos als Werke der reinen bildenden Kunst spricht schließlich auch, dass der ausschließlich zum Stechen dienenden Vorlage (s. o. S. 23) die Schutzfähigkeit als Werk der reinen bildenden Kunst abgesprochen wird. Damit drohte anderenfalls das Entstehen einer ungerechtfertigten Schutzlücke im Bereich Tattoo. Wenn weder die Vorlage eines Tattoos noch ein Tattoo selbst als Ergebnis eines schöpferischen Schaffensprozesses als urheberrechtliches Werk der bildenden Kunst einzuordnen wären, würde dies dazu führen, dass kreativ-schöpferische Tattoo Artists weniger Rechte als andere Kreative in vergleichbaren Kunstformen hätten.

In diesem Zusammenhang sei daran erinnert, dass z. B. gemäß § 26 Abs. 8 UrhG das Folgerecht nicht für Werke der angewandten Kunst gilt. Tattoo Artists, deren Werke z. B. durch Kunsthändler weiterveräußert würden, was angesichts von künstlerischen Tattoos auf nicht menschlicher Haut oder auch in Museen ausgestellter Tattoopräparate zumindest möglich erscheint, wären damit rechtlich wesentlich schlechter gestellt als z. B. Kreative aus dem Bereich der Illustration.

Dies würde im Hinblick auf vergleichbare Kunstformen mit anerkanntem Schutz und Anerkennung als urheberrechtliche Werkform der bildenden Kunst (z. B. Maler/Gemälde mit Skizzen, Bildhauer/Skulptur mit Modellen/Skizzen) zu ungerechtfertigten Ungleichbehandlungen führen, wie bereits oben exemplarisch ausgeführt wurde.

ac. Sozialgerichtliche Rechtsprechung

Ebenfalls zur Wahrung der Einheitlichkeit des Rechts und zur weiteren Gewichtung der bereits oben ausgeführten Argumente hinsichtlich der urheberrechtlichen Einordnung von Tattoos in den Werkkatalog des § 2 UrhG ist auch auf die sozialgerichtliche Rechtsprechung zurückzugreifen. Diese befasst sich anlässlich erfolgloser Anträge von Tattoo Artists auf Aufnahme in die Künstlersozialversicherung immer wieder mit der rechtlichen Frage, ob Tätowieren als Kunstform und Tattoos als Kunstwerke angesehen werden können. Insbesondere Entscheidungen des BSG, des SG Hamburg und des

186 *S. Kampmann*, in: S. Kampmann/Herrmann/Petri u. a. (Hrsg.), Tattoo, 2011, 40 ff.
187 *Lamm*, 21 ff.
188 *Appel*, 55 ff.
189 *Dies.*, 48 ff.

LSG für das Saarland erscheinen für die Einordnung von Tattoos innerhalb des Werkkatalogs des § 2 UrhG aussagekräftig.

Das BSG hält seit einer Entscheidung aus dem Jahr 2007 daran fest, dass allein aus einer tätowierenden Tätigkeit grundsätzlich nicht auf eine Eigenschaft als Künstler geschlossen werden könne.[190]

Trotz eines kreativen Elements werde das Tätowieren grundsätzlich als eine handwerkliche Tätigkeit im weiteren Sinne angesehen, da der Fokus auf dem Gebrauch von manuellen und technischen Fertigkeiten liege. Aus diesem Grund lasse sich das Tätowieren nicht der bildenden Kunst im Sinne des § 2 des Künstlersozialversicherungsgesetzes (KSVG) zuordnen.[191]

Die Kunstfertigkeit der Tätigkeit des Tätowierens ergebe sich nicht allein daraus, dass anstelle der Verwendung vorgefertigter Muster oder Schablonen das Motiv eigenständig kreiert werde, da dies ebenfalls für das Kunsthandwerk charakteristisch sei. Die Tätigkeit bleibe auch bei der individuellen Gestaltung des Motivs handwerklich, da der kreative erste Schritt lediglich als Vorbereitung für den handwerklichen zweiten Schritt diene. Dieser zweite Schritt bleibe auch in solchen Fällen der Hauptfokus der Tätigkeit und die primäre Einkommensquelle für den Tätowierer.[192]

Der Kunde entrichte das Entgelt für das fertiggestellte Tattoo und nicht für den Entwurf, obwohl ein Tattoo, das nach einem individuellen Entwurf angefertigt werde, trotz gleichen Arbeitsaufwands im zweiten Schritt unter Umständen teurer sein könne als eines, das nach einem bestehenden Muster oder mit Schablonen hergestellt werde.[193]

Diese Rechtsansicht des BSG ist im Ergebnis abzulehnen.

Das BSG ging in seiner inzwischen rund 17 Jahre alten Entscheidung offenbar von einem schon damals, spätestens aber mittlerweile völlig veralteten Berufsbild bei Tattoo Artists aus. In diesem fiktiven Berufsbild suchen sich Kunden die gewünschten Motive weit überwiegend aus im Tattoostudio ausliegenden *„Flash Books“* (Vorlagealben, deren Name von den aus der US-amerikanischen Zirkus- und Jahrmarktbranche bekannten, effektheischend gestalteten *„Flash placards“* abgeleitet wurde, die die Aufmerksamkeit des flüchtigen Laufpublikums schnell auf sich ziehen sollten[194])

190 BSG, Urt. v. 28. Februar 2007, Az. B 3 KS 2/07 R, ZUM-RD 2007, 449; BSG, Urt. v. 27.06.2024, Az. B 3 KS 1/23 R, https://www.bsg.bund.de/SharedDocs/Entscheidungen/DE/2024/2024_06_27_B_03_KS_01_23_R.html, Rn. 13.

191 BSG, Urt. v. 28. Februar 2007, Az. B 3 KS 2/07 R, ZUM-RD 2007, 449, 451; BSG, Urt. v. 27.06.2024, Az. B 3 KS 1/23 R, https://www.bsg.bund.de/SharedDocs/Entscheidungen/DE/2024/2024_06_27_B_03_KS_01_23_R.html, Rn. 13.

192 BSG, Urt. v. 28. Februar 2007, Az. B 3 KS 2/07 R, ZUM-RD 2007, 449, 451.

193 BSG, Urt. v. 28. Februar 2007, Az. B 3 KS 2/07 R, ZUM-RD 2007, 449, 451.

194 *Hellenbrand*, Sailor Jerry‘s tattoo stencils, 2002, 2.

oder von an den Wänden des Tattoostudios hängenden sogenannten *„Flash Sheets"* aus. Die Tattoo Artists nach dieser Vorstellung fertigen damit fließbandartig immer wieder die gleichen Motive wie z. B. Anker, Rosen, Delfine oder gebrochene Herzen als althergebrachte Klassiker des Genres. Nur so ist die Einschätzung des BSG zu erklären.

Bis in den ersten Teil des 20. Jahrhunderts hinein mag diese Ansicht noch zutreffend gewesen sein. Damals erfolgten Tätowierungen zumeist in Hinterzimmern, oft unter Alkoholeinfluss und meist tatsächlich unter Zuhilfenahme von o. g. *„Flash Books"*, aus denen sich die Kunden das gewünschte Tattoo aussuchen konnten, jedoch ohne kreativen Einfluss darauf und zumeist ohne wesentliche Anpassungen z. B. an ihren Körper.[195] So bemerkte der österreichische Militärarzt Maschka bereits 1899, dass *„Tätowierungen oftmals Ausfluss der Phantasie nicht des Trägers[...], sondern des Tätowierenden"* seien.[196]

Auch wenn solche eher generischen Tattoos „von der Stange" noch heute angeboten und nachgefragt werden, haben sich viele der heute aktiven Tattoos Artists mittlerweile kreativ-künstlerisch gebildet und hat sich damit korrelierend auch die Nachfrage weiterentwickelt.[197] Die o. g. Rechtsansicht des BSG ignoriert damit wesentliche Evolutionen der Tattoobranche in den letzten Jahrzehnten. Auch geht sie damit von einer tatsächlich nicht mehr vorliegenden Zusammensetzung des überwiegenden Anteils der in Deutschland tätigen Tattoo Artists aus. In dieser Vorstellung werden Tattoos noch heute fließbandartig ohne jede individuelle Kreativität nach immer gleichen, Jahrzehnte alten Vorlagen gestochen. Diese Vorstellung mag im Einzelfall noch berechtigt sein, lässt aber, wie bereits oben ausgeführt, die heutige Tattooszene wesentlich bestimmende Entwicklungen bei Tattoo Artists und ihrem Schaffen außer Acht.

So werden Tattoos heutzutage üblicherweise anhand von auf den Einzelfall abgestellten Entwürfen gefertigt, was sie zu individuell erbrachten Leistungen mache.[198] Gleiches gilt für die Nachfrage, denn um einen hohen Grad der häufig erwünschten Individualität durch Tätowierung zu erreichen, darf es sich bei den Tattoos nach Kundenwunsch nicht um Dutzendware handeln. Nichts dürfte viele Tattooindividualisten schwerer treffen, als „ihr" Tattoo, das potenziell lebenslang mit ihrem Körper, ihrer Außendarstellung und Persönlichkeit verbunden ist, auf anderen Körpern wiederzufinden.

Diese individuellen *„custom"*-Tattoos (= „Maßgeschneiderte"), werden nur für einen einzigen Kunden entworfen und exakt an den Körper, die ge-

195 *Wittmann*, Tattoos, 2015, 64 ff.

196 *Maschka*, Archiv für Kriminal-Anthropologie und Kriminalistik 1899, 320, 329 f.

197 SG Hamburg, Urt. v. 18.06.2020, Az. S 48 KR 1921/19, openJur 2020, 47924, 24.

198 LG Hamburg, Urt. v. 24.09.2010, Az. 327 O 702/09, GRUR-Prax 2010, 493, 493.

wünschte Körperstelle und teilweise sogar an die Hautbeschaffenheit des Kunden angepasst.

Die inzwischen übliche Individualisierung geht so weit, die Gestaltung des Motivs und seiner Farben vom Hauttyp des Kunden abhängig zu machen und sie danach auszurichten. Manche Tattoo Artists lassen sich auch z. B. von den Kunden gezielt Stichworte für die Thematik des gewünschten Tattoos geben, um sie dann illustratorisch frei in eine Tattoovorlage für ein *„custom"* umzusetzen.[199]

Während es Anfang der 1990er-Jahre noch einzelne Motive an meist verdeckten Körperpartien waren, geht ein beliebter Tattootrend mittlerweile zu großflächigen, ganze Körperpartien vollständig bedeckenden, oft monothematischen Tattoos wie z. B. *„sleeves"* (= ganze Arme) oder *„backpieces"* (= ganzer Rücken), die zwangsläufig an die Physiognomie des Kunden anzupassen sind, bis hin zu Ganzkörpertätowierungen, den sogenannten *„body suits"*, aus Japan bekannt u. a. als *„irezumi"*[200], treffender aber wohl *„zenshinbori"*.[201]

Ein weiterer Trend der letzten Jahre und Jahrzehnte ist jener der sogenannten *„wanna dos"* (= möchte machen), bei dem Tattoo Artists in freier Kreativität und ohne Kundenauftrag geschaffene Entwürfe für Tattoowerke präsentieren und dem interessierten Publikum als Tattoo anbieten.[202] Als Optionen für interessierte Kunden werden, wenn überhaupt, oft lediglich die Wahl zwischen einem ein- oder mehrfarbigen Tattoo und eine Anpassung der Größe an die bevorzugte Körperstelle angeboten. Von der Kundschaft initiierte Änderungen sind ansonsten nicht vorgesehen, würden sie doch die künstlerische Handschrift der Tattoo Artists verändern. Vielmehr bietet sich die Kundschaft einer Leinwand ähnlich bei *„wanna dos"* den Tattoo Artists rein als Trägermedium an und ist stolz darauf, ein Unikat dieses Tattoo Artists tragen zu dürfen, da *„wanna dos"* nur ein einziges Mal vergeben oder angefertigt werden.[203]

Auch gibt es seit geraumer Zeit das Phänomen der sog. Tattoosammler, die gezielt individuelle Werke ganz bestimmter oder möglichst vieler verschiedener Tattoo Artists auf ihrem Körper sammeln, dafür auch internationale

199 SG Hamburg, Urt. v. 18.06.2020, Az. S 48 KR 1921/19, openJur 2020, 47924, 18.

200 *Feige/Krause*, 131.

201 *Rödel*, 8.

202 *Kanyuk*, WANNA DOS, 25.02.2024 (https://www.spatzmithirn-tattoo.de/wanna-do-s/) (geprüft am 29.09.2024).

203 *Eidt*, Wanna Do Tattoos – BUNAMI INK, 03.05.2021 (https://bunami.ink/wanna-dos/) (geprüft am 29.09.2024); feelfarbig, Wannado, Flash oder Custom Tattoo? Das ist der Unterschied! – Feelfarbig, 2019 (https://feelfarbig.com/beginners/wanna-do-flash-custom-tattoo/) (geprüft am 29.09.2024).

Reisen und ganz erhebliche Kosten auf sich nehmen sowie somit selbst zu einer Art lebenden Galerie werden.[204]

Darüber hinaus sind sowohl die Tattootechnik, z. B. in Form einer Vielzahl von Tattoonadeln für jede Zeichenform und -breite, Farben etc., als auch die Fähigkeiten vieler Tattoo Artist heutzutage so weit entwickelt, dass illustratorisch hochanspruchsvolle z. B. fotorealistische Tattoos auf menschlicher Haut möglich sind.

Weiter sind mittlerweile nicht wenige Tattoo Artists darauf spezialisiert, ohne jede Vorlage oder Schablone „aus dem Kopf" im sogenannten *„Freehand"*-Stil Tattoos per Filzstift auf die Haut des Kunden zu zeichnen und sofort zu tätowieren. Dieses Vorzeichnen direkt auf die Haut ohne Vorlage geschieht teilweise sogar gleichzeitig zweihändig. Auch die Ergebnisse dieser Tattootechnik in Form von Tattoos sind teilweise fotorealistisch.

Bewertend ist festzustellen, dass der kreativ-schöpferische Anteil bei der geschilderten hochgradigen Individualisierung nach Kundenwunsch und Anpassung an den Körper des Kunden den handwerklichen Anteil des Einbringens der Farbpigmente in erheblichem Umfang übersteigt.

Darüber hinaus dürfte schon die illustratorische Fähigkeit, beliebige Vorlagen teilweise sogar fotorealistisch in menschliche Haut zu vervielfältigen, als kreativ-schöpferische Fähigkeit und Tätigkeit anzusehen sein. Dies muss erst recht dann gelten, wenn ohne jede Vorlage ein nur anhand von Stichworten geprägtes, rein in der Vorstellung des Tattoo Artists bestehendes Motiv anschaulich hoch qualitativ in der Haut des Kunden sein Trägermedium findet.

Bei der Bewertung der Qualität so tätiger Tattoo Artists erscheint deren kreatives Schaffen mit der Qualität anerkannter Formen der bildenden Kunst vergleichbar. So darf nicht unberücksichtigt bleiben, dass auch z. B. als Künstler anerkannte Maler manuell Farbe auf eine Leinwand oder Hauswand aufbringen, was im Ergebnis ebenfalls dem Einsatz manuell-technischer Fähigkeiten entspricht.

Anerkannte Künstler nutzen ebenfalls Vorlagen, die sie z. B. auf die Leinwand kopieren und sodann ausarbeiten.[205] Die Ansicht des BSG würde angewandt auf eine derartige Tätigkeit dazu führen, auch so tätigen Künstlern die Erstellung von Werken der bildenden Kunst abzusprechen, denn auch hier dient der kreative erste Arbeitsschritt der Vorlagen- und Skizzenerstel-

---

204 *Diekmaennken*, Kunstsammler, 01.02.2018 (https://feelfarbig.com/kunstsammler/) (geprüft am 29.09.2024); *Vail*, The Journal of Arts Management, Law, and Society 28 (1999), 261–276; *Vail*, Deviant Behavior 20 (1999), 253–257.

205 LSG für das Saarland, Urt. v. 09.06.2020, Az. L 1 R 23/19, openJur 2021, 7868, 76.

lung „lediglich" als Vorarbeit zum handwerklichen zweiten Arbeitsschritt wie z. B. dem Bemalen der Leinwand.

Erst recht würde dies zu einer Beurteilung der Bildhauerei als handwerkliche Tätigkeit führen, da die Tätigkeit des Abtragens oder Formens von vorgegebenem Material noch mehr als beim Maler im Vordergrund steht. Festzustellen ist, dass die Tätigkeit eines Bildhauers jedenfalls angesichts der historischen Ursprünge des Tätowierens in Form des Einhämmerns der Farbe in die menschliche Haut der Tätigkeit von Tattoo Artists am nächsten kommt. Des Weiteren dürften die meisten Bildhauer ebenfalls mit vorher erstellten Vorlagen oder Skizzen arbeiten.

Schließlich zahlen auch die Kunden von Kunstmalern und Bildhauern für das fertige Werk und nicht für die Vorlagen.

Gleichwohl werden Kunstmaler und Bildhauer vom BSG als Urheber bildender Kunst anerkannt.[206] Auch werden sie im sogenannten Künstlerbericht der Bundesregierung von 1975 ausdrücklich als bildende Künstler erwähnt.[207]

Sämtliche Argumente, mit denen das BSG eine solche Einschätzung für jegliche Leistungen von Tattoo Artists ablehnt, werden damit angesichts der obigen Ausführungen entwertet.

Jedenfalls die besonders individuellen und hoch kreativen Leistungen einiger Tattoo Artists können als Werke der bildenden Kunst im urheberrechtlichen Sinne anerkannt werden.

Diese Bewertung kann sich neben den o. g. Stimmen der juristischen Literatur auch auf jüngere und mittlerweile rechtskräftige sozialgerichtliche Rechtsprechung des Sozialgerichts Hamburg und des Landessozialgerichts für das Saarland stützen.

So entschied das SG Hamburg im Juni 2020 auf Antrag einer Hamburger Illustratorin, dass die Künstlersozialkasse (im Weiteren: KSK) auch ihre Einkünfte aus ihrer Tätigkeit als Tattoo Artist zu versichern habe.[208]

Das Urteil der 48. Kammer des SG Hamburg vertritt die Ansicht, dass sich die öffentliche Wahrnehmung bezüglich der von der Künstlerin erstellten Tattoos gewandelt habe. Über den seit den 1980er-Jahren bestehenden Modetrend hinaus, der Tattoos nicht länger als ein Merkmal der Unterschicht oder Außenseiter sehe, sondern sie als Mittel der Exklusivität, Selbstdarstellung, Abgrenzung, sexuelle Anziehung, Schmuck, Protestzeichen oder politisches Statement betrachte, habe sich inzwischen eine neue kreative

206 BSG, Urt. v. 28. Februar 2007, Az. B 3 KS 2/07 R, ZUM-RD 2007, 449, 450.
207 Bericht der Bundesregierung über die wirtschaftliche und soziale Lage der künstlerischen Berufe, BT-Drs. 7/3071 vom 13.01.1975, 7.
208 SG Hamburg, Urt. v. 18.06.2020, Az. S 48 KR 1921/19, openJur 2020, 47924.

Tattookultur herausgebildet. Künstler, die an Hochschulen ausgebildet wurden, sähen sich nicht länger nur als Dienstleister, sondern als Schöpfer von Kunst, und ihre Kunden als Leinwände, wobei die menschliche Haut zur Basis für Schrift und Malerei werde. Bei diesen Kreativen habe sich der Fokus von einer handwerklich-technischen Ausführung zu einer künstlerischen Tätigkeit verschoben, die durch freie schöpferische Gestaltung gekennzeichnet sei, in der Intuition, Fantasie und ein Verständnis für Kunst dominierten[209] und inspiriert von Kunstgeschichte und Grafikdesign zusammenwirkten. Kennzeichnend für diese Tattookünstler sei ein einzigartiger Stil, der sich durch kreativ hochwertige Gestaltung mit Motiven abseits des Mainstreams auszeichne, sowie Tattoovorlagen, die durch Präzision und Feinheit charakterisiert seien und nicht in Serie verwendet würden.[210]

Das SG Hamburg merkt an, dass im Jahr 2007 die Auffassung noch zutreffen mochte, dass der Künstler seinen Fokus auf das kreative Schaffen legt, während der Tattoo-Künstler primär in der handwerklichen Ausführung tätig sei. Diese Aussage lasse sich jedoch im Jahr 2020 nicht mehr so eindeutig aufrechterhalten. Nach Meinung der Kammer sei die Kunstform des Tattoos inzwischen sogar „museumsreif“, was durch Verweise auf verschiedene Ausstellungen belegt werde, unter anderem in der Villa Rot, dem Museum für Kunst und Gewerbe Hamburg sowie dem Museum für Hamburgische Geschichte.[211]

Das SG Hamburg kann der Meinung der beklagten KSK, die sich auf das genannte Urteil des BSG beruft und die Anerkennung als Künstlerin davon abhängig sieht, ob diese in fachkundigen Kreisen als solche anerkannt und angesehen wird, nicht zustimmen. Wenn ein Teil der Tattookunst per se künstlerisch geprägt sei und Tätowierungen mit den Werken von Illustratoren und Grafikern gleichgestellt werden können, sei eine Anerkennung durch Kreise bildender Künstler, wie sie etwa vom Bundesverband der bildenden Künstler vertreten werde, nicht länger erforderlich. In solchen Fällen sei die Anerkennung bereits durch die Entscheidung der Kuratoren gegeben, was zur Folge habe, dass es sich dabei um Kunstausstellungen handele, die zumindest im weiteren Sinne der bildenden Kunst zugeordnet werden könnten.[212]

Das BSG habe in seiner Entscheidung hervorgehoben, dass Tattoo Artists sich nicht nur auf das Entwerfen und Zeichnen von Tattoomotiven und -vorlagen beschränkten, sondern ihr Einkommen hauptsächlich aus dem Anwenden manuell-technischer Fähigkeiten bezögen. Diese von dem BSG ange-

209 BVerfG, Urt. v. 24.02.1971, Az. 1 BvR 435/68, BVerfGE 30, 173, 189.
210 SG Hamburg, Urt. v. 18.06.2020, Az. S 48 KR 1921/19, openJur 2020, 47924, 24.
211 SG Hamburg, Urt. v. 18.06.2020, Az. S 48 KR 1921/19, openJur 2020, 47924, 25.
212 SG Hamburg, Urt. v. 18.06.2020, Az. S 48 KR 1921/19, openJur 2020, 47924, 26.

nommene Konzentration auf die handwerkliche Realisierung treffe im Fall der Klägerin jedoch nicht zu, da sie die Kammer habe überzeugen können, dass sie ihre traditionelle Arbeit als Illustratorin auf der Haut ihrer Kunden fortsetze. Dies werde insbesondere dadurch deutlich, dass die Klägerin deutlich mehr Zeit in die Erstellung des Entwurfs investiere, den sie zudem als Einzelstück fertige.[213]

In seinem Urteil vom 7. Juli 2005, Az. B 3 KR 29/04, SozR 4-5425 §24 Nr. 7, habe das BSG die traditionellen Berufe des Grafikdesigners, Fotodesigners und Layouters mit der damals neuen Profession des Webdesigners verglichen und festgestellt, dass die Aufgaben und Tätigkeiten in diesen Berufen weitgehend übereinstimmten und sich im Wesentlichen durch das Medium, auf dem sie ausgeführt werden, unterschieden, was zur Folge habe, dass sie im Endeffekt als gleichwertig angesehen würden. Dies gelte auch für die Klägerin, die die traditionelle Arbeit auf Papier mit einem Stift durch das Tätowieren der Haut mit einer Tätowiermaschine ersetzt habe. Demnach bestehe eine Äquivalenz zwischen den Arbeiten der Klägerin als Tattookünstlerin und jenen einer Grafikdesignerin, Illustratorin oder Kunstmalerin. Außerdem sei hervorzuheben, dass die Klägerin sich selbst nicht als Dienstleisterin im Sinne eines handwerklich orientierten Tätowierers sehe.[214]

Das LSG für das Saarland kam in seinem am 9. Juni 2020 verkündeten Urteil zum Aktenzeichen L 1 R 23/19 (Vorinstanz: S 9 R 557/16) mit ähnlicher Begründung zu einem vergleichbaren Urteil. Die beklagte KSK habe den u. a. als Illustrator und Tattoo Artist tätigen Kläger zu versichern, denn der Kläger sei Künstler i. S. v. §2 S. 1 KSVG, da er bildende Kunst schaffe.[215]

Der Senat stimmte mit dem Urteil des BSG vom 28. Februar 2007 überein, dass das übliche Tätowieren nicht als eine neue Form der bildenden Kunst betrachtet werden könne. Dies begründe sich darin, dass das Tätowieren aufgrund des Fokus auf manuell-technischen Fähigkeiten, trotz einer kreativen Komponente, als eine handwerkliche Tätigkeit im erweiterten Sinne anzusehen sei. Ein gewisser gestalterischer Freiraum, der der Tätigkeit innewohne, ändere daran nichts, da ein solcher Freiraum auch in vielen anderen Handwerksberufen vorhanden sei. Zudem werde ein Werk nicht allein dadurch zur Kunst, dass das Motiv individuell gestaltet werde, da auch dies eine für das Kunsthandwerk typische Herangehensweise sei. Der kreative erste Schritt diene lediglich als Vorbereitung für den handwerklichen zwei-

213 SG Hamburg, Urt. v. 18.06.2020, Az. S 48 KR 1921/19, openJur 2020, 47924, 27.
214 SG Hamburg, Urt. v. 18.06.2020, Az. S 48 KR 1921/19, openJur 2020, 47924, 28 f.
215 LSG für das Saarland, Urt. v. 09.06.2020, Az. L 1 R 23/19, openJur 2021, 7868, 67.

ten Schritt, der auch in diesen Fällen als Kern der Tätigkeit verbleibe und die primäre Einkommensquelle für den Tätowierer darstelle.[216]

Anderes gelte jedoch dann, wenn ein in seinen Kreisen bereits anerkannter Künstler lediglich einen Wirkbereich seiner Kunst mittels handwerklicher Tätigkeit auf und in der Haut verewige. So liege der Fall auch bei dem dortigen Kläger, der bildende Kunst entwickle und entwerfe. Daher könne gerade nicht zwischen dem künstlerischen Ansatz des Klägers, der etwa auf Papier, Mauern und anderen Objekten verwirklicht werde, und demjenigen, der letztlich in die Haut eingestochen werde, unterschieden werden. Die Kunstwerke seien einheitlich und von derselben Stilrichtung geprägt. Ausschnitte dieser exponierten und anerkannten Kunststücke bringe der Kläger auf Wunsch mittels der handwerklichen Tätigkeit des Tätowierens auch in die Haut, ohne sich hierbei von Wünschen oder Anregungen des zu Tätowierenden beeinflussen zu lassen. Er agiere frei und folge seinem einheitlichen künstlerischen Wirken. Teilweise entwerfe er die Kunst auch direkt auf der zu tätowierenden Körperstelle, ohne sie vorher auf Papier vorgearbeitet zu haben. Die Umsetzung eines Bildes auf der menschlichen Haut weise zudem bestimmte Schwierigkeiten auf, zumal dies ein dreidimensionales Umdenken beim Arbeiten und Entwerfen erfordere.[217]

An der Einschätzung des Senats ändere sich auch nichts dadurch, dass der Kläger lediglich seine anders erstellten Werke und nicht seine tätowierten Kunstwerke in Galerien ausstelle. Neben der besonderen Schwierigkeit der Ausstellung lebendiger „Objekte“ wäre es auch eine unzulässige Beschneidung der künstlerischen Freiheit, den Künstler faktisch dazu zu zwingen, fachfremde künstlerische Arbeiten in Form von Fotografien anfertigen und ausstellen zu müssen, um an deren Verbreitungsgrad den künstlerischen Marktwert und das künstlerische Renommee messen zu können. Die allgemeine künstlerische Anerkennung und Bekanntheit des jeweiligen Künstlers müsse vielmehr auch für den Bereich der Arbeiten auf und in der Haut ausreichen.[218]

Schließlich führe es zu keiner anderen Bewertung, dass der Künstler seine Kunst auch mittels handwerklicher Tätigkeit im wahrsten Sinne des Wortes „unter die Menschen“ bringe. Das Tätowieren diene hier lediglich als Mittel, um die Kunst auf der Haut in diesem Medium zu realisieren. Dies erfordere zwangsläufig handwerkliches Geschick und eine Tätowiervorrichtung. Einem Künstler diese Möglichkeit zu verweigern, würde bedeuten, seine künstlerische Herangehensweise einzuschränken. Dies sollte nicht die Aufgabe der Künstlersozialversicherung sein, insbesondere weil der Begriff

216 LSG für das Saarland, Urt. v. 09.06.2020, Az. L 1 R 23/19, openJur 2021, 7868, 69.
217 LSG für das Saarland, Urt. v. 09.06.2020, Az. L 1 R 23/19, openJur 2021, 7868, 70 f.
218 LSG für das Saarland, Urt. v. 09.06.2020, Az. L 1 R 23/19, openJur 2021, 7868, 74.

der Kunst, der auch im Grundgesetz geschützt wird, in einem weiten Sinne verstanden und geschützt werden sollte.[219]

Wenn entgegnet werde, der Künstler zeichne seine Tätowierungen vor und übertrage diese Zeichnungen lediglich in die Haut, vermöge auch dieser Umstand, soweit er nicht bereits durch den Nachweis von Arbeiten an der Haut ohne Vorlage ausgeräumt sei, im vorliegenden Fall an der Eigenschaft der Kunst nichts zu ändern. Schließlich hätten auch anerkannte Künstler vor dem Erschaffen ihrer diffizilen Werke einen oder sogar mehrere Entwürfe zu Papier gebracht, bevor die Kunst schließlich – gegebenenfalls sogar überwiegend handwerklich – umgesetzt und damit allgemein zugänglich gemacht worden sei. Der Senat denke hierbei an die Deckenfresken des Michelangelo in der Sixtinischen Kapelle; diese seien nach mehreren Entwürfen ebenfalls in einem letzten Arbeitsschritt, bei dem zuvor in Wasser eingesumpfte Pigmente auf frischem Kalkputz aufgetragen worden seien, auch handwerklich-technisch umgesetzt worden. Genauso wenig wie seinerzeit der Papst ein Gemälde dieses Ausmaßes ohne vorherigen Entwurf geordert hätte, erscheine es lebensfremd, dass ein körperlich-dauerhafter Eingriff in Form eines Tattoos von der Mehrheit der Kunden „aufs Geratewohl hin" geordert und verwirklicht werden dürfte. Eine Vorarbeit auf Papier zerstöre die Anerkennung des Gesamtkunstwerks durch Fertigstellung in der Haut wie im vorliegenden Fall beschrieben damit nicht.[220]

Gerade dieses letzte Argument des LSG für das Saarland vermag zu überzeugen.

Es ist nicht zu leugnen, dass in der Geschichte der als solche bezeichneten bildenden Künste eine Vielzahl bildender Künstler jedweder Prominenz, Stilrichtung und Werkform häufig mit Vorlagen gearbeitet hat und arbeitet, um dann in einem letzten handwerklich-geprägten Schritt das finale Kunstwerk wie vom Senat anschaulich beschrieben zu erstellen. Hierbei dürfte es sich sogar um die bevorzugte Vorgehensweise künstlerischer Tätigkeit im Bereich der bildenden Künste handeln. Deshalb vermag es nicht zu überzeugen, warum dies, wie durch das BSG geschehen, bei einem in die Haut illustrierenden Tattoo Artist anders als bei einem ebenso mit Vorlagen arbeitenden Kunstmaler oder Bildhauer bewertet werden sollte. Insofern bleibt am Urteil des LSG auch fragwürdig inkonsequent, warum es ansonsten an der Rechtsprechung des BSG festhält, wie es prominent einleitend in den Urteilsgründen vermerkt, und nur für diesen speziellen Einzelfall davon abweicht.

Ebenso wenig überzeugt, dass das BSG in Kenntnis der Begründungen der o. g. Urteile des SG Hamburg und des LSG für das Saarland sowie der Vor-

219 LSG für das Saarland, Urt. v. 09.06.2020, Az. L 1 R 23/19, openJur 2021, 7868, 75.
220 LSG für das Saarland, Urt. v. 09.06.2020, Az. L 1 R 23/19, openJur 2021, 7868, 76.

instanzen in dem ihm vorliegenden Verfahren in seiner jüngsten Entscheidung von Juni 2024 an seiner Ansicht festhielt, dass grundsätzlich keine künstlerische Tätigkeit ausübe, wer tätowiere.[221] Die Gelegenheit zur Aktualisierung der einschlägigen BSG-Rechtsprechung und Anpassung an die von Untergerichten gesehene Wandlung weiter Teile der Branche ließ das BSG ungenutzt. So hätte es erkennen können, dass bei Vorliegen bestimmter Voraussetzungen grundsätzlich auch das Tätowieren – wie andere anerkannte Formen der bildenden Kunst – trotz handwerklicher Umsetzung künstlerische geschaffener Vorlagen künstlerische Betätigung darstellen könne. Stattdessen schuf das BSG lediglich eine weitere, dritte Ausnahme von seinem o.g. Grundsatz für die dortige Klägerin.[222] Bei ihr handele es sich nach Auffassung des BSG nicht um eine Tätowiererin, sondern um eine Künstlerin, die auch tätowiere, da sie als künstlerisch ausgebildete Diplomdesignerin und zudem in Künstlerkreisen anerkannte Illustratorin und Zeichnerin ihre künstlerische Tätigkeit mit ihren Tätowierungen fortsetze und mit ihnen – eigene kreative individuelle Motive umsetzend – ein einheitliches Gesamtkunstwerk schaffe, bei dessen Unikaten sich zwischen Motiv und Umsetzung nicht trennen lasse, zumal sie nicht seriell verwendet würden.[223] Die vom BSG angenommenen Voraussetzungen der neuen Ausnahme sind also neben der Tätigkeit als Tattoo Artist eine künstlerische Ausbildung oder künstlerische Anerkennung in anderen Kunstformen als dem Tätowieren sowie die Schaffung von Tattoowerken in Unikatform ohne Reproduktions- oder Vermarktungsabsicht unter Ausnutzung eigenschöpferischer Gestaltungsspielräume, sodass individuelle künstlerische Kreativität und handwerklich-mechanische Umsetzung untrennbar miteinander zu einmaligen Gesamtkunstwerken verschmelzen.[224] Bei so tätigen Tattoo Artists bestehe auf ihren Antrag hin eine Verpflichtung der Künstlersozialkasse zur Aufnahme in die Künstlersozialversicherung.

Damit manifestiert das BSG ein in dieser Form einmaliges System von Ausnahmen für den Tattoobereich, welches in vergleichbaren Kunstbereichen wie z.B. der Illustration, Malerei und Bildhauerei unbekannt ist, gleichwohl aber nicht zu einer Flut von Aufnahmen nicht künstlerisch tätiger Antragsteller aus diesen Bereichen geführt haben dürfte. Zur Begründung dieses Ausnahmeverhältnisses für den Tattoobereich möchte das BSG an die Nennung der o.g. Kunstformen als Katalogberufe im Künstlerbericht der

---

221 BSG, Urt. v. 27.06.2024, Az. B 3 KS 1/23 R, https://www.bsg.bund.de/SharedDocs/Entscheidungen/DE/2024/2024_06_27_B_03_KS_01_23_R.html, Rn. 13.

222 BSG, Urt. v. 27.06.2024, Az. B 3 KS 1/23 R, https://www.bsg.bund.de/SharedDocs/Entscheidungen/DE/2024/2024_06_27_B_03_KS_01_23_R.html, Rn. 15 ff.

223 BSG, Urt. v. 27.06.2024, Az. B 3 KS 1/23 R, https://www.bsg.bund.de/SharedDocs/Entscheidungen/DE/2024/2024_06_27_B_03_KS_01_23_R.html, Rn. 16 ff.

224 BSG, Urt. v. 27.06.2024, Az. B 3 KS 1/23 R, https://www.bsg.bund.de/SharedDocs/Entscheidungen/DE/2024/2024_06_27_B_03_KS_01_23_R.html, Rn. 17.

Bundesregierung von 1975[225] anknüpfen.[226] Zwar sieht das BSG in seiner Begründung den vom Gesetzgeber im KSVG manifestierten Zweck der sozialen Absicherung selbständig tätiger Kunstschaffender und die dadurch erforderliche Berücksichtigung auch nicht im Künstlerbericht erwähnter, neuer künstlerischer Ausdrucksformen.[227] Gleichwohl beharrt es, wie bereits 2007[228], auf dem Grundsatz, dass Tätowieren trotz kreativer Komponente wegen der schwerpunktmäßigen Umsetzung durch manuell-technische Fähigkeiten eine handwerkliche Tätigkeit im weiteren Sinne darstelle.[229] Auch lehnt es weiter die von den Vorinstanzen erkannten Wandel der allgemeinen Verkehrsauffassung betreffend den Tattoobereich ab.[230] Damit lässt es nach 2007 erneut eine Chance ungenutzt, das Tätowieren mit anderen, ebenfalls zur Umsetzung auf manuell-technischen Tätigkeiten beruhenden Kunstformen gleichberechtigt auf eine Stufe zu stellen.

Die Ausführungen zur gewandelten Verkehrsauffassung des SG Hamburg (s. o. S. 48 f.) vermögen angesichts der gelebten Branchenwirklichkeit ungleich mehr zu überzeugen.

Dem bereits oben zitierten SG Hamburg ist insofern zuzustimmen, als spätestens in den Jahren seit der Entscheidung des BSG ein Wandel im Berufsfeld der Tätowierer stattgefunden hat, insbesondere in Bezug auf die künstlerische Vorbildung und die kreativ-schöpferische Tätigkeit bei und neben dem Tätowieren. Insofern kann tatsächlich mit dem SG Hamburg von einer gewandelten Verkehrsauffassung gesprochen werden. So organisieren sich Tattoo Artists heutzutage in gemeinnützigen Vereinen wie dem Institut für deutsche Tattoo-Geschichte e. V. (im Weiteren: IDTG) oder dem Tätowierkunst e. V.

Der IDTG beispielsweise ist ein enger Partner des auch im o. g. Urteil des SG Hamburg erwähnten Forschungs- und Ausstellungsprojektes Nachlass Warlich. Zwecke des IDTG sind *„die Förderung von Wissenschaft, Forschung, Kunst und Kultur sowie die Bildung und Vermittlung“*.[231] Aufgrund der hohen Bedeutung eines interdisziplinären Ansatzes in der Tattoofor-

225 Bericht der Bundesregierung über die wirtschaftliche und soziale Lage der künstlerischen Berufe, BT-Drs. 7/3071 vom 13.01.1975.

226 BSG, Urt. v. 27.06.2024, Az. B 3 KS 1/23 R, https://www.bsg.bund.de/SharedDocs/Entscheidungen/DE/2024/2024_06_27_B_03_KS_01_23_R.html, Rn. 11.

227 BSG, Urt. v. 27.06.2024, Az. B 3 KS 1/23 R, https://www.bsg.bund.de/SharedDocs/Entscheidungen/DE/2024/2024_06_27_B_03_KS_01_23_R.html, Rn. 11.

228 BSG, Urt. v. 28. Februar 2007, Az. B 3 KS 2/07 R, ZUM-RD 2007, 449, 451.

229 BSG, Urt. v. 27.06.2024, Az. B 3 KS 1/23 R, https://www.bsg.bund.de/SharedDocs/Entscheidungen/DE/2024/2024_06_27_B_03_KS_01_23_R.html, Rn. 13.

230 BSG, Urt. v. 27.06.2024, Az. B 3 KS 1/23 R, https://www.bsg.bund.de/SharedDocs/Entscheidungen/DE/2024/2024_06_27_B_03_KS_01_23_R.html, Rn. 19.

231 *Wittmann/Kohrs*, IDTG e.V, 24.09.2022 (https://web.archive.org/web/20240312220009/https://www.nachlasswarlich.de/idtg/) (geprüft am 29.09.2024).

schung, sei es das Ziel, Wissenschaftler aus verschiedenen Disziplinen bei ihren Studien zum Thema Tätowierungen zu fördern. Dieser Zweck der Satzung werde durch die Realisierung wissenschaftlicher Veranstaltungen und Forschungsprojekte zur Geschichte des Tätowierens in Deutschland im internationalen Rahmen erreicht. Die Forschungsergebnisse sollen in Publikationen und über andere Medienkanäle veröffentlicht werden, um sie einem breiten Publikum zugänglich zu machen.[232]

Zweck des Vereins Tätowierkunst e. V. ist gemäß § 3 seiner Satzung *„die Förderung von Kunst und Kultur durch Etablierung des Tätowierens als Erscheinungsform der bildenden Kunst"*. Insbesondere durch die Durchführung von Veranstaltungen und Ausstellungen zur deutschen Tätowierkunst, Bestrebungen zur Anerkennung der Tätowierkunst als immaterielles Kulturerbe und ihren Erhalt sowie Schutz, sowie die Unterstützung der wissenschaftlichen Forschung im Bereich der Tätowierkunst werde das Satzungsziel erreicht.[233] Zudem erarbeitete der Verein einen Antrag zur Anerkennung der Tätowierkunst als immaterielles Kulturerbe[234] gemäß des UNESCO-Übereinkommens zur Erhaltung des Immateriellen Kulturerbes von 2003[235].

Bereits die Existenz solcher Initiativen wie der o. g. Vereine verdeutlicht den stetig zunehmenden künstlerischen Anspruch und das künstlerische Selbstverständnis weiter Teile der Tätowierbranche.

Die öffentliche Rezeption beispielsweise der erwähnten Ausstellungen in Museen, die Rückbesinnung auf Wegbereiter der Branche wie *Christian Warlich* und *Horst Streckenbach*, die Existenz künstlerisch anspruchsvoller Branchenmagazine wie des Tattoo Kulture Magazine sowie die sonstigen Aktionen der Fachvereine und auch andere Diskussionen in Forschung und Medien über die Kunsteigenschaft von Tattoos z. B. in der Kunstgeschichte[236], Soziologie[237] und selbst in juristischen Fachkreisen[238] sind weitere Be-

---

232 *Dies.*, IDTG e.V, 24.09.2022 (https://web.archive.org/web/20240312220009/https://www.nachlasswarlich.de/idtg/) (geprüft am 29.09.2024).

233 Tätowierkunst e. V., SATZUNG, 26.06.2021 (https://www.taetowierkunst.org/satzung/) (geprüft am 29.09.2024).

234 *Dass.*, Ziele unserer Arbeit, 05.04.2023 (https://www.taetowierkunst.org/) (geprüft am 29.09.2024).

235 *UNESCO*, Übereinkommen zur Erhaltung des immateriellen Kulturerbes, 2003 (https://www.unesco.de/sites/default/files/2023-03/%C3%9CEK_IKE_D_040313.pdf) (geprüft am 29.09.2024).

236 *Appel*, Tätowierungen, 2014; *Wittmann*, Tattoos, 2015; *Lamm*, Raumgreifende Körperkonzepte, 2015.

237 *Finke*, Tätowierungen in modernen Gesellschaften, 1996; *Kosut*, Cultural Sociology 8 (2014), 142 ff.

238 *Duvigneau*, 535 ff.; *Dustmann/W. Nordemann*, in: Ebling/Schulze (Hrsg.), 2. Teil, Rn. 48; *Mezger*, 64; *A. Nordemann*, in: A. Nordemann/J. B. Nordemann/Czychowski

lege für die vom SG Hamburg erwähnte gewandelte Verkehrsauffassung in Bezug auf Tattoos und Tattoo Artists.

Der Wandel der deutschen Tattoobranche hin zur bildenden Kunst und diverser bildender Künstler hin zur Tattoobranche ist gleichwohl kein neues Phänomen. Er dürfte bereits in den 1920er-Jahren mit dem Interesse der Künstler der sogenannten „Neuen Sachlichkeit" wie *Otto Dix*, *Elfriede Lose-Wächter* und *Georg Grosz* begonnen haben, die wie z. B. auch der „rasende Reporter" *Egon Erwin Kisch* die Nähe zum Rotlichtmilieu suchten und teilweise eine nahezu obsessive Leidenschaft für Tattoos zeigten.[239]

Spätestens in den 1970er-Jahren wurde tattoobezogene Aktionskunst und „Body-Art" wie z. B. das Strumpfhaltertattoo der *VALIE EXPORT*, verwertet im Werk „Body Sign Action" von 1970 oder in Aktionen des selbsternannten „Totalkünstlers" *Prof. Timm Ulrichs*, zu einem festen Begriff in der deutschsprachigen Kunstszene.[240]

So erklärte sich *Ulrichs* 1961 zum „lebenden Kunstwerk" und ließ sich 1971 die eigene handschriftliche Signatur „Timm Ulrichs" mit Datierung „1940-" von *Horst Streckenbach* (s. o. S. 13) auf den linken Oberarm[241], 1974 im Goethe-Institut in Barcelona von dem spanischen ehemaligen Fremdenlegionär *Ramón Draper* über dem Herzen eine Zielscheibe[242], 1981 von *Streckenbach* auf sein rechtes Augenlid die Worte „The End", 1997 von der Tätowiererin *Berit Uhlhorn*[243]die anhand einer Kernspintomografie errechneten Koordinaten der Extrempunkte seines Kopfes und 2005 durch die Tätowiererin *Manuela Langner*[244] auf den Unterschenkel den Schriftzug „© by Timm Ulrichs" tätowieren. Da seine Tattoos im Rahmen von Kunstaktionen entstanden und zum Teil filmisch dokumentiert wurden[245] sowie bei seinen Happenings teilweise sogar vor laufenden NDR-Kameras tätowiert wurden[246] und in den Medien häufig audiovisuell darüber berichtet wurde, kam es zu einer weitreichenden gesellschaftlichen Rezeption von Tattoos

---

(Hrsg.), Rn. 184.; *Leßmöllmann/Peifer* ; *Lampmann* ; *Schack*, Rn. 234; *Ludyga*, ZUM 2023, 22 ff.; *Hoeren*, in: Kubis/Peifer/Raue u. a. (Hrsg.), Ius Vivum: Kunst – Internationales – Persönlichkeit, 2022, S. 183 ff.

239 *Dogramaci*, in: S. Kampmann/Herrmann/Petri u. a. (Hrsg.), Tattoo, 2011, 36; *Kisch*, in: Uhse/Kisch Gisela (Hrsg.), Gesammelte Werke in Einzelausgaben, ²1974, S. 87 ff.; *Wittmann*, Tattoos, 2015, 95 ff.

240 *S. Kampmann*, in: S. Kampmann/Herrmann/Petri u. a. (Hrsg.), Tattoo, 2011, 40 ff.

241 *Appel*, 37; *Dathe* (Hrsg.), Gestochen scharf ; [anlässlich der Ausstellung Gestochen Scharf vom 24. März bis 28. Juli 2013 im Museum Villa Rot in Burgrieden-Rot], 2013, 12; *S. Kampmann*, in: S. Kampmann/Herrmann/Petri u. a. (Hrsg.), 41.

242 *Dathe* (Hrsg.), 12.

243 *Dies.*, 12.

244 *Dathe* (Hrsg.), 12; *S. Kampmann*, in: S. Kampmann/Herrmann/Petri u. a. (Hrsg.), 42.

245 *S. Kampmann*, in: S. Kampmann/Herrmann/Petri u. a. (Hrsg.), 42.

246 *Kohrs*, in: Campbell (Hrsg.), 90.

als Ausdrucksform künstlerischer Betätigung. Dies fand auch in der bestehenden Tattoobranche sowie der Ausbildung und Herangehensweise stetig nachwachsender Tattoo Artists entsprechenden Niederschlag.

Die daraus resultierende vom SG Hamburg erkannte gewandelte Verkehrsauffassung und die in den o. g., jüngeren sozialgerichtlichen Urteilen getroffenen Feststellungen hinsichtlich der Einschätzung von Tattoos als bildende Kunst sind auch auf urheberrechtliche Normen übertragbar.

Die bereits ausgeführten Ansichten der jüngeren Rechtsprechung zum sozialrechtlichen Kunstbegriff und zum Kunstbegriff des KSVG sind auf die urheberrechtliche Betrachtung der Werkqualität von Tattoos übertragbar.

Zunächst ist erneut festzustellen, dass es an einschlägigen Entscheidungen deutscher Gerichte in urheberrechtlichen Streitigkeiten hinsichtlich der Werkqualität von Tattoos und einem entsprechenden Regelungswillen des urheberrechtlichen Gesetzgebers mangelt. Deshalb erscheint ein die vorhandene urheberrechtliche Rechtsprechung ergänzender Rückgriff auf Kunstbegriffe anderer Rechtsgebiete und deren künstlerische Einordnung von Tattoos und Tattoo Artists geeignet und erforderlich.

Zudem dürfte eine solche Vorgehensweise auch angemessen sein, da z. B. in der o. g. jüngeren sozialgerichtlichen Rechtsprechung vergleichbare Voraussetzungen für die Anerkennung als bildende Kunst geprüft und bei Tattoos und Tattoo Artists erkannt werden, wie dies auch im Rahmen einer urheberrechtlichen Prüfung auf Werkqualität der Fall wäre.

Bereits anhand der o. g. Beispiele liegt damit die Schlussfolgerung nahe, dass es innerhalb der Jahrtausende langen Geschichte der Tätowierungen zu jeder Zeit künstlerisch tätige Tattoo Artists gegeben hat, die durch Tattoos bildende Kunst schufen.

Dagegen dürfte es sich beim eher handwerklich geprägten Tätowieren aus dem Vorlagealbum oder „von der Wand“ und damit nach immer den gleichen Vorlagen um preiswert und massenweise angefertigte Derivate dieser bildenden Kunst sowie eine Ausprägung der Verdrängung der Tätowierkunst in der Neuzeit handeln. Diese Verdrängung in randständige Bereiche der Gesellschaft erfolgte durch die lange und europaweit rezipierten fragwürdigen Forschungsergebnisse Lombrosos (s. o. S. 9 f.) und seiner Schüler.

In Bezug auf die gesamte Geschichte der Menschheit handelt es sich bei dem o. g. handwerklichen Tätowieren damit aber eher um eine Randerscheinung innerhalb der langen Geschichte der menschlichen Tätowierkunst.

Prägend und weit überwiegend war innerhalb der Entwicklung der menschlichen Tätowierung vielmehr die individuelle und künstlerische Komponente.

Zusammenfassend ist nach alldem festzuhalten, dass es sich unter Hinzuziehung sozialrechtlicher Rechtsprechung bei Tattoos ohne Weiteres um Werke der bildenden Kunst auch im urheberrechtlichen Sinne handeln kann. Dies gilt ebenfalls dann, wenn mit Vorlagen gearbeitet wird und der letzte Schaffensakt mit handwerklichen Methoden geschieht.

ad. Finanzgerichtliche Rechtsprechung

Im Folgenden ist – erneut zur Wahrung der Einheitlichkeit der Rechtsprechung – zu prüfen, ob die finanzgerichtliche Rechtsprechung zur möglichen Einordnung von Tattoos als Kunstwerke den bisherigen Ergebnissen begründet widersprechen kann.

Der BFH hatte bereits 1998 über die Aufbringung von Tattoos als steuerermäßigte Leistung zu entscheiden.[247]

Der nebenberuflich als Tattoo Artist tätige damalige Revisionskläger wollte durchsetzen, dass seine Umsätze mit dem ermäßigten Steuersatz besteuert werden. Als Begründung gab er an, dass seine Tattoos als Kunstwerke unter § 12 Abs. 2 Nr. 1 i. V. m. Nr. 53a der Anlage zum UStG 1993 einzureihen seien. Sie seien dort zwar nicht ausdrücklich erwähnt, aber letztlich gleicher Natur wie die genannten *„Gemälde und Zeichnungen, vollständig mit der Hand geschaffen sowie Collagen und ähnliche dekorative Bildwerke"*. Auch sei der Begriff *„Gemälde, vollständig mit der Hand geschaffen"* unter Hinweis auf das EuGH-Urteil vom 8. November 1990 zur Auslegung von Zolltarifen[248] weit auszulegen. Der Umstand, dass der Begriff der Tätowierung nicht explizit im Gesetz erwähnt sei, stehe der Annahme des Kunstgegenstandsbegriffs nicht entgegen, da die Begriffe Gemälde und Zeichnungen Oberbegriffe darstellten, die verschiedene Techniken umfassen. Des Weiteren habe er bei den Tattoos Urheberrechte übertragen und dadurch einen Umsatz gemäß § 12 Abs. 2 Nr. 7 Buchstabe c UStG getätigt.[249]

Bereits das zuständige Finanzamt lehnte beide Begehren des Klägers ab. Hauptinhalt der Leistung sei keine Rechtsübertragung, sondern die Ausführung der Tätowierung. Die Einräumung oder Übertragung von urheberrechtlichen Befugnissen stelle daher – wenn überhaupt – allenfalls eine Nebenleistung dar. Sie sei somit Bestandteil einer einheitlichen wirtschaftlichen Gesamtleistung.[250]

247 BFH, Urt. v. 23.07.1998, Az. V R 87/97, DStRE 1998, 771.

248 EuGH, Urt. v. 08.11.1990, Az. C-231/89, NJW 1991, 1470.

249 FG Rheinland-Pfalz, Urt. v. 10.11.1997, Az. 5 K 2966/96, BeckRS 1997, 309544961997.

250 FG Rheinland-Pfalz, Urt. v. 10.11.1997, Az. 5 K 2966/96, BeckRS 1997, 309544961997.

Eine Steuerermäßigung nach § 12 Abs. 2, Nr. 1 UStG i. V. m. Nr. 53a der der Anlage zum UStG 1993 soll laut Finanzamt ebenfalls nicht in Betracht kommen, da § 12 Abs. 2 Nr. 1 UStG eine Lieferung voraussetze. Geliefert werden könnten aber nur Gegenstände. Hier bestehe die Leistung nicht in der Lieferung eines Gegenstandes, sondern in der Erbringung einer sonstigen Leistung in Form des Anbringens einer Tätowierung.

Auch habe der Gesetzgeber die Steuerermäßigung für die Lieferung von Kunstgegenständen bewusst auf die in den Zolltarifnummern 97.01 bis 97.03 bezeichneten Gegenstände beschränkt und nicht auf alle Kunstgegenstände und Erzeugnisse des Kunsthandwerks ausgedehnt. Maßgebend dafür sei in erster Linie gewesen, dass durch die Bezugnahme auf den Zolltarif der Kreis der begünstigten Gegenstände eindeutig abgegrenzt werden konnte. Zu den erwähnten Zolltarifnummern gehörten lediglich Originalerzeugnisse, die in bestimmten überkommenen Techniken gestaltet worden seien. Tätowierungen fielen gerade nicht darunter. Die Frage, ob es sich bei den Tätowierungen um Kunstwerke handele, könne daher dahingestellt bleiben.[251]

Eine zwingende Besteuerung mit dem ermäßigten Steuersatz ergebe sich auch nicht aus Art. 12 i. V. m. Anhang 6 der 6. Umsatzsteuer-Richtlinie der EG vom 17. Mai 1977. Art. 12 Abs. 3a der Richtlinie besage, dass die Mitgliedstaaten maximal zwei ermäßigte Steuersätze anwenden könnten. Der Anwendungsbereich sei auf die Lieferung von Gegenständen und die Dienstleistungen der in Anhang H genannten Kategorie begrenzt. Daraus könne nicht hergeleitet werden, dass alle im Anhang H genannten Gegenstände und Dienstleistungen von Mitgliedstaaten zwingend ermäßigt zu besteuern seien. Im Übrigen würden Tätowierungen unter keine Kategorien des Anhangs H fallen.[252]

Diese Ansichten des Finanzamtes bestätigte das zuständige Finanzgericht (im Weiteren: FG) Rheinland-Pfalz und berief sich dabei auf ein EuGH-Urteil zur Tarifierung von Paperweights[253]. Nach Nr. 53 der bezeichneten Anlage seien nur Lieferungen von Kunstgegenständen begünstigt, die nach den Positionen 97.01 bis 97.03 des Zolltarifs zu tarifieren sind. Die Verwendung des Begriffs *„Kunstgegenstand"* bedeute nicht, für die zolltarifliche Einordnung von Gegenständen sei eine künstlerische Bewertung vorzunehmen. Daher sei für die Tarifierung von Kunstgegenständen nicht auf die künstlerische Qualität der Erzeugnisse, sondern darauf abzustellen, ob die sich aus den äußeren Merkmalen der Ware ergebenden objektiven Kriterien eine Zuordnung zu den jeweiligen Zolltarifpositionen rechtfertigen. Die bewusste

251 FG Rheinland-Pfalz, Urt. v. 10.11.1997, Az. 5 K 2966/96, BeckRS 1997, 309544961997.

252 FG Rheinland-Pfalz, Urt. v. 10.11.1997, Az. 5 K 2966/96, BeckRS 1997, 309544961997.

253 EuGH, Urt. v. 18.09.1990, Az. C-228/89, NJW 1991, 1469.

Beschränkung des Gesetzgebers auf die nach den Zolltarifen 97.01 bis 97.03 tarifierten Gegenstände stelle keine unsachgemäße Differenzierung dar, weil es sich selbst bei einer Beurteilung der Aufbringungstechniken bei Tätowierungen als gemäldeähnlich jedenfalls nicht um einen Kunst-„Gegenstand“ handele.[254]

Des Weiteren liege beim Auftragen einer Tätowierung keine Lieferung im Sinne des § 12 Abs. 2 Nr. 1 Satz 1 UStG und der gesetzlichen Definition gemäß § 3 Abs. 1 UStG vor. Nach dem umsatzsteuerrechtlichen Begriff der Leistung müssten dem Leistungsempfänger Substanz, Wert und Ertrag eines Gegenstandes zugewandt werden, was letztendlich den beabsichtigten Übergang der wirtschaftlichen Substanz eines Gegenstandes vom Leistenden auf den Leistungsempfänger erfordere. Beim Auftragen und Einbringen einer Tätowierung werde jedoch gerade keine Substanz eines Gegenstandes endgültig übertragen.[255]

Schließlich handele es sich bei der Anfertigung von Tätowierungen auch nicht um einen Fall des § 12 Abs. 2 Nr. 7c UStG. Nach dem Grundsatz der Einheitlichkeit der Leistung sei zunächst darüber zu entscheiden, inwieweit der betroffene Leistungsvorgang eine Einheit darstelle und welcher Aspekt dieser einheitlichen Leistung ihr das entscheidende Gepräge gebe. Dieser Maßgabe entsprechend beurteile sich der Anwendungsbereich des Steuersatzes für die gesamte einheitliche Leistung danach, ob und inwieweit der prägende Teil einem der Sondertatbestände des § 12 Abs. 2 UStG unterliege. Im vorliegenden Fall sei das Aufbringen der Tätowierung prägendes Merkmal der Tätigkeit und Leistungsbeziehung. Die Fertigung der Vorlage und die etwaige Übertragung von urheberrechtlichen Nutzungsrechten träten dahinter in ihrer Bedeutung zurück.[256]

Im Ergebnis lehnte auch der BFH unter Bestätigung des erstinstanzlichen Urteils die Einordnung der Leistung eines Tattoo Artists als Einräumung von Nutzungsrechten an einem Urheberrecht ab.

Der Kläger habe keine steuerermäßigten Leistungen durch die Lieferung von Kunstgegenständen oder durch die Einräumung, Übertragung und Wahrnehmung von Rechten, die sich aus dem Urheberrechtsgesetz ergeben, sondern regelbesteuerte sonstige Leistungen durch das Tätowieren erbracht. Beim Auftragen einer Tätowierung handele es sich um sonstige Leistungen, da die Verfügungsmacht nach dem wirtschaftlichen Gehalt der Leistungen

---

254 FG Rheinland-Pfalz, Urt. v. 10.11.1997, Az. 5 K 2966/96, BeckRS 1997, 309544961997.

255 FG Rheinland-Pfalz, Urt. v. 10.11.1997, Az. 5 K 2966/96, BeckRS 1997, 309544961997.

256 FG Rheinland-Pfalz, Urt. v. 10.11.1997, Az. 5 K 2966/96, BeckRS 1997, 309544961997.

nicht – wie bei einer Lieferung – auf einen Gegenstand übertragen worden sei. Die Übertragung der Farbstoffe durch den Tätowierer sei umsatzsteuerrechtlich nicht als Lieferung eines Gegenstands zu bewerten, da der Farbstoff lediglich ein Hilfsmittel für die vereinbarungsgemäß erbrachte Tätowierung darstelle.[257]

Durch die Leistungen des Klägers würden auch keine Rechte gemäß dem Urheberrechtsgesetz eingeräumt und übertragen. Es bleibe offen, ob der Kläger durch seine Tätigkeit ein Urheberrecht an Werken der bildenden Künste gemäß § 2 Abs. 1 Nr. 4 UrhG erworben habe, denn gemäß den Feststellungen des Finanzgerichts hätten die Leistungsempfänger neben der Tätowierung keine weiteren Leistungen vom Kläger erhalten. Eine Einräumung von Nutzungsrechten erfordere eine ausdrückliche oder schlüssige Vereinbarung, für die die Vorschriften über die Übertragung von Rechten gemäß den §§ 398 ff. BGB entsprechend anwendbar seien. Es lägen keine Erkenntnisse für das Vorliegen einer solchen Vereinbarung vor. Selbst bei einer schlüssigen Vereinbarung über die Übertragung von Nutzungsrechten könne höchstens eine ständige Nebenleistung zur Tätowierungsleistung angenommen werden. Diese habe keinen Einfluss auf den Steuersatz für die Hauptleistung.[258]

Somit bleibt vorerst festzuhalten, dass der BFH damals ebenso wie die Vorinstanz ausdrücklich dahinstehen ließ, ob es sich bei den Tätigkeiten des Klägers um Werke der bildenden Kunst gemäß § 2 Abs. 1 Nr. 4 UrhG handele. Als Debattenbeitrag über die korrekte Werkklassifizierung von Tattoos ist das BFH-Urteil damit ungeeignet. Die Argumente des BFH und der Vorinstanz können aber an späterer Stelle aufgegriffen und die Rechtsprechung kann sodann bewertet werden.

3. Zwischenergebnis

Im Ergebnis ist festzustellen, dass künstlerisch anspruchsvolle, mit Schöpfungshöhe ausgestattete Tattoos urheberrechtlich geschützte Werke der bildenden Kunst i. S. v. § 2 Abs. 1 Nr. 4 UrhG darstellen. Die Einordnung als Werke der angewandten Kunst ist aus den o. g. Gründen (s. o. S. 38 ff.) abzulehnen.

Sollte als Gegenargument die Befürchtung einer Flut von urheberrechtlich geschützten Tattoos und daraus abgeleiteter, angeblicher urheberrechtlicher Ansprüche von Tattoo Artists vorgebracht werden, so bleibt diese Befürchtung irreal. Es ist nicht zu befürchten, dass zukünftig jedes Tattoo als urheberrechtlich geschütztes Werk der bildenden Kunst angesehen wird. Dieses Problem besteht z. B. auch im Bereich der Malerei und Illustration nicht.

257 BFH, Urt. v. 23.07.1998, Az. V R 87/97, DStRE 1998, 771, 771.
258 BFH, Urt. v. 23.07.1998, Az. V R 87/97, DStRE 1998, 771, 771.

Es bleibt ein Scheinproblem. Ebenso wie alle Gemälde und Illustrationen wird jedes Tattoo anhand seines kreativen Schaffensprozesses und Gehaltes beweisen müssen, dass es die Schwelle der Schöpfungshöhe überwindet. Dies wird bei Anwendung der herrschenden urheberrechtlichen Rechtsprechung[259] auf den Tattoobereich auch weiterhin nur möglich sein, wenn Tattoo Artists mehr als das handwerklich Übliche abliefern.

Mit einer inflationären Anerkennung jeglicher Tattoos als urheberrechtlich geschützte Werke der bildenden Kunst ist nicht zu rechnen. Eine solche verhindern schon die zu überwindenden Schwellen in Form der Voraussetzung der erforderlichen Schöpfungshöhe und der persönlichen geistigen Schöpfung. Letztere ist im Folgenden zu analysieren.

II. Persönliche geistige Schöpfung, §2 Abs.2 UrhG

Gemäß §2 Abs.2 UrhG sind nur persönliche geistige Schöpfungen urheberrechtlich geschützte Werke.

Bei einer persönlichen geistigen Schöpfung muss es sich um eine menschliche Leistung in wahrnehmbarer Form handeln, bei der auch technische Hilfsmittel zur Erzeugung des Werks eingesetzt werden können, soweit der menschliche Schöpfer den Ablauf der Erstellung des Werks bestimmt.[260]

Das EU-Recht hat durch die Richtlinie 2009/24/EG des Europäischen Parlaments und des Rates vom 23. April 2009 über den Rechtsschutz von Computerprogrammen[261] (im Weiteren: Software-RL) sowie deren Implementierung in das deutsche Recht zu einem weiten Maßstab für den Werkbegriff jedenfalls bei Computerprogrammen geführt.[262] Der damit einhergehende Meinungsstreit, ob das Merkmal der persönlichen geistigen Schöpfung für andere Werke unverändert erhalten bleibe,[263] soll hier jedoch aus Platzgründen nicht vertieft werden.

259 BVerfG, Urt.v. 26.01.2005, Az.1 BvR 157/02, GRUR 2005, 410; BGH, Urt.v. 22.06.1995, Az. I ZR 119/93, GRUR 1995, 581, 582; BGH, Urt.v. 13.11.2013, Az. I ZR 143/12, GRUR 2014, 175, 177, Rn.26ff.

260 *A. Nordemann*, in: A. Nordemann/J. B. Nordemann/Czychowski (Hrsg.), UrhR, 2018, §2, 20ff.; *Loewenheim/Leistner*, in: Schricker/Loewenheim/Leistner (Hrsg.), UrhR, [6]2020, §2, 30ff.; *G. Schulze*, in: Dreier/G. Schulze/Raue u. a. (Hrsg.), UrhG, 2022, §2, Rn.6.; *Bullinger*, in: Wandtke/Bullinger (Hrsg.), UrhR, 2022, §2, 15ff.

261 Europäisches Parlament, Richtlinie 2009/24/EG des Europäischen Parlaments und des Rates vom 23. April 2009 über den Rechtsschutz von Computerprogrammen, 23.04.2009 (https://eur-lex.europa.eu/LexUriServ/LexUriServ.do?uri=OJ:L:2009:111:0016:0022:DE:PDF) (geprüft am 29.09.2024).

262 *A. Nordemann*, in: A. Nordemann/J. B. Nordemann/Czychowski (Hrsg.), 32ff.; *Bullinger*, in: Wandtke/Bullinger (Hrsg.), UrhR, 2022, §2, Rn.14.

263 *A. Nordemann*, in: A. Nordemann/J. B. Nordemann/Czychowski (Hrsg.), 21ff.

Wie bereits ausgeführt (s. o. S. 25 ff.) stellt der europäische Werkbegriff des EuGH die Originalität des Werks ins Zentrum und setzt eine eigene geistige Schöpfung des Urhebers voraus, mit der er frei kreative Entscheidungen treffend seine schöpferischen Fähigkeiten zum Ausdruck bringen kann.[264]

Dieser Ansicht folgend wird bei Tattoos in aller Regel von persönlichen geistigen Schöpfungen auszugehen sein, sofern die Tattoos keine zufälligen, durch willkürliche, automatisierte Abläufe einer Maschine entstandene Farbeinbringungen in die Haut darstellen oder sklavische Nachahmungen bereits existierender Vorlagen Dritter sind, die agierenden Tattoo Artists die ihnen eröffneten kreativen Freiräume hinsichtlich der grafischen Gestaltung nutzen und deren Werk, indem es ihre freien kreativen Entscheidungen zum Ausdruck bringt, dadurch die Persönlichkeit der jeweiligen Urheber widerspiegelt (s. o. S. 35 ff.).

Eine persönliche geistige Schöpfung liegt auch dann vor, wenn sich Tattoo Artists bei Ausführung ihrer kreativen Entscheidungen zum Ausdruck ihrer Persönlichkeit nicht nur der traditionellen Tätowiermaschinen als Hilfsmittel bedienen.

Selbst dann, wenn z. B. ein von einem Tattoo Artists programmierter oder ferngesteuerter Tätowierroboter[265] zum Einsatz kommt, scheitert eine persönliche geistige Schöpfung dieses Tattoo Artists nicht daran. Der Tätowierroboter ist in diesem Fall ein bloßes Hilfsmittel oder Werkzeug des Tattoo Artists, dessen er sich zur Umsetzung seiner schöpferischen Ideen bedient. Wenn jedoch ein Mensch das Handeln der Maschine und folglich das Arbeitsergebnis steuert, ist die Form des Werks auf das schöpferische Handeln eines Menschen zurückzuführen. Somit liegt eine persönliche geistige Schöpfung und damit eine urheberrechtlich geschützte Leistung vor.[266]

---

264 EuGH, Urt. v. 16.07.2009, Az. C-5/08, GRUR 2009, 1041, Rn. 37; EuGH, Urt. v. 13.11.2018, Az. C-310/17, GRUR 2019, 73, 74, Rn. 36 f.; EuGH, Urt. v. 12.09.2019, Az. C-683/17, GRUR 2019, 1185, 1186, Rn. 29 ff.; EuGH, Urt. v. 11.06.2020, Az. C-833/18, GRUR 2020, 736, 737, Rn. 22 ff.; *A. Nordemann*, in: A. Nordemann/J. B. Nordemann/Czychowski (Hrsg.), Rn. 4.; *Bullinger*, in: Wandtke/Bullinger (Hrsg.), UrhR, 2022, § 2, Rn. 14.

265 *Götz*, KUKA mit Tele-Tattoo-Roboter auf der Digital X in Köln, 01.09.2022 (https://www.kuka.com/de-de/unternehmen/presse/news/2022/09/kuka-auf-der-digital-x) (geprüft am 29.09.2024).

266 *A. Nordemann*, in: A. Nordemann/J. B. Nordemann/Czychowski (Hrsg.), UrhR, 2018, § 2, Rn. 21.; *Loewenheim/Leistner*, in: Schricker/Loewenheim/Leistner (Hrsg.), UrhR, ^{6}2020, § 2, Rn. 40.; *Bullinger*, in: Wandtke/Bullinger (Hrsg.), UrhR, 2022, § 2, Rn. 16.; *Schack*, Rn. 184.

B. Zwischenergebnis

Im Ergebnis ist festzustellen, dass persönliche geistige Schöpfungen in Form von künstlerisch anspruchsvollen, mit Schöpfungshöhe ausgestatteten Tattoos urheberrechtlich geschützte Werke der bildenden Kunst i. S. v. § 2 Abs. 1 Nr. 4 UrhG darstellen.

Die Einordnung von derartigen Tattoos als Werke der angewandten Kunst i. S. v. § 2 Abs. 1 Nr. 4 UrhG durch einen Teil der deutschen Rechtsprechung ist aus den o. g. Gründen (s. o. S. 35 ff.) abzulehnen.

4. Kapitel: Urhebereigenschaft und Miturheber bei Tattoos

Wie bei anderen Werken, können sich auch bei Tattoos Fragen rund um die Urhebereigenschaft stellen. Darüber hinaus ist fraglich, ob auch bei Tattoos eine Miturheberschaft i. S. d. UrhG möglich ist und welche Konsequenzen dies hätte. Diese elementaren Bereiche der urheberrechtlichen Einordnung von Tattoos sind daher im Folgenden näher zu betrachten.

A. Urheberschaft, § 7 UrhG

Gemäß § 7 UrhG ist der Schöpfer eines Werks dessen Urheber. Dieses Prinzip der Schöpfung gilt auch vollumfänglich innerhalb von Dienst- und Arbeitsverhältnissen, Werkverträgen, Aufträgen oder anderen Bestellungen.[267] Arbeit- oder Auftraggeber müssen deshalb von Arbeit- oder Auftragnehmern Nutzungsrechte vertraglich erwerben, sei es ausdrücklich oder konkludent, konkretisiert und beschränkt durch das Zweckübertragungsprinzip des § 31 Abs. 5 UrhG.[268]

Beim Schöpfer muss es sich um eine natürliche Person handeln[269], deren Beitrag zur Werkentstehung die Voraussetzungen einer persönlichen geistigen Schöpfung i. S. d. § 2 Abs. 2 UrhG erfüllt.[270] Die Urhebereigenschaft von Maschinen und ähnlichen Apparaten ist ausgeschlossen, da sie keine eigenen geistigen Schöpfungen erschaffen können.[271]

---

267 BGH, Urt. v. 26.10.1951, Az. I ZR 93/51, GRUR 1952, 257, 258; BGH, Urt. v. 12.05.2010, Az. I ZR 209/07, GRUR 2011, 59; BAG, Urt. v. 24.11.1960, Az. 5 AZR 261/60, GRUR 1961, 491; BVerwG, Urt. v. 25.06.2015, Az. 7 C 1.14, ZD 2016, 142; *Thum*, in: Wandtke/Bullinger (Hrsg.), UrhR, 2022, § 7, Rn. 22.; *G. Schulze*, in: Dreier/G. Schulze/Raue u. a. (Hrsg.), UrhG, 2022, § 7, Rn. 8.; *Ulmer*, § 33 IV; *Schack*, Rn. 316 f.

268 *Thum*, in: Wandtke/Bullinger (Hrsg.), UrhR, 2022, § 7, Rn. 22.; *G. Schulze*, in: Dreier/G. Schulze/Raue u. a. (Hrsg.), UrhG, 2022, § 7, Rn. 8.; *Ulmer*, UrhR, 1980, § 33 IV 2.

269 *Wirtz*, in: A. Nordemann/J. B. Nordemann/Czychowski (Hrsg.), UrhR, 2018, § 7, Rn. 9.; *Loewenheim/Peifer*, in: Schricker/Loewenheim/Leistner (Hrsg.), UrhR, ⁶2020, § 7, Rn. 2.; *G. Schulze*, in: Dreier/G. Schulze/Raue u. a. (Hrsg.), UrhG, 2022, § 7, Rn. 2.; *Thum*, in: Wandtke/Bullinger (Hrsg.), UrhR, 2022, § 7, Rn. 13.; *Seifert/Wirth*, in: Eichelberger/Wirth/Seifert (Hrsg.), UrhG, ⁴2022, § 7, Rn. 1.

270 *Thum*, in: Wandtke/Bullinger (Hrsg.), UrhR, 2022, § 7, Rn. 13.; *Seifert/Wirth*, in: Eichelberger/Wirth/Seifert (Hrsg.), UrhG, ⁴2022, § 7, Rn. 1.

271 *Loewenheim/Leistner*, in: Schricker/Loewenheim/Leistner (Hrsg.), UrhR, ⁶2020, § 2, 38 f.; *Thum*, in: Wandtke/Bullinger (Hrsg.), UrhR, 2022, § 7, Rn. 15.; *Seifert/Wirth*, in: Eichelberger/Wirth/Seifert (Hrsg.), UrhG, ⁴2022, § 7, Rn. 1.; *Wirtz*, in: A. Nordemann/J. B. Nordemann/Czychowski (Hrsg.), UrhR, 2018, § 7, Rn. 9.

I. Künstliche Intelligenz

Angesichts der zunehmenden Diskussionen über die urheberrechtliche Einordnung von Arbeitsergebnissen sogenannter „Künstlicher Intelligenz“ (im Weiteren: KI) erscheint auch die Generierung von Tattoovorlagen und Tattoos durch KI naheliegend.[272] Damit stellt sich die Frage, wer Urheber derartiger Arbeitsergebnisse in Form von Tattoovorlagen und Tattoos ist oder, ob überhaupt eine Urhebereigenschaft festgestellt werden kann. Dazu ist zunächst der Begriff KI kurz zu definieren.

Angesichts der urheberrechtlichen Fragestellung ist die im urheberrechtlichen Bereich übliche Definition für KI aufzugreifen. Danach handelt es sich bei KI zumeist um eine durch Computer „nachgeahmte Intelligenz“, bei der durch Algorithmen „intelligentes“ menschliches Verhalten simuliert wird.[273]

Die derzeit herrschende Meinung gesteht durch KI aggregierten Arbeitsergebnissen de lege lata keinen Urheberrechtsschutz zu, da es in Ermangelung eines menschlichen Schöpfers an der persönlichen geistigen Schöpfung fehle, und lehnt Urheberrechtsschutz auch de lege ferenda ab.[274]

Dieser herrschenden Meinung ist zuzustimmen. Nach dem Willen des Gesetzgebers sowie der herrschenden Rechtsprechung und Literatur soll urheberrechtlicher Schutz nur für menschlich-geistiges Schaffen gewährt werden. Dies ergibt sich bereits aus einschlägigen Entscheidungen und Beiträgen zu von Tieren erzielten Ergebnissen wie dem sogenannten „Affen-Selfie“[275] etc.[276] Damit sind die Schöpfereigenschaft und die Anerkennung als Urheber beispielsweise bei willkürlich, nach dem Zufallsprinzip oder auf Basis von künstlicher Intelligenz generierten Tattoomotiven aus-

272 *Postmaa*, AI-powered Tattoo Artist, 02.03.2023 (https://www.tattoosai.com/) (geprüft am 29.09.2024); *InkLabs GmbH*, AI Tattoo Generator (https://www.inklabs.de/tools/ink-ai) (geprüft am 29.09.2024).

273 *Loewenheim/Leistner*, in: Schricker/Loewenheim/Leistner (Hrsg.), UrhR, [6]2020, § 2, Rn. 41.; *Thum*, in: Wandtke/Bullinger (Hrsg.), UrhR, 2022, § 7, Rn. 16.

274 *Loewenheim/Leistner*, in: Schricker/Loewenheim/Leistner (Hrsg.), UrhR, [6]2020, § 2, 41 ff.; *Thum*, in: Wandtke/Bullinger (Hrsg.), UrhR, 2022, § 7, Rn. 17.; *G. Schulze*, in: Dreier/G. Schulze/Raue u. a. (Hrsg.), UrhG, 2022, § 2, Rn. 14.; *Hetmank/Lauber-Rönsberg*, GRUR 2018, 574, 579 f.; *Lauber-Rönsberg*, GRUR 2019, 244, 249; *Legner*, ZUM 2019, 807, 812.

275 *König/Beck*, ZUM 2016, 34 ff.

276 *A. Nordemann*, in: A. Nordemann/J. B. Nordemann/Czychowski (Hrsg.), UrhR, 2018, § 2, Rn. 21.; *Dreyer*, in: Dreyer/Kotthoff/Meckel u. a. (Hrsg.), UrhR, [4]2018, § 2, Rn. 26.; *Loewenheim/Leistner*, in: Schricker/Loewenheim/Leistner (Hrsg.), UrhR, [6]2020, § 2, Rn. 43.; *Thum*, in: Wandtke/Bullinger (Hrsg.), UrhR, 2022, § 7, Rn. 15.; *G. Schulze*, in: Dreier/G. Schulze/Raue u. a. (Hrsg.), UrhG, 2022, § 7, Rn. 2.; *Schack*, Rn. 189.

geschlossen. Gleiches gilt für automatische Tätowiermaschinen, die Motivgestaltungen von Tattoos „schaffen“.

II. Anregungen

Ebenso wie bei anderen urheberrechtlich geschützten Werken kann sich bei Tattoowerken die Frage stellen, wer tatsächlich schöpferisch-kreative Beiträge zum Werk beigetragen hat und damit Schöpfer ist.

Suchen sich Kunden aus einer vom Tattoo Artist angebotenen Liste sogenannter *„Wanna dos“* des Tattoo Artists ein von ihm entworfenes Motiv aus, wird kein Zweifel an einer Alleinschöpfung durch den Tattoo Artist bestehen. Ebenso liegt der Fall, wenn ein Kunde den Erhalt eines vom Tattoo Artist entworfenen Tattoos akzeptiert, bei dem der Tattoo Artist allein die Auswahl des Motivs und der Motivausführung trifft, weil er das Motiv z. B. erst in Ansehung des Körpers oder der Körperstelle des Kunden auswählt, anpasst oder sogar entwirft. Gerade bei sehr begehrten Tattoo Artists mit teilweise jahrelangen Wartezeiten ist eine solche Vorgehensweise nicht unüblich.

Im Bereich der weniger exklusiven „Alltags“-Tätowierungen liegt dagegen – ähnlich wie bei anderen Auftragsarbeiten– nahe, dass Kunden genau mitteilen, was auf ihren Tattoos gegebenenfalls wie dargestellt werden soll. Dies wird Kunden auch geraten, um spätere Enttäuschungen zu vermeiden und den Tattoo Artists die Arbeit zu erleichtern.[277] Die Vorgaben können teilweise sehr spezifiziert ausfallen. So werden z. B. vorgefertigte Skizzen oder Fotos zum Erstgespräch mitgebracht. Tattoo Artists werden dennoch meist Veränderungen an mitgebrachten Vorgaben vornehmen. Dies geschieht weniger aus urheberrechtlichen Bedenken, sondern zumeist, um den vorgefundenen körperlichen Gegebenheiten oder dem eigenen künstlerischen Anspruch Rechnung zu tragen.[278]

Damit stellt sich jedoch die Frage, wie gerade bei sehr spezifischen Kundenvorgaben die Abgrenzung einer Vorgabe zwischen einem schöpferischen Beitrag und einer bloßen Anregung zu treffen ist, denn im Gegensatz zum schöpferischen Beitrag begründen bloße Ideen oder Anregungen eines Dritten selbst bei nachweislicher Ursächlichkeit für die Entstehung des Werks keine Urheberschaft. Ideen und Anregungen mangelt es zumeist an der erforderlichen hinreichend konkreten Formgebung.[279] Hinweise und Anregun-

277 *Van Eekhoorn*, Muss ich mein Tattoo selber zeichnen?, 2019 (https://feelfarbig.com/beginners/muss-ich-mein-tattoo-selber-zeichnen/) (geprüft am 29.09.2024).

278 *Dies.*, Muss ich mein Tattoo selber zeichnen?, 2019 (https://feelfarbig.com/beginners/muss-ich-mein-tattoo-selber-zeichnen/) (geprüft am 29.09.2024).

279 *Thum*, in: Wandtke/Bullinger (Hrsg.), UrhR, 2022, § 7, Rn. 27.

gen stecken lediglich einen Rahmen ab, innerhalb dessen der hingewiesene oder angeregte tatsächliche Urheber Formensprache mit seiner eigenen schöpferischen Leistung das spätere Werk schafft.[280] Bei Auftraggebern oder Bestellern erwächst durch ihre Anregungen oder Vorgaben einzig das Recht, nur mit ihren Anweisungen übereinstimmende Werke abnehmen zu müssen.[281]

Wie Hinweise auf ein Motiv keine Urheberschaft an einem von einem Maler oder Fotografen geschaffenen Bild oder Foto begründen,[282] reichen bloße Stichworte und vergleichbare Anregungen bezüglich des Motivgehalts eines Tattoowerks nicht dazu aus, einen schöpferischen Beitrag darzustellen. Je konkreter und ausgestalteter die Vorgaben der Kunden jedoch sind (z. B. Skizze, Foto), desto eher liegt ein Miturheber- oder Bearbeitungsverhältnis nahe.

III. Zwischenergebnis

Urheber von Tattoowerken ist der die Vorlage zeichnende und an den Körper der Trägerperson anpassende Tattoo Artist als Schöpfer, bei freihändiger Tätowierung ohne Vorlage der tätowierende Tattoo Artist. Durch KI aggregierte Arbeitsergebnisse in Tattooform verfügen in Ermangelung einer persönlich-geistigen Schöpfung nicht über einen Urheber. Bei Anregungen und schöpferischen Beiträgen wird das Ausmaß des Einflusses des schöpferischen Beitrags auf das Arbeitsergebnis in Werkform über Urhebereigenschaft und mögliche Miturheberschaft entscheiden.

B. Miturheberschaft, § 8 UrhG

Gemäß § 8 UrhG gelten Kreative, die einen schöpferischen Beitrag zu einem gemeinsamen Werk schaffen, ohne dass sich dieser Beitrag gesondert verwerten ließe, als Miturheber.

---

280 BGH, Urt. v. 19.10.1994, Az. I ZR 156/92, GRUR 1995, 47, 48; BGH, Urt. v. 14.11.2002, Az. I ZR 199/00, GRUR 2003, 231, 233; OLG Köln, Urt. v. 11.11.1988, Az. 6 U 185/88, AfP 1991, 430, 430 f.; OLG Düsseldorf, Urt. v. 30.05.2000, Az. 20 U 4/99, GRUR-RR 2001, 294, 294 f.; KG, Urt. v. 18.11.2003, Az. 5 U 350/02, GRUR-RR 2004, 129, 130; *Ulmer*, UrhR, 1980, § 33 IV 1; *Thum*, in: Wandtke/Bullinger (Hrsg.), UrhR, 2022, § 7, Rn. 27.

281 BGH, Urt. v. 24.01.1956, Az. VI ZR 147/54, GRUR 1956, 234; *G. Schulze*, in: Dreier/G. Schulze/Raue u. a. (Hrsg.), UrhG, 2022, § 7, Rn. 4.; *Thum*, in: Wandtke/Bullinger (Hrsg.), UrhR, 2022, § 7, Rn. 27.

282 *Thum*, in: Wandtke/Bullinger (Hrsg.), UrhR, 2022, § 7, Rn. 28.

Im Folgenden ist zu analysieren, ob § 8 UrhG auch auf Tattoos Anwendung finden kann. Fraglich ist mithin, ob auch bei Tattoos die Möglichkeit besteht, dass mehrere Kreative schöpferischen Einfluss auf ein gemeinsames Tattoowerk in der menschlichen Haut nehmen.

I. Gemeinsame Tattoos

Soweit ein gemeinsamer Schaffensplan vorliegt, ist auch bei sukzessiver Erbringung jeweils schutzfähiger Beiträge zu einem Gesamtwerk von einer Miturheberschaft auszugehen.[283] Dies wird auch zu gelten haben, wenn z. B. mehrere Tattoo Artists in einem gemeinsamen, geplanten Schaffensprozess nacheinander an einem Tattoo, z. B. einem *„sleeve"* oder *„body suit"*, stechen und dabei jeweils Beiträge mit eigener Schutzfähigkeit leisten. Da diese Beiträge zu einem Tattoowerk auf einem Körper beitragen, sind sie auch nicht gesondert verwertbar und qualifizieren sich als Beiträge zu einem gemeinsamen Werk.

II. Tattoosammler und Tattoo Models

Abzugrenzen davon ist gemäß § 9 UrhG, wenn mehrere Urheber ihre individuellen Werke zur gemeinsamen Verwertung verbinden.

Für den Bereich Tattoo könnte dies denkbar sein, sofern z. B. mehrere Tattoo Artists individuell gestaltete Tattoos für einen Trägerkörper anfertigen und dieser von mehreren Urhebern gestaltete Körper einer gemeinsamen Verwertung zugedacht sein soll.

Eine solche Regelung in Bezug auf den Körper einer anderen natürlichen Person erscheint zunächst fernliegend. Bei verbundenen Werken wird gemeinhin an Bildbände, Aufsatzsammlungen etc. gedacht.

Das Phänomen sogenannter Tattoosammler (s. o. S. 46 f.) und insbesondere Tattoo Models, die mit der Darstellung ihres von einem oder mehreren Tattoo Artists verzierten Körpers Geld verdienen, gibt allerdings Anlass für eine kurze Prüfung im Anschluss an die Bearbeitung des § 8 UrhG, ob es sich bei Körpern von Tattoosammlern oder Tattoo Models um zur gemeinsamen Verwertung verbundene Werke i. S. d. § 9 UrhG handeln könnte.

---

283 BGH, Urt. v. 03.03.2005, Az. I ZR 111/02, GRUR 2005, 860, 862; BGH, Urt. v. 07.04.2022, Az. I ZR 222/20, GRUR 2022, 899, 910, Rn. 90; LG München I, Urt. v. 07.08.2023, Az. 42 O 7449/22, https://www.gesetze-bayern.de/Content/Document/Y-300-Z-GRURRS-B-2023-N-19573?hl=true, Rn. 104; *Wirtz*, in: A. Nordemann/J. B. Nordemann/Czychowski (Hrsg.), UrhR, 2018, § 8, Rn. 1.; *Loewenheim/Peifer*, in: Schricker/Loewenheim/Leistner (Hrsg.), UrhR, ^{6}2020, § 8, Rn. 7.

III. Illustrationen und Fotos als Vorlagen

Zudem werden oft urheberrechtlich geschützte Illustrationen und Fotos als Vorlagen für Tattoos genutzt.[284] Solche Fälle können für Komplikationen sorgen, wenn die Kreativen der Ursprungswerke nicht vorab gefragt wurden, ob ihre Werke für Tattoos verwendet werden dürfen. Dies wird insbesondere bei Illustrationen und Fotos gelten, die in fotorealistische Tattoos umgesetzt werden, wie z. B. der Fall Sedlik vs. Von Drachenberg et al.[285] anschaulich zeigt.[286]

Eine Miturheberschaft ist bei Umsetzung von Illustrationen und Fotos in Tattoos jedoch nicht anzunehmen.

So dürfte jedenfalls bei der ungefragten Verwendung von Illustrationen oder Tattoos bereits der für eine sukzessive Miturheberschaft erforderliche gemeinsame Schaffensplan (s. o. S. 69) fehlen.

Weiterhin führen Werkbeiträge, die für sich gesehen eigene Werke und objektiv gesondert verwertbar sind, nicht zur Miturheberschaft, sondern zu einem verbundenen Werk i. S. v. § 9 UrhG.[287] Fotos oder Illustrationen sind unabhängig vom Tattoo verwertbar. Ob deshalb das auf Basis eines Fotos oder einer Illustration entstandene Tattoo als verbundenes Werk i. S. v. § 9 UrhG angesehen werden sollte, ist im folgenden Abschnitt zu prüfen.

Zudem liegt nahe, bei der Umsetzung von urheberrechtlich geschützten Illustrationen, Fotos etc. in Tattoos von einer Übertragung in eine andere Werkform auszugehen. Die jeweiligen kreativen Beiträge entstammen unterschiedlichen Werkgattungen. Dies gilt insbesondere für die Umsetzung von Fotos in Tattoos, sollte aber auch für die Verwirklichung von Illustrationen in Tattoos gelten. Die Anforderungen an die jeweiligen Fähigkeiten der Kreativen sind bei Illustration und Tattoo schon wegen der anderen Trägermedien und der differierenden Farbauf- oder -einbringungsmethoden derart unterschiedlich, dass auch insofern von verschiedenen Werkformen auszugehen ist.

Fraglich ist jedoch, ob der Anteil der Einbringung von Farbe in das Trägermedium Haut überhaupt eine ausreichende Schöpfungshöhe hat. Gerade bei einer fotorealistischen Umsetzung von Illustrationen oder Fotos mangelt es

---

284 *Feige/Krause*, 202, 209.

285 *Sedlik*, Sedlik-v.-Kat-Von-D-Complaint, Case 2:21-cv-01102, 09.02.2021 (https://www.courtlistener.com/recap/gov.uscourts.cacd.809742/gov.uscourts.cacd.809742.1.0.pdf), 1 ff. (geprüft am 29.09.2024).

286 *Rieck*, IPRB 2022, 233 ff.

287 *Wirtz*, in: A. Nordemann/J. B. Nordemann/Czychowski (Hrsg.), UrhR, 2018, § 8, Rn. 11.

an der ausreichenden Schöpfungshöhe der Umsetzung in ein Tattoo, da kein eigener kreativer Einfluss des Tattoo Artists festzustellen ist.[288]

Hier liegt bei fehlendem Einverständnis des Ursprungsurhebers auch die Annahme einer unerlaubten Vervielfältigung oder unfreien Bearbeitung nahe, was im Folgenden noch zu prüfen sein wird.

IV. Hilfen, Anregungen und Anweisungen

Auch Anregungen oder Anweisungen z. B. des zukünftigen Tattooträgers oder Dritter führen allenfalls im Ausnahmefall zur Miturheberschaft (s. o. S. 67 f.). Miturheber i. S. d. § 8 UrhG ist nur, wer einen eigenen, persönlichen Schöpfungsbeitrag geleistet hat, sodass nur derjenige, dessen Werkbeitrag die Schöpfungshöhe des § 2 Abs. 2 UrhG erreicht, als solcher anzusehen ist.[289] Die davon jedenfalls für Schriftwerke wissenschaftlichen Inhalts, Werke der Baukunst, Werbetexte u. Ä. abweichende Ansicht[290] soll hier angesichts einer für Tattoos anzunehmenden Werkform der bildenden Kunst (s. o. S. 22 ff.) nicht weiter vertieft werden.

Der herrschenden Meinung folgend wäre somit eine Miturheberschaft allenfalls dann möglich, wenn den Anweisungen, Skizzen o. Ä. eine eigene Schöpfungshöhe beizumessen wäre.[291] Nur besonders konkrete und kreative Anregungen oder ausführliche Anweisungen, Skizzen etc. dürften diese Schwelle überwinden, während alle anderen Beiträge zum Werk Gehilfenschaft bleiben. Tätowierte z. B. der Frankfurter Tätowierer *Horst Streckenbach* (s. o. S. 13) die Body-Art-Künstlerin *VALIE EXPORT* oder den selbsternannten Totalkünstler *Prof. Timm Ulrichs* wunschgemäß streng deren inhaltlich präzisen Anweisungen folgend,[292] so diente er lediglich als Werkzeug zur Umsetzung der kreativen Ideen der schöpfenden Künstler.[293] Man-

288 *Rieck*, IPRB 2022, 233, 235.

289 BGH, Urt. v. 19.10.1962, Az. I ZR 174/60, GRUR 1963, 40, 41; BGH, Urt. v. 14.07.1993, Az. I ZR 47/91, GRUR 1994, 39, 40; BGH, Urt. v. 14.11.2002, Az. I ZR 199/00, GRUR 2003, 231, 233; BGH, Urt. v. 26.02.2009, Az. I ZR 142/06 (1), GRUR 2009, 1046, 1049; *G. Schulze*, in: Dreier/G. Schulze/Raue u. a. (Hrsg.), UrhG, 2022, § 8, Rn. 6.; *Wirtz*, in: A. Nordemann/J. B. Nordemann/Czychowski (Hrsg.), UrhR, 2018, § 8, 2 f.; *Loewenheim/Peifer*, in: Schricker/Loewenheim/Leistner (Hrsg.), UrhR, [6]2020, § 8, Rn. 4.; *Thum*, in: Wandtke/Bullinger (Hrsg.), UrhR, 2022, § 8, Rn. 15.; *Schack*, Rn. 331.

290 *Loewenheim/Peifer*, in: Schricker/Loewenheim/Leistner (Hrsg.), UrhR, [6]2020, § 7, Rn. 9.; *Ulmer*, § 33 IV 3.

291 OLG München, Urt. v. 17.09.2009, Az. 29 U 2579/09, GRUR-RR 2010, 161, 162.

292 *S. Kampmann*, in: S. Kampmann/Herrmann/Petri u. a. (Hrsg.), Tattoo, 2011, 40 ff.

293 *Rieck*, in: Kohrs/Wittmann (Hrsg.), Der Tätowierer und Piercer Helmut Horst ‚Samy' Streckenbach, 2025 (angekündigt), S. 65, 66.

gels kreativen Beitrags wurde *Streckenbach* kein Miturheber an den Kunstwerken.

V. Restaurierung

Durch die Beschaffenheit des Trägermediums Haut und deren Alterungsprozesse, z. B. durch Verblassen infolge der Einwirkung von UV-Strahlen, Aufspaltung von Farbpartikeln und unterschiedliche Hautpflege, kommt es bei Tattoos zu verwitterungsähnlichen Veränderungen des wahrzunehmenden Bildes.[294]

Auch werden gelegentlich Fehler beim Einbringen der Farbpartikel in die menschliche Haut gemacht, die zu einem unbefriedigenden Ergebnis hinsichtlich der Farbsättigung, Linienschärfe etc. führen. Unterschiedliche menschliche Hauttypen und -beschaffenheiten verstärken diesen Effekt. Nicht wenige Tattooträger lassen ihre Tattoos deshalb früher oder später nachstechen, was eine Art Restaurierung von Tattoos bedeutet.[295]

Da es sich dabei jedoch üblicherweise um die möglichst originalgetreue Wiederherstellung des ursprünglichen Werks handelt, wird diesem Prozess in aller Regel keine eigene schöpferische Qualität oder sogar Schöpfungshöhe beizumessen sein. Eine Restaurierung in Form des Nachstechens eines Tattoos ist deshalb kein Fall der Miturheberschaft.

Auf andere Fragen z. B. in Bezug auf die Restaurierung als mögliche Entstellung des Ursprungswerks wird an späterer Stelle eingegangen.

VI. Copycats

Schließlich ist noch der zwar in der Branche geächtete, aber tatsächlich nicht selten anzutreffende Fall der reinen Kopie von Tattoos einzuordnen.

Auch hier mangelt es wie bei bloßen Kopien von anderen Kunstwerken an der ausreichenden Schöpfungshöhe des Beitrags der Kopierenden. Da die größtmögliche Nähe zum Ausgangswerke gerade das gewünschte Ziel der Kopie darstellt, ist keine Miturheberschaft anzunehmen.

Andere im Rahmen der reinen Kopie entstehende Rechtsfragen sind später anzusprechen.

---

294 *Feige/Krause*, 14.

295 *Fischer*, Tattoo nachstechen: Frischer Look für Dein Tattoo, 05.06.2023 (https://tattoomed.de/blog/wann-lasse-ich-mein-tattoo-nachstechen-tipps-zum-auffrischen) (geprüft am 29.09.2024).

VII. Folgen der Miturheberschaft

Der fiktive Fall sukzessive erstellter Tattoos (s. o. S. 69) könnte zu einem Streit unter Miturhebern führen, wenn es um die Verwertbarkeit oder Veränderbarkeit eines solchen Werks geht, vgl. § 8 Abs. 2 S. 1 UrhG.

Wie bereits oben ausgeführt (s. o. S. 69), wird es sich um einen Fall der Miturheberschaft gemäß § 8 Abs. 1 UrhG handeln, sofern das betroffene Tattoo ein dem Schutz des UrhG unterfallendes Werk mit Schöpfungshöhe darstellt und jeder Beitrag der beteiligten Tattoo Artists für sich genommen Schöpfungshöhe hat. Aufgrund der Einbringung in die Trägerhaut ist keiner der kreativen Beiträge zum gemeinsam sukzessiv erstellten Tattoo für sich gesehen gesondert verwertbar.

Gemäß § 8 Abs. 2 Satz 1 UrhG ergibt sich daraus, dass zwischen den Miturhebern eine spezielle Gemeinschaft erwächst. Ihre Merkmale werden von urheberrechtlichen Prinzipien bestimmt. Diese Gemeinschaft unterliegt bestimmten vermögensrechtlichen Regeln, die denen der Gesamthandsgemeinschaft ähneln. Es sei jedoch angemerkt, dass sie in Ausnahmefällen auch den Schutz vor Entstellung des Werks durch den Unterlassungs- und Beseitigungsanspruch ermöglichen kann.[296]

Nach § 8 Abs. 2 S. 1 UrhG sind damit Veröffentlichung, Verwertung und Bearbeitung des Tattoos nur mit Einwilligung aller Miturheber zulässig,[297] was gemäß §§ 709, 714 BGB sowohl das Innen- als auch das Außenverhältnis betrifft.[298] Da Einwilligung gemäß § 183 S. 1 BGB eine vorherige Zustimmung bedeutet, ist nach dem Willen des Gesetzgebers eine nachträgliche Genehmigung ausgeschlossen.[299]

Eine andere Ansicht sieht dies als nicht vertretbare Inkonsequenz zu der rechtlichen Behandlung der Veröffentlichung gemäß § 6 UrhG. Nach der Gesetzesbegründung zu dieser Vorschrift[300] könne eine widerrechtliche Veröffentlichung durch eine nachträgliche Genehmigung geheilt werden. Wa-

---

296 *Wirtz*, in: A. Nordemann/J. B. Nordemann/Czychowski (Hrsg.), UrhR, 2018, § 8, Rn. 16 ff.; *Loewenheim/Peifer*, in: Schricker/Loewenheim/Leistner (Hrsg.), UrhR, ^{6}2020, § 8, 1.; *Thum*, in: Wandtke/Bullinger (Hrsg.), UrhR, 2022, § 8, 52 ff.

297 OLG Frankfurt a. M., Urt. v. 06.12.2005, Az. 11 U 26/05, ZUM 2006, 332, 334; *Wirtz*, in: A. Nordemann/J. B. Nordemann/Czychowski (Hrsg.), UrhR, 2018, § 8, Rn. 18.

298 *G. Schulze*, in: Dreier/G. Schulze/Raue u. a. (Hrsg.), UrhG, 2022, § 8, Rn. 16.; *Loewenheim/Peifer*, in: Schricker/Loewenheim/Leistner (Hrsg.), UrhR, ^{6}2020, § 8, Rn. 14.

299 RegE UrhG 1962, 41 f.; BGH, Urt. v. 26.02.2009, Az. I ZR 142/06 (1), GRUR 2009, 1046, 1051; BGH, Urt. v. 23.02.2012, Az. I ZR 6/11, MMR 2013, 49, 50; *Wirtz*, in: A. Nordemann/J. B. Nordemann/Czychowski (Hrsg.), UrhR, 2018, § 8, Rn. 19.; *Loewenheim/Peifer*, in: Schricker/Loewenheim/Leistner (Hrsg.), UrhR, ^{6}2020, § 8, Rn. 15.; *Thum*, in: Wandtke/Bullinger (Hrsg.), UrhR, 2022, § 8, 88 f.

300 RegE UrhG 1962, 40.

rum bei Vorliegen einer Miturheberschaft eine Genehmigung gemäß § 184 BGB nicht möglich sein soll, sei rechtlich daher nicht begründbar.[301]

Eine Entscheidung dieses Meinungsstreits wird jedoch im Ergebnis als entbehrlich angesehen. Rechtsstreite aufgrund einer Versagung der Einwilligung oder bei nachträglicher Zustimmung werden ohne Weiteres zu lösen sein.

So kann ein nachträgliches Einverständnis als Verzicht auf Ansprüche aus der Rechtsverletzung gedeutet werden.[302]

Eine unrechtmäßige Versagung der Einwilligung stellt einen Verstoß gegen Treu und Glauben dar.[303] Eine etwaige Unrechtmäßigkeit ist im Wege der Interessenabwägung zu bestimmen.[304]

Im Rahmen einer solchen Interessenabwägung wird gerade beim Recht auf Veröffentlichung eines von Miturhebern erstellten Tattoos neben den Interessen der anderen Miturheber auch und vor allem das Interesse der Trägerperson zu berücksichtigen sein, der es schwerlich zuzumuten sein wird, ein an ihrem Körper vorhandenes Tattoo nicht öffentlich zu zeigen. Da dies allen Miturhebern vor und bei Erstellung des Tattoos bewusst gewesen sein muss, wird eine verweigerte Einwilligung zur Veröffentlichung solcher Tattoos in der Praxis auch keine wesentliche Rolle spielen, jedenfalls aber zurückzuweisen sein. Dies hat die Konsequenz, dass ein von Miturhebern erstelltes Tattoo auch bei fehlenden Einwilligungen von Miturhebern von der Trägerperson stets veröffentlicht werden darf. Bereits in der Fertigstellung eines jeden Beitrags der Miturheber wird eine jedenfalls konkludente Einwilligung zur Veröffentlichung des Tattoowerks liegen.

Gleiches dürfte für die Einwilligung zu Veränderungen an dem Werk auch in Form der Überdeckung oder Entfernung zumindest dann gelten, wenn diese von der Trägerperson gewünscht werden.

Jedem Tattoo Artist muss schon vor Erstellung eines Tattoos bewusst sein, dass es in der menschlichen Natur liegt, von Zeit zu Zeit Veränderungen am Aussehen vorzunehmen, sei es wegen altersbedingter Veränderung des Tattoos, gewandelter Überzeugung oder aufgrund des Wunsches, einer bestimmten Mode zu folgen. Auch die Zustimmung zu Veränderungen werden einzelne Miturheber eines Tattoos deshalb schwerlich versagen können.

---

301 *Sontag*, Das Miturheberrecht, 1972, 39 f.

302 *Loewenheim/Peifer*, in: Schricker/Loewenheim/Leistner (Hrsg.), UrhR, ^{6}2020, § 8, Rn. 15.

303 *Wirtz*, in: A. Nordemann/J. B. Nordemann/Czychowski (Hrsg.), UrhR, 2018, § 8, Rn. 19.; *Rauer*, in: Götting/Lauber-Rönsberg/Rauer (Hrsg.), UrhR, 2024, § 8, Rn. 32.; *Schack*, Rn. 333.

304 *Thum*, in: Wandtke/Bullinger (Hrsg.), UrhR, 2022, § 8, Rn. 93.; *Sontag*, 46–50.

Da aber für Werkänderungen ebenfalls gemäß § 8 Abs. 2 S. 1 2. Hs. UrhG nicht Stimmenmehrheit, sondern Einstimmigkeit der Miturheber erforderlich ist, sollten solche Punkte von potenziellen Miturhebern möglichst vorab vertraglich geklärt werden. Anderenfalls bleibt es bei dem o. g. Erfordernis der Einstimmigkeit unter den Miturhebern bei Abstimmungen über die Zulässigkeit von Werkänderungen.

Anders kann der Fall jedoch bei Verwertungen des Werks in Form eines gemeinschaftlich erstellten Tattoos liegen. Hier sind nachvollziehbare Differenzen zwischen Miturhebern über das Ob oder Wie einer Verwertung des gemeinsamen Werks denkbar, beispielsweise in einem Bildband, als Merchandising auf T-Shirts oder Aufklebern sowie in der Berichterstattung in Medien oder insbesondere im Rahmen von Computerspielen. Potenziellen Miturhebern ist deshalb dringend zu einer vertraglichen Regelung vor etwaigen Verwertungen geraten.

Auch hier wird im Rahmen einer die Ziele und Zwecke der Werkerstellung berücksichtigenden Interessenabwägung darüber zu befinden sein, ob eine Verweigerung der Einwilligung in die Verwertung gegen Treu und Glauben verstößt. Dies könnte beispielsweise dann nicht der Fall sein, wenn durch die Verwertung das Urheberpersönlichkeitsrecht des betroffenen Miturhebers verletzt würde.[305]

Schließlich wird gemäß § 8 Abs. 2 S. 3 UrhG jeder miturhebende Tattoo Artist zwar Ansprüche aus Verletzungen des gemeinsamen Urheberrechts geltend machen können. Es wird jedoch nur Leistung an alle miturhebenden Tattoo Artists verlangt werden können.

Auch hinsichtlich der Verteilung der Erträgnisse und bezüglich des Verzichts auf einen Anteil an den Verwertungsrechten dürften sich bei der Verwertung von Tattoos keine Besonderheiten im Gegensatz zu den bislang anerkannten Werkformen ergeben.

VIII. Urheber verbundener Werke, § 9 UrhG

Angesichts der oben aufgeworfenen Fragen, ob es sich bei inhaltlichen Übernahmen von Illustrationen oder Fotos in Tattoos sowie den Körpern von Tattoosammlern oder Tattoo Models jeweils um verbundene Werke zur gemeinsamen Verwertung handeln könnte (s. o. S. 69), ist die Einschlägigkeit des § 9 UrhG zu prüfen.

Dabei ist die Abgrenzung zur Miturheberschaft bei der Frage nach der Dauer der Schutzfrist von besonderem Interesse. Anders als beim im Wege der

305 *Loewenheim/Peifer*, in: Schricker/Loewenheim/Leistner (Hrsg.), UrhR, [6]2020, § 8, Rn. 16.; *Sontag*, 46 ff.

Miturheberschaft entstandenen einheitlichen Werk nach § 8 UrhG gibt es für die Werkverbindung nach § 9 UrhG keine einheitliche Schutzdauer. Die Schutzfrist eines der verbundenen Werke kann somit eher ablaufen als diejenige anderer, was wiederum erhebliche Auswirkungen auf die Verwertung und insbesondere die Ertragsverteilung der Urheber untereinander haben kann.[306]

Werden selbständige, urheberrechtlich geschützte Werke zu ihrer gemeinsamen Verwertung miteinander verbunden, kann durch den gemeinsamen Zweck und die Verbindung eine Einheit entstehen, die mehr als die Summe der verbundenen Werke ist.[307] Gebräuchlichste Beispiele hierfür sind Text und Komposition eines Musikstücks oder Schriftwerke mit Illustrationen.

Neben dem Ziel der gemeinsamen Verwertung gibt es noch weitere entscheidende Bedingungen. Trotz der Verknüpfung der Werke muss die Eigenständigkeit jedes einzelnen Werkes bewahrt bleiben.[308] Das bedeutet, dass jeder der beteiligten Urheber immer noch als Urheber des von ihm individuell geschaffenen Einzelwerks betrachtet wird. Er erwirbt keine Urheberrechte an den Werken der anderen Urheber.[309] Die einzelnen Werke müssen weiterhin gesondert verwertbar sein.[310] Entsteht jedoch ein einheitliches Werk, liegt keine Werkverbindung, sondern Miturheberschaft vor.[311]

1. Illustrationen und Fotos als Vorlage für Tattoos

Das Beispiel der Umsetzung eines Fotos oder einer Illustration als Tattoo erscheint nur schwerlich als Beispiel eines verbundenen Werks geeignet.

So wird zumeist bereits an einem von beiden Urhebern gewünschten Zweck der gemeinsamen Verwertung zu zweifeln sein. Jedenfalls liegt er bei illega-

---

306 *Wirtz*, in: A. Nordemann/J.B. Nordemann/Czychowski (Hrsg.), UrhR, 2018, § 9, Rn. 24.

307 *Loewenheim/Peifer*, in: Schricker/Loewenheim/Leistner (Hrsg.), UrhR, ⁶2020, § 9, Rn. 1.; *Ulmer*, UrhR, 1980, § 35 I.

308 BGH, Urt. v. 26.02.2009, Az. I ZR 142/06 (1), GRUR 2009, 1046, 1049; *Wirtz*, in: A. Nordemann/J. B. Nordemann/Czychowski (Hrsg.), UrhR, 2018, § 9, Rn. 1.; *Thum*, in: Wandtke/Bullinger (Hrsg.), UrhR, 2022, § 9, Rn. 6.

309 *Loewenheim/Peifer*, in: Schricker/Loewenheim/Leistner (Hrsg.), UrhR, ⁶2020, § 9, Rn. 1.; *Thum*, in: Wandtke/Bullinger (Hrsg.), UrhR, 2022, § 9, Rn. 21.; *Rauer*, in: Götting/Lauber-Rönsberg/Rauer (Hrsg.), UrhR, 2024, § 9, Rn. 2.

310 *Wirtz*, in: A. Nordemann/J.B. Nordemann/Czychowski (Hrsg.), UrhR, 2018, § 9, Rn. 4.; *Loewenheim/Peifer*, in: Schricker/Loewenheim/Leistner (Hrsg.), UrhR, ⁶2020, § 9, Rn. 4.

311 BGH, Urt. v. 16.04.2015, Az. I ZR 225/12, GRUR 2015, 1189, Rn. 23; *Wirtz*, in: A. Nordemann/J. B. Nordemann/Czychowski (Hrsg.), UrhR, 2018, § 9, Rn. 4.; *Loewenheim/Peifer*, in: Schricker/Loewenheim/Leistner (Hrsg.), UrhR, ⁶2020, § 9, Rn. 6.; *Thum*, in: Wandtke/Bullinger (Hrsg.), UrhR, 2022, § 9, Rn. 22.

ler Übernahme eines Fotos oder einer Illustration als Vorlage für ein Tattoo nicht vor.

Doch auch bei der beidseitig geplanten Verwendung einer Illustration oder eines Fotos als Vorlage für ein Tattoo ist nicht vom Entstehen eines verbundenen Werks auszugehen, da das finale Tattoo ein einheitliches Werk darstellt, keine Selbstständigkeit neben der Vorlage erreicht und naheliegt, dass der Urheber der Vorlage — insbesondere bei fotorealistischer Ausführung des Tattoos — Rechte daran erwirbt. Letzteres wird anlässlich der Prüfung von § 23 UrhG noch vertieft.

2. Tattoosammler und Tattoo Models

Bei den Körpern von Tattoosammlern und Tattoo Models liegt die Annahme einer Werkverbindung näher, da die einzelnen Tattoos z. B. in Form der fotografischen Vervielfältigung für Bildbände u. Ä. unabhängig voneinander verwertbar sind. Dies hätte jedoch zur Folge, dass das Einverständnis jedes Urhebers verbundener Werke bei einer Verwertung einzuholen wäre.[312] Damit könnte er eine beabsichtigte Verwertung blockieren (§ 709 BGB). Auch entstünde bei Verweigerung der Zustimmung das Erfordernis einer Klage auf Abgabe der Zustimmung.

Derartige Hürden bei der Verwertung würden das Sammeln von Tattoos verschiedener Urheber wegen der Rechtsunsicherheit bezüglich der Verwertung unattraktiv machen. Die Höhe der Hürden und damit die Rechtsunsicherheit aller Beteiligten stiegen dabei mit der Anzahl der beteiligten Urheber, während die Attraktivität der Verwertung in gleichem Maße abnähme. Genaueres hierzu ist anlässlich der Prüfung von § 31a UrhG auszuführen.

Daneben dürfte meist schon fraglich sein, ob überhaupt alle zum Körper des Tattoosammlers oder des Tattoo Models beitragenden Tattoo Artists den Zweck der Werkverbindung in Form einer gemeinsamen Verwertung verfolgen.

So wird den meisten beteiligten Tattoo Artists allenfalls durch die Wahrnehmung auf dem Körper bereits vorhandener Tattoos bewusst sein, dass noch andere möglicherweise unbekannt bleibende Urheber mitgewirkt haben. Allein aus der Anfertigung des neuen, zusätzlichen Tattoos wird jedoch noch keine Zustimmung zur gemeinsamen Verwertung abgeleitet werden können.

Sachgerechter erscheint daher zunächst die Einordnung des Körpers von Tattoosammlern und Tattoo Models als Sammelwerk.

Bei Sammelwerken räumen die beteiligten Urheber beispielsweise einem Dritten Nutzungsrechte und insbesondere die Verwertung der einzelnen

---

312 *Rauer*, in: Götting/Lauber-Rönsberg/Rauer (Hrsg.), UrhR, 2024, § 9, Rn. 2.

Beiträge ein.[313] Die Eignung des Körpers eines Tattoosammlers und Tattoo Models als Sammelwerk wird anlässlich der Prüfung von § 31a UrhG noch ausführlicher thematisiert.

C. Zwischenergebnis

Als Urheber eines Tattoowerks ist der Ersteller der Tattoovorlage anzusehen.

Fallen die Person des Schöpfers der Vorlage und der Ersteller des Tattoos jedoch auseinander, kann dies zu einer anderen Einschätzung der Urheberschaft führen.

Setzt der Ersteller des Tattoos die Vorlage nicht fotorealistisch um, sondern bringt eigene kreativ-schöpferische Einflüsse in die Umsetzung ein, die Originalität haben und seiner individuellen künstlerischen Formensprache Ausdruck verleihen, wird der Ersteller abhängig vom Werkergebnis als Miturheber oder sogar alleiniger Urheber des Tattoos anzusehen seien.

Wird gänzlich ohne Vorlage gearbeitet, ist der Ersteller zwangsläufig Urheber des von ihm geschaffenen Tattoowerks.

Die fotorealistische Umsetzung von z. B. Fotovorlagen in Tattoos führt hingegen nicht zu einer Miturheberschaft oder sogar Urheberschaft des ausführenden Tattoo Artists, da kein eigener kreativer Beitrag seinerseits festzustellen ist. Gleiches gilt für die Restaurierung eines vorhandenen Tattoowerks.

Bloße Anregungen hinsichtlich der Gestaltung von Tattoowerken von Kunden oder Dritten werden nur im Ausnahmefall zu einer Urheberschaft oder Miturheberschaft des Anregenden führen, da eine Anregung keinen schöpferischen Beitrag darstellt.

Tragen mehrere Tattoo Artists schöpferische Beiträge zu einem Gesamtwerk zusammen, werden sie als Miturheber mit den Folgen des § 8 Abs. 2 S. 1 UrhG anzusehen sein (s. o. S. 73 ff.).

313 *Wirtz*, in: A. Nordemann/J. B. Nordemann/Czychowski (Hrsg.), UrhR, 2018, § 9, Rn. 5.; *Loewenheim/Peifer*, in: Schricker/Loewenheim/Leistner (Hrsg.), UrhR, [6]2020, § 9, Rn. 6.; *Thum*, in: Wandtke/Bullinger (Hrsg.), UrhR, 2022, § 9, Rn. 27.

5. Kapitel: Urheberpersönlichkeitsrechte

A. Veröffentlichung, § 12 UrhG

Unter einer Veröffentlichung i. S. d. § 12 Abs. 1 UrhG ist die erstmalige Zugänglichmachung des Werks für die Allgemeinheit zu verstehen. Davon umfasst sind das Ob und das Wie der Erstveröffentlichung und somit der Zeitpunkt und die Art der Veröffentlichung. [314]

Unter dem Begriff der Veröffentlichung ist ferner derjenige des § 6 Abs. 1 UrhG zu verstehen.[315] Ein Werk ist demzufolge veröffentlicht, wenn es mit Zustimmung des Berechtigten der Öffentlichkeit zugänglich gemacht worden ist.

Der in § 15 Abs. 3 UrhG legaldefinierte Begriff der Öffentlichkeit ist jedoch im Rahmen des § 12 UrhG wegen der zentralen Bedeutung des Erstveröffentlichungsrechts für den Urheber eng auszulegen.[316] Dies soll verhindern, dass die mit der Veröffentlichung verbundenen negativen Auswirkungen auf die Entscheidungshoheit des Urhebers zu früh eintreten, um ihm Tests seines Werks in kleiner Runde zu ermöglichen, die noch nicht als Erstveröffentlichung wirken sollen.[317]

Das Erstveröffentlichungsrecht soll als wichtigster Teil des Urheberpersönlichkeitsrechts stets dem Urheber zustehen.

Einen Anspruch des Urhebers auf Veröffentlichung begründet § 12 UrhG jedoch nicht, dieser muss vertraglich geregelt werden.[318] So kann eine Veröffentlichung den Interessen des Vertragspartners in Form des Auftrag- oder Arbeitgebers zuwiderlaufen. Etwaige Verpflichtungen, ein Werk nicht zu veröffentlichen, können gemäß § 138 Abs. 1 BGB sittenwidrig sein und sind im Rahmen einer Interessenabwägung zwischen Urheber und Auftrag- oder Arbeitgeber abzuwägen.[319]

---

314 RegE UrhG 1962, 44.

315 BGH, Urt. v. 19.03.2014, Az. I ZR 35/13, GRUR 2014, 974, 979; *Peukert*, in: Schricker/Loewenheim/Leistner (Hrsg.), UrhR, [6]2020, § 12, Rn. 8.

316 *Ulmer*, UrhR, 1980, § 32 I; *Bullinger*, in: Wandtke/Bullinger (Hrsg.), UrhR, 2022, § 12, Rn. 7.; *Götting*, in: Götting/Lauber-Rönsberg/Rauer (Hrsg.), UrhR, 2024, § 12, Rn. 9.; *Schack*, 273, 383.

317 OLG Zweibrücken, Urt. v. 21.02.1997, Az. 2 U 30/96, GRUR 1997, 363, 364; *G. Schulze*, in: Dreier/G. Schulze/Raue u. a. (Hrsg.), UrhG, 2022, § 12, S. 5.; *Peukert*, in: Schricker/Loewenheim/Leistner (Hrsg.), UrhR, [6]2020, § 12, Rn. 8.

318 *G. Schulze*, in: Dreier/G. Schulze/Raue u. a. (Hrsg.), UrhG, 2022, § 12, S. 18.; *Peukert*, in: Schricker/Loewenheim/Leistner (Hrsg.), UrhR, [6]2020, § 12, Rn. 10.

319 *Peukert*, in: Schricker/Loewenheim/Leistner (Hrsg.), UrhR, [6]2020, § 12, Rn. 17.

Im Folgenden ist zu analysieren, ob der bekannte Stand der Rechtsprechung und Literatur zur Veröffentlichung gemäß § 12 UrhG ohne Weiteres auch auf urheberrechtsfähige Tattoowerke angewendet werden kann.

Da auch urheberrechtlich geschützte Tattoos zumeist in der Haut anderer natürlicher Personen mit eigenen Interessen, Rechten und Ansprüchen angefertigt werden, ist von Abweichungen zum bekannten Umgang mit dem Erstveröffentlichungsrecht des Urhebers auszugehen.

So ist ein Streit zwischen Tattoo Artists und Trägerpersonen oder Arbeitgebern in Form z. B. eines von einer juristischen Person betriebenen Tattoostudios über eine Veröffentlichung denkbar.

Tattoo Artists könnten Bedenken gegen eine Veröffentlichung haben, beispielsweise bei nach ihrer Ansicht misslungenen Tattoos oder zwischenzeitlicher Distanzierung von ihren Frühwerken.

Aber auch bei der Kundschaft könnten beispielsweise bei Tattoos im Intimbereich oder solchen mit kontroversen Inhalten begründete persönlichkeitsrechtliche Interessen gegen eine Veröffentlichung in Form von Ablichtungen davon im Studioschaufenster, auf der gewerblichen Studiowebsite oder auf Social-Media-Plattformen sprechen. Dies gilt insbesondere bei Identifizierbarkeit der betroffenen Trägerpersonen, sei es etwa durch erkennbare Gesichter, andere die Identifizierung erleichternde abgebildete Merkmale wie weitere Tattoos oder das besonders individuelle Tattoo selbst.

Finanzielle Interessen von Arbeitgebern z. B. in Form von Tattoostudios sprechen wiederum dafür, besonders attraktiv wirkende Tattoos als Außenwerbung zu veröffentlichen, auch wenn sie möglicherweise den Qualitätsansprüchen der betroffenen Urheber nicht genügen, diese sich mittlerweile davon distanziert haben oder eine Veröffentlichung den Interessen der jeweiligen Trägerpersonen zuwiderläuft.

Bei Tattoos mit Schöpfungshöhe auf fremden Körpern besteht Beurteilungsbedarf, ob die o. g. Stakeholder in Form von Tattoo Artists, deren Arbeitgebern oder Trägerpersonen die Veröffentlichung versagen oder sogar erzwingen können.

I. Interessen der Tattoo Artists

Wie bereits anlässlich der Prüfung von Miturheberschaft festgestellt (s. o. S. 69 ff.), sind gerade beim Recht auf Veröffentlichung eines Tattoos neben den Interessen des Urhebers auch und vor allem diejenigen der Trägerperson zu berücksichtigen.

Trägerpersonen wird es schwerlich zuzumuten sein, ein an ihrem Körper vorhandenes Tattoowerk nicht öffentlich zu zeigen, auch wenn dieses Tattoo dem schöpfenden Tattoo Artist z. B. nicht (mehr) gefällt. Vielmehr handelt es sich hierbei um eine übliche Nutzungshandlung. Das Interesse der Trägerperson an der ungehinderten Vornahme üblicher Nutzungshandlungen muss Tattoo Artists vor und bei Erstellung des Tattoos bewusst sein, denn das heutige Ziel eines Tattoos ist zumeist die Veränderung und Verschönerung des Trägerkörpers. Dies ist auch ein gewichtiges Interesse, liegt es doch in der menschlichen Natur, diese Veränderung und Verschönerung des eigenen Körpers anderen Menschen auch öffentlich zeigen zu wollen.

Insofern wird eine nicht explizit geregelte Veröffentlichung durch den Träger statt durch den Urheber auch von dem von beiden Seiten anzunehmenden Zweck des Vertrags umfasst sein. Die Zweckübertragungslehre im Rahmen des § 31 Abs. 5 UrhG ist entsprechend anwendbar, wenn bei einer Weggabe des Werks durch den Urheber Zweifel an der Ausübung des Veröffentlichungsrecht bestehen.[320] Eine Anwendung dieser Grundsätze auf Tattoowerke erscheint nach obigen Ausführungen sachgerecht.

Mit dem BGH in Sachen *Fototapete I, II (Coffee), III* ist davon auszugehen, dass von einer konkludenten Einwilligung des Urhebers zu üblichen Nutzungshandlungen ausgegangen werden darf.[321] Wie das Vervielfältigen und öffentliche Zugänglichmachen von Bildmaterial von mit Fototapeten verzierten Räumen sind derartige Nutzungshandlungen und damit auch das Veröffentlichen bei noch nicht durch den Urheber erfolgter Erstveröffentlichung üblich. Solche üblichen Nutzungshandlungen sind für den Urheber vorhersehbar und deshalb von seiner Einwilligung umfasst. [322] Ein

320 BGH, Urt. v. 26.11.1954, Az. I ZR 266/52, GRUR 1955, 201, 204 f.; BGH, Urt. v. 25.02.1977, Az. I ZR 67/75, GRUR 1977, 551, 554; *Dustmann*, in: A. Nordemann/J. B. Nordemann/Czychowski (Hrsg.), UrhR, 2018, § 12, Rn. 11.; *Bullinger*, in: Wandtke/Bullinger (Hrsg.), UrhR, 2022, § 12, Rn. 10.

321 BGH, Urt. v. 11.09.2024, Az. I ZR 139/23, https://juris.bundesgerichtshof.de/cgi-bin/rechtsprechung/document.py?Gericht=bgh&Art=en&nr=139012&pos=0&anz=1, Rn. 11 ff.; BGH, Urt. v. 11.09.2024, Az. I ZR 140/23, https://juris.bundesgerichtshof.de/cgi-bin/rechtsprechung/document.py?Gericht=bgh&Art=en&sid=8eda2cae2b5d5ffb6a3a9601581ce6cc&nr=139013&anz=1&pos=0, Rn. 12 ff.; BGH, Urt. v. 11.09.2024, Az. I ZR 141/23, https://juris.bundesgerichtshof.de/cgi-bin/rechtsprechung/document.py?Gericht=bgh&Art=en&sid=aa83bdf5e8009329bfe514afc7a0bf22&nr=139014&anz=1&pos=0, Rn. 11 ff.

322 BGH, Urt. v. 11.09.2024, Az. I ZR 139/23, https://juris.bundesgerichtshof.de/cgi-bin/rechtsprechung/document.py?Gericht=bgh&Art=en&nr=139012&pos=0&anz=1, Rn. 16 ff.; BGH, Urt. v. 11.09.2024, Az. I ZR 140/23, https://juris.bundesgerichtshof.de/cgi-bin/rechtsprechung/document.py?Gericht=bgh&Art=en&sid=8eda2cae2b5d5ffb6a3a9601581ce6cc&nr=139013&anz=1&pos=0, Rn. 17 ff.; BGH, Urt. v. 11.09.2024, Az. I ZR 141/23, https://juris.bundesgerichtshof.de/cgi-bin/recht sprechung/document.py?Gericht=bgh&Art=en&sid=aa83bdf5e8009329bfe514afc7a0bf22&nr=139014&anz=1&pos=0, Rn. 16 ff.; OLG Düsseldorf, Urt. v. 08.02.2024, Az. I-20 U 56/23, openJur 2024, 1361, Rn. 51.

diese konkludente Einwilligung etwa einschränkender Wille des Urhebers ist durch auch für Dritte erkennbare Vorbehalte ausdrücklich kenntlich zu machen.[323] Wahrscheinlich wären derartig eingeschränkt nutzbare Produkte aber mindestens im Marktwert stark eingeschränkt bis unverkäuflich.[324]

Zudem kann eine Erstveröffentlichung selbst gegen den Willen des Urhebers bei Wahrnehmung berechtigter Interessen jedenfalls ausnahmsweise gerechtfertigt sein.[325] Eine Befassung mit der hiervon abweichenden Ansicht[326] unterbleibt mit Rücksicht auf den limitierten Umfang der Bearbeitung.

Noch sachgerechter erscheint jedoch eine Anwendbarkeit des § 44 Abs. 2 UrhG auch auf Tattoos.

Die Einbringung der Farbpigmente in die Haut des Trägers ist einer Veräußerung des Originalwerks gleichzusetzen. Nur bei entsprechender vertraglicher Vereinbarung wäre damit dem Träger des Tattoos eine öffentliche Präsentation des Werks untersagt.

Dies hat zwar zur Folge, dass das Erstveröffentlichungsrecht des Urhebers bei Tattoos in Bezug auf den Träger faktisch leerläuft. Jede andere Lösung würde aber dem in einer weit überwiegenden Anzahl von Fällen anzunehmenden o. g. Vertragszweck zuwiderlaufen und in unzulässiger Weise in Persönlichkeitsrechte der Trägerpersonen eingreifen.

Ein Tattoo wird somit von der Trägerperson stets veröffentlicht werden dürfen, sofern eine Erstveröffentlichung nicht bereits durch den Tattoo Artist erfolgt ist. Analog zu § 12 UrhG begibt sich der Urheber mit der Fertigstellung des Werks[327] gemäß § 44 Abs. 2 UrhG vorbehaltlich abweichender vertraglicher Regelungen seines Rechts auf Erstveröffentlichung des Werks.

---

323 BGH, Urt. v. 11.09.2024, Az. I ZR 139/23, https://juris.bundesgerichtshof.de/cgi-bin/rechtsprechung/document.py?Gericht=bgh&Art=en&nr=139012&pos=0&anz=1, Rn. 24 ff.; BGH, Urt. v. 11.09.2024, Az. I ZR 140/23, https://juris.bundesgerichtshof.de/cgi-bin/rechtsprechung/document.py?Gericht=bgh&Art=en&sid=8eda2cae2b5d5ffb6a3a9601581ce6cc&nr=139013&anz=1&pos=0, 25 ff.; BGH, Urt. v. 11.09.2024, Az. I ZR 141/23, https://juris.bundesgerichtshof.de/cgi-bin/rechtsprechung/document.py?Gericht=bgh&Art=en&sid=aa83bdf5e8009329bfe514afc7a0bf22&nr=139014&anz=1&pos=0, Rn. 24 ff.

324 OLG Düsseldorf, Urt. v. 08.02.2024, Az. I-20 U 56/23, openJur 2024, 1361, Rn. 51.

325 BGH, Urt. v. 30.04.2020, Az. I ZR 139/15, GRUR 2020, 853, 857; BGH, Urt. v. 30.04.2020, Az. I ZR 228/15, GRUR 2020, 859, 866; *Peukert*, in: Schricker/Loewenheim/Leistner (Hrsg.), UrhR, ^{6}2020, § 12, Rn. 26.

326 *Hoeren/Düwel*, MMR 2019, 660, 667.

327 *Dustmann*, in: A. Nordemann/J. B. Nordemann/Czychowski (Hrsg.), UrhR, 2018, § 12, Rn. 11.

II. Interessen der Trägerperson

Wie eben oben angerissen, können gewichtige persönliche sowie rechtlichen Interessen des Trägers gegen eine Veröffentlichung eines urheberrechtlich geschützten Tattoos sprechen, beispielsweise bei Tattoowerken im Intimbereich.

§ 12 UrhG manifestiert wie dargelegt keinen Anspruch des Urhebers auf Veröffentlichung des Werks. Vielmehr gibt er gemäß § 44 Abs. 2 UrhG mit Fertigstellung des Tattoos analog einer Veräußerung des Originals sein Recht auf Erstveröffentlichung ab.

Etwaige Verstöße durch Urheber zulasten von Trägerpersonen werden wie sonstige Verstöße gegen das Persönlichkeitsrecht und das Recht am eigenen Bild zu behandeln sein.

Erneut ist, wenn Tattoo Artists mit ihren Werken werben möchten, deshalb eine ausdrückliche vertragliche Regelung mit der jeweiligen Trägerperson zu empfehlen, um Rechtsstreitigkeiten zu vermeiden.

III. Interessen der Arbeitgeber

Dritte mögliche Stakeholder einer Veröffentlichung von Tattoos können Arbeitgeber von Tattoo Artists sein, beispielsweise von juristischen oder natürlichen Personen betriebene Tattoostudios.

Hier ist zu bedenken, dass bei angestellten Urhebern, bei denen die Herstellung von Werken zu den Arbeitspflichten gehört, in der vorbehaltlosen Zurverfügungstellung des hergestellten Werks, zu der sie arbeitsvertraglich in der Regel verpflichtet sind, die Ausübung des Veröffentlichungsrecht zu sehen ist. Zugleich räumt der Arbeitnehmer dem Arbeitgeber konkludent das Veröffentlichungsrecht ein, soweit dieser es im Rahmen seines Betriebs benötigt.[328]

Diese Regelung dürfte auch auf Tattoo Artists im Anstellungsverhältnis anzuwenden sein. Die Anfertigung von Vorlage und Tattoo im Rahmen des Arbeitsverhältnisses wird als vorbehaltlose Zurverfügungstellung zu bewerten sein.

Darüber hinaus benötigt das Tattoostudio als Arbeitgeber Nutzungsrechte, die auch zur Erstveröffentlichung berechtigen, um damit entsprechende Werbung betreiben zu können.

Jegliche Nutzungsrechte des Arbeitgebers werden aber einzuschränken sein, soweit berechtigte Interessen der Trägerpersonen betroffen sind, weil durch

328 VG Berlin, Urt. v. 14.09.2012, Az. VG 2 K 185.11, ZUM-RD 2013, 34, 37; *Peukert*, in: Schricker/Loewenheim/Leistner (Hrsg.), UrhR, [6]2020, § 12, Rn. 15.

eine Veröffentlichung beispielsweise Persönlichkeitsrechte verletzt werden können.

Auch hier werden Zuwiderhandlungen nach den bekannten Grundsätzen für Verstöße gegen das Persönlichkeitsrecht und das Recht am eigenen Bild zu behandeln sein. Daher ist eine die Interessen aller drei beteiligten Stakeholder wahrende vertragliche Regelung anzuraten.

IV. Zwischenergebnis

Das tatsächliche Anwendungsgebiet von § 12 UrhG für Tattoo Artists als Urheber ist stark eingeschränkt. Es beschränkt sich nach den obigen Erkenntnissen auf außerhalb eines Anstellungsverhältnisses angefertigte, urheberrechtsfähige Tattoovorlagen und von Tattoo Artists am eigenen Körper selbst gestochene Tattoos mit Schöpfungshöhe. Nur insofern können Tattoo Artists vorbehaltlich anderslautender individualvertraglicher Regelungen über das Ob und Wie einer Veröffentlichung frei bestimmen. Deshalb dürfte die Durchsetzbarkeit des Veröffentlichungsrechts für Tattoo Artists eher theoretischer Natur sein.

Trägerpersonen hingegen werden ein Tattoowerk stets veröffentlichen dürfen, sofern eine Erstveröffentlichung nicht bereits durch den Tattoo Artist erfolgt ist (s. o. S. 82).

Schließlich haben auch Arbeitgeber von Tattoo Artists ein berechtigtes Interesse an der Veröffentlichung von Tattoowerken ihrer Angestellten. Sie können deshalb dazu berechtigt sein, soweit eine Veröffentlichung nicht bereits durch Urheber oder Trägerpersonen erfolgt ist und keine berechtigten Interessen der Trägerpersonen dagegensprechen (s. o. S. 83).

B. Urhebernennung, § 13 UrhG

Wie jeder Schöpfer eines urheberrechtlich geschützten Werks haben auch Tattoo Artists als Urheber eines Tattoowerks gemäß § 13 S. 1 UrhG das Recht auf Anerkennung ihrer Urheberschaft am Werk. Dies dient dazu, die geistige Verbindung zwischen den Urhebern und ihren Werken aufrechtzuerhalten. Gemäß dem Willen des Gesetzgebers umfasst dies das Recht, gegen jeden vorzugehen, der ihre Urheberschaft bestreitet oder sich selbst fälschlicherweise als Urheber ausgibt[329], selbst wenn dies nur dem Urheber gegenüber geschieht.[330]

329 RegE UrhG 1962, 44 f.; *Peukert*, in: Schricker/Loewenheim/Leistner (Hrsg.), UrhR, ^{6}2020, § 13, Rn. 9 f.

330 BGH, Urt. v. 27.06.2024, Az. I ZR 102/33, openJur 2024, 6047, Rn. 17 ff.

Gemäß § 13 S. 2 UrhG können Tattoo Artists des Weiteren bestimmen, ob das Werk mit einer Urheberbezeichnung zu versehen und welche Bezeichnung zu verwenden ist. Bei Werken der bildenden Kunst umfasst die Bestimmung über die Anbringung der Urheberbezeichnung vor allem die Signierung des Originals.[331]

Als Original wird das Urstück eines Werks verstanden, d. h. die Werkverkörperung, die das Werk erstmals in vollendeter Weise wiedergibt und nicht lediglich Reproduktion, Kopie oder Nachbildung ist.[332]

Für den Bereich von urheberrechtsfähigen Tattoos ist demgemäß das Tattoowerk in der Haut der Trägerperson als Original anzusehen. Nur das Tattoowerk selbst stellt eine Werkverkörperung und ein vollendetes Ergebnis des schöpferischen Prozesses des Tattoo Artists dar, ohne Reproduktion, Kopie oder Nachbildung zu sein.

Doch auch Skizzen und Entwürfe können Originale darstellen.[333] Tattoovorlagen sind solche Skizzen oder Entwürfe. Es werden jedoch einzig jene Skizzen oder Entwürfe in Form von Tattoovorlagen als Original gelten können, die vom Urheber nicht als Vorlage für die Anfertigung eines Tattoowerks geschaffen und umgesetzt wurden, sondern wie jede andere urheberrechtsfähige Illustration mit Schöpfungshöhe als eigenes Werk für sich stehen, weil sie z. B. als Wandschmuck verwendet und nicht in ein Tattoo umgesetzt werden sollen.

Außerdem sind solche Vorlagen als Originale anzusehen, bei denen es z. B. wegen des vorzeitigen Ablebens des Urhebers nicht zu einer Verwirklichung als Tattoowerk kam. Folgerichtig haben Tattoovorlagen, die mit eigener Schöpfungshöhe ausgestattet sind, so lange als Original zu gelten, bis sie als Tattoo umgesetzt werden. Ebenfalls konsequent sollten solche Illustrationen jedenfalls im urheberrechtlichen Kontext nicht als Entwurf, Skizze oder Vorlage bezeichnet werden. Sie sind wegen ihrer tatsächlichen Funktion und Zweckbestimmung keine Entwürfe im urheberrechtlichen Sinne. Nach ihrer Funktion und dem Willen ihres Urhebers sind sie vielmehr Originale und können daher allenfalls als Pseudovorlagen angesehen werden.

---

331 BGH, Urt. v. 24.05.2007, Az. I ZR 42/04, GRUR 2007, 691, 693.

332 *Dreyer*, in: Dreyer/Kotthoff/Meckel u. a. (Hrsg.), UrhR, [4]2018, § 26, Rn. 13.; *Katzenberger/Schierholz*, in: Schricker/Loewenheim/Leistner (Hrsg.), UrhR, [6]2020, § 26, Rn. 25.; *Katzenberger*, Das Folgerecht im deutschen und ausländischen Urheberrecht, 1970, 90 f.

333 *G. Schulze*, in: Dreier/G. Schulze/Raue u. a. (Hrsg.), UrhG, 2022, § 26, Rn. 10.; *Dreyer*, in: Dreyer/Kotthoff/Meckel u. a. (Hrsg.), UrhR, [4]2018, § 26, Rn. 13.; *Katzenberger/Schierholz*, in: Schricker/Loewenheim/Leistner (Hrsg.), UrhR, [6]2020, § 26, Rn. 26.

Im Folgenden ist die sich aufdrängende Frage zu prüfen, ob und wie Tattoo Artists anderen Urhebern gleich das Recht auf eine ihren Wünschen entsprechende Urheberkennzeichnung unmittelbar am Werk durchsetzen können.

I. Eingriff

Die Anbringung einer Urheberbezeichnung am Werk, hier in der Haut der Trägerperson, wäre zwangsläufig deutlich sichtbar. Sie würde damit den von der Trägerperson gewünschten optischen Gesamteindruck nicht nur unerheblich beeinträchtigen.

So wäre z. B. die oftmals gewünschte Körperschmuckfunktion eines Tattoos (s. o. S. 12 f.) gefährdet, jedenfalls aber beeinträchtigt, da sich der optische Gesamteindruck durch Anbringung der Urheberbezeichnung zwangsläufig verändert.

Auch könnten negative Einflüsse auf die nach außen getragene Persönlichkeit der Trägerperson verwirklicht werden.

Beispielsweise kann der wohl meist unerwünschte Eindruck entstehen, der in der Urheberkennzeichnung genannte Tattoo Artist habe einen anderen Menschen gewissermaßen „signiert", was als eine Form der Inbesitznahme oder sogar des Eigentumsanspruchs, jedenfalls aber der Verfügungsgewalt über den so tätowierten Menschen gedeutet werden kann. Eine solche Deutungsart nährt sich aus der wechselvollen Geschichte der Tätowierung und den im Verlauf der Menschheitsgeschichte Tattoos beigemessenen Funktionen. So dienten Tattoos in der Vergangenheit auch zur Kennzeichnung von Straftätern (z. B. China[334], Japan[335]), als Zeichen der Aussonderung und Entmenschlichung bei KZ-Insassen oder des Besitzanspruchs bei Legionären, Sklaven und Prostituierten (s. o. S. 10, 13 f).

In der Kunstwelt gab es sogar eine Art Gegenreaktion, als sich der Künstler *Timm Ulrichs* 1971 die eigene handschriftliche Signatur „Timm Ulrichs" mit Datierung „1940–" von *Horst Streckenbach* und 2005 den Schriftzug „© by Timm Ulrichs" durch die Tätowiererin *Manuela Langner* tätowieren ließ (s. o. S. 56). Auch wenn die Tatsache eine gewisse Ironie beinhaltet, dass er sich nicht selbst tätowierte, sondern wiederum tätowieren ließ, werden die beiden Kunstaktionen doch auch als eine Art der Inbesitznahme des eigenen Körpers durch Anbringung einer eigenen Urheberangabe und damit der Selbstermächtigung zu interpretieren sein.

---

334 *Gilbert*, Tattoo History, 2000, 77; *Rödel*, 21.

335 *Gilbert*, 77; *McCallum*, in: Rubin (Hrsg.), Marks of civilization, 1988, 116 f.; *Rödel*, 21 f., 28 ff.

Auch wird berichtet, dass nicht wenige Narben- und Amputationsbetroffene das gewollte und nach ihren Wünschen gestaltete Tätowieren als eine Art der Wiederinbesitznahme der Hoheitsgewalt über ihren eigenen Körper erleben (s. o. S. 15).

Zwar wird es z. B. Tattoosammler geben, die stolz auf die Anbringung einer Urheberangabe durch den Urheber reagieren werden, kann sie doch als eine Art Ausweis der Originalität und Authentizität des Tattoowerks gewertet werden. So gehen Sammler eine Beziehung ein, indem sie in eine Wechselwirkung mit Sammlung und Gesammeltem eintreten.[336] Noch mehr als für die durchschnittliche Trägerperson werden Sammler den ihren Tattoos anhaftenden sog. *„tattoo narratives"* Bedeutung beimessen, da sie den Kontext der Entstehung des Tattoos, die Geschichte seiner Trägerperson und dessen Sammlungs- und Erwerbungsgeschichte beinhalten.[337] In diesem Zusammenhang sei darauf hingewiesen, dass z. B. hunderte Fans des bekannten deutschen und ebenfalls stark tätowierten Kriminalbiologen Dr. Mark Benecke sich seit 2015 sein Autogramm haben tätowieren lassen.[338]

Die Geltendmachung eines Anspruchs auf eine Urheberkennzeichnung am Tattoowerk, d. h. auf dem oder im Körper eines anderen Menschen in Form der Trägerperson, dürfte aber in einer Vielzahl von Fällen zum einen auf erheblichen Widerstand bei Trägerpersonen stoßen und viele Kunden abschrecken.

Zum anderen dürfte jedenfalls die nachträgliche Durchsetzung des Anspruchs auf Urheberkennzeichnung unmittelbar am Tattoowerk neben einer meist ungewollten weiteren Körperverletzung auch einen unzumutbaren Eingriff in das Persönlichkeitsrecht der Trägerperson darstellen.

Der Anspruch wird jedenfalls nachträglich wegen des erheblichen Eingriffs in die Rechte der Trägerperson (s. o. S. 86 f.) nicht erfolgreich gerichtlich durchsetzbar sein.

II. Verzicht

Nach alldem dürfte vorbehaltlich besonderer vertraglicher Vereinbarungen zwischen Tattoo Artist und Trägerperson zumeist auf eine Urheberangabe unmittelbar am Werk verzichtet werden.

336 *Eberhard*, Tätowierte Kuriositäten, Obszönitäten, Krankheitsbilder?, 2015, 69.
337 *Ders.*, 86.
338 *Benecke*, Vorwort für Fachbuch ‚Tätowierungen', 06.05.2022 (https://home.benecke.com/publications/vorwort-fachbuch-taetowierungen) (geprüft am 29.09.2024); *Benecke*, Dr. Mark Benecke und seine Fans: Autogramme & Tattoos, 22.10.2017 (https://home.benecke.com/video1/dr-mark-benecke-und-seine-fans-autogramme-tattoospicture) (geprüft am 29.09.2024).

Ein wirksamer Verzicht des Urhebers entspricht zudem der Begründung des unverändert in Kraft getretenen Regierungsentwurfs für das UrhG.[339]

Im Lichte des überwiegenden Anwendungsfalls der Anbringung von Tattoos auf bzw. in den Körpern anderer Personen ist davon auszugehen, dass in jener Anbringung in Abstimmung mit dem jeweiligen Träger und ohne Urheberbezeichnung am Werk ein stillschweigender Verzicht auf das Recht zur Anerkennung der Urheberschaft in Form einer solchen Bezeichnung zu sehen ist, vorbehaltlich ausdrücklicher Individualvereinbarungen.

III. Verbleibende Rechte

Tattoo Artists bleiben im Bereich der Urhebernennung dennoch nicht völlig rechtlos. Dem Urheber stehen trotz des Verzichts auf die Urhebernennung die Rechte zu, einem Bestreiten seiner Urheberschaft oder der Behauptung einer fremden Urheberschaft entgegenzutreten.[340]

IV. Rücktritt vom Verzicht

Ein durch Anbringung eines Tattoowerks erfolgter Verzicht wird nicht nachträglich zurückzunehmen sein.

Der BGH entschied bezüglich eines Architekten, dass das Recht zur Anbringung der Urheberbezeichnung gemäß § 13 Satz 2 UrhG zwar uneingeschränkt bestehe. Dieses könne jedoch außerhalb seines unverzichtbaren Kerns durch Vereinbarung zwischen Urheber und Werkverwerter eingeschränkt werden. Dabei könnten stillschweigende Verkehrsgewohnheiten oder gängige Praktiken in der Branche von den Parteien berücksichtigt werden.[341] Diese Ansichten bekräftigte der BGH im Hinblick auf die Verwertung von Fotos in sog. Microstock-Portalen.[342]

Der BGH entschied weiterhin, dass es hinsichtlich der Art, Form und Ausgestaltung der Urheberbezeichnung Grenzen für das Bestimmungsrecht des Urhebers gebe. Bei der gebotenen Berücksichtigung der Interessen des Werkverwerters sei anzunehmen, dass dieser keine werbliche Gestaltung der Urheberbezeichnung dulden müsse. Es seien auch Faktoren wie die Art des Werks zu berücksichtigen, die beispielsweise die Anbringung der Urheberbezeichnung erschweren oder unmöglich machen könnten, sowie der Zweck

339 *Peukert*, in: Schricker/Loewenheim/Leistner (Hrsg.), UrhR, [6]2020, § 13, Rn. 4.
340 *Ders.*, in: Schricker/Loewenheim/Leistner (Hrsg.), UrhR, [6]2020, § 13, Rn. 4.
341 BGH, Urt. v. 16.06.1994, Az. I ZR 3/92, NJW 1994, 2621, 2622 f.
342 BGH, Urt. v. 15.06.2023, Az. I ZR 179/22, openJur 2023, 10305.

des Werks und die Intensität der urheberrechtlichen Interessen, die sich aus dem Maß der schöpferischen Gestaltung des Werks ergäben.[343]

Eine Übertragung jener Rechtsansichten des BGH dürfte auch auf Tattoowerke, deren Träger und Tattoo Artists naheliegen. Hier ist der optische Gesamteindruck schon wegen des ganz erheblichen Größenunterschieds und des Größenverhältnisses zwischen Werk und Urheberbezeichnung noch entscheidender als bei Bauwerken.

Ein Tattoo Artist wird auch bei Fehlen einer Vereinbarung im Hinblick auf die Urheberbezeichnung nicht nachträglich vom Träger die Anbringung einer Urheberbezeichnung am Werk, d. h. am Tattoo in dessen Haut, verlangen dürfen, zumal dies den vom Träger gewünschten Gesamteindruck und die Körperschmuckfunktion erheblich beeinträchtigen würde. Dies würde dem von beiden Seiten vereinbarten Vertragszweck zuwiderlaufen. Auch ist im Hinblick auf die o. g. BGH-Rechtsprechung zur Reichweite des Verzichts in AGB von Microstock-Portalen[344] festzustellen, dass der BGH damit nicht die Grenzen des Verzichts bei Individualvereinbarungen definierte, welche anhand von § 138 Abs. 1 BGB zu beurteilen sein dürften.[345]

Weiter würde die nachträgliche Durchsetzung der Urheberbezeichnung am Werk der Verkehrssitte widersprechen, da Tattoos wegen des gewünschten optischen Gesamteindrucks zumeist nicht mit einer Urheberbezeichnung versehen werden.

Zudem wird sich ein Tattoo Artist entgegenhalten lassen müssen, dass er ursprünglich mit dem optischen Gesamteindruck ohne Urheberbezeichnung einverstanden war.

In einer Interessenabwägung wird im Lichte des Vertragszwecks und der Verkehrssitte unter Berücksichtigung der o. g. Begründung des Gesetzgebers sowie nicht zuletzt wegen des ansonsten erforderlichen, auch schmerzhaften Eingriffs in den Körper des Trägers, seinen optischen Gesamteindruck und damit seine Persönlichkeit dem Interesse des Trägers Vorrang vor demjenigen des Tattoo Artists an seiner Urheberbezeichnung zu geben sein, zumal Letzterer bereits bei Erstellung des Tattoos auf eine Urheberbezeichnung hätte bestehen können, sich aber bewusst dagegen entschied.

V. Drittwirkung des Verzichts

Ein solcher Verzicht ist jedoch einzig dem besonderen Näheverhältnis zwischen dem Tattoo Artist und dem Trägermedium seiner Kunst in Form der

343 BGH, Urt. v. 16.06.1994, Az. I ZR 3/92, NJW 1994, 2621, 2623.
344 BGH, Urt. v. 15.06.2023, Az. I ZR 179/22, openJur 2023, 10305.
345 *Rauer/Bibi*, K&R 2024, 10, 12.

Haut der Trägerperson des Tattoos sowie deren besonderem Interesse an der gewünschten Veränderung der optischen Außenwirkung und Persönlichkeit geschuldet. Der Verzicht wird daher nur Wirkung für die Trägerperson und ihre privaten Nutzungen entfalten.

Dem kann entgegnet werden, dass der Urheber bei einem gültigen Verzicht darauf, namentlich genannt zu werden, gemäß § 13 Satz 1 UrhG lediglich das unveräußerliche Recht behält, gegen ein aktives Bestreiten seiner Urheberschaft oder eine vorsätzliche Urheberschaftsanmaßung Dritter vorzugehen.[346] Wer das Werk ohne Namensnennung unerlaubt nutze, verstoße daher nur gegen die Verwertungsrechte, nicht aber gegen § 13 UrhG, so *Peukert*, da diese Art der Urheberbezeichnung der vom Urheber gewollten oder akzeptierten Anonymität entspreche.[347]

Dabei darf aber nicht vergessen werden, dass die Schöpfer des Regierungsentwurfes zum UrhG von 1965 bei dessen Erstellung die Gepflogenheiten und Bedürfnisse der Tattoobranche vermutlich nicht priorisierten, als sie § 13 UrhG formulierten und begründeten.

Bei der erforderlichen Auslegung darf nicht außer Acht gelassen werden, dass der branchenüblich häufige Verzicht auf das Recht zur Urheberbenennung am Werk bei Tattoos der Besonderheit von Werken in der Haut einer anderen Person, dem besonderen Vertragszweck der Veränderung des optischen Eindrucks des Körpers und der Persönlichkeit des Trägers geschuldet ist. Deshalb sollte der Verzicht auch in Bezug auf die Nennung unmittelbar am Werkoriginal und nur innerhalb der besonderen Beziehung zwischen Tattoo Artist und Träger des Kunstwerks gelten.

Der Verzicht von Tattoo Artists auf die Urheberbenennung am Werk darf auch nicht mit dem freiwilligen Verzicht eines Malers oder Fotografen auf eine solche verglichen werden, denn der Verzicht bei Tattoo Artists ist vorwiegend dem Wunsch und optischen Erscheinungsbild des Trägermediums in Form der Haut einer anderen Person geschuldet. Insofern dürfte es sich eher um eine Art Teilverzicht gegenüber der Trägerperson kraft Natur der Sache handeln, zumal sie nur auf die Nennung unmittelbar am Werkoriginal bezogen sein wird und ausschließlich aus diesem besonderen Grund und angesichts der damit verbundenen Kollision der Persönlichkeitsrechte der Trägerperson mit den Urheberpersönlichkeitsrechten des Tattoo Artists ihre Berechtigung ableitet.

Dass Tattoo Artists zumeist nicht auf ihr Recht auf Urheberbenennung verzichten möchten, dürfte bereits durch ihr Werben mit Ablichtungen ihrer Werke beispielsweise in Schaufenstern von Tattoostudios und insbesondere auf Social-Media-Plattformen eindrucksvoll nachgewiesen sein.

---

346 RegE UrhG 1962, 44.

347 *Peukert*, in: Schricker/Loewenheim/Leistner (Hrsg.), UrhR, [6]2020, § 13, Rn. 39.

Auch haben Tattoo Artists ähnlich wie Maler oder Fotografen naturgemäß nur ihre Werke, um damit für ihr Können und letztlich ihren Lebensunterhalt zu werben. Wenn auch in bestimmten Verwendungsformen z. B. aus technischen Gründen oder um der optischen Wirkung Willen darauf verzichtet werden mag, ist es ansonsten in der Foto- und bildverwertenden Branche üblich, den Verzicht auf die Urhebernennung erheblich höher als eine Fotonutzung mit Namensnennung zu vergüten.[348]

Deshalb dürfte es eine unverhältnismäßige Benachteiligung für Tattoo Artists darstellen, wegen eines zwar branchenüblichen, aber hauptsächlich der Beziehung zur Trägerperson oder einer Rechtekollision geschuldeten Verzichts auf die Urheberbenennung am Werk die Durchsetzung des § 13 UrhG gegenüber Dritten auf Fälle des Bestreitens der Urheberschaft oder der Behauptung einer fremden Urheberschaft zu begrenzen.

Bei sonstiger Nutzung und Verwertung des Tattoos wie beispielsweise in Form von Fotografien in Bildbänden, Abdruck auf Merchandisingprodukten, Wiedergabe in Computerspielen u. Ä. wird § 13 UrhG deshalb gegenüber Dritten außerhalb der besonderen Beziehung zwischen Tattoo Artist und Trägerperson gelten.

Die jeweiligen Tattoo Artists sind bei gewerblicher Nutzung und Verwertung an Wiedergaben des Werks anzugeben, wobei gemäß § 13 S. 2 UrhG darauf Rücksicht zu nehmen ist, ob und wie der jeweilige Tattoo Artist benannt werden möchte. Gerade Letzteres hat in der Tattoobranche wegen der häufigen Nutzung von Pseudonymen oder Künstlernamen durch Tattoo Artists erhebliche Bedeutung.

VI. Zwischenergebnis

Zusammengefasst ist zu konstatieren, dass jegliche gewerbliche Nutzung und Verwertung durch andere Personen als den Schöpfer und die Trägerperson eines Tattoowerks einer Urheberbezeichnung am Werk oder an der Wiedergabe des Werkoriginals bedürfen, sofern dies technisch möglich ist. Insofern sind Tattoo Artists die gleichen Rechte wie beispielsweise Architekten, Illustratoren oder Bildhauern zuzusprechen.

Fehlende oder falsche Urheberbezeichnungen bei der Nutzung und Verwertung von urheberrechtlich geschützten Tattoos durch Dritte stellen Verletzungen des Rechts von Tattoo Artists nach § 13 UrhG dar. Sie werden mit den bekannten Regelungen und der herrschenden Rechtsprechung zu beurteilen sein, weshalb hier nähere Ausführungen dazu unterbleiben.

348 Arbeitskreis des Bundesverbandes Professioneller Bildanbieter e. V., Bildhonorare 2024, 20.

Weiterer Beleuchtung bedarf jedoch noch die möglicherweise erforderliche Urheberbezeichnung von Tattoo Artists bei der gewerblichen Verwertung von Tattoos, z. B. in Computerspielen, als Wiedergabe prominenter Persönlichkeiten oder von Tattoo Models. Prominente und Models stehen als Kunden und Trägerpersonen in der besonderen o. g. Beziehung zum Tattoo Artist, womit Verwertungshandlungen vom Verzicht abgedeckt sein könnten.

Fraglich ist jedoch, ob der Verzicht des Tattoo Artists auf die Urheberbenennung am Werk auch auf die jegliche Verwertung seiner kreativen Leistung auszuweiten ist oder dies bei Verzicht nicht vorausgesehen werden musste und dieser somit nur für eine private Nutzung gilt.

Auch stellt sich die Frage, ob damit jegliche Pflicht zur Nennung entfällt oder jedenfalls in den Fällen des § 63 Abs. 2 UrhG zumindest eine Quellenangabe erfolgen muss. Diese kann selbst dann bestehen, wenn der Urheber bei entgegenstehender Verkehrssitte oder entsprechender vertraglicher Regelung keine Namensnennung am Werkoriginal verlangen konnte.[349] Dies wird anlässlich der Prüfung des § 51 UrhG zu beurteilen sein.

C. Entstellung, § 14 UrhG

Der Wunsch mancher Trägerpersonen nach Ergänzungen, Veränderungen oder sogar Entfernung von Tattoos gibt Anlass zu der Frage, ob solche Maßnahmen eine Entstellung i. S. d. § 14 UrhG darstellen können. Rechtsfolge dessen wäre, dass der betroffene Tattoo Artist als Urheber eines Tattoowerks u. a. einen Unterlassungsanspruch aus §§ 97 Abs. 1 S. 1, 14 UrhG hätte.

Zur Beurteilung, ob Ergänzungen, Veränderungen oder Entfernungen von Tattoos eine Entstellung im urheberrechtlichen Sinne darstellen können, ist zunächst der Schutzbereich des § 14 UrhG zu ermitteln.

§ 14 UrhG schützt berechtigte geistige oder persönliche Interessen des Urhebers am Werk vor Entstellung oder anderen Beeinträchtigungen, wobei die Entstellung als besonders schwerer Unterfall des Oberbegriffs Beeinträchtigung angesehen wird.[350]

Der Schutz der Integrität gemäß § 14 UrhG zielt darauf ab, nicht das Werk selbst, sondern die geistige und persönliche Verbindung zwischen Urheber

---

349 *Bullinger*, in: Wandtke/Bullinger (Hrsg.), UrhR, 2022, § 63, Rn. 28.

350 BGH, Urt. v. 21.02.2019, Az. I ZR 98/17, I ZR 99/17, ZUM 2019, 508, Rn. 31; OLG München, Urt. v. 16.03.1995, Az. 29 U 2496/94, NJWE-MietR 1996, 116; OLG Hamm, Urt. v. 12.04.2011, Az. I-4 U 197/10, ZUM-RD 2011, 343, 346; *G. Schulze*, in: Dreier/G. Schulze/Raue u. a. (Hrsg.), UrhG, 2022, § 14, Rn. 5.; *Peukert*, in: Schricker/Loewenheim/Leistner (Hrsg.), UrhR, ^{6}2020, § 14, Rn. 18.; *Bullinger*, in: Wandtke/Bullinger (Hrsg.), UrhR, 2022, § 14, Rn. 3.; *Schack*, Rn. 397.

und Werk sowie das Interesse des Urhebers daran zu schützen, wie das Werk der Öffentlichkeit präsentiert wird.[351] Es gibt mithin keinen umfassenden Werkschutz. § 14 UrhG soll lediglich verhindern, dass die vom Urheber beabsichtigte Wirkung des Werks auf den kulturellen oder gesellschaftlichen Kommunikationsprozess beeinträchtigt wird.[352]

Selbst dieser Schutz ist jedoch nicht absolut und gilt, wie bereits oben angerissen, nur für Gefährdungen berechtigter geistiger und persönlicher Interessen des Urhebers am Werk.[353]

So ergibt sich bereits aus der Existenz von Regelungen für Kleinzitate gemäß § 51 S. 2 Nr. 2 UrhG und Verkleinerungen im Rahmen der Katalogbildfreiheit aus §§ 58, 62 Abs. 3 UrhG, dass der Gesetzgeber manche Veränderungen ausdrücklich als zulässig erachtet.[354] Jegliche etwaige Beeinträchtigungen des Werks sind daher in einer Abwägung der widerstreitenden Interessen zu beurteilen.[355]

Somit ist in einer dreistufigen Prüfungsreihenfolge zu prüfen, ob aus objektiver Sicht eine Beeinträchtigung des Werks vorliegt, diese Beeinträchtigung die Interessen des Urhebers gefährden kann und diesen gefährdeten Urheberinteressen größeres Gewicht als den Gegeninteressen z. B. der Nutzer beizumessen ist.[356]

In Bezug auf Tattoos könnte eine solche Beeinträchtigung in der Ergänzung, Veränderung, Überdeckung, Restaurierung oder Entfernung von urheberrechtlich geschützten Tattoos liegen.

---

351 RegE UrhG 1962, 45; BGH, Urt. v. 21.02.2019, Az. I ZR 98/17, I ZR 99/17, ZUM 2019, 508, 26, 47; *Dustmann*, in: A. Nordemann/J. B. Nordemann/Czychowski (Hrsg.), UrhR, 2018, § 14, Rn. 1.; *Peukert*, in: Schricker/Loewenheim/Leistner (Hrsg.), UrhR, [6]2020, § 14, Rn. 1.; *Schack*, Rn. 396.

352 BGH, Urt. v. 21.02.2019, Az. I ZR 98/17, I ZR 99/17, ZUM 2019, 508, 33; *Peukert*, in: Schricker/Loewenheim/Leistner (Hrsg.), UrhR, [6]2020, § 14, Rn. 1.; *Peukert*, ZUM 2019, 567, 569.

353 *Schack*, Rn. 405.

354 *Peukert*, in: Schricker/Loewenheim/Leistner (Hrsg.), UrhR, [6]2020, § 14, Rn. 8.; *Schack*, Rn. 398.

355 RegE UrhG 1962, 45; BGH, Urt. v. 01.10.1998, Az. I ZR 104/96, ZUM 1999, 230, 231; *G. Schulze*, in: Dreier/G. Schulze/Raue u. a. (Hrsg.), UrhG, 2022, § 14, Rn. 8.; *Peukert*, in: Schricker/Loewenheim/Leistner (Hrsg.), UrhR, [6]2020, § 14, Rn. 4, 9.; *Schack*, Rn. 405.

356 *G. Schulze*, in: Dreier/G. Schulze/Raue u. a. (Hrsg.), UrhG, 2022, § 14, 9 ff.; *Peukert*, in: Schricker/Loewenheim/Leistner (Hrsg.), UrhR, [6]2020, § 14, 12 ff.

I. Entstellung oder sonstige Beeinträchtigung

Zunächst ist zu prüfen, ob Ergänzung, Veränderung, Überdeckung, Restaurierung oder Entfernung eines Tattoos mit Schöpfungshöhe überhaupt eine Beeinträchtigung i. S. d. § 14 UrhG darstellen.

Eine Beeinträchtigung im Sinne der Norm liegt dann vor, wenn der individuelle Gesamteindruck des Werks verändert wird.[357] Die zu klärende Frage betrifft, ob der persönliche Eindruck des Werkes nach dem Urteil durchschnittlich kunstinteressierter und kunstvertrauter Personen beeinflusst wurde.[358]

1. Ergänzung

Durch eine Ergänzung im unmittelbaren Umfeld eines bereits vorhandenen Tattoos werden sich zwangsläufig der optische Eindruck und auch der ästhetische Gesamteindruck verändern. Dies gilt ganz besonders, wenn die Ergänzung unmittelbar an das bereits vorhandene Tattoo angesetzt wird, es sich somit optisch um eine direkte Ergänzung des bereits vorhandenen Tattoos handelt.

2. Veränderung/Überdeckung

Eine noch stärkere Veränderung des optischen und geistig-ästhetischen Gesamteindrucks stellt unter Bezugnahme u. a. auf die Rechtsprechung und Literatur zur nicht vom Urheber bewilligten Nachkolorierung von Fotografien oder Filmen[359] die Veränderung bereits vorhandener Tattoos durch Ausfüllen bislang farbfreier Flächen, Einbringung zusätzlicher grafischer Elemente, Hinzufügung von Akzenten, Farbänderungen, nachträgliches Kolorieren oder die Einbringung weiterer Farben in bisher andersfarbige Tattoos dar.

Erst recht gilt dies für vollständiges oder teilweises Überstechen („*cover-up*" oder „*blast-over*") vorhandener Tattoowerke.

---

357 BGH, Urt. v. 13.10.1988, Az. I ZR 15/87, GRUR 1989,106, 107; OLG München, Urt. v. 26.09.1991, Az. 29 U 2285/89, GRUR Int 1993, 332, 333; *G. Schulze*, in: Dreier/G. Schulze/Raue u. a. (Hrsg.), UrhG, 2022, § 14, Rn. 10.; *Peukert*, in: Schricker/Loewenheim/Leistner (Hrsg.), UrhR, [6]2020, § 14, Rn. 13.; *Schack*, Rn. 399.

358 BGH, Urt. v. 02.10.1981, Az. I ZR 137/79, GRUR 1982, 107, 110; *Dustmann*, in: A. Nordemann/J. B. Nordemann/Czychowski (Hrsg.), UrhR, 2018, § 14, Rn. 10.

359 LG Kopenhagen, Urt. v. 04.04.1997, GRUR Int 1998, 336; *Platho*, GRUR 1987, 424 ff.; *Huber*, Zulässigkeit von Veränderungen am fertiggestellten Filmwerk im Hinblick auf das Urheberpersönlichkeitsrecht des Filmregisseurs, 1993, 86; *Lewinski/Dreier*, GRUR Int 1989, 635 ff.; *G. Schulze*, GRUR 1994, 855 ff.; *Hansen/Schwarz*, in: Schwarz/Hartlieb/Albrecht u. a. (Hrsg.), Handbuch Filmrecht, [6]2021, 48. Kap., Rn. 24.

So wird beim *„cover-up"* das alte Tattoo gewöhnlich in das neue integriert, um es möglichst vollständig zu verdecken. Das neue Tattoo wird auch zwangsläufig dunkler als das darunter befindliche alte, da eine dunkle Farbe nicht zufriedenstellend deckend mit einer helleren Farbe überstochen werden kann.[360]

Das sogenannte *„blast-over"* wiederum ist eine in den letzten Jahren modisch gewordene Abwandlung des *„cover-up"*. Ein *„blast-over"* ist das Ergebnis eines neuen Tattoos, das über ein bereits bestehendes Tattoo gestochen wird, wobei das ältere Tattoo jedoch gerade nicht vollständig überdeckt wird, sondern absichtlich größtenteils sichtbar bleibt.[361]

3. Restaurierung

Im Gegensatz zu der offensichtlichen Veränderung oder sogar Überdeckung eines Tattoos durch Hinzufügung von weiteren offensichtlich optisch wahrnehmbaren grafischen Elementen verfolgt die Restaurierung betagter Tattoos einen anderen Zweck. Die in der Branche als *„touch-up"* oder *„Nachstechen"* bezeichnete Restaurierung[362] soll das aktuelle Erscheinungsbild eines beispielsweise infolge starker Sonneneinstrahlung über die Jahre oder sogar Jahrzehnte durch den Abbau von Farbartikeln schwammig-verwaschen wirkenden Tattoos wieder möglichst nah an den Originalzustand kurz nach erstmaliger Anfertigung heranbringen.

Eine Restaurierung im Wortsinn ist nach der herrschenden urheberrechtlichen Meinung nicht möglich, da die Wiederherstellung eines Werks schon begrifflich nicht möglich sei. Der künstlerische Prozess könne nicht wiederholt werden.[363] Zwar gibt es auch eine abweichende Stimme in der Literatur.[364] Der Meinungsstreit bedarf aber hier keiner Entscheidung.

So wird der Versuch einer Wiederherstellung des ursprünglichen Werks kritisch zu betrachten sein, wenn der natürliche Verfallsprozess des Werks zum schöpferischen Konzept des Urhebers gehört. Hierüber lässt sich bei Tattoos streiten. So sollen sie, der meist vorrangigen Verschönerungsfunktion folgend, nach dem Wunsch ihrer Trägerpersonen gut aussehen. Mindestens einige Trägerpersonen werden aber auch den sich mit der Zeit verändernden Anblick ihres möglicherweise Jahrzehnte alten Tattoos zu schätzen wissen

---

360 *Feige/Krause*, 57.

361 *Heim*, Tätowier Magazin 2017, 100, 101; *Kruhm Verlag – Tattoo-Spirit*, Blast-Over, 29.05.2014 (https://tattoo-spirit.de/tsp/blast-over/) (geprüft am 29.09.2024).

362 *Feige/Krause*, 272.

363 *Bullinger*, in: Wandtke/Bullinger (Hrsg.), UrhR, 2022, § 14, Rn. 43.

364 *Grohmann*, Das Recht des Urhebers, Entstellungen und Änderungen seines Werkes zu verhindern, 1971, 193.

und ihn als dem generellen Alterungsprozess ihres Körpers entsprechend empfinden.

Auch ist den Tattoo Artists als Urhebern der natürliche Alterungsprozess des menschlichen Körpers und der Haut bekannt, sodass in der Anfertigung von Tattoos auch ein Einverständnis mit dem natürlichen Verfallsprozess eines Tattoos gesehen werden kann. Dies mag einzig bei z. B. übermäßigem Sonnenbaden oder zu Entzündungen und/oder Vernarbungen führender mangelhafter Hygiene der Trägerperson insbesondere unmittelbar nach der Anfertigung anders gesehen werden.

Zwar gibt es keinen Anspruch des Urhebers darauf, in Restaurierungsmaßnahmen des Eigentümers des Werkoriginals einbezogen zu werden.[365] Der Versuch einer Restaurierung eines Tattoowerks wird aber zumeist durch dessen Urheber selbst stattfinden. Das folgt schon aus dem besonderen Näheverhältnis der Trägerperson zu dem von ihr für die ursprüngliche Erstellung ausgesuchten Tattoo Artist. Auch entspricht das Nachstechen den Gepflogenheiten der Branche, mit denen Tattoo Artists rechnen oder rechnen müssen.

Erneut wird somit selbst dann von einem Einverständnis ausgegangen werden dürfen, wenn das Nachstechen durch einen anderen Tattoo Artist erfolgen sollte.

Darüber hinaus dürfte die Interessenabwägung zwischen den Interessen der Tattoo Artists und den Persönlichkeitsrechten der Trägerpersonen erneut zugunsten der Trägerpersonen ausfallen, da auch eine Restaurierung der auf ihrem Körper vorhandenen Tattoos einen nicht unerheblichen Einfluss auf ihr äußeres Erscheinungsbild und damit die Darstellung ihrer Person und Persönlichkeit hat.

Ergänzend ist schließlich zu berücksichtigen, dass der Gesetzgeber in § 60e Abs. 1 UrhG und § 60h Abs. 2 Nr. 2 UrhG u. a. die Restaurierung jedenfalls für bestimmte Zwecke ausdrücklich privilegiert.

Die Restaurierung von Tattoowerken ist nach alldem nicht als Beeinträchtigung i. S. d. § 14 UrhG anzusehen. Anderes kann allenfalls dann gelten, wenn der Tattoo Artist und die Trägerperson entsprechende Vereinbarungen getroffen haben, denen zufolge z. B. eine Restaurierung ausdrücklich ausgeschlossen wurde, weil der Verfall zum schöpferischen Plan gehört.

Abschließend ist der Vollständigkeit halber noch kurz festzustellen, dass Tattoo Artists umgekehrt auch keine Restaurierungspflicht gegen Trägerpersonen durchsetzen können.

---

365 RegE UrhG 1962, 45; OLG Düsseldorf, Urt. v. 20.02.2019, Az. 20 U 134/17, ZUM-RD 2019, 456, 457; *Bullinger*, in: Wandtke/Bullinger (Hrsg.), UrhR, 2022, § 14, Rn. 45.

So ist zwar aus § 14 UrhG eine Pflicht des Eigentümers zu entnehmen, ein Werk erhalten oder restaurieren zu müssen, um einen den Interessen des Urhebers zuwiderlaufenden Verfall oder sogar die Zerstörung zu verhindern.[366] Bei der Interessenabwägung werden aber das von Art. 14 Abs. 1 GG geschützte Recht nach § 903 BGB und bei Tattoos vor allem erneut die allgemeinen Persönlichkeitsrechte der Trägerperson zu berücksichtigen und letztlich ausschlaggebend sein.

4. Entfernung

Die ganze oder teilweise Entfernung eines urheberrechtlich geschützten Tattoos ist schließlich die ultimative Veränderung des ästhetischen Gesamteindrucks des Werks. Der optische Eindruck nach einer Tattooentfernung kommt dabei nicht nur einer Zerstörung, sondern sogar einer spurenlosen Vernichtung gleich, da bei heute üblichen Laserbehandlungen eine Vernarbung des Gewebes und damit ein Verbleiben jeglicher Spuren des Werks nahezu ausgeschlossen ist.[367]

5. Vernichtung

Hinsichtlich der Entfernung eines Tattoos oder von Teilen davon sowie bezüglich der Überdeckung durch *„cover-up"* oder *„blast-over"* ist jedoch noch zu prüfen, ob eine Vernichtung oder Teilvernichtung eines Werks vorliegt und eine solche eine Beeinträchtigung i. S. d. § 14 UrhG darstellen kann.

Die teilweise Vernichtung eines Werks stellt zwar nach allgemeiner Meinung einen Fall der Beeinträchtigung des ansonsten fortbestehenden Werks i. S. d. § 14 UrhG dar.[368] Teilentfernung und Teilüberdeckung eines urheberrechtlich geschützten Tattoos, die letztlich als Teilvernichtung zu werten sind, werden damit als Beeinträchtigung i. S. d. § 14 UrhG anzusehen sein.

Hinsichtlich der vollständigen Werkvernichtung ist jedoch streitig, ob sie von § 14 UrhG erfasst wird.

Der BGH und große Teile der rechtswissenschaftlichen Literatur betrachten die vollständige Vernichtung eines Werkes als eine „andere Beeinträchti-

366 *Bullinger*, in: Wandtke/Bullinger (Hrsg.), UrhR, 2022, § 14, Rn. 23.

367 *Feige/Krause*, 152.

368 OLG Hamm, Urt. v. 12.07.2001, Az. 4 U 51/01, ZUM-RD 2001, 443, 446; OLG München, Urt. v. 21.12.2000, Az. 6 U 3711/00, GRUR-RR 2001, 177, 178; LG Stuttgart, Urt. v. 20.05.2010, Az. 17 O 42/2010, BeckRS 2010, 12527, 83 ff.; *G. Schulze*, in: Dreier/G. Schulze/Raue u. a. (Hrsg.), UrhG, 2022, § 14, Rn. 29.; *Dustmann*, in: A. Nordemann/J. B. Nordemann/Czychowski (Hrsg.), UrhR, 2018, § 14, Rn. 34.; *Peukert*, in: Schricker/Loewenheim/Leistner (Hrsg.), UrhR, 62020, § 14, Rn. 19.; *Bullinger*, in: Wandtke/Bullinger (Hrsg.), UrhR, 2022, § 14, Rn. 26.

gung" im Sinne des § 14 UrhG. Es sei zu prüfen, ob diese Maßnahme Eignung besitze, die berechtigten persönlichen und geistigen Interessen des Urhebers am Werk zu gefährden, indem die Interessen des Urhebers und des Eigentümers des Werkexemplars umfassend abgewogen würden.[369]

Die Gegenmeinung sieht die vollständige Vernichtung jedenfalls eines Werkexemplars nicht als Fall des § 14 UrhG.[370] Dieser schütze zwar das Interesse des Urhebers an der Wahrung der Integrität der von ihm autorisierten Wirkung des Werks in der Öffentlichkeit, nicht aber den Fortbestand von Werkexemplaren, somit nicht „ob", sondern nur „wie" das Werk der Öffentlichkeit präsentiert werde.[371] Auch widerspreche die Auffassung des BGH dem Willen des Gesetzgebers, der die Ablehnung eines Vernichtungsverbots durch das RG, niedergelegt in der Entscheidung *„Felseneiland mit Sirenen"*[372], kodifiziert habe.[373] Der Gesetzgeber habe bei Schaffung des UrhG ein Vernichtungsverbot für Werke der bildenden Künste weiterhin als nicht angebracht angesehen. Die Erhaltung von Kunstwerken sei allein Aufgabe des Denkmalschutzes.[374]

Die Argumente der Gegenmeinung vermögen jedenfalls in Bezug auf Tattoos zu überzeugen.

Mit dem Gesetzgeber ist festzustellen, dass das private Urheberrecht das falsche Instrument ist, um ein etwaiges öffentliches Interesse am Fortbe-

369 BGH, Urt. v. 21.02.2019, Az. I ZR 98/17, I ZR 99/17, ZUM 2019, 508, 25–36; BGH, Urt. v. 21.02.2019, Az. I ZR 99/17, ZUM 2019, 521, Rn. 24–35; BGH, Urt. v. 21.02.2019, Az. I ZR 15/18, ZUM 2019, 528, 10–20; LG Berlin, Urt. v. 07.02.2012, Az. 15 O 199/11, ZUM 2012, 507, 509; *G. Schulze*, in: Dreier/G. Schulze/Raue u. a. (Hrsg.), UrhG, 2022, § 14, Rn. 27.; *Bullinger*, in: Wandtke/Bullinger (Hrsg.), UrhR, 2022, § 14, Rn. 22.; *Götting*, in: Götting/Lauber-Rönsberg/Rauer (Hrsg.), UrhR, 2024, § 14, Rn. 24.; *Schack*, Rn. 400.

370 RG, Urt. v. 08.06.1912, Az. Rep. I. 382/11, RGZ 79, 397, 401; BGH, Urt. v. 23.02.1995, Az. I ZR 68/93, GRUR 1995, 673, 675; KG, Urt. v. 22.05.1981, Az. 5 U 2295/81, GRUR 1981, 742, 742; OLG Schleswig, Urt. v. 28.02.2006, Az. 6 U 63/05, ZUM 2006, 426, 427; LG Hamburg, Urt. v. 03.12.2004, Az. 308 O 690/04, GRUR 2005, 672, 674; *Dustmann*, in: A. Nordemann/J. B. Nordemann/Czychowski (Hrsg.), UrhR, 2018, § 14, Rn. 33.; *Peukert*, in: Schricker/Loewenheim/Leistner (Hrsg.), UrhR, [6]2020, § 14, Rn. 20.

371 *Dustmann*, in: A. Nordemann/J. B. Nordemann/Czychowski (Hrsg.), UrhR, 2018, § 14, Rn. 32.; *Peukert*, in: Schricker/Loewenheim/Leistner (Hrsg.), UrhR, [6]2020, § 14, Rn. 20.; *Bullinger*, in: Wandtke/Bullinger (Hrsg.), UrhR, 2022, § 14, Rn. 24.

372 RG, Urt. v. 08.06.1912, Az. Rep. I. 382/11, RGZ 79, 397.

373 *Peukert*, in: Schricker/Loewenheim/Leistner (Hrsg.), UrhR, [6]2020, § 14, Rn. 20.; *Bullinger*, in: Wandtke/Bullinger (Hrsg.), UrhR, 2022, § 14, Rn. 23.

374 RegE UrhG 1962, 45; *Dustmann*, in: A. Nordemann/J. B. Nordemann/Czychowski (Hrsg.), UrhR, 2018, § 14, Rn. 33.; *Peukert*, in: Schricker/Loewenheim/Leistner (Hrsg.), UrhR, [6]2020, § 14, Rn. 20.

stand von Kulturgütern abzusichern.[375] Diese bereits in der Begründung des Entwurfs eines Gesetzes über Urheberrecht und verwandte Schutzrechte[376] festgehaltene Ansicht hat der Gesetzgeber auch z. B. durch § 18 des Gesetzes zum Schutz von Kulturgut (im Weiteren: KGSG) von 2016 weiter bekräftigt. Er verbietet u. a. die Zerstörung bestimmter Kulturgüter, was zudem in § 83 Abs. 3 KGSG als Straftatbestand neben dem bestehenden § 304 StGB sanktioniert wird.

Auch liegt es in der Hand aller Kreativen, vor Übereignung von Werk-Originalen etwa vertragliche Vernichtungsverbote, jedenfalls aber eine Pflicht des Erwerbers zur vorherigen Information des Urhebers mit Gelegenheit zur Anfertigung von Vervielfältigungsstücken zu vereinbaren oder schlicht Originale nicht aus der Hand zu geben.[377]

Zwar mag eingewendet werden, dass dieses Argument nicht überzeugend ist, wenn es um Kunstformen geht, bei denen eine Übereignung des einzigen Originals zwingend ist, z. B. bei der Anfertigung von Gemälden auf fremdem Eigentum oder bei Tattoos, d. h. der Einbringung von Farbpartikeln in fremde Körper.

In diesen Fällen wird aber spätestens im Rahmen der sich in der Prüfungsreihenfolge anschließenden Interessenabwägung zumeist den Interessen der Eigentümer der Werke mehr Gewicht als den Erhaltungsinteressen der betroffenen Urheber beizumessen sein. Diese mussten stets mit einer späteren Zerstörung solcher Werke rechnen, sei es durch später gewandelte Überzeugung oder physischen Verfall. Dennoch haben sie im vollen Bewusstsein dieser bekannten Risiken ihre Werkoriginale auf fremdem Eigentum oder in fremder Haut angefertigt.

Auch soll der Urheberrechtsschutz nach Auffassung des BGH beispielsweise bei Werken der Baukunst und nicht trennbar mit Bauwerken verbundenen Kunstwerken *„in aller Regel"* hinter die Eigentümerinteressen zurücktreten[378], was die Relevanz des § 14 UrhG auf besondere bewegliche Originale der bildenden Kunst begrenzt.[379] Vor der Zerstörung solcher Kunstwerke müsse der Eigentümer versuchen, das Objekt zu veräußern oder zu verschenken. Bei einem Scheitern der Entledigung seien dem Urheber die Rücknahme oder die Gelegenheit zur Anfertigung von Vervielfältigungs-

375 *Dustmann*, in: A. Nordemann/J. B. Nordemann/Czychowski (Hrsg.), UrhR, 2018, § 14, Rn. 33.

376 RegE UrhG 1962, 45.

377 *Dustmann*, in: A. Nordemann/J. B. Nordemann/Czychowski (Hrsg.), UrhR, 2018, § 14, Rn. 33.; *Peukert*, in: Schricker/Loewenheim/Leistner (Hrsg.), UrhR, [6]2020, § 14, Rn. 22.

378 BGH, Urt. v. 21.02.2019, Az. I ZR 98/17, I ZR 99/17, ZUM 2019, 508, 40, 43.

379 BGH, Urt. v. 21.02.2019, Az. I ZR 98/17, I ZR 99/17, ZUM 2019, 508, 39, 51 f.; *Peukert*, in: Schricker/Loewenheim/Leistner (Hrsg.), UrhR, [6]2020, § 14, Rn. 21.

stücken des Werks anzubieten.[380] Die stets anhand von mobilen oder immobilen Kunstgegenständen und insbesondere bei Werken der Architektur entwickelte Rechtsprechung kann nicht auf Kunstwerke auf dem Körper einer anderen Person übertragen werden. Bereits aus der Natur der Sache ergibt sich, dass die Trägerpersonen als Eigentümer eines Tattoowerks dieses schwerlich veräußern oder sogar verschenken können. Auch eine Rücknahme des Tattoowerks durch den Tattoo Artist erscheint fernliegend. Allenfalls die Gelegenheit zur Anfertigung von Vervielfältigungsstücken des Tattoowerks könnte infrage kommen. Da Tattoo Artists in den allermeisten Fällen jedoch über Vorlagen der von ihnen angefertigten Werke verfügen oder verfügen könnten, dürfte dieser Fall bestenfalls bei freihändig und ohne Vorlage angefertigten Tattoowerken zu diskutieren sein.

Zusammengefasst ist festzustellen, dass die o.g. vornehmlich architekturgeprägte Rechtsprechung die schwerwiegenden persönlichkeitsrechtlichen Interessen der Trägerpersonen und das besondere Nähe- und Vertrauensverhältnis zwischen Tattoo Artist und Trägerperson nicht in angemessener Weise berücksichtigt.

Im Ergebnis löst der BGH diese Fälle zudem ebenso wie die Gegenmeinung, die als einzige Abweichung eine vorherige vertragliche Vereinbarung solcher Ansprüche der Urheber für die Absicherung ihrer schutzwürdigen Interessen für erforderlich hält und sie nicht gegen den erklärten Willen des Gesetzgebers in den § 14 UrhG interpretiert.

Die von der herrschenden Meinung in der Interessenabwägung gemäß § 14 UrhG angestellten Erwägungen können zudem auch Berücksichtigung finden, wenn sich Urheber zivilrechtlich gemäß § 826 i.V.m. § 1004 BGB sogar vorbeugend gegen rechtsmissbräuchliche[381] oder wegen herabwürdigender Begleitumstände persönlichkeitsrechtlich gegen die Vernichtung von Werkoriginalen und Vervielfältigungsstücken wehren.[382]

Urheber sind einer vollständigen Vernichtung ihrer Werke also auch ohne den Schutz des § 14 UrhG nicht schutz- und rechtlos ausgeliefert. Die von der Mindermeinung beklagte übermäßige Strapazierung des Schutzbereiches des § 14 UrhG erscheint nach alldem nicht erforderlich.

Für den Bereich von Tattoos ist damit jedenfalls bei besonders anspruchsvollen, künstlerisch wertvollen Werken wie z.B. *„backpieces"* oder *„body suits"* die vertragliche Vereinbarung der Information der beteiligten Tattoo

---

380 BGH, Urt. v. 21.02.2019, Az. I ZR 98/17, I ZR 99/17, ZUM 2019, 508, 39, 41.

381 OLG Karlsruhe, Urt. v. 26.04.2017, Az. 6 U 207/15, ZUM-RD 2017, 600, 605 f.; OLG Karlsruhe, Urt. v. 26.04.2017, Az. 6 U 92/15, GRUR 2017, 803, 807.

382 *Dustmann*, in: A. Nordemann/J.B. Nordemann/Czychowski (Hrsg.), UrhR, 2018, § 14, Rn. 35.; *Peukert*, in: Schricker/Loewenheim/Leistner (Hrsg.), UrhR, [6]2020, § 14, Rn. 22.

Artists und der Gelegenheit zur Anfertigung von Vervielfältigungsstücken vor einer Vernichtung z. B. durch Laserentfernung anzuraten, jedenfalls dann, wenn die Dokumentation der Werke nicht bereits unmittelbar nach Erstellung erfolgt ist.

6. Zwischenergebnis

Damit ist festzustellen, dass unter ausdrücklicher Ausnahme der Restaurierung und vollständigen Vernichtung die o. g. Varianten der Veränderung bereits bestehender Tattoos mit Schöpfungshöhe den individuellen, optischen und geistig-ästhetischen Gesamteindruck von bereits vorhandenen Tattoos signifikant beeinträchtigen. Bis auf die Restaurierung und vollständige Vernichtung können somit alle Varianten eine Beeinträchtigung i. S. d. § 14 UrhG darstellen.

II. Eignung zur Gefährdung ideeller Interessen des Urhebers

Nicht jede beeinträchtigende Veränderung eines Werks ist geeignet, die ideellen Interessen des Urhebers am Werk zu gefährden. Das Vorhandensein einer objektiven Beeinträchtigung des Werkes deutet zwar darauf hin, dass eine Gefährdung der geistigen oder persönlichen Interessen des Urhebers vorliegen könnte.[383] Diese Indizwirkung entfällt jedoch bei Einräumung des Bearbeitungsrechts gemäß § 23 UrhG oder Einwilligung des Urhebers in Änderungen durch den Nutzungsberechtigten gemäß § 39 Abs. 1 UrhG.[384]

Wenn jedoch keine Zustimmung des Urhebers vorliegt, muss anhand objektiver Kriterien beurteilt werden, ob eine Beeinträchtigung geeignet ist, die ideellen Interessen des Urhebers zu gefährden.[385]

So wird mit dem RG eine Interessengefährdung davon abhängig zu machen sein, ob das veränderte Werk auch veröffentlicht wird.[386] Dies ergibt sich aus dem o. g. Schutzgegenstand des § 14 UrhG und aus § 23 S. 1 UrhG, der nicht

383 OLG München, Urt. v. 26.09.1991, Az. 29 U 2285/89, GRUR Int 1993, 332, 333; OLG Stuttgart, Urt. v. 06.10.2010, Az. 4 U 106/10, GRUR-RR 2011, 56, 58; LG Berlin, Urt. v. 28.11.2006, Az. 16 O 240/05, GRUR 2007, 964, 968; *G. Schulze*, in: Dreier/G. Schulze/Raue u. a. (Hrsg.), UrhG, 2022, § 14, Rn. 15.; *Dustmann*, in: A. Nordemann/J. B. Nordemann/Czychowski (Hrsg.), UrhR, 2018, § 14, Rn. 15.; *Peukert*, in: Schricker/Loewenheim/Leistner (Hrsg.), UrhR, ^{6}2020, § 14, Rn. 23.; *Bullinger*, in: Wandtke/Bullinger (Hrsg.), UrhR, 2022, § 14, Rn. 9.; *Schack*, Rn. 402.

384 BGH, Urt. v. 13.10.1988, Az. I ZR 15/87, GRUR 1989,106, 107; BGH, Urt. v. 18.12.2008, Az. I ZR 23/06, GRUR 2009, 395, 399; *Peukert*, in: Schricker/Loewenheim/Leistner (Hrsg.), UrhR, ^{6}2020, § 14, Rn. 24.; *Schack*, Rn. 402.

385 *Peukert*, in: Schricker/Loewenheim/Leistner (Hrsg.), UrhR, ^{6}2020, § 14, Rn. 25.; *Schack*, Rn. 403.

386 RG, Urt. v. 08.06.1912, Az. Rep. I. 382/11, RGZ 79, 397.

schon die Herstellung, sondern erst die Veröffentlichung und Verwertung einer Bearbeitung des Werks zustimmungsbedürftig macht. Ein Schaden für das Ansehen des Urhebers kann erst dann entstehen, wenn das veränderte Werk von Dritten zur Kenntnis genommen werden kann.[387] Davon ausgenommen ist die Zerstörung von Werkoriginalen,[388] die zur Verhinderung von Interessengefährdungen dem Urheber zur Rücknahme angeboten werden sollten. Bei immobilen und untrennbaren Werkoriginalen (Wandgemälde, Tattoo) ist die Gelegenheit zur Anfertigung von Vervielfältigungsstücken des Werks vor Zerstörung zu ermöglichen (s. o. S. 97 f.).

Dies entspricht auch dem persönlichkeitsrechtlichen Zweck des dem Urheberpersönlichkeitsrecht entspringenden § 14 UrhG. Erst die Möglichkeit der Kenntnisnahme durch Dritte ist ausschlaggebend für die Eignung zur Gefährdung des (Urheber-)Persönlichkeitsrechts.[389]

Es erscheint sachgerecht, diese allgemeinen Rechtsansichten betreffend die Eignung zur Interessengefährdung in Bezug auf die Beurteilung von Tattoos zu übertragen.

Das Ergänzen, Verändern, Überdecken und selbst das Entfernen von Tattoos mit Schöpfungshöhe sind jedenfalls potenziell dazu geeignet, Interessen der Tattoo Artists als Urheber zu gefährden, wenn sie mit den beeinträchtigend geänderten und so veröffentlichten Werken in Verbindung gebracht werden. Selbst für nachträgliche Kolorierung z. B. bislang einfarbiger Tattoowerke kann die Abwägung ohne Weiteres zugunsten des Urhebers ausgehen. Dies gilt insbesondere für Tattoowerke, die z. B. aus künstlerischen Gründen bewusst einfarbig angelegt wurden.

So könnte das Ansehen von Tattoo Artists durch von anderen Tattoo Artists oder sogar Laien vorgenommene Hinzufügungen, Nachkolorierungen u. Ä. an Tattoos Schaden nehmen, wenn ersteren die Ergänzungen wegen des räumlichen Zusammenhangs zum Werk durch Dritte irrtümlich zugeordnet werden.

Ähnliches dürfte jedenfalls für Teilüberdeckungen wie *„blast-overs"* gelten. Solche *„blast-overs"* werden häufig durchgeführt, weil den Trägern schlicht der Platz auf der Haut ausgegangen ist oder auf ironische Weise eine Distanzierung von „Jugendsünden" in Form von alten Tattoos erfolgen soll.[390] Eine Gefährdung des öffentlichen Ansehens des Schöpfers des ursprüngli-

387 RG, Urt. v. 08.06.1912, Az. Rep. I. 382/11, RGZ 79, 397, 402; *Dustmann*, in: A. Nordemann/J. B. Nordemann/Czychowski (Hrsg.), UrhR, 2018, § 14, Rn. 16.; *Schack*, Rn. 404.

388 *Schack*, Rn. 404.

389 *Peukert*, in: Schricker/Loewenheim/Leistner (Hrsg.), UrhR, ^{6}2020, § 14, Rn. 25.; *Bullinger*, in: Wandtke/Bullinger (Hrsg.), UrhR, 2022, § 14, Rn. 8, 11.

390 *Heim*, Tätowier Magazin 2017, 100, 101.

chen und nunmehr teilüberdeckten Tattoos erscheint damit zumindest möglich.

Auch vollständige Überdeckungen oder sogar Entfernungen könnten wegen der Frage nach dem Grund der Entfernung negative Konsequenzen für das Ansehen des Tattoo Artists haben, dies allerdings nur, wenn der Kreis der Rezipienten Kenntnis vom vorherigen Zustand des geschützten Tattoos hatte. Gerade bei Personen wie z. B. Tattoo Models, Prominenten aus dem Spitzensport oder Unterhaltungsbereich, die ihre Tattoos häufig öffentlich zeigen oder sogar zum Gegenstand ihrer beruflichen Tätigkeit machen, erscheint es deshalb vorstellbar, dass das von ihnen angesprochene Publikum eine Veränderung der bislang bekannten Tattoos wahrnehmen und mit negativen Folgen für das Image der betroffenen Tattoo Artist auslegen könnte, weil sich der Träger offenbar und augenscheinlich ebenfalls von dessen Werken distanzieren will.

III. Interessenabwägung

Die Interessenabwägung zielt darauf ab, das Interesse des Urhebers an der Selbstbestimmung darüber, wie sein Werk in der Öffentlichkeit präsentiert wird, zu wahren.[391]

Dazu konträr sind die berechtigten Interessen der Anspruchsgegner in Gestalt von Eigentümern, Besitzern, sonstigen Bearbeitern oder Nutzern.[392]

Für den Tattoobereich stehen damit die Interessen der Tattoo Artists jenen der Kunden und sonstigen Verwerter, wie z. B. Fotografen, Veranstalter, Medien etc. gegenüber. Hinsichtlich der Kunden ist noch zwischen der gewöhnlichen Nutzung und der darüberhinausgehenden Verwertung beispielsweise als professionelles Tattoo Model zu unterscheiden.

1. Kundeninteressen

Im Rahmen der Interessenabwägung ist damit zu gewichten, ob die Interessen des Trägers und Kunden an der Veränderung des Werks schwerer wiegen als die betroffenen Interessen des Tattoo Artists am unveränderten Erhalt des Werks.

---

391 BGH, Urt. v. 07.11.1968, Az. 6 U 78/68, GRUR 1970, 35, 37; BGH, Urt. v. 01.10.1998, Az. I ZR 104/96, ZUM 1999, 230, 231; BGH, Urt. v. 19.03.2008, Az. I ZR 166/05, GRUR 2008, 984, 986; OLG München, Urt. v. 26.09.1991, Az. 29 U 2285/89, GRUR Int 1993, 332, 333; OLG München, Urt. v. 16.03.1995, Az. 29 U 2496/94, NJWE-MietR 1996, 116, 117; *Peukert*, in: Schricker/Loewenheim/Leistner (Hrsg.), UrhR, [6]2020, § 14, Rn. 26.

392 *Dustmann*, in: A. Nordemann/J. B. Nordemann/Czychowski (Hrsg.), UrhR, 2018, § 14, Rn. 21.

Je intensiver und optisch wahrnehmbarer die vorgenommenen Änderungen am Tattoo sind, desto stärker werden die Interessen des Tattoo Artists betroffen sein.

Ebenso steigt mit dem Grad der schöpferischen Eigenart und der Gestaltungshöhe des Werks dessen Schutzbereich.[393] Bei Werken mit intensiver persönlicher Prägung durch den Urheber wiegen dessen ideelle Interessen an Integrität und Erhaltung des Werks in der Öffentlichkeit höher als bei Werken der Gebrauchskunst und der kleinen Münze, deren Änderung geringere Auswirkungen auf die Interessen des Urhebers hat.[394]

Bei Tattoos als Werken der bildenden Kunst (s. o. S. 22 ff.) und insbesondere bei für einen einzigen Kunden angefertigten Unikaten, die die individuelle Bildsprache des jeweiligen Urhebers verkörpern, wird von einem hohen Grad der schöpferischen Eigenart auszugehen sein.

Daher ist es auch von entscheidender Bedeutung, ob es sich um ein unersetzliches Original handelt, beispielsweise weil es nicht reproduzierbar ist. In diesem Fall würde die Zerstörung des Werkoriginals das berechtigte Interesse des Urhebers vereiteln, durch sein Werk zu wirken.[395] Dies wird bei Tattoos aber eher selten der Fall sein, da Tattoos ähnlich wie z. B. viele Illustrationen zumeist anhand von Skizzen oder sogar vollständigen Vervielfältigungen wie Fotografien o. Ä. vom Urheber reproduziert werden könnten.

Wird Tattoo Artists vor Zerstörung die Gelegenheit zur Anfertigung von Vervielfältigungen des Werkoriginals gegeben, was in der Praxis in den allermeisten Fällen zu Dokumentationszwecken unmittelbar nach dem Stechen passiert, dürfte bereits das Risiko einer Gefährdung von Interessen der Urheber ganz erheblich gemindert sein.

Allenfalls bei einem besonderen Zusammenspiel aus körperlichen Eigenschaften der Trägerperson mit dem speziell für ihre Körperproportionen, Hauttyp etc. geschaffenen Tattoo oder z. B. bei den o. g., sich über mehrere Körper erstreckenden Tattoowerken erscheint der unwiderrufliche Verlust eines Werkoriginals theoretisch denkbar und wäre von einem unersetzlichen Original zu sprechen.

Diesen Interessen der Tattoo Artists ist im Interesse änderungswilliger Trägerpersonen entgegenzusetzen, dass der Wunsch nach Veränderungen in der Natur des Menschen liegt. Kunden von Tattoo Artists haben bereits mit

393 BGH, Urt. v. 19.03.2008, Az. I ZR 166/05, GRUR 2008, 984, 986; OLG Hamm, Urt. v. 12.07.2001, Az. 4 U 51/01, ZUM-RD 2001, 443, 346 f.; OLG Stuttgart, Urt. v. 06.10.2010, Az. 4 U 106/10, GRUR-RR 2011, 56, 58; *G. Schulze*, in: Dreier/G. Schulze/Raue u. a. (Hrsg.), UrhG, 2022, § 14, Rn. 31.; *Peukert*, in: Schricker/Loewenheim/Leistner (Hrsg.), UrhR, [6]2020, § 14, Rn. 29.

394 *Peukert*, in: Schricker/Loewenheim/Leistner (Hrsg.), UrhR, [6]2020, § 14, Rn. 29.

395 *Schack*, Rn. 413.

ihrem ersten Wunsch nach Tattoos den generellen Wunsch zur Veränderung des Aussehens ihres Körpers und damit ihrer Persönlichkeit gezeigt und umgesetzt. Daher ist es naheliegend, dass diese Kunden oder jedenfalls ein Teil von ihnen zu einem späteren Zeitpunkt erneut Veränderungen an ihrem äußeren Erscheinungsbild wünschen, weil sie z. B. Abstand von Jahrzehnte alten Entschlüssen zu Tattoos nehmen möchten. Dieser „menschliche Faktor" ist wegen der in ihm repräsentierten Auslebung von Persönlichkeitsrechten ganz besonders zu gewichten.

Zudem sind Veränderungen bei nicht wenigen urheberrechtlich geschützten Werken, insbesondere bei Bauwerken, im Laufe der Zeit üblich, wie die umfangreiche urheberrechtliche Rechtsprechung zu Bauwerken, deren Veränderung und Rechten der Architekten unter besonderer Berücksichtigung des § 14 UrhG belegt.[396]

Diese in erster Linie die Interessen der Architekten als Urheber und der Immobilieneigentümer berücksichtigende Rechtsprechung wird aber nicht eins zu eins auf den Tattoobereich zu übertragen sein. Dazu ist der Unterschied zwischen den Interessen eines Immobilieneigentümers und jenen eines Tattooträgers zu groß. Letzterer trägt das in Rede stehende Werkoriginal in der Haut seines Körpers. Es bestimmt zumindest teilweise sein Aussehen, aber auch sein Ansehen in der Gesellschaft, sein Selbstempfinden und damit einen wichtigen Teil seiner Persönlichkeit, während die Immobilie nur einen Teil des wirtschaftlichen Vermögens des Immobilieneigentümers und eher selten einen entscheidenden Teil dessen verkörperter Persönlichkeit ausmachen dürfte.

Zwar mag es auch der Auslebung mancher Persönlichkeit entsprechen, an im Eigentum befindlichen Bauwerken Veränderungen vorzunehmen. Erhebliche Auswirkungen auf wichtige Teile der Persönlichkeit sind von Veränderungen an Bauwerken im Eigentum eher nicht zu erwarten. Veränderungen der Persönlichkeit von Tattooträgern sind jedoch erforscht und nachgewiesen (s. o. S. 15), ebenso der Wunsch vieler Kunden nach Veränderung des persönlichen Erscheinungsbilds durch Tattoos und Veränderungen daran.[397]

396 Z. B. BGH, Urt. v. 31.05.1974, Az. I ZR 10/73, GRUR 1974, 675; BGH, Urt. v. 16.06.1994, Az. I ZR 3/92, NJW 1994, 2621; BGH, Urt. v. 01.10.1998, Az. I ZR 104/96, ZUM 1999, 230; BGH, Urt. v. 09.11.2011, Az. I ZR 216/10, GRUR 2012, 172; BGH, Urt. v. 21.02.2019, Az. I ZR 98/17, I ZR 99/17, ZUM 2019, 508; OLG Hamm, Urt. v. 21.07.1983, Az. 4 U 228/83, BB 1984, 562; OLG Frankfurt a. M., Urt. v. 24.10.1985, Az. 6 U 69/85, GRUR 1986, 244; LG Hamburg, Urt. v. 03.12.2004, Az. 308 O 690/04, GRUR 2005, 672; LG Berlin, Urt. v. 28.11.2006, Az. 16 O 240/05, GRUR 2007, 964.

397 *Friederich*, 312 ff.; *Meier*, 48 f.

Darüber hinaus erlaubt § 62 Abs. 1 UrhG in den durch § 39 UrhG und § 14 UrhG gezogenen Grenzen benutzungsbedingte Werkänderungen, soweit die Nutzung des Werks kraft der Schranken des Urheberrechts zulässig ist.[398]

Das o. g. Urteil des BFH aus dem Jahr 1998 (s. o. S. 83 ff.) stellte zwar noch infrage, ob bei Erstellung eines Tattoos überhaupt Nutzungsrechte übertragen würden, hielt dies aber mit dem FG Rheinland-Pfalz zumindest als Nebenleistung für möglich.[399]

Es steht auch außer Frage, dass sich Tattoo Artists spätestens mit der Fertigstellung eines Tattoos jedenfalls ebenso mit dessen Veröffentlichung, Vervielfältigung und öffentlicher Zugänglichmachung in Form einer privaten Nutzung einverstanden erklären, wie dies andere Künstler mit ihren Kunstwerken tun, wenn sie diese veräußern. Jedenfalls die Nutzungsrechte auf Veröffentlichung und Vervielfältigung dürften auch im Rahmen einer Auslegung gemäß § 31 Abs. 5 UrhG als zwingend erforderlich zur Erreichung des von beiden Vertragspartnern zugrunde gelegten Vertragszwecks anzusehen sein. Damit läge jedenfalls bei privater Nutzung im o. g. Umfang eine kraft der Schranken des Urheberrechts zulässige Benutzung des Werks vor. Dies wiederum eröffnet die Möglichkeit zu benutzungsbedingten Werkänderungen.

Im Rahmen der Interessenabwägung nach § 14 UrhG ist damit zwischen dem Interesse von Kunden an der Änderung des Erscheinungsbildes ihres Körpers und dem Interesse von Tattoo Artists als Urheber an der Erhaltung ihres Werks und seiner beabsichtigten Aussage abzuwägen.

Besonderes Gewicht hat, dass es sich nicht um das Erscheinungsbild von Gegenständen, sondern jenes von Menschen und damit einen entscheidenden Teil ihrer Persönlichkeit handelt. Die Freiheit, dieses äußere Erscheinungsbild selbst zu gestalten, von *Di Fabio* beschrieben als Recht auf eigenverantwortliche Gestaltung des äußeren Erscheinungsbildes,[400] ist ein wichtiger Bestandteil des allgemeinen Persönlichkeitsrechts aus Art. 2 Abs. 1 GG i. V. m. Art. 1 Abs. 1 GG und der dazu subsidiären allgemeinen Handlungsfreiheit aus Art. 2 Abs. 1 GG. Folgerichtig greifen etwaige Verbote von Veränderungen des äußeren Erscheinungsbildes einer Person z. B. durch das Verbot des Tragens von Tattoos in das grundgesetzlich gewährleistete Persönlichkeitsrecht ein und bedürfen einer gesetzlichen Grundlage.[401]

---

398 *Schack*, Rn. 416.

399 BFH, Urt. v. 23.07.1998, Az. V R 87/97, DStRE 1998, 771, 771; FG Rheinland-Pfalz, Urt. v. 10.11.1997, Az. 5 K 2966/96, BeckRS 1997, 309544961997.

400 Di Fabio, in: Herzog/Scholz/Herdegen u. a. (Hrsg.), Grundgesetz, 2024, Art. 2 Abs. 1, Rn. 166 f.

401 BVerwG, Urt. v. 17.11.2017, Az. 2 C 25.17, NJW 2018, 1185, 1188 f.

Angesichts dieser besonderen Bedeutung des Rechts auf eigenverantwortliche Gestaltung des äußeren Erscheinungsbildes einer Person für die Gewährleistung ihrer grundgesetzlich geschützten Persönlichkeitsrechte, belegt durch diverse Entscheidungen der deutschen Obergerichte,[402] erscheint es sachgerecht, auch in dieser Interessenabwägung dem Interesse der Kunden an der Veränderung ihres körperlichen Erscheinungsbilds in Form der Änderung eines Tattoos den Vorrang zu geben, insbesondere dann, wenn es sich beispielsweise um eine Restaurierung, aber auch eine Ergänzung oder nur teilweise Veränderung eines Tattoos handelt.

Doch selbst das Überdecken, Überstechen oder Entfernen von Tattoos muss den Kunden im Lichte des o. g. Umfangs ihres Persönlichkeitsrechts möglich sein.

Auch und gerade angesichts der im 2. Kapitel unter C. geschilderten Funktionen von Tattoos für viele Tätowierte, z. B. als Ventil zur Verarbeitung von Schicksalsschlägen, ist ihnen das Recht zuzustehen, von einmal getroffenen Entscheidungen hinsichtlich ihrer Tattoos später wieder Abstand nehmen zu können, wie dies auch bei anderen Lebensentscheidungen z. B. im Rahmen der sogenannten gewandelten Überzeugung zugestanden wird. Mit einem Wandel der Überzeugung oder auch nur einer ästhetischen Neuausrichtung ihrer Kunden müssen Tattoo Artists stets rechnen, zumal sie – jedenfalls darauf spezialisierte Tattoo Artists – einen nicht unwesentlichen Teil ihres Umsatzes mit solchen verändernden oder überdeckenden Arbeiten *(„cover-up"* oder *„blast-over"*) erzielen.

Insofern ist die Fertigstellung eines Tattoos mit § 39 Abs. 2 UrhG als Einverständnis mit späteren Veränderungen und selbst der Überdeckung, dem Überstechen oder der Entfernung zu sehen, zumal nutzungsbedingten Werkänderungen auch konkludent zugestimmt werden kann.[403] Der BGH begründete seine Entscheidung für die Annahme einer stillschweigenden Einräumung des Bearbeitungsrechts damals mit der Maßgeblichkeit der jahrhundertealten Tradition, in der u. a. der dortige Urheber gestanden und der er sich im besonderen Maße verpflichtet gefühlt habe. Diese Tradition, die hinsichtlich der Grundstrukturen durch das Festhalten an überkommenen Formen und hinsichtlich der Ausgestaltung durch eine behutsame Anpassung an neue Stilrichtungen und damit an den Zeitgeschmack geprägt sei, mache es erforderlich, dass die nachfolgenden Generationen auf den früher erbrachten Leistungen aufbauen könnten, indem sie sie teilweise

---

402 Z. B. BVerfG, Urt. v. 10.01.1991, Az. 2 BvR 550/90, NJW 1991, 1477; BVerwG, Urt. v. 25.07.1972, Az. I WB 127.72, NJW 1972, 1726; BVerwG, Urt. v. 17.11.2017, Az. 2 C 25.17, NJW 2018, 1185; BVerwG, Urt. v. 14.05.2020, Az. 2 C 13.19, NVwZ 2020, 1526; OLG Stuttgart, Urt. v. 13.09.1971, Az. 13 U 100/71, NJW 1971, 2075.

403 BGH, Urt. v. 13.10.1988, Az. I ZR 15/87, GRUR 1989,106, 107.

übernehmen und teilweise abändern, um sie den neuen Gegebenheiten anzupassen.[404]

Eine Übertragung dieses Rechtsgedankens auf die Tattoobranche erscheint angemessen und sachgerecht. Sie blickt ebenfalls auf jahrhundertealte Traditionen zurück und war jedenfalls in der Vergangenheit stets sehr traditionsbewusst.

Auch sind jedenfalls in der öffentlichen Berichterstattung keine Fälle bekannt, in denen sich Tattoo Artists in der Vergangenheit gegen Änderungen, Überdeckungen oder Entfernungen von ihnen angefertigter Tattoos in ihrer künstlerischen Freiheit oder ihren Rechten verletzt gefühlt hätten. Damit ist jedenfalls dem überwiegenden Teil der Tattoo Artists bewusst, dass sich der bei ihren Kunden erwachsende Bedarf für Änderungen an Tattoos jederzeit ergeben kann. Demgemäß wird anzunehmen sein, dass Tattoo Artists meistens und jedenfalls konkludent mit Änderungen an ihren Werken einverstanden sind. Der Wunsch der Nutzer nach Veränderung ist insofern dem nutzungsbedingten Änderungsbedarf gleichzusetzen.

Sind Tattoo Artist mit Veränderungen ausnahmsweise nicht einverstanden, beispielsweise, weil es sich um ein besonderes Kunstprojekt o. Ä. handelt, sollte dies wegen der Schwere der Auswirkungen für das Persönlichkeitsrecht der Trägerpersonen vor Beginn der Erstellung ausdrücklich schriftlich mit ihnen geregelt werden. Ob solche Vereinbarungen jedoch vor wohl begründeten, in der Persönlichkeit der Kunden liegenden Änderungswünschen Bestand haben, ist angesichts der obigen Ausführungen zur Bedeutung des grundgesetzlich geschützten Rechts auf eigenständige Gestaltung des äußeren Erscheinungsbildes für das Ausleben des allgemeinen Persönlichkeitsrechts und der allgemeinen Handlungsfreiheit zu bezweifeln.

Bei künstlerisch anspruchsvollen Tattoos mit Schöpfungshöhe wird wegen ihrer Qualität wesentlich seltener als bei Tattoos ohne Schöpfungshöhe, beispielsweise laienhaften, missglückten oder sehr einfach gehaltenen Exemplaren, mit Veränderungen oder sogar Überdeckungen und Entfernungen zu rechnen sein.

Jedenfalls der BGH ist jedoch der Auffassung, dass nur Substanzeingriffe in Werke durch § 39 UrhG geregelt und ideelle Beeinträchtigung allein durch § 14 UrhG zu beurteilen seien.[405]

Diese BGH-Rechtsprechung wird von Teilen der Literatur als verfehlt und eine unzulässige Verengung des Blickes auf Bauwerke angesehen.[406] Der

404 BGH, Urt. v. 13.10.1988, Az. I ZR 15/87, GRUR 1989,106, 107.

405 BGH, Urt. v. 02.10.1981, Az. I ZR 137/79, GRUR 1982, 107, 109.

406 *G. Schulze*, in: Dreier/G. Schulze/Raue u. a. (Hrsg.), UrhG, 2022, § 39, Rn. 6.; *Peukert*, in: Schricker/Loewenheim/Leistner (Hrsg.), UrhR, ^{6}2020, § 39, Rn. 5.; *Wandtke*, in: Wandtke/Bullinger (Hrsg.), UrhR, 2022, § 39, Rn. 8.; *Schack*, Rn. 406.

Schutz des Urheberpersönlichkeitsrechts in § 39 und § 14 UrhG beziehe sich stets nur auf das geistige Werk und nicht auf dessen körperliches Substrat, sei es bei Bauwerken, Theaterstücken oder Musikwerken.[407] Dem ist zuzustimmen, da urheberrechtlich geschützte Werke auch durch nicht in die Substanz eingreifende Veränderungen beeinträchtigt werden können, bei denen es sich ebenfalls um nutzungsbedingte Veränderungen handelt. So kann sich das unmittelbare Umfeld von Werken nutzungsbedingt und mit nicht substanzverändernden, aber dennoch negativen Auswirkungen für das Werk ändern, sei es z. B. durch Hinzufügungen anderer Werke in unmittelbarer Nähe, Verhüllung oder andere Wahrnehmungsbeeinträchtigungen. Dies ist auch und gerade bei Tattoos denkbar.

Deshalb bleibt zu klären, wie Veränderungen an Tattoos zu beurteilen sind, die nicht in die Substanz eingreifen, beispielsweise das Verhüllen oder das Hinzufügen weiterer Tattoos in unmittelbarer Nähe zum urheberrechtlich geschützten Werk.

Wenn auch das Verhüllen von Werken der bildenden Kunst geeignet erscheint, berechtigte Interessen von Urhebern zu beeinträchtigen, da ihr Werk nicht mehr wahrgenommen werden kann, werden Tattoo Artists aufgrund des Anbringungsortes ihrer Kunst in der Haut und auf dem Körper eines anderen Menschen stets damit rechnen müssen, dass diese Körperstelle häufig oder zumindest zeitweise insbesondere durch Kleidung, Make-up oder Verbände verdeckt sein kann und wird. Vorbehaltlich anderer vertraglicher Regelungen ist spätestens in der Fertigstellung des Werks in der Haut eines anderen Menschen das jedenfalls konkludente Einverständnis mit einer Veränderung des Erscheinungsbilds in Form der Verhüllung zu sehen.

Gleiches gilt auch für die Hinzufügung anderer Tattoos in unmittelbarer Nähe zum Werk des betroffenen Urhebers. Wie bereits oben ausgeführt, liegt es in der Natur des Menschen, Veränderungen auch am Äußeren des Körpers vorzunehmen und haben insbesondere an Tattoos interessierte Menschen dieses Interesse spätestens mit dem ersten Tattoo gezeigt. Daher ist naheliegend, dass Kunden von Tattoo Artists ebenfalls Interesse an weiteren Tattoos haben, die auch in unmittelbarer Nähe zu bereits bestehenden Tattoos liegen können.

All dies muss Tattoo Artists von Anfang an bewusst sein, zumal sie im Rahmen ihrer täglichen Tätigkeit aller Wahrscheinlichkeit nach ebenfalls immer wieder Tattoos in der Nähe von bereits bestehenden Tattoos anbringen. Ihr jedenfalls konkludentes Einverständnis auch mit der Anbringung ihnen möglicherweise aus ästhetischen oder sonstigen Gründen nicht genehmer, weiterer Tattoos ist deshalb anzunehmen.

---

407 *G. Schulze*, in: Dreier/G. Schulze/Raue u. a. (Hrsg.), UrhG, 2022, § 39, Rn. 6.; *Schack*, Rn. 406.

Auch ein Architekt muss sich bewusst sein, dass im Umfeld des von ihm entworfenen Gebäudes, insbesondere auf Nachbargrundstücken, Änderungen entstehen können, die seinem ästhetischen Empfinden widersprechen. Er wird Veränderungen im Umfeld des von ihm gestalteten Gebäudes dennoch aber kaum verhindern können[408], insbesondere dann, wenn sie Nachbargrundstücke betreffen und er dies nicht vorher vertraglich vereinbaren lässt.[409] Dies ist schon wegen der besonderen Gewichtung des Persönlichkeitsrechts der Trägerpersonen auf Tattoo Artists zu übertragen.

Jedenfalls würde es aber gegen Treu und Glauben verstoßen, ein mangelndes Einverständnis mit der Hinzufügung weiterer Tattoos u. Ä. nicht vor Beginn der Tätowierung zu erklären, bestenfalls schriftlich zu regeln.

2. Tattoo Models als Kunden

Auch das Interesse von Tattoo Models, die ihre meist durch anspruchsvolle Tattoos verzierten Körper gegen Honorar zur Schau stellen, und das Interesse von Dritten, die Tattoowerke verwerten, dürften ähnlich wie eben zu gewichten sein.

Zwar gibt es Stimmen, die der Auffassung sind, Schöpfer eines Werks müssten sich keine Abwägung mit den künstlerischen oder persönlichen Interessen von Interpreten gefallen lassen.[410] Dieser Meinungsstreit muss hier jedoch nicht weiter ausgeführt oder sogar entschieden werden.

So wird noch zu untersuchen sein, ob es sich bei Tattoo Models überhaupt um ausübende Künstler i. S. d. UrhG handelt.

Zudem bleibt das Interesse der Trägerpersonen an der Veränderung ihres Körpers, auch wenn es möglicherweise durch gewerbliche Interessen verstärkt ist, jedenfalls im Rahmen der Interessenabwägung betreffend die Zulässigkeit von zur Gefährdung ideeller Interessen des Urhebers geeigneten Beeinträchtigungen des Tattoowerks ausschlaggebend. Nähere Ausführungen zum generellen Verhältnis zwischen den Interessen der Tattoo Artists und jenen von Tattoo Models und Verwertern folgen an späterer Stelle.

3. Verwerterinteressen

Auch Verwertungshandlungen durch Dritte erscheinen geeignet, das berechtigte Interesse von Tattoo Artists an der ungetrübten Rezeption ihrer Werke in der Öffentlichkeit zu gefährden.

---

408 BG, Urt. v. 15.03.1994, Az. 120 II 65, ZUM 1994, 563, 564.
409 *Schack*, Rn. 412.
410 *Ders.*, Rn. 417.

So gibt es beispielsweise eine Vielzahl von Bildbänden über Tattoos, diverse Tattoomagazine, die naturgemäß überwiegend von Bildberichterstattung geprägt sind, und auch immer wieder TV- und Kinoformate, in denen Tattoos eine mehr oder weniger große Rolle spielen, wie die bereits oben angeführten Beispiele der Kinofilme „Hangover", „Memento" und Serien wie „Prison Break" oder Reality TV-Formate wie „L. A. Ink" und „Miami Ink" belegen.

Auch weltweit erfolgreiche Computerspiele, die z. B. real existierende Tattoos auf real existierenden Spitzensportlerkörpern naturgetreu auf deren spielinternen Avataren wiedergeben, sowie schließlich zahlreiche Merchandising-Produkte wie Bekleidungsstücke, Getränke, Aufkleber etc. nutzen Tattoos als Illustration.

Es liegt nahe, dass nicht jede dieser zahlreichen Verwertungsformen stets den Ansprüchen der Tattoo Artists als Urheber der so verwerteten Werke entspricht.

Gerade bei der Vervielfältigung in Form einer fotografischen oder illustratorischen Wiedergabe sind Umgestaltungen in Form von Beschneidungen, Retuschen, Hinzufügungen etc. denkbar.

Hinsichtlich dieser Eingriffe in die Integrität der Werke wird aber auf die bisherige Rechtsprechung und Literatur zu entsprechenden Eingriffen in Werke der bildenden Künste zurückzugreifen sein.

Da sich bei Werken der bildenden Künste die Entstellung z. B. durch Verstümmelung, Übermalen, Zerteilen, unsachgemäße Restauration, vermeintliche Vervollständigung oder nachhaltige Veränderung des Formates oder Volumens ergeben kann,[411] werden sich auch betroffene Tattoo Artists als Urheber von Werken der bildenden Kunst z. B. gegen ihre Interessen beeinträchtigende Nutzungen wie oben dargestellt oder z. B. verkleinernde und retuschierte Vervielfältigungen in Lichtbildform mit unzutreffender Bildunterschrift[412], verfremdende Beschneidungen[413] sowie indirekte Eingriffe wie die Darstellung ihrer Werke in herabwürdigender Weise wehren können. So kann ein Kunstwerk auch ohne Substanzveränderung am Werk selbst beeinträchtigt werden, beispielsweise durch Integration in ein anderes Kunstwerk[414] oder einen unpassenden Zusammenhang, der die Aussage des Werks

---

411 *Dustmann*, in: A. Nordemann/J. B. Nordemann/Czychowski (Hrsg.), UrhR, 2018, § 14, 46 f.

412 BGH, Urt. v. 05.03.1971, Az. I ZR 94/69, GRUR 1971, 525, 526; OLG Köln, Urt. v. 11.01.1972, Az. 15 U 123/71, OLGZ 129, 5; LG München I, Urt. v. 05.03.1993, Az. 21 O 7688/92, ZUM 1995, 57.

413 OLG Frankfurt a. M., Urt. v. 25.04.1995, Az. 11 U 2/95, ZUM 1996, 97.

414 BGH, Urt. v. 07.02.2002, Az. I ZR 304/99, GRUR 2002, 532, 534.

diskreditiert, es lächerlich macht oder politisch instrumentalisiert.[415] Aufgrund ihrer Nähe zu Illustrationen gilt dies auch für Tattoowerke.

IV. Entstellung Tattoovorlage

Im Vollständigkeitsinteresse ist noch zu ergänzen, dass das Ergänzen, Verändern oder Beschädigen einer urheberrechtlich geschützten Tattoovorlage eine Entstellung i. S. d. § 14 UrhG darstellen kann. Jedenfalls dann, wenn es sich dabei um das tatsächliche Werkoriginal handelt, weil z. B. keine Umsetzung der Vorlage in ein Tattoowerk erfolgte, wird dadurch das schutzwürdige Interesse des Tattoo Artists als Urheber an der ungetrübten Rezeption seines Werks in der Öffentlichkeit unzumutbar beeinträchtigt werden.

V. Zwischenergebnis

Nach alldem ist festzustellen, dass das Ergänzen, Verändern und Beschädigen urheberrechtlich geschützter Tattoos eine Entstellung gemäß § 14 UrhG darstellen kann. Die vollständige und spurenlose Vernichtung ist davon aus den o. g. Gründen ausdrücklich ausgenommen (s. o. S. 97 ff.).

Im Ergebnis ist jedoch sowohl *Hoeren*[416] als auch *Ludyga*[417] zuzustimmen. In den weitaus überwiegenden Fällen wird in der erforderlichen Interessenabwägung das aus dem Persönlichkeitsrecht abzuleitende Interesse der Trägerperson an der Veränderung oder Entfernung der Tattoos schwerer zu gewichten sein.

---

415 BGH, Urt. v. 11.05.2017, Az. I ZR 147/16, GRUR-RR 2018, 61, 61 f.; KG, Urt. v. 06.05.1988, Az. 5 W 2642/88, ZUM 1989, 246, 247; OLG Frankfurt a. M., Urt. v. 20.12.1994, Az. 11 U 63/94, GRUR 1995, 215, 216; LG Hamburg, Urt. v. 06.09.2013, Az. 308 O 23/13, GRUR-RR 2015, 140, 141; LG Hamburg, Urt. v. 02.09.2016, Az. 308 O 437/15, ZUM-RD 2017, 221, 223 f.

416 *Hoeren*, in: Kubis/Peifer/Raue u. a. (Hrsg.), Ius Vivum: Kunst – Internationales – Persönlichkeit, 2022, S. 183, 192.

417 *Ludyga*, ZUM 2023, 22, 25 f.

6. Kapitel: Verwertungsrechte

A. Vervielfältigung, § 16 UrhG

§ 15 UrhG etabliert die ausschließlichen Rechte des Urhebers, sein Werk zu verwerten, um der Leitidee des Urheberrechts Ausdruck zu verleihen, wirtschaftliche Erträge aus der Verwertung des Werks auch seinem Urheber zukommen zu lassen.[418] Insbesondere durch das Vervielfältigungsrecht gemäß § 16 UrhG, das Verbreitungsrecht gemäß § 17 UrhG und das Ausstellungsrecht gemäß § 18 UrhG werden die Rechte des Urhebers, sein Werk in materieller Form zu nutzen, konkretisiert. Neue Formen der Verwertung sind automatisch eingeschlossen.[419]

Das wichtigste Verwertungsrecht[420] in Form des Vervielfältigungsrechts gemäß § 16 UrhG erfasst nicht nur Verwertungen des Werks in der Öffentlichkeit, sondern jede Form der Vervielfältigung,[421] da mit jeder Vervielfältigung des Werkstücks eine Vervielfältigung des potenziellen Nutzerkreises einhergeht.[422] Folgerichtig bleiben Anzahl und Verfahren der Vervielfältigungen gemäß § 16 Abs. 1 UrhG unbeachtlich.[423] Auch kann ein dreidimensionales Werk zweidimensional vervielfältigt werden und umgekehrt, solange das Vervielfältigungsergebnis eine mit den menschlichen Sinnen, gegebenenfalls unter Zuhilfenahme technischer Mittel wahrnehmbare körperliche Festlegung des Werks ist.[424]

Für den Tattoobereich stellt sich die Frage, ob das Anfertigen eines Tattoos eine Vervielfältigung i. S. d. § 16 UrhG darstellt. Ebenso bedarf kurzer Betrachtung, welche Verwertungshandlungen an Tattoos Vervielfältigungen im Sinne von § 16 UrhG sind.

---

418 *V. Ungern-Sternberg*, in: Schricker/Loewenheim/Leistner (Hrsg.), UrhR, [6]2020, § 15, Rn. 174.; *Heerma*, in: Wandtke/Bullinger (Hrsg.), UrhR, 2022, § 15, 1 f.; *Schack*, Rn. 429.

419 *V. Ungern-Sternberg*, in: Schricker/Loewenheim/Leistner (Hrsg.), Rn. 262.; *Schack*, Rn. 428.

420 *Schack*, Rn. 435.

421 *V. Ungern-Sternberg*, in: Schricker/Loewenheim/Leistner (Hrsg.), Rn. 5.; *Schack*, Rn. 429.

422 *Schack*, Rn. 430.

423 *V. Ungern-Sternberg*, in: Schricker/Loewenheim/Leistner (Hrsg.), 9 ff.; *Schack*, Rn. 435.

424 BGH, Urt. v. 04.05.2000, Az. I ZR 256/97, ZUM 2000, 1082, 1083; BGH, Urt. v. 23.02.2017, Az. I ZR 92/16, GRUR 2017, 793 Rn. 41; *Schack*, Rn. 435.

I. Tattoos als Vervielfältigung

Fertigt ein Tattoo Artist nach einer dafür geschaffenen Vorlage oder anhand einer sonstigen bereits vorhandenen grafischen Wiedergabe (z. B. Foto, Illustration, existierendes Tattoo etc.) ein Tattoo an, wird eine weitere mit den menschlichen Sinnen wahrnehmbare körperliche Festlegung der jeweiligen Vorlage geschaffen. Haben diese Vorlagen oder Entwürfe i. S. v. § 2 Abs. 1 Nr. 4 UrhG Schöpfungshöhe, handelt es sich bei der Anfertigung des Tattoos um eine Vervielfältigung gemäß § 16 Abs. 1 UrhG des als Vorlage dienenden Werks oder des Entwurfs.

II. Vervielfältigung von Tattoos

Wie bereits oben etabliert, ist auch die Anfertigung eines Tattoos, das als Vorlage ein bereits bestehendes Tattoo benutzt, eine Vervielfältigung i. S. v. § 16 Abs. 1 UrhG, wenn das als Vorlage dienende Tattoo ein urheberrechtlich geschütztes Werk ist.

Doch auch z. B. Fotografie, Film, Druck oder Illustrationen, die ein bestehendes, urheberrechtlich geschütztes Tattoo als Vorlage verwenden, schaffen eine weitere mit den menschlichen Sinnen wahrnehmbare körperliche Festlegung dessen. Abfotografieren, Scannen, Abfilmen, Abzeichnen oder Nachdrucken von existierenden Tattoos mit Schöpfungshöhe sind deshalb ebenfalls Vervielfältigungen gemäß § 16 UrhG.

Da auch die Anfertigung einer dreidimensionalen Wiedergabe eines zweidimensionalen Werks eine Vervielfältigung i. S. v. § 16 UrhG darstellt (s. o. S. 113), wäre selbst eine ein urheberrechtlich geschütztes Tattoowerk wiedergebende Skulptur eine solche Vervielfältigung.

III. Zwischenergebnis

Tattoos sind Vervielfältigungen i. S. d. § 16 Abs. 1 UrhG des als Vorlage dienenden Werks oder des Entwurfs.

Tattoo Artists, die urheberrechtlich geschützte Tattoowerke geschaffen haben, sind Inhaber des ausschließlichen Rechts, ihre Werke in körperlicher Form zu vervielfältigen. Sie sind berechtigt, Dritte von dieser Verwertung auszuschließen oder das Recht an Dritte zu lizenzieren.

B. Verbreitung, § 17 UrhG

Als Verbreitung i. S. d. § 17 UrhG gelten das Inverkehrbringen und das öffentliche Anbieten von körperlichen Werkexemplaren. Das Anbieten oder das Überlassen im engeren persönlichen Bekanntenkreis sind davon nicht erfasst.[425]

Mit dem Verbreitungsrecht gemäß § 17 UrhG kann der Urheber die Verbreitung von Original und Vervielfältigungsstücken steuern, z. B., um eine Erschöpfung seiner Rechte gemäß § 17 Abs. 2 UrhG zu vermeiden.[426] Damit kann der Urheber auch nach der Veräußerung des Originals oder von Vervielfältigungsstücken davon zudem deren Verleih und Vermietung im Rahmen von § 17 Abs. 2, 3 UrhG kontrollieren.[427]

I. Begriffsdefinition

Zunächst mag die Verbreitung eines Tattoos angesichts der Werkerstellung in Form der Einbringung von Farbartikeln in die Haut der Trägerperson fernliegend erscheinen.

Der Begriff des Inverkehrbringens wurde im deutschen Recht jedoch weit ausgelegt und erfasste bis zur Le-Corbusier-Möbel-Entscheidung des EuGH[428] 2008 jede Form der Besitzüberlassung von Werkexemplaren.[429] Danach wurde jedenfalls vom BGH[430] gestützt durch das BVerfG[431] eine Eigentumsübertragung, zumindest aber eine *„dauerhafte Übertragung"*[432] als zwingend für die Bejahung des Inverkehrbringens angesehen.

Eine Entscheidung in dem Meinungsstreit[433] kann für die vorliegenden Bearbeitung jedoch unterbleiben, denn in der Fertigstellung eines Tattoos wird neben der Vervielfältigung auch die Verbreitung einer urheberrechtlich geschützten Tattoovorlage in Form des Inverkehrbringens zu sehen sein. Bei

---

425 *Loewenheim*, in: Schricker/Loewenheim/Leistner (Hrsg.), UrhR, ^{6}2020, § 17, Rn. 16.; *Schack*, Rn. 445.

426 *Schack*, Rn. 442.

427 *Loewenheim*, in: Schricker/Loewenheim/Leistner (Hrsg.), UrhR, ^{6}2020, § 17, Rn. 3.

428 EuGH, GRUR-Int 2008, 593, Tz. 35.

429 BGH, Urt. v. 16.06.1971, Az. I ZR 120/69, GRUR 1972, 141; BGH, Urt. v. 06.03.1986, Az. I ZR 208/83, GRUR 1986, 736; BGH, Urt. v. 10.07.1986, Az. I ZR 102/84, GRUR 1987, 37, 38; OLG Köln, Urt. v. 07. 07. 2006, Az. 6 U 227/05, GRUR-RR 2007, 1, 2; *Schack*, Rn. 446.

430 BGH, Urt. v. 22. 1. 2009, Az. I ZR 247/03, GRUR 2009, 840, 18; BGH, Urt. v. 5.11.2015, Az. I ZR 91/11, GRUR 2016, 490, 32 ff.; BGH, Urt. v. 05.11.2015, Az. I ZR 76/11, GRUR 2016, 487, 30 ff.

431 BVerfG, Urt. v. 19.07.2011, Az. 1 BvR 1916/09, GRUR-Int 2011, 959, Rn. 83 ff.

432 LG Berlin, Urt. v. 03.07.2012, Az. 16 O 309/11, ZUM-RD 2013, 131, 132.

433 *Loewenheim*, in: Schricker/Loewenheim/Leistner (Hrsg.), UrhR, ^{6}2020, § 17, Rn. 17.

fertigen Tattoos handelt es sich um körperliche Werkexemplare der Tattoovorlage in Form von gezielten Ansammlungen von Farbpigmentpartikeln in der Trägerhaut, die dauerhaft im Besitz der Trägerpersonen verbleiben und in deren Eigentum übergehen.

Bei urheberrechtlich geschützten Tattoowerken, die ohne eine Vorlage erstellt wurden, ist in der Fertigstellung des Tattoos in der Haut der Trägerpersonen zugleich auch die Verbreitung in Form des Inverkehrbringens zu sehen, da mit der Fertigstellung des Tattoos auch das Eigentum an dem Werkoriginal auf die Trägerperson übergeht.

II. Erschöpfung

Mit dem erneuten Anwachsen des öffentlichen Interesses an Tattoos in den letzten Jahren ist zudem ein erheblicher Markt für Produkte gewachsen, die beliebte und künstlerisch anspruchsvolle Tattoowerke wiedergeben, z. B. Merchandisingprodukte (T-Shirts, Aufkleber etc.). Dies belegen schon der weltweite Erfolg der vom Modedesigner *Christian Audigier* angebotenen Bekleidungsstücke mit klassischen Motiven des US-Tattoo Artists *Don Ed Hardy*[434] oder z. B. Angebote von Spirituosen unter Markennamen wie „Sailor Jerry Spiced Rum"[435] und „Warlich Rum"[436] mit Abbildungen von Tattoos ihrer mindestens in der Tattoobranche weltbekannten Namensgeber auf den Etiketten. Die vollständige Oberkörpertätowierung des bekannten amerikanischen Tattoo Artists *Lyle Tuttle* konnte sogar ab 1972 als gedrucktes T-Shirt erworben werden und wurde zu einem Kultobjekt.[437] Zudem erfreuen sich Bildbände mit Abbildungen besonders gelungener Tattoos[438] sowie aufwendig gestaltete Reproduktionen von Vorlagealben berühmter Tattoo Artists[439] erheblicher Beliebtheit.

---

434 *Hardy*, Ed Hardy – The Official Store, 23.05.2021 (https://edhardyofficial.co.uk/) (geprüft am 29.09.2024).

435 *Hopkins*, William Grant defends 'fair purchase' of Sailor Jerry, 2019 (https://www.thespiritsbusiness.com/2019/06/william-grant-defends-fair-purchase-of-sailor-jerry/) (geprüft am 29.09.2024); Sailor Jerry, Sailor Jerry Spiced Rum – Original Tattoos & Caribbean Rum – Sailor Jerry (https://sailorjerry.com/en/) (geprüft am 29.09.2024).

436 WARLICH RUM, Start, 23.05.2021 (https://www.warlich-rum.de/) (geprüft am 29.09.2024).

437 *Tuttle*, Skin Game, 1972 (https://books.google.de/books?id=d1IEAAAAMBAJ&pg=PA58&hl=de&source=gbs_toc_r&cad=2#v=onepage&q&f=false) (geprüft am 29.09.2024); Doc.Heintz, Lyle Tuttle, 2021 (https://de.wikipedia.org/w/index.php?title=Lyle_Tuttle&oldid=217918315) (geprüft am 29.09.2024).

438 *Rödel*,; *Klanten/F. E. Schulze* (Hrsg.), Forever, 2012.

439 *Finke*, Karl Finke Buch No. 3, 2017; *Hardy*, Pierced hearts and true love, 1995; *Hellenbrand*, Sailor Jerry's tattoo stencils, 2002; *Hoffmann*, Traditionelle Tattoo-Motive,

Das öffentliche Anbieten oder sogar Vertreiben solcher Produkte, auf oder in denen urheberrechtlich geschützte Tattoowerke wiedergegeben werden, stellt eine Verbreitung i. S. v. § 17 Abs. 1 UrhG dar. Werden solche Produkte mit dem Einverständnis des Urhebers angeboten oder vertrieben, ist ein Fall der Erschöpfung i. S. v. § 17 Abs. 2 UrhG anzunehmen.

Auch das Anfertigen eines Tattoos von einer urheberrechtlich geschützten Tattoovorlage mit Einverständnis des Urhebers führt zu einer Erschöpfung gemäß § 17 Abs. 2 UrhG. Diese entsteht jedoch nur an dem entstandenen Tattoo. Nur dessen Weiterverbreitung wird durch die Erschöpfung zulässig. Sie existiert nur für die im Einverständnis mit dem Urheber angefertigten und verbreiteten Vervielfältigungsstücke, wenn er beim erstmaligen Inverkehrbringen ausreichend Gelegenheit hatte, seine Vergütung auch gemäß der späteren Veräußerungsvorgänge zu gestalten. Die Erschöpfung an dem entstandenen Tattoo pflanzt sich deshalb nicht auf etwaige, von dem Tattoo angefertigte Vervielfältigungsstücke (z. B. Fotografien für Bildbände, Merch etc.) fort, zumal das Vervielfältigungsrecht von der Erschöpfung niemals erfasst sein kann.[440] Gleiches gilt für Tattoowerke, die ohne Vorlage erstellt wurden. Die Eigentumsübertragung an dem Werkoriginal stellt keine Erschöpfung hinsichtlich weiterer Vervielfältigungsstücke dar. Nur die Weiterverbreitung des jeweiligen Werkoriginals in Form des Tattoos selbst ist zulässig, denn ausschließlich diese ist in die Vergütung für die Erstellung des Tattoos eingepreist. Vervielfältigungen zum privaten und sonstigen eigenen Gebrauch werden anlässlich der noch erfolgenden Prüfungen von § 31 UrhG und § 53 UrhG zu beurteilen sein.

Ein etwaiger Verleih oder eine Vermietung von Tattoos schließlich mag noch fernliegender als eine Verbreitung anmuten, wird jedoch im Rahmen des Ausstellungsrechts gemäß § 18 UrhG zu thematisieren sein.

III. Tattoovorlagen

Hinsichtlich der Beurteilung der Verbreitung von urheberrechtlich geschützten Tattoovorlagen wird auf die bekannten Einschätzungen zu Illustrationen zurückgegriffen werden können, da es sich bei Tattoovorlagen in aller Regeln um Illustrationen oder illustrationsähnliche Werke handelt.

2008; *Warlich*, Tätowierungen, ^{3}1981; *Wittmann/Warlich*, Christian Warlich. Tattoo Flash Book, 2019.

440 *Schack*, Rn. 449.

IV. Zwischenergebnis

Die Erstellung eines Tattoos ist neben der Vervielfältigung zugleich auch die Verbreitung einer urheberrechtlich geschützten Tattoovorlage in der Form des Inverkehrbringens, da die gezielte Ansammlung von Farbpartikeln dauerhaft im Besitz der Trägerperson verbleibt und in deren Eigentum übergeht.

Bei Tattoowerken ohne Vorlage ist in der Fertigstellung des Tattoos auch die Verbreitung in Form des Inverkehrbringens zu sehen, da das Eigentum an dem Werkoriginal auf die Trägerperson übergeht.

Auch das öffentliche Anbieten und Vertreiben von Produkten, auf denen Tattoowerke wiedergegeben werden, stellt eine Verbreitung i. S. v. § 17 Abs. 1 UrhG dar. Werden diese Produkte mit dem Einverständnis des Urhebers angeboten und vertrieben, ist ein Fall der Erschöpfung i. S. v. § 17 Abs. 2 UrhG anzunehmen.

Weiter führt auch das Anfertigen eines Tattoos von einer urheberrechtlich geschützten Tattoovorlage mit Einverständnis des Urhebers zu einer Erschöpfung gemäß § 17 Abs. 2 UrhG, jedoch nur an dem entstandenen Tattoo. Dies gilt ebenso für Tattoowerke ohne Vorlage. Die Eigentumsübertragung an dem Werkoriginal stellt keine Erschöpfung hinsichtlich weiterer Vervielfältigungsstücke dar.

C. Ausstellung, § 18 UrhG

Das Ausstellungsrecht unterscheidet sich vom Angebot an die Öffentlichkeit des § 17 Abs. 1 UrhG, indem es lediglich die öffentliche Zurschaustellung von bisher unveröffentlichten Werken der bildenden Künste und Lichtbildwerken und deren Vervielfältigungsstücken umfasst.[441] Da es mit der Veröffentlichung des Werks erlischt[442] und zudem gemäß § 44 Abs. 2 UrhG bei Veräußerung des Werkoriginals ohne ausdrücklichen Vorbehalt des Ausstellungsrechts durch den Urheber weiter eingeschränkt wird, hat es eine stark eingeschränkte praktische Bedeutung, zumal es keinen Herausgabeanspruch des Urhebers gegen den Eigentümer des Werkexemplars zur Durchführung einer Ausstellung konstituiert.[443] Die Forderung eines gesetzlichen Vergütungsanspruchs bei entgeltlicher Ausstellung von Werken der bildenden Kunst zu Erwerbszwecken als Ausgleich für den Urheber[444] erscheint daher nachvollziehbar.

441 LG Köln, Urt. v. 14.05.2008, Az. 28 O 582/07, GRUR-RR 2009, 47, 48; *Schack*, Rn. 460.

442 BGH, Urt. v. 23.02.1995, Az. I ZR 68/93, GRUR 1995, 673, 676.

443 KG, Urt. v. 22.05.1981, Az. 5 U 2295/81, GRUR 1981, 742, 743; *Schack*, Rn. 423.

444 *G. Schulze*, in: Dreier/G. Schulze/Raue u. a. (Hrsg.), UrhG, 2022, § 18, Rn. 15.

Hinsichtlich eines Ausstellungsrechts für urheberrechtlich geschützte Tattoovorlagen wird wegen ihrer Nähe zur Illustration auf die bekannte Rechtsprechung und Literatur zurückgegriffen werden können.

Ein realer Anwendungsfall des Ausstellungsrechts gemäß § 18 UrhG auf Tattoowerke im Sinne deren Urheber erscheint wegen der Natur der Sache und unter Berücksichtigung von § 44 Abs. 2 UrhG eher fernliegend.

Es wird allenfalls auf bislang unveröffentlichte Tattoowerke am Körper des Urhebers selbst anwendbar sein, denn schon in der Fertigstellung des Tattoos in der Haut einer anderen Person ist ein Einverständnis des Urhebers mit der Veröffentlichung durch die Trägerpersonen zu sehen (s. o. S. 79 ff.). Weder Veröffentlichung noch Ausstellung solcher Tattoowerke werden deren Urheber aus den genannten Gründen von den Trägerpersonen fordern können (s. o. S. 79 ff.). Als Ausgleich dafür erscheint auch hier ein gesetzlicher Vergütungsanspruchs des Urhebers angemessen, sollten sich Trägerpersonen zur Teilnahme an einer entgeltlichen Ausstellung zu Erwerbszwecken entschließen.

Will der Urheber eines Tattoowerks im Gegenzug die Ausstellung des Werks durch Ausstellung der Trägerperson oder als Präparat verhindern, so wird er dies gemäß § 44 Abs. 2 UrhG bereits vor Fertigstellung des Tattoowerks nachweislich ausgeschlossen haben müssen.

D. Vorführung, § 19 Abs. 4 UrhG

Im Rahmen des § 19 UrhG erscheint schon aufgrund des Wortlauts der Norm einzig das Vorführungsrecht des § 19 Abs. 4 UrhG als möglicherweise auf Tattoos anwendbar.

Bei Vorführung i. S. d. § 19 Abs. 4 UrhG werden u. a. Werke der bildenden Künste durch technische Einrichtungen und in Abgrenzung zum Senderecht des § 20 UrhG vor einem anwesenden Publikum wahrnehmbar gemacht.[445]

Erneut erscheint der Anwendungsbereich der Norm auf Tattoovorlagen wegen ihrer Nähe zu Illustrationen wie bei diesen zu beurteilen zu sein. Eine ausführliche Befassung damit unterbleibt deshalb.

Bei Tattoowerken selbst ist die Anwendbarkeit von § 19 Abs. 4 UrhG eher fernliegend. Da es sich bei ihnen jedoch um Werke der bildenden Kunst handelt (s. o. S. 61), ist der Anwendungsbereich des § 19 Abs. 4 UrhG jedenfalls dem Wortlaut nach eröffnet. Auch erscheint z. B. ein öffentlicher Vortrag über Tattoos anhand von Vervielfältigungsstücken in Form von Folien, Dias o. Ä., die zweidimensional z. B. auf eine Leinwand projiziert werden,

445 BGH, Urt. v. 08.07.1993, Az. I ZR 124/91, GRUR 1994, 45, 46.

als Vorführung i. S. d. § 19 Abs. 4 UrhG denkbar. Dies wäre jedoch als Vorführung von Lichtbildwerken o. Ä. zu beurteilen, nicht als Vorführung von Werken der bildenden Kunst in Form von Tattoowerken. Deren Urheber wären nicht schutzlos, sondern z. B. durch §§ 12, 16 UrhG geschützt.

Allerdings könnten Tattoowerke auch unmittelbar vor Ort „live" z. B. abgefilmt oder per Overheadprojektionen und über Leinwand oder Bildschirm vergrößert einem großen Publikum gezeigt werden, zumal nicht einmal die Projektion auf eine andere Fläche für die Annahme einer Vorführung erforderlich ist, sondern auch z. B. die vergrößerte Wiedergabe durch Mikrofilmlesegerät oder die Wiedergabe durch Holografie als Vorführung i. S. d. § 19 Abs. 4 UrhG angesehen werden.[446] Solche Wiedergaben von Tattoowerken stellen somit Vorführungen eines Werks der bildenden Künste i. S. d. § 19 Abs. 4 UrhG dar.

Eine Diskussion des Meinungsstreits über die Reichweite des § 19 Abs. 4 UrhG für vorbestehende Werke[447] erübrigt sich, da der Meinungsstreit einzig anhand von Filmwerken und über die Reichweite der Norm für nicht in ihrem Wortlaut genannte Werkformen geführt wird. Das Tattoowerk als Werk der bildenden Künste wird eindeutig erfasst (s. o. S. 61 ff.).

Die Veräußerung eines Vervielfältigungsstücks oder des Werkoriginals führt demnach nicht zu einer Erlaubnisfreiheit der öffentlichen Vorführung. Die Vorführung ist eine andere Werknutzungsart. Sie stellt folglich keine Weiterverbreitung i. S. d. § 17 Abs. 2 UrhG dar.[448] Eine Erschöpfung des Vorführungsrechts durch die Fertigstellung des Tattoowerks tritt damit nicht ein.

Im Ergebnis ist damit festzustellen, dass Tattoowerke dem Vorführrecht des § 19 Abs. 4 UrhG zumindest theoretisch unterfallen können. Tattoo Artists verfügen damit auch über dieses Verwertungsrecht.

---

446 *Ulmer*, UrhR, 1980, § 52 I; *v. Ungern-Sternberg*, in: Schricker/Loewenheim/Leistner (Hrsg.), UrhR, [6]2020, § 19, Rn. 61.; *Götting*, in: Götting/Lauber-Rönsberg/Rauer (Hrsg.), UrhR, 2024, § 19, Rn. 37.

447 *Ulmer*, UrhR, 1980, § 52 I; *Dustmann*, in: A. Nordemann/J. B. Nordemann/Czychowski (Hrsg.), UrhR, 2018, § 19, Rn. 28.; *v. Ungern-Sternberg*, in: Schricker/Loewenheim/Leistner (Hrsg.), UrhR, [6]2020, § 19, 59 f. m. w. N.; *Dreier*, in: Dreier/G. Schulze/Raue u. a. (Hrsg.), UrhG, 2022, § 19, Rn. 16.; *Erhardt*, in: Wandtke/Bullinger (Hrsg.), UrhR, 2022, § 19, Rn. 57.; *Götting*, in: Götting/Lauber-Rönsberg/Rauer (Hrsg.), UrhR, 2024, § 19, Rn. 34 f.

448 BGH, Urt. v. 15.05.1986, Az. I ZR 22/84, GRUR 1986, 742; *Götting*, in: Götting/Lauber-Rönsberg/Rauer (Hrsg.), UrhR, 2024, § 19, Rn. 39.

E. Öffentliche Zugänglichmachung, § 19a UrhG

Gemäß § 19a UrhG ist es nach seinem Wortlaut das Recht, das Werk zur Verfügung zu stellen, damit es von der Öffentlichkeit zu beliebigen Zeiten und an Orten ihrer Wahl abgerufen werden kann.

Da § 19a UrhG den Art. 3 Abs. 2 der InfoSoc-RL umsetzt, ist die Reichweite des § 19a UrhG nach Art. 3 Abs. 2 InfoSoc-RL zu bestimmen.

„Öffentliches Zugänglichmachen" ist ein Unterfall der „öffentlichen Wiedergabe" i. S. d. Art. 3 Abs. 1 der InfoSoc-RL. Diese setzt die „Handlung der Wiedergabe" eines geschützten Werks und der „öffentlichen" Wiedergabe voraus.[449]

Der Begriff „öffentlich" umfasst eine Mindestschwelle und schließt eine allzu kleine oder sogar unbedeutende Anzahl betroffener Personen aus. Bei der Bestimmung dieser Anzahl von Personen ist die kumulative Wirkung zu beachten, die sich aus der Zugänglichmachung der Werke bei den potenziellen Adressaten ergibt. Daher ist es nicht nur relevant, wie viele Personen gleichzeitig Zugang zu demselben Werk haben, sondern es muss auch ermittelt werden, wie vielen von ihnen das Werk in der Folge zugänglich ist.[450]

Wird ein urheberrechtlich geschütztes Werk beispielsweise im Internet weltweit abrufbar zur Verfügung gestellt, ist darin eine öffentliche Zugänglichmachung i. S. d. § 19a UrhG zu erkennen.[451] Das Recht der öffentlichen Zugänglichmachung ist allerdings technologieneutral formuliert und nicht allein auf den Bereich des Internets beschränkt.[452]

Das Recht der öffentlichen Zugänglichmachung steht gemäß §§ 15, 19a UrhG ausschließlich dem Urheber zu und unterliegt gemäß Art. 3 Abs. 3 InfoSoc-RL auch nicht der Erschöpfung. Die andere Ansicht des EuGH in Bezug auf Computerprogramme[453] stützt sich einzig auf eine angebliche Spezialität der Software-RL und darf deshalb nicht auf den digitalen Vertrieb anderer Werke ausgedehnt werden.[454] Nutzer sind somit z. B. nicht berechtigt, dass von ihnen mit Zustimmung des Berechtigten heruntergeladene

---

449 EuGH, Urt. v. 26.03.2015, Az. C-279/13C, MMR 2015, 529, Rn. 24.

450 EuGH, Urt. v. 26.04.2017, Az. C-527/15, GRUR 2017, 610, 44.

451 *Dustmann/Engels*, in: A. Nordemann/J. B. Nordemann/Czychowski (Hrsg.), UrhR, 2018, § 19a, Rn. 15.; *v. Ungern-Sternberg*, in: Schricker/Loewenheim/Leistner (Hrsg.), UrhR, ⁶2020, § 19a, Rn. 66.

452 BT-Drs. 15/38, 16 f.; *v. Ungern-Sternberg*, in: Schricker/Loewenheim/Leistner (Hrsg.), UrhR, ⁶2020, § 19a, Rn. 66.

453 EuGH, Urt. v. 03. 07. 2012, Az. C-128/11, GRUR 2012, 904, 51, 56.

454 BGH, Urt. v. 19.11.2015, Az. I ZR 151/13, GRUR 2016, 792, 55 f.; OLG Hamm, Urt. v. 15.05.2014, Az. 22 U 60/13, GRUR 2014, 853, 859 ff.; OLG Hamburg, Urt. v. 04.12.2014, Az. 10 U 5/11, GRUR-RR 2015, 361 ff.; *Schack*, Rn. 490.

Werk selbst öffentlich zugänglich zu machen.[455] Gleiches gilt für die öffentliche Zugänglichmachung eines vom Berechtigten erstmals in Verkehr gebrachten Werks ohne seine Zustimmung.[456]

In Bezug auf Tattoos und deren Entwürfe ist vorrangig die öffentliche Zugänglichmachung von Vervielfältigungen in Form von Fotos oder Scans einschlägig und deshalb zu bewerten.

So liegt es zum einen im Interesse vieler Trägerpersonen, insbesondere neu erworbene Körperverzierungen anderen Menschen zu zeigen. Daneben möchten Tattoo Artists und deren Arbeitgeber mit den Ergebnissen ihrer Arbeit für sich werben.

Sowohl das Präsentieren frisch erworbener Tattoos durch deren Träger als auch die Werbung mit den eigenen Fähigkeiten oder jenen der eigenen Angestellten finden heutzutage schon wegen der niederschwelligen und kostengünstigen Publikationsmöglichkeiten sowie der unschlagbaren Reichweite eines potenziell weltweiten Publikums zumeist im Internet und hier insbesondere auf Social-Media-Plattformen wie z. B. Instagram oder Facebook, die auf die Präsentation von visuellen Inhalten spezialisierten sind, statt.

Zum anderen haben viele andere Kreative wie Fotografen, Unternehmen und ganze Branchen der Unterhaltungsindustrie die visuelle Kraft von hochwertigen Tattoowerken erkannt. Sie verwerten sie innerhalb von eigenen Werken wie Bildbänden, Computerspielen, Filmen, auf Produkten oder in der Werbung für viele Arten von Produkten und Dienstleistungen, um z. B. vom Imagetransfer zu profitieren. Eine Vielzahl von Beispielen solcher Verwertungen wurde bereits an anderen Stellen weiter oben genannt (s. o. S. 2, 116).

Schließlich gibt es das Berufsbild des Tattoo Models, das mindestens Teile des Lebensunterhalts als Fotomodell oder bei Auftritten auf Messen und ähnlichen Veranstaltungen sowie als Influencer auf Social-Media-Plattformen verdient. Auch Tattoo Models möchten für ihre Dienstleistungen mit Vervielfältigungen der erworbenen Tattoos werben.

Viele, wenn nicht die Hauptzahl dieser Verwertungen finden heutzutage ebenfalls aus den o. g. Gründen im Internet und speziell auf Social-Media-Plattformen wie Instagram und Facebook statt. Damit wird die kreative Leistung der die Tattoowerke schaffenden Tattoo Artists durch Vervielfältigung i. S. d. § 16 UrhG und öffentliche Zugänglichmachung i. S. d. § 19a UrhG verwertet.

---

455 EuGH, Urt. v. 07.8.2018, Az. C-161/17, GRUR 2018, 911, Rn. 21 ff.; *Dustmann/Engels*, in: A. Nordemann/J. B. Nordemann/Czychowski (Hrsg.), UrhR, 2018, § 19a, Rn. 28.

456 *Dustmann/Engels*, in: A. Nordemann/J. B. Nordemann/Czychowski (Hrsg.), UrhR, 2018, § 19a, Rn. 29a.

Häufig wird bei diesen Verwertungen im Internet jedoch weder eine Urhebernennung vorgenommen noch die für die öffentliche Zugänglichmachung erforderliche Einwilligung der Urheber von Tattoowerken vor Aufnahme der Verwertung eingeholt. Trägerpersonen sehen es zumeist als Selbstverständlichkeit an, die Tattoos auf ihrem Körper verwerten zu dürfen. Dafür mag beispielhaft die Aussage des NBA-Profis LeBron James als Zeuge in dem Verfahren Solid Oak Sketches, LLC vs. Visual Concepts, LLC et al. (Az. 1:16-cv-00724, District Court, S.D. New York) stehen:

> „*My understanding is that the tattoos are a part of my body and my likeness, and I have the right to have my tattoos visible when people or companies depict what I look like. I always thought that I had the right to license what I look like to other people for various merchandise, television appearances, and other types of creative works, like video games.*
>
> *In the fifteen years since I've been playing professional basketball, this case is the first time that anyone has suggested to me that I can't license my likeness without getting the permission of the tattooists who inked my tattoos. No tattooist has ever told me I needed their permission to be shown with my tattoos, even when it was clear I was a public basketball player.*
>
> *My tattoos are part of my persona and identity; if I am not shown with my tattoos, it wouldn't really be a depiction of me.*"[457]

James sah die Tattoos auf seinen Körper somit als erheblichen Teil seiner im Lichte des öffentlichen Interesses stehenden Persönlichkeit und Identität. Dies dürften viele Trägerpersonen – ob prominent oder nicht – ähnlich einschätzen.

Darüber hinaus rechtfertigt James sich mit der in der Tattoobranche eher vernachlässigten Rechteklärung bei Schließung von Verträgen über die Erstellung von Tattoos, wenn er anführt, dass keiner seiner Tattoo Artists ihn jemals darauf hingewiesen habe, es bedürfe einer Lizenz, als prominenter Profisportler seine Tattoos öffentlich zu zeigen.

457 *Fairley*, LeBron James Finds Himself at Center Court in Tattoo Copyright Case: Judge Rules Game Likenesses Don't Infringe Artist Rights, 13.05.2020 (https://www.pacermonitor.com/articles/2020/05/13/lebron-james-finds-himself-at-center-court-in-tattoo-copyright-case-judge-rules-game-likenesses-dont-infringe-artist-rights/) (geprüft am 29.09.2024); *Gardner*, LeBron James Testifies in Video Game Suit, 24.08.2018 (https://www.hollywoodreporter.com/business/business-news/lebron-james-i-thought-i-had-right-license-what-i-look-like-1137315/) (geprüft am 29.09.2024); *James*, DECLARATION of LeBron James in Support re: 127 MOTION for Summary Judgment . Document filed by 2K Games, Inc., Take-Two Interactive Software Inc., 24.08.2018 (https://www.courtlistener.com/docket/4356525/solid-oak-sketches-llc-v-visual-concepts-llc/#entry-134) (geprüft am 29.09.2024).

Da das Recht der öffentlichen Zugänglichmachung jedoch ausschließlich dem Urheber zusteht und nicht der Erschöpfung unterliegt (s. o. S. 121), wird anlässlich der Prüfung von § 31 UrhG auf seine unveränderte Anwendbarkeit auf Tattoowerke sowie im Weiteren noch zu prüfen sein, ob auch bei Tattoos stets eine Einwilligung für die öffentliche Zugänglichmachung durch andere Personen als den Urheber erforderlich ist oder in der Fertigstellung eines Tattoos auch eine Einwilligung in die öffentliche Zugänglichmachung – jedenfalls durch dessen Träger – gesehen werden kann.

F. Bearbeitung und Umgestaltungen, § 23 UrhG

§ 23 UrhG wurde durch das Gesetz zur Anpassung des Urheberrechts an die Erfordernisse des digitalen Binnenmarktes vom 31. Mai 2021[458] (im Weiteren: UrhBiMaG) mit Wirkung zum 7. Juni 2021 geändert. Die Änderung setzt die Richtlinie (EU) 2019/790 des Europäischen Parlaments und des Rates vom 17. April 2019 über das Urheberrecht und die verwandten Schutzrechte im digitalen Binnenmarkt[459] (im Weiteren: DSM-RL) sowie die Rechtsprechung des EuGH in Sachen „Pelham“ oder „Metall auf Metall“[460] um.

Im Zuge der Änderungen durch das UrhBiMaG wurde § 24 UrhG gestrichen. Teile der Rechtsgedanken des § 24 UrhG wurden in § 23 Abs. 1 S. 2 UrhG integriert.

Darüber hinaus wurde mit § 51a UrhG eine neue Urheberrechtsschranke geschaffen, deren Auswirkungen an späterer Stelle zu besprechen sein werden.

Gemäß § 23 Abs. 1 S. 1 UrhG ist für die Bearbeitung oder andere Umgestaltung eines urheberrechtlich geschützten Werks die Zustimmung dessen Urhebers erforderlich, wenn die Bearbeitung oder andere Umgestaltung veröffentlicht oder verwertet werden soll.

Der Oberbegriff der Umgestaltung ist eine Nachschöpfung. Sie stellt als solche eine Gestaltung dar, die wesentliche Züge des Originalwerks übernimmt.[461] Dessen Unterfall in Form der Bearbeitung hat gemäß der amtlichen Begründung zum UrhG den Zweck, das Originalwerk unter Beibe-

---

458 Gesetz zur Anpassung des Urheberrechts an die Erfordernisse des digitalen Binnenmarktes, BundesgesetzblattTeil I Nr. 27 vom 04.06.2021, S. 1204, 1205 f.

459 *Europäisches Parlament*, Richtlinie (EU) 2019/790 des Europäischen Parlaments und des Rates vom 17. April 2019 über das Urheberrecht und die verwandten Schutzrechte im digitalen Binnenmarkt, 17.04.2019 (https://eur-lex.europa.eu/legal-content/DE/TXT/?uri=CELEX%3A32019L0790) (geprüft am 29.09.2024).

460 EuGH, Urt. v. 29.07.2019, Az. C-476/17, GRUR 2019, 929, 929 ff.

461 *Loewenheim*, in: Schricker/Loewenheim/Leistner (Hrsg.), UrhR, [6]2020, § 23, Rn. 3.; *Ulmer*, UrhR, 1980, 56 I 1.

haltung seiner Identität bestimmten Verhältnissen anzupassen, z. B. im Falle der Übersetzung, Übertragung in eine andere Kunstform oder ein anderes Ausdrucksmittel, um so dessen Verwertungsmöglichkeiten zu erweitern.

Gegenbeispiel dazu sind die sogenannten Umarbeitungen, die das Originalwerk plagiatorisch als eigenes Werk ausgeben oder anders ohne Zustimmung des Originalurhebers identitätsverändernd nutzen.[462]

Der Unterschied zwischen Bearbeitungen und anderen Umgestaltungen liegt somit darin, dass die Bearbeitung dem Werk durch Anpassung an einen veränderten Zweck dienen will, was bei anderen Umgestaltungen nicht der Fall ist.[463]

Eine abweichende Ansicht sieht den Unterschied zwischen Bearbeitungen und anderen Umgestaltungen darin, dass Bearbeitungen solche Änderungen eines Werks seien, bei denen der Grad einer persönlichen geistigen Schöpfung erreicht werde. Mit „anderen Umgestaltungen" seien Änderungen ohne die erforderliche Schöpfungshöhe gemeint. Dies ergebe sich bereits aus dem Wortlaut des § 3 UrhG, demzufolge Änderungen eines Werks, bei denen der Grad einer persönlichen geistigen Schöpfung erreicht werde, als Bearbeitungen anzusehen seien.[464]

Diese Ansicht vermag jedoch nicht zu überzeugen. So gebietet der Wortlaut von § 3 S. 1 UrhG, dass Übersetzungen und andere Bearbeitungen eines Werks, die persönliche geistige Schöpfungen des Bearbeiters sind, unbeschadet des Urheberrechts am bearbeiteten Werk wie selbständige Werke geschützt werden. Dieser Wortlaut setzt im Umkehrschluss voraus, dass es auch Bearbeitungen eines Werks geben muss, die nicht persönliche geistige Schöpfungen des Bearbeiters sind.

Darüber hinaus findet die Ablehnung der o. g. Ansicht auch in der amtlichen Begründung zu § 23 UrhG und in seinem Wortlaut selbst eine Stütze. So bedürfen jede Umgestaltung oder die Veröffentlichung oder Verwertung der Umgestaltung eines Werks unabhängig davon, ob diese Umgestaltung selbst eine persönliche geistige Schöpfung ist, stets der Zustimmung des Urhebers des Originalwerks. Nur für die Frage, ob die Umgestaltung selbst unter den

462 RegE UrhG 1962, 51.

463 OLG Düsseldorf, Urt. v. 21.02.1989, Az. 20 U 54/87, GRUR 1990, 263, 266; KG, Urt. v. 18.11.2003, Az. 5 U 350/02, GRUR-RR 2004, 129, 131; *Ulmer*, UrhR, 1980, § 28 V 1 und § 56 V 1; *Loewenheim*, in: Schricker/Loewenheim/Leistner (Hrsg.), UrhR, [6]2020, § 23, Rn. 4.; *G. Schulze*, in: Dreier/G. Schulze/Raue u. a. (Hrsg.), UrhG, 2022, § 23, 21 ff.; *Ahlberg/Lauber-Rönsberg*, in: Götting/Lauber-Rönsberg/Rauer (Hrsg.), UrhR, 2024, § 23, Rn. 5 f.

464 *A. Nordemann*, in: A. Nordemann/J. B. Nordemann/Czychowski (Hrsg.), UrhR, 2018, §§ 23/24, Rn. 9 f.; *Bullinger*, in: Wandtke/Bullinger (Hrsg.), UrhR, 2022, § 23, 6 f.; *Hoeren*, in: Loewenheim (Hrsg.), Handbuch Urheberrecht, [3]2021, Rn. 275; *Schack*, Rn. 280.

Schutz des UrhG fällt, ist die Frage nach der erforderlichen Schöpfungshöhe einer Umgestaltung überhaupt gewichtig. Dies sind aber Fragen, die im Rahmen des § 3 UrhG und nicht innerhalb des § 23 UrhG zu prüfen sind. In § 23 UrhG hat der Gesetzgeber Bearbeitungen und andere Umgestaltungen gleichgestellt.

Etwas anderes geht auch nicht aus der Neuformulierung des § 23 Abs. 1 UrhG hervor. Zwar mag zunächst aus der Formulierung des S. 2 aufgrund der Wahl des Begriffes „Werk" angenommen werden, dass es sich bei Bearbeitungen oder anderen Umgestaltungen stets um urheberrechtlich geschützte Werke mit ausreichender Schöpfungshöhe handeln muss. Dabei würde es sich jedoch um einen Fehlschluss handeln, da § 23 Abs. 1 S. 2 UrhG lediglich klarstellen soll, dass nur Umgestaltungen mit eigener erforderlicher Schöpfungshöhe und hinreichendem Abstand zum benutzten Werk ohne Zustimmung des Urhebers des benutzten Werks veröffentlicht oder verwertet werden dürfen. Eine Aussage, dass beispielsweise Bearbeitungen stets und andere Umgestaltungen nie ausreichende Schöpfungshöhe haben, ist dadurch nicht getroffen, was schon an der Wortwahl des Gesetzgebers von „Bearbeitung oder Umgestaltung" im zweiten Satzteil erkennbar ist. Der Erwähnung von Umgestaltungen in § 23 Abs. 1 S. 2 UrhG hätte es schlicht nicht bedurft, wenn Umgestaltungen nach dem Willen des Gesetzgebers nicht über ausreichende Schöpfungshöhe verfügen könnten, denn nach dem Wortlaut von § 23 Abs. 1 S. 2 UrhG muss es sich bei dem neu geschaffenen Werk, d. h. mit ausreichender Schöpfungshöhe, auch um eine „Umgestaltung i. S. d. Satzes 1" handeln können.

Mit der o. g. Änderung des § 23 UrhG hat der Gesetzgeber auch das Einwilligungsbedürfnis des Urhebers des Originalwerks zu einem Zustimmungsbedürfnis umformuliert. Damit vereinheitlicht er die Begrifflichkeiten innerhalb des den Inhalt des Urheberrechts definierenden 4. Abschnitts des UrhG, siehe etwa Wortlaut des § 34 Abs. 1 UrhG.

Da gemäß § 183 S. 1 BGB unter Einwilligung nur die vorherige Zustimmung zu verstehen ist, präzisiert der Gesetzgeber mit seiner neuen Wortwahl in § 23 UrhG auch im Einklang mit der bisherigen Rechtspraxis, dass der Urheber eines Originalwerks die Veröffentlichung oder Verwertung von Bearbeitungen oder andere Umgestaltungen des Werks genehmigen, d. h. gemäß § 184 BGB auch nachträglich seine Zustimmung dazu erteilen kann.[465]

Da Verwertung und Veröffentlichung einer Bearbeitung oder sonstigen Umgestaltung gemäß § 23 Abs. 1 S. 1 UrhG der Zustimmung des Urhebers des Originalwerks bedürfen, sind sie an dieser Stelle kurz zu definieren.

465 RegE UrhG 2021, 78.

Der Begriff der Verwertung i. S. d. § 23 Abs. 1 S. 1 UrhG ist anhand der §§ 15 ff. UrhG definiert und betrifft alle dort genannten Fälle körperlicher und unkörperlicher Verwertung, jedoch aufgrund der nicht abschließenden Aufzählung in § 15 UrhG ("insbesondere") auch dort nicht genannte Verwertungsarten.[466]

Der Begriff der Veröffentlichung orientiert sich an der Definition der öffentlichen Wiedergabe gemäß § 15 Abs. 3 UrhG.[467]

Wegen des Bezugs des Untersagungsrechts zum Veröffentlichungsrecht des Urhebers gemäß § 12 UrhG wird teilweise angenommen, dass der Urheber die Veröffentlichung von Umgestaltungen seines Originalwerks nicht untersagen könne, wenn das Originalwerk bereits veröffentlicht ist, jedenfalls soweit die Veröffentlichung nicht gleichzeitig einen Verwertungsakt darstellt. Das Erstveröffentlichungsrecht sei verbraucht und könne nicht durch § 23 UrhG neu begründet werden, so diese Ansicht.[468]

Dieser Ansicht ist jedoch nicht zu folgen. § 12 UrhG definiert das Recht des Urhebers so, dass er nicht nur das Ob, sondern auch das Wie der Werkveröffentlichung bestimmen darf. Über die Veröffentlichung einer eigenen Umgestaltung dürfte der Urheber gemäß § 12 UrhG somit selbst entscheiden. Dies sollte nach der zu bevorzugenden Ansicht auch gelten, wenn die Umgestaltung durch andere geschieht.[469] Ansonsten würde auch die Erwähnung der Veröffentlichung in § 23 UrhG nahezu leerlaufen.[470]

Als Ersatz für die Streichung des § 24 UrhG infolge der Entscheidung „Pelham" des EuGH[471] hat der Gesetzgeber neben der neuen Schranke des § 51a UrhG die Ausnahme des § 23 Abs. 1 S. 2 UrhG geschaffen. § 23 UrhG übernimmt nunmehr die Funktion des § 24 UrhG als Schutzbereichsbegrenzung.[472] § 23 Abs. 1 S. 2 UrhG befreit neu geschaffene Werke, die einen hinreichenden Abstand zum benutzten Werk wahren, vom Makel der Bezeichnung als Bearbeitung oder Umgestaltung i. S. d. § 23 Abs. 1 S. 1 UrhG.

Die in § 23 Abs. 1 S. 2 UrhG neu geschaffene Voraussetzung des „hinreichenden Abstands" wird von der Rechtsprechung mit Leben zu füllen sein.

---

466 *G. Schulze*, in: Dreier/G. Schulze/Raue u. a. (Hrsg.), UrhG, 2022, § 23, Rn. 35.; *Loewenheim*, in: Schricker/Loewenheim/Leistner (Hrsg.), UrhR, [6]2020, § 23, Rn. 16.

467 *Loewenheim*, in: Schricker/Loewenheim/Leistner (Hrsg.), UrhR, [6]2020, § 23, Rn. 17.

468 *Plassmann*, Bearbeitungen und andere Umgestaltungen in § 23 UrhG, 1996, 266; *Ulmer*, UrhR, 1980, § 56 I 2.

469 *G. Schulze*, in: Dreier/G. Schulze/Raue u. a. (Hrsg.), UrhG, 2022, § 23, Rn. 34.; *Loewenheim*, in: Schricker/Loewenheim/Leistner (Hrsg.), UrhR, [6]2020, § 23, Rn. 17.; *Schack*, Rn. 497.

470 *A. Nordemann*, in: A. Nordemann/J. B. Nordemann/Czychowski (Hrsg.), UrhR, 2018, §§ 23/24, Rn. 24.

471 EuGH, Urt. v. 29.07.2019, Az. C-476/17, GRUR 2019, 929, 929 ff.

472 RegE UrhG 2021, 3.

Dabei ist zu erwarten, dass sich diese bis auf Weiteres an der althergebrachten Rechtsprechung zur freien Benutzung im Rahmen des § 24 UrhG orientieren wird.

Aus der Streichung des § 24 UrhG und seiner Wortwahl von „hinreichend" zum einen und „Abstand" zum anderen ist jedoch ein deutlicher Wille des Gesetzgebers abzulesen, von der Figur der freien Benutzung Abstand zu nehmen. Angesichts des Wortlauts bewegt sich die Gewichtung des Gesetzgebers weg von der Schaffung eines neuen Werks durch selbständige Leistung als Hauptvoraussetzung hin zur neuen Hauptvoraussetzung „Abstand", den das neue Werk haben und der zudem „hinreichend" sein müsse, sodass das benutzte Werk idealerweise im neu geschaffenen Werk nicht mehr erkennbar ist. Dies stellt lediglich eine Kodifizierung der „Blässetheorie" des BGH[473] zum Verblassen des benutzten Werks im neu geschaffenen Werk dar.

Gemäß Begründung des Entwurfs der Bundesregierung für ein Gesetz zur Anpassung des Urheberrechts an die Erfordernisse des digitalen Binnenmarktes sei es für die Feststellung eines ausreichenden Abstands entscheidend, ob nach der Bearbeitung oder Umgestaltung noch ein Ausdruck der individuellen geistigen Schöpfung des Urhebers des ursprünglichen Werks erkennbar bleibt. Die Begründung präzisiert dies weiter unter Bezugnahme auf das Infopaq-Urteil des EuGH.[474] Folglich fehle es an einem erkennbaren Ausdruck der individuellen geistigen Schöpfung des Urhebers des ursprünglichen Werks in einer Bearbeitung oder Umgestaltung, wenn lediglich solche Teile eines vorbestehenden Werks verwendet würden, die für sich genommen nicht die schöpferische Leistung des Urhebers erkennen ließen. Dies führe zu der Schlussfolgerung, dass auch das Unionsrecht eine inhärente Begrenzung des Schutzbereichs des Urheberrechts annehme. Durch eine analoge Anwendung dieses Prinzips könne weiterhin von einem ausreichenden Abstand im Sinne des § 23 Abs. 1 Satz 2 UrhG ausgegangen werden, selbst wenn die aus einem vorbestehenden Werk übernommenen individuellen Züge im Gesamteindruck der Eigenart des neuen Werks so stark verblassten, dass das vorbestehende Werk nicht mehr oder nur rudimentär erkennbar sei.[475]

Für andere Umgestaltungen wie Parodien und Satire, die erkennbar die Nähe zum vorbestehenden Werk suchen, denen bislang jedoch ein innerer

473 BGH, Urt. v. 11.03.1993, Az. I ZR 264/91, GRUR 1994, 191, 193; BGH, Urt. v. 11.03.1993, Az. I ZR 263/91, GRUR 1994, 206, 208; BGH, Urt. v. 29.04.1999, Az. I ZR 65/96, GRUR 1999, 984, 987; BGH, Urt. v. 08.05.2002, Az. I ZR 98/00, GRUR 2002, 799, 800 f.; BGH, Urt. v. 17.07.2013, Az. I ZR 52/12, GRUR 2014, 258, 261 Tz. 38; BGH, Urt. v. 28.07.2016, Az. I ZR 9/15, GRUR 2016, 1157, 1159 Tz. 20.

474 EuGH, Urt. v. 16.07.2009, Az. C-5/08, GRUR 2009, 1041.

475 RegE UrhG 2021, 78.

Abstand zum vorbestehenden Werk abverlangt wurde, bietet der Gesetzgeber nunmehr die Schrankenregelung des § 51a UrhG.

Der neue § 23 Abs. 2 UrhG soll nach dem Willen des Gesetzgebers dem Regelungsgehalt des § 23 S. 2 UrhG a. F. entsprechen.[476] Der neue § 23 Abs. 2 Nr. 2 UrhG beinhaltet, ähnlich wie bisher § 23 Satz 2 UrhG a. F., dass bereits das Anfertigen einer Bearbeitung oder Umgestaltung, die auf Plänen und Entwürfen eines Werks der bildenden Künste basiert, der Zustimmung des ursprünglichen Urhebers bedarf.

Angesichts der umfangreichen Veränderungen jedenfalls des Wortlauts der maßgeblichen Normen bis hin zur Streichung eines kompletten Paragrafen ist im Folgenden zu analysieren, wie sich diese Änderungen auf die Bewertung von Bearbeitungen und anderen Umgestaltungen im Bereich von Tattoos auswirken.

I. Tattoovorlagen

Bereits aus der Eigenschaft als Vorlage für ein Tattoo ist hinsichtlich Tattoovorlagen abzuleiten, dass diese Entwürfe eines Werks der bildenden Kunst i. S. v. § 23 Abs. 2 Nr. 2 UrhG darstellen können, soweit es sich bei dem zu realisierenden Tattoo um ein mit ausreichender Schöpfungshöhe ausgestattetes Werk handelt. Wie bereits oben festgestellt, würde es sich bei einem solchen Tattoowerk um ein Werk der bildenden Künste i. S. v. § 2 Abs. 1 Nr. 4 UrhG handeln.

Aus dem Wortlaut von § 23 Abs. 2 Nr. 2 UrhG ergibt sich damit, dass die Verwirklichung eines solchen Tattoowerks durch eine andere Person als den Urheber der Vorlage seiner Zustimmung bedarf und anderenfalls eine Urheberrechtsverletzung darstellt. Dies wäre beispielsweise der Fall, wenn ein Kunde eine für ihn oder eine andere Person geschaffene Vorlage für ein urheberrechtsfähiges Tattoo durch einen anderen Tattoo Artist realisieren lässt, ohne die Zustimmung des ursprünglichen Urhebers einzuholen.

Eine solche Konsequenz ergibt sich ausweislich des im Wortlaut der Norm verkörperten Willens des Gesetzgebers insbesondere dann, wenn im Zuge der Anfertigung des Tattoos Veränderungen vorgenommen werden, die auf der ursprünglichen Vorlage nicht vorhanden sind.

Da der Gesetzgeber allerdings auch das Herstellen einer Bearbeitung im Rahmen der Ausführung von Entwürfen eines Werks der bildenden Künste erfasst hat, erfordert damit selbst die vorlagentreue Umsetzung einer Tattoovorlage als Tattoo durch eine andere Person als den Urheber der Vorlage seine Zustimmung, denn unter einer Bearbeitung ist im Gegensatz zur sons-

476 RegE UrhG 2021, 78.

tigen Umgestaltung die dem ursprünglichen Werk dienende Anpassung des Originalwerks an bestimmte Verhältnisse unter Beibehaltung seiner Identität wie z. B. die inhaltlich nicht verändernde Übertragung in eine andere Kunstform zu verstehen (s. o. S. 124 ff.), während andere Umgestaltungen z. B. reine Plagiate sind oder das Originalwerk anders ohne Zustimmung des Originalurhebers identitätsverändernd nutzen. Die vorlagentreue Umsetzung einer Tattoovorlage in ein Tattoo ist eine solche Übertragung in eine andere Kunstform, da die Kunstform der Illustration in die Tätowierkunst übertragen wird. Auch eine solche übertragende Umgestaltung oder Bearbeitung bedarf daher nach dem Willen des Gesetzgebers der Zustimmung durch den Urheber der Tattoovorlage, zumal es sich dabei um eine Vervielfältigung handelt.

Eine Ausnahme kann allenfalls dann gelten, wenn das Tattoo in den Anwendungsbereich einer Schranke wie z. B. jener des § 51a UrhG fällt, es sich somit um Satire, Parodie oder ein Pastiche handelt.

Die reine Veränderung von Tattoovorlagen ohne Umsetzung in ein tatsächliches Tattoo wird unter die Regelung des § 23 Abs. 1 S. 1 UrhG einzuordnen sein, da bei Werken der bildenden Künste nur die Ausführung der Entwürfe eine Einwilligung erfordert, eine Umgestaltung der Entwürfe aber § 23 Abs. 1 S. 1 UrhG unterfällt.[477] Somit bleibt es bei der Freiheit der Umgestaltung, solange keine Veröffentlichung oder Verwertung stattfindet oder hinreichender Abstand festzustellen oder § 51a UrhG anzuwenden ist.

Für das Einwilligungserfordernis bei Veröffentlichung einer Bearbeitung spricht auch die Auslegungsregel des § 37 Abs. 1 UrhG. Diese betont, dass das Bearbeitungsrecht ein selbstständiges Recht ist, das im Zweifel beim Urheber bleibt und von ihm anderweitig genutzt werden kann.[478]

II. Tattoos

In Bezug auf Bearbeitungen und sonstige Umgestaltungen werden Tattoos ohne ausreichende Schöpfungshöhe nicht in den Schutzbereich des § 23 UrhG fallen. Umgestaltungen solcher Tattoos sowie deren Veröffentlichung und Verwertung sind also weiterhin zustimmungsfrei möglich.

Die sonstigen Möglichkeiten sind insbesondere in Bezug auf urheberrechtlich geschützte Tattoowerke in drei Fallgruppen zu unterteilen. So besteht erstens die Möglichkeit, dass Tattoos selbst Umgestaltungen urheberrechtlich geschützter Werke darstellen können. Zweitens können Umgestaltungen

477 *Dreyer*, in: Dreyer/Kotthoff/Meckel u. a. (Hrsg.), UrhR, ^{4}2018, § 23, Rn. 28.; *Loewenheim*, in: Schricker/Loewenheim/Leistner (Hrsg.), UrhR, ^{6}2020, § 23, 20 (zur alten Rechtslage).

478 *G. Schulze*, in: Dreier/G. Schulze/Raue u. a. (Hrsg.), UrhG, 2022, § 37, Rn. 8.

an urheberrechtlich geschützten Tattoowerken erfolgen. Als Untergruppe davon sind drittens Tattoos als Umgestaltungen von Tattoowerken zu beurteilen.

1. Tattoos als Umgestaltung

Ob es sich bei dem Ergebnis in Form eines Tattoos jedoch um eine Umgestaltung i.S.d. §23 Abs.1 S.1 UrhG oder ein Werk mit hinreichendem Abstand i.S.d. §23 Abs.1 S.2 UrhG handelt, ist in erster Linie davon abhängig, ob ein eigenes Werkschaffen des Nutzers vorliegt und wie sehr es Übernommenes aus dem vorbestehenden Werk überdeckt.

Laut der Begründung des Regierungsentwurfs für das Gesetz zur Anpassung des Urheberrechts an die Erfordernisse des digitalen Binnenmarktes ist es entscheidend für die Feststellung eines ausreichenden Abstands, ob nach der Umgestaltung noch ein Ausdruck der individuellen geistigen Schöpfung des Urhebers des ursprünglichen Werks erkennbar bleibt. Der Gesetzgeber orientiert sich somit an der bislang herrschenden „Blässetheorie" des BGH[479] und kodifiziert sie in §23 Abs.1 S.2 UrhG. Ihre Anwendung ist deshalb auch nach der neuen Rechtslage zulässig.

Nach der „Blässetheorie"-Rechtsprechung des BGH wird es für die Beurteilung somit maßgeblich davon abhängig sein, ob das vorbestehende Tattoowerk nur Inspiration war und übernommene Teile in dem neuen Werk verblassen oder nicht.

Dabei darf jedoch nicht außer Acht gelassen werden, dass die Feststellung eines Verblassens maßgeblich vom Grad der Individualität des benutzten Werks abhängig ist. Je individueller das benutzte Werk ist, umso seltener wird es in der Umgestaltung verblassen und umgekehrt.[480]

Gerade bei Tattoos auf Basis eines Fotos oder einer Illustration dürfte zunächst die Annahme einer Umgestaltung naheliegen, insbesondere dann, wenn es sich bei dem Ausgangswerk um eines mit Schöpfungshöhe handelt.

---

479 BGH, Urt.v. 11.03.1993, Az. I ZR 264/91, GRUR 1994, 191, 193; BGH, Urt.v. 11.03.1993, Az. I ZR 263/91, GRUR 1994, 206, 208; BGH, Urt.v. 29.04.1999, Az. I ZR 65/96, GRUR 1999, 984, 987; BGH, Urt.v. 08.05.2002, Az. I ZR 98/00, GRUR 2002, 799, 800f.; BGH, Urt.v. 17.07.2013, Az. I ZR 52/12, GRUR 2014, 258, 261 Tz.38; BGH, Urt.v. 28.07.2016, Az. I ZR 9/15, GRUR 2016, 1157, 1159 Tz.20.

480 RG, Urt.v. 28.04.1942, Az. I 4/42, RGZ 169, 109, 114; BGH, Urt.v. 13.04.2000, Az. I ZR 282/97, GRUR 2000, 703, 706; BGH, Urt.v. 20.12.2007, Az. I ZR 42/05, BGHZ 175, 135, 145 mwN; OLG Nürnberg, Urt.v. 20.05.2014, Az.3 U 1874/13, GRUR 2014, 1199, 1202; OLG Köln, Urt.v. 20.02.2015, Az.6 U 131/14, ZUM-RD 2015, 383, 385f.; OGH, Urt.v. 12.02.2013, Az.4 Ob 190/12p, GRUR Int 2013, 668, 671 mwN; *Schack*, Rn.286.

Auch die Werkerstellung mit hinreichendem Abstand liegt jedoch im Bereich des Möglichen. So wurde es bereits in der Frühzeit der Fotografie und noch unter der Geltung des Kunstschutzgesetzes als maßgeblich angesehen, ob die Fotografie lediglich als Unterlage oder als Hilfsmittel für das Kunstwerk gedient habe, sodass sie in ihm aufgehe und ihre Selbstständigkeit verliere.[481] Dies sei der Fall, wenn durch selbstständige schöpferische Tätigkeit unter Zuhilfenahme eines Fotos ein darstellerischer Gedanke eine Verkörperung erhalte, der der Charakter einer willkürlich gestalteten Formgebung zuerkannt werden kann.[482]

Dementsprechend ist ein fotorealistisches Tattoo schon deshalb nicht mit einer Kopie eines Fotos gleichzusetzen, weil es zur Erstellung des Ersteren eines erheblichen Könnens als Tattoo Artist und vor allem völlig anderer Fähigkeiten als jenen eines Fotografen bedarf. Dabei handelt es sich jedoch vornehmlich um besondere handwerkliche und weniger kreative Fähigkeiten. Eher handwerkliche Leistungen wie möglichst vorbildgetreue Kopien z. B. von Illustrationen in ein anderes Format, in die dritte Dimension oder in einen anderen Werkstoff sind aber nicht geschützt.[483] Allenfalls dann, wenn durch Übertragung in einen anderen Werkstoff eigenartige, über das Originalwerk hinausgehende Effekte erzielt werden können, mag der Bereich der Bearbeitung erreicht werden.[484] Gerade bei gleichen oder benachbarten Werkarten wird ähnlich wie nach alter Rechtslage bei der freien Benutzung eine strenge Prüfung des Einzelfalls erforderlich sein.[485] In deren Zuge ist festzustellen, dass z. B. Fotos bestenfalls dann zustimmungsfrei als Vorlage für Illustrationen verwendet werden dürfen, wenn der Illustrator keine charakteristischen Merkmale des Fotos übernimmt.[486] Beim Nachzeichnen einzelner Elemente eines Lichtbilds, wie z. B. einer Person wird es darauf ankommen, ob sonstige besondere Gestaltungsmittel des Fotos übernommen werden.[487]

---

481 *Osterrieth/Marwitz*, in: Das Kunstschutzgesetz, ^{2}1929, 33.

482 RG, Urt. v. 16.09.1922, Az. Rep. I. 382/21, RGZ 105, 160, 162.

483 BGH, Urt. v. 13.10.1965, Az. I b ZR 111/63, BGHZ 44, 288, 293; BGH, Urt. v. 08.11.1989, Az. I ZR 14/88, GRUR 1990, 669, 673; OLG Frankfurt a. M., Urt. v. 03.12.1996, Az. 11 U 58/94, GRUR 1998, 141, 143; *G. Schulze*, in: Dreier/G. Schulze/Raue u. a. (Hrsg.), UrhG, 2022, § 3, Rn. 8.; *Bullinger*, in: Wandtke/Bullinger (Hrsg.), UrhR, 2022, § 3, Rn. 15.; *Hoeren*, in: Loewenheim (Hrsg.), Handbuch Urheberrecht, ^{3}2021, 278; *Schack*, Rn. 281; *Traub*, UFITA 80 (1977), 159, 166 ff.

484 *Hoeren*, in: Loewenheim (Hrsg.), Handbuch Urheberrecht, ^{3}2021, 279.

485 *Schack*, Rn. 290.

486 OLG Hamburg, Urt. v. 12.10.1995, Az. 3 U 140/95, ZUM 1996, 315; LG Stuttgart, Urt. v. 03.06.2014, Az. 17 O 1775/13, ZUM 2014, 824, 826 ff.; LG München I, Urt. v. 29.11.1985, Az. 21 O 17164/85, GRUR 1988, 36.

487 RG, Urt. v. 28.04.1942, Az. I 4/42, RGZ 169, 109, 116; LG Hamburg, Urt. v. 22.05.2020, Az. 308 S 6/18, ZUM-RD 2020, 479, 481.

Der kreativ-eigenschöpferische Anteil eines fotorealistischen Tattoos, das lediglich optisch wiedergibt, was auf der Fotovorlage zu erkennen ist, dürfte nach alldem zu vernachlässigen sein, weshalb von einer sonstigen Umgestaltung i. S. v. § 23 Abs. 1 S. 1 UrhG auszugehen ist.

Fertigt ein Tattoo Artist beispielsweise ein fotorealistisches Tattoo von einem urheberrechtlich geschützten Gemälde oder Lichtbildwerk als Vorlage an, so mag deshalb zunächst naheliegen, dies als Bearbeitung in Form der Übertragung in eine andere Kunstform zu beurteilen. Erst Veröffentlichung oder Verwertung bedürften der Zustimmung des ursprünglichen Urhebers, im Beispielsfall des Lichtbildwerks.

Allerdings mag behauptet werden, dass es sich bei der fotorealistischen Anfertigung eines Tattoos von einem Foto um die Ausführung von Entwürfen eines Werks der bildenden Künste i. S. v. § 23 Abs. 2 Nr. 2 UrhG handelt. Diese Deutung scheitert jedoch bereits an dem Wortlaut der Norm und der Zweckbestimmung der Vorlage, denn das Foto wird in aller Regel nicht als Entwurf eines Werks der bildenden Künste geschaffen worden sein, sondern für sich als eigenständiges und urheberrechtsfähiges Lichtbild oder sogar Lichtbildwerk mit eigener Zweckbestimmung stehen. Dieser Teil der Norm soll einen Fall, bei dem ein nicht als Entwurf eines Werks der bildenden Künste geplantes und angefertigtes Werk rein tatsächlich als Vorlage genutzt wird, jedenfalls nach dem Wortlaut nicht abdecken.

Sachgerecht erscheint es deshalb zunächst weiterhin, erst die Veröffentlichung oder Verwertung eines so entstandenen Tattoos und nicht schon die Anfertigung von einer Zustimmung des Urhebers des ursprünglichen Werks abhängig zu machen.

Hierbei ist jedoch zu beachten, was oben auf S. 79 ff. zum Veröffentlichungsrecht aus § 12 UrhG bereits herausgearbeitet wurde: Ein Tattoo darf von der Trägerperson stets veröffentlicht werden, sofern eine Erstveröffentlichung nicht bereits durch den Tattoo Artist erfolgt ist, da sich der Urheber mit der Fertigstellung des Werks analog zu § 12 UrhG gemäß § 44 Abs. 2 UrhG vorbehaltlich abweichender vertraglicher Regelungen seines Rechts auf Erstveröffentlichung des Werks begibt.

Dies wirft jedoch Probleme auf, wenn es sich bei dem das Tattoo anfertigenden Tattoo Artist nicht um den Urheber der ursprünglichen Vorlage handelt, denn nur der Urheber der in dem Tattoo verkörperten schöpferischen Leistungen kann durch die Fertigstellung des Werks in die Veröffentlichung durch die Trägerperson einwilligen. Ist das Tattoo jedoch eine Umgestaltung, d. h. ohne hinreichenden Abstand zum benutzten Werk, wird somit der Urheber des benutzten Werks zustimmen müssen. Weiß er nichts von der Anfertigung des Tattoos, wird seine Zustimmung nicht automatisch angenommen werden können, wie dies bei dem seine eigene Vorlage umsetzenden Tattoo Artist geschehen darf. Verwendet ein Tattoo Artist eine fremde Vorlage wie z. B. ein Foto, um ein Tattoo anzufertigen und liegt kein hinreichender Abstand zum benutzten Werk i. S. d. § 23 Abs. 1 S. 2 UrhG vor, so ist die Zustimmung des Urhebers des benutzten Werks gemäß § 23 Abs. 2 Nr. 2 UrhG bereits für die Anfertigung des Tattoos erforderlich, weil der Tattoo Artist den Urheber des benutzten Werks anderenfalls ohne dessen Wissen durch die Fertigstellung des Tattoos hinsichtlich der Veröffentlichung binden und sein Veröffentlichungsrecht faktisch aushöhlen würde. Gleiches gilt aus ebenjenen Gründen für die Verwertung, da es auch hier eine Aushöhlung der Rechte des Urhebers des benutzten Werks darstellen und eine Umgehung ermöglichen würde.

Hinsichtlich der weiteren Details zur Veröffentlichung sei hier ergänzend auf die Ausführungen zu § 12 UrhG und hinsichtlich der Verwertung auf §§ 16 UrhG ff. oben verwiesen.

Fraglich bleibt jedoch noch, ob ein so entstandenes Tattoo unter die Ausnahme des § 23 Abs. 1 S. 2 UrhG fallen kann und somit weder eine Bearbeitung noch eine sonstige Umgestaltung i. S. d. S. 1 darstellt. Dafür ist ein hinreichender Abstand des Tattoos zur Vorlage erforderlich. Dies könnte z. B. bei stark an den jeweiligen Körper angepassten und vor allem für nicht fotorealistische Tattoos gelten, die Fotos, Illustrationen oder vergleichbare Werke als inspirierende Vorlage haben. Bei fotoidentischer Übernahme dürfte ein solcher Abstand schwerlich hinreichend sein.

Doch selbst bei der Vornahme von stilistischen Veränderungen wird hinreichender Abstand häufig nicht zu erreichen sein, denn zumeist ist es Ziel der Anfertigung solcher Tattoos, von Charakter und Aussage des als Vorlage verwendeten Gemäldes, Lichtbildwerks etc. zu profitieren und einen gewissen Wiedererkennungswert zu erreichen.

Die Entscheidung wird auch hier davon abhängig zu machen sein, ob nur die Inspiration für das Tattoo aus der Vorlage übernommen wurde oder wiedererkennbare Teile der im Ausgangswerk erkennbaren schöpferischen Einflüsse des Ursprungsurhebers im Tattoo verbleiben und vor dem Gesamteindruck des Tattoos nicht verblassen.

Die Anfertigung solcher Tattoos könnte aber in den Bereich von Schranken wie z. B. der neuen Schranke des § 51a UrhG fallen. Die Prüfung ist deshalb an dieser Stelle abzubrechen und an späterer Stelle u. a. anhand des § 51a UrhG fortzusetzen.

2. Umgestaltungen aus Tattoowerken

Ebenso realistisch wie die Anfertigung von Tattoos anhand von Fotos oder Illustrationen ist umgekehrt die Umgestaltung oder Übertragung aus einem

Tattoowerk z.B. in eine andere Kunstform. So kann beispielsweise ein Illustrator ein Tattoowerk als Vorlage zu einer Illustration auf Papier oder Leinwand nehmen. Das Anfertigen von Fotos von Tattoowerken durch Fotografen dürfte noch wesentlich häufiger vorkommen. Soll eine solche Illustration oder Fotografie über die reine Reproduktion hinaus dem Zweck dienen, das Originalwerk unter Beibehaltung seiner Identität bestimmten Verhältnissen anzupassen, um so dessen Verwertungsmöglichkeiten zu erweitern, liegt nach dem erklärten Willen des Gesetzgebers (s.o. S. 124ff.) eine Bearbeitung vor. Hierfür muss aber ein Mindestmaß an Gestaltungsspielraum des Nachschaffenden gegeben sein.[488]

Greift die Umgestaltung sogar sinnverändernd in die schöpferische Aussage des Tattoowerks ein, ist eine andere Umgestaltung i.S.d. §23 Abs.1 S.1 UrhG anzunehmen.

Soweit eine solche Umgestaltung nicht hinreichenden Abstand i.S.d. §23 Abs.1 S.2 UrhG wahrt oder in den Bereichen der Schranken des §51a UrhG fällt, wird sie gemäß §23 Abs.1 S.1 UrhG zu beurteilen sein, was die Rechtsfolge des Zustimmungsbedürfnisses bei Veröffentlichung oder Verwertung hat.

Erneut erscheint die Verwirklichung hinreichenden Abstandes i.S.d. §23 Abs.1 S.2 UrhG schwer erreichbar, da es bei der nachschaffenden Übernahme der wesentlichen Elemente eines Tattoowerks in erster Linie um die Widererkennbarkeit oder Übernahme gerade jener Elemente als Ausdruck der schöpferischen Kraft des ursprünglichen Urhebers gehen dürfte.

3. Tattoos aus Tattoowerken

Als besonderer Unterfall der Umgestaltung aus einem Tattoowerk erscheint die Anfertigung eines weiteren Tattoos nach der Vorlage des Originaltattoos.

Da eine Übertragung in eine andere Kunstform ausscheidet und es sich dabei meist um eine reine Reproduktionshandlung ohne eigenen kreativen Einfluss handelt, wird dabei ein Plagiat oder eine sonstige Umgestaltung vorliegen, soweit nicht die Schranke des §51a UrhG greift.

Auch die Erreichung hinreichenden Abstandes i.S.d. §23 Absatz 1 S.2 UrhG erscheint erneut fernliegend, da hier ebenfalls die Übernahme der wesentlichen schöpferischen Elemente des Originaltattoos beabsichtigt sein dürfte.

Neben der Problematik der Vervielfältigung wird insbesondere bei Vornahme von sonstigen Umgestaltungen damit entweder das Zustimmungsbedürfnis des §23 Abs.1 S.1 UrhG oder sogar jenes des §23 Abs.2 Nr.2 UrhG

---

488 *Schack*, Rn.281.

vorliegen (s. o. S. 131 ff.). Auch hier drohen ansonsten Aushöhlung und Umgehung der Rechte des Urhebers des benutzten Werks.

III. Zwischenergebnis

Zusammenfassend ist festzustellen, dass die vorlagentreue Umsetzung einer Tattoovorlage in ein Tattoo eine übertragende Umgestaltung oder Bearbeitung darstellt und nach dem Willen des Gesetzgebers der Zustimmung durch den Urheber der Tattoovorlage bedarf. Gleiches gilt für die Anfertigung von Tattoos aus anderen urheberrechtlich geschützten Werkarten als Vorlage und auch bei Umgestaltungen aus Tattoowerken, wobei jeweils zu prüfen sein wird, ob hinreichender Abstand erreicht wurde.

7. Kapitel: Sonstige Rechte des Urhebers

A. Zugang zu Werkstücken, § 25 UrhG

§ 25 UrhG bildet eine vordem historisch und bis heute außerhalb der Reichweite des deutschen UrhG unbekannte[489] Facette der Beziehung des Urhebers zu seinem Werk ab, die aus Rechtsprechung[490] und Lehre entstand.

Trotz seiner dem Wesen nach urheberpersönlichkeitsrechtlichen Natur[491] ist das Recht des Urhebers auf Zugang zum Werkoriginal oder dessen Vervielfältigungsstücken gegen deren Besitzer im UrhG systematisch nach den Verwertungsrechten bei den sonstigen Rechten des Urhebers eingeordnet.

Während § 25 UrhG vornehmlich die ideellen Bande des Schöpfers mit seinem Werk aufrechterhalten soll,[492] können tatsächlich auch vermögensrechtliche Belange des Urhebers den Zugang gemäß § 25 UrhG rechtfertigen.[493]

Wegen der urheberpersönlichkeitsrechtlichen Abstammung ist § 25 UrhG zur Aufrechterhaltung des untrennbaren Bandes zwischen dem Urheber und seinem Werk unverzichtbar und unübertragbar,[494] wobei das Zugangsrecht vertraglich eingeschränkt werden kann. Solche Einschränkungen dürfen jedoch nicht den Kerngehalt des Rechts gefährden. Damit sind pauschale Abreden, das Recht auf Zugang zum Werkstück aus § 25 UrhG nicht auszuüben, unwirksam.[495]

Ebenfalls wegen des urheberpersönlichkeitsrechtlichen Charakters des Zugangsrechts kann es nur vom Urheber oder Miturheber und ihren Rechtsnachfolgern, nicht aber von vertraglich Nutzungsberechtigten geltend gemacht werden.[496] Weitergehende Forderungen nach einem eigenen, uneingeschränkten Zugangsrecht für Nutzungsberechtigte[497] erscheinen nicht

489 *Vogel*, in: Schricker/Loewenheim/Leistner (Hrsg.), UrhR, ^{6}2020, § 25, Rn. 2.

490 BGH, Urt. v. 26.10.1951, Az. I ZR 93/51, GRUR 1952, 257, 258.

491 BGH, Urt. v. 26.10.1951, Az. I ZR 93/51, GRUR 1952, 257, 258; *Vogel*, in: Schricker/Loewenheim/Leistner (Hrsg.), UrhR, ^{6}2020, § 25, Rn. 7.; *Schack*, Rn. 422.

492 *A. Nordemann*, in: A. Nordemann/J. B. Nordemann/Czychowski (Hrsg.), UrhR, 2018, § 25, Rn. 1.; *Vogel*, in: Schricker/Loewenheim/Leistner (Hrsg.), Rn. 4.

493 *Vogel*, in: Schricker/Loewenheim/Leistner (Hrsg.), Rn. 7.

494 *A. Nordemann*, in: A. Nordemann/J. B. Nordemann/Czychowski (Hrsg.), UrhR, 2018, § 25, Rn. 3.; *Vogel*, in: Schricker/Loewenheim/Leistner (Hrsg.), Rn. 7.; *G. Schulze*, in: Dreier/G. Schulze/Raue u. a. (Hrsg.), UrhG, 2022, § 25, Rn. 2.; *Freudenberg*, in: Götting/Lauber-Rönsberg/Rauer (Hrsg.), UrhR, 2024, § 25, Rn. 4.

495 *Vogel*, in: Schricker/Loewenheim/Leistner (Hrsg.), Rn. 7.

496 *A. Nordemann*, in: A. Nordemann/J. B. Nordemann/Czychowski (Hrsg.), UrhR, 2018, § 25, Rn. 8.; *Vogel*, in: Schricker/Loewenheim/Leistner (Hrsg.), 7 f.; *Freudenberg*, in: Götting/Lauber-Rönsberg/Rauer (Hrsg.), UrhR, 2024, § 25, Rn. 6.

497 *Dreyer*, in: Dreyer/Kotthoff/Meckel u. a. (Hrsg.), UrhR, ^{4}2018, § 25, Rn. 24.; *Freudenberg*, in: Götting/Lauber-Rönsberg/Rauer (Hrsg.), UrhR, 2024, § 25, Rn. 7.

gerechtfertigt, da Nutzungsberechtigte als Hilfspersonen des Urhebers ermächtigt werden können, für ihn das Zugangsrecht auszuüben.[498]

Im Hinblick auf Tattoos ist nunmehr zu prüfen, ob das Zugangsrecht gemäß § 25 UrhG auch hier durchsetzbar ist. Daran könnten Zweifel aufkommen, die in der Natur der Sache begründet sind.

Anders als bei den Werkoriginalen anderer Kunstformen, die zumeist körperliche Gegenstände ohne unmittelbaren Bezug zur Persönlichkeit des Besitzers des Werkoriginals darstellen oder auf solche körperlichen Gegenstände aufgebracht sind und ohne erkennbare Auswirkungen auf die Person des Besitzers zu Zwecken des Zugangsrechts zur Verfügung gestellt werden können, wird bei Tattoos das Werkoriginal auf und in dem Körper des Besitzers des Werkoriginals getragen. Diese besondere Situation gibt Anlass zu einer besonderen Betrachtung der Anwendbarkeit des Zugangsrechts gemäß § 25 UrhG. So befinden sich die Werkoriginale möglicherweise an Körperstellen, die die Trägerperson nicht oder nicht mehr ohne Weiteres dem Tattoo Artists als Urheber oder sogar von ihm beauftragten Hilfspersonen zugänglichmachen möchte, beispielsweise bei Tattoos an primären oder sekundären Geschlechtsorganen.

Dem ist jedoch entgegenzuhalten, dass es sich, wie bereits oben ausgeführt, beim Zugangsrecht um einen wichtigen Bestandteil des Urheberpersönlichkeitsrechts handelt, der unveräußerlich und unverzichtbar ist sowie gegen jeden Werkbesitzer durchgesetzt werden kann, um die spezielle Verbindung zwischen dem Urheber und seinem Werk aufrechtzuerhalten.

Bei einer Interessenabwägung zwischen den Interessen der in ihrem Persönlichkeitsrecht betroffenen Trägerperson und denjenigen des Tattoo Artists als Urheber wird Letzterem der Vorzug zu geben sein. Dies wird auch bei Tattoos an intimen Stellen gelten, denn die Trägerperson hat jenem Tattoo Artist auch bereits bei Anfertigung des Tattoos freiwillig Zugang zu dieser Körperstelle gewährt. Die Ausübung des Zugangsrechts zur Anfertigung von Vervielfältigungen ist deshalb kein schwerwiegenderer Eingriff in Persönlichkeitsrechte der Trägerperson und wird zu dulden sein.

Auch kann wegen der besonderen Eigenart und der Bedeutung des Originals der Zugang des Tattoo Artists zu ihm erforderlich werden, wenn er z. B. ähnlich wie ein Bildhauer oder Architekt[499] nur eine Fotografie des Werks

---

498 OLG Düsseldorf, Urt. v. 25.06.1968, Az. 20 U 90/68, GRUR 1969, 550; *Dreyer*, in: Dreyer/Kotthoff/Meckel u. a. (Hrsg.), UrhR, [4]2018, § 25, Rn. 8.; *A. Nordemann*, in: A. Nordemann/J. B. Nordemann/Czychowski (Hrsg.), UrhR, 2018, § 25, Rn. 8.; *G. Schulze*, in: Dreier/G. Schulze/Raue u. a. (Hrsg.), UrhG, 2022, § 25, Rn. 4.; *Bullinger*, in: Wandtke/Bullinger (Hrsg.), UrhR, 2022, § 25, Rn. 3.; *Freudenberg*, in: Götting/Lauber-Rönsberg/Rauer (Hrsg.), UrhR, 2024, § 25, Rn. 7.

499 *Vogel*, in: Schricker/Loewenheim/Leistner (Hrsg.), UrhR, [6]2020, § 25, Rn. 13.

besitzt und Zugang zum Original erforderlich erscheint, um z. B. den Erfolg einer bestimmten Technik erneut zu studieren.

Schließlich misst auch die Rechtsprechung dem Zugangsrecht einen hohen Stellenwert bei, was sich in der Umkehr der Beweislast hinsichtlich der Erforderlichkeit zulasten des Besitzers des Werkoriginals manifestiert.[500]

Im Hinblick auf vom Tattoo Artist beauftragte, der Trägerperson möglicherweise nicht vorbekannte Hilfspersonen wird in solchen Fällen jedoch dem Interesse der Trägerperson im Einzelfall mehr Gewicht beizumessen sein. Auf unbekannte Hilfspersonen kann sich das besondere Vertrauensverhältnis zwischen Trägerperson und Tattoo Artist nicht erstrecken. Daher erscheint es jedenfalls im Einzelfall unzumutbar, mehr oder weniger beliebig ausgewählten, vorher unbekannten Hilfspersonen des Urhebers Zugang zu intimen Körperstellen gewähren zu müssen.

Die obige Interessenabwägung dürfte allerdings eine überwiegend akademische Debatte darstellen und allenfalls im Ausnahmefall zur Anwendung kommen.

So ist das Recht auf Zugang an die einschränkende Voraussetzung der Erforderlichkeit zur Herstellung von Vervielfältigungen oder zur Bearbeitung des Werks gebunden.[501] Dies setzt voraus, dass kein anderer Zugang des Urhebers zum Werk möglich oder zumutbar ist.[502] Dies wird bei naturgemäß am Körper des Besitzers befindlichen Werkoriginal von Tattoos zwar üblicherweise der Fall sein. Da es, wie bereits oben ausgeführt, in der Branche jedoch üblich ist, bereits unmittelbar nach Fertigstellung des Werks und häufig erneut nach Abheilung zu Dokumentationszwecken Vervielfältigungen des Tattoos anzufertigen, wird der Fall der Erforderlichkeit der nachträglichen Besichtigung z. B. zur Anfertigung von Vervielfältigungen die absolute Ausnahme bleiben.

Durch die übliche frühzeitige Anfertigung von Vervielfältigungen dürfte zudem auch der Trägerperson bewusst gemacht werden, dass eine solche Dokumentation für die Belange der Tattoo Artists als Urheber erforderlich ist.

Erfolgt eine solche Dokumentation allerdings nicht wie üblich unmittelbar nach Fertigstellung des Tattoos oder gibt es besondere Gründe für eine erneute Dokumentation, beispielsweise, weil die ursprünglichen Vervielfälti-

---

500 *A. Nordemann*, in: A. Nordemann/J. B. Nordemann/Czychowski (Hrsg.), UrhR, 2018, § 25, Rn. 21.; *Vogel*, in: Schricker/Loewenheim/Leistner (Hrsg.), Rn. 15.; *G. Schulze*, in: Dreier/G. Schulze/Raue u. a. (Hrsg.), UrhG, 2022, § 25, Rn. 20.; *Freudenberg*, in: Götting/Lauber-Rönsberg/Rauer (Hrsg.), UrhR, 2024, § 25, Rn. 41.

501 OLG Düsseldorf, Urt. v. 08.09.2015, Az. I-20 U 75/14, ZUM-RD 2016, 368, 375; *Vogel*, in: Schricker/Loewenheim/Leistner (Hrsg.), UrhR, ^{6}2020, § 25, Rn. 12.

502 *A. Nordemann*, in: A. Nordemann/J. B. Nordemann/Czychowski (Hrsg.), UrhR, 2018, § 25, Rn. 16.; *Vogel*, in: Schricker/Loewenheim/Leistner (Hrsg.), Rn. 13.

gungen verloren gegangen oder ungeeignet sind, werden Tattoo Artists als Urheber eines urheberrechtlich geschützten Tattoos ihr Recht auf Zugang zum Werkoriginal im Rahmen des § 25 UrhG durchsetzen können.

Lediglich hinsichtlich beauftragter Hilfspersonen ist die Durchführung kritisch zu bewerten und unter Umständen den Interessen der Trägerperson Vorrang einzuräumen. Hier wird der Urheber auf die berechtigten Interessen des Besitzers des Werkoriginal Rücksicht nehmen müssen.[503]

Deshalb ist zur Vermeidung von Rechtsstreitigkeiten zu raten, im Rahmen der vertraglichen Vereinbarungen über die Anfertigung von Tattoos auch über das Zugangsrecht aufzuklären und dabei auch eine Einwilligung der Trägerperson in den Einsatz von Hilfspersonen zur Nutzung des Zugangsrechts einzuholen. Sonst in vergleichbaren Fällen zu beobachtende Probleme mit der Fortgeltung vertraglicher Vereinbarungen bei Weiterverkauf des Werkoriginals[504] dürften mangels Möglichkeit eines solchen lebzeitigen Weiterverkaufs im Bereich der Tattoos eher fernliegend sein.

Eine Erhaltungspflicht hinsichtlich einer möglichen zukünftigen Geltendmachung des Zugangsrechts begründet § 25 UrhG nicht.[505] Daher ist daraus auch keine Pflicht zur Erhaltung oder besonders pfleglichen Behandlung von Tattoowerken ableitbar.

B. Folgerecht, § 26 UrhG

Das Folgerecht des § 26 UrhG verschafft dem Urheber eines Werks der bildenden Künste oder eines Lichtbildwerks einen Anspruch auf eine Beteiligung am Veräußerungserlös bei Weiterveräußerung des Originals des Werks.

Da Tattoos aufgrund ihrer Positionierung in der Haut fester Bestandteil des Körpers der Trägerperson sind, erscheint eine Anwendbarkeit des Folgerechts aus § 26 UrhG zunächst fernliegend.

Allerdings gibt es auch für die tätowierte Haut von Menschen Sammler und damit einen Markt.[506] Dies belegt auch z. B. der Fall des Schweizers *Tim Steiner*, der das auf seinem Rücken befindliche Tattoo einer betenden Jungfrau Maria mit Totenschädel des u. a. für tätowierte Schweine bekannten belgischen Künstlers *Wim Delvoye* für ca. 180.000 € an den deutschen

---

503 BGH, Urt. v. 26.10.1951, Az. I ZR 93/51, GRUR 1952, 257, 258; *Vogel*, in: Schricker/Loewenheim/Leistner (Hrsg.), Rn. 23.

504 *Vogel*, in: Schricker/Loewenheim/Leistner (Hrsg.), Rn. 22.

505 RegE UrhG 1962, 52; *Vogel*, in: Schricker/Loewenheim/Leistner (Hrsg.), UrhR, [6]2020, § 25, Rn. 25.

506 *Eberhard*, 78 ff.

Sammler *Rik Reinking* verkaufte.[507] Die Trägerperson *Tim Steiner* berichtete in einem Interview 2017, es sei erklärter Wunsch des Künstlers, dass das Präparat nach dem Ableben der Trägerpersonen im Sekundärmarkt mit Auktion und Gewinn gehandelt werde. Dies diene dem Zweck, sein Konzept vom Menschen als Ware auf die Spitze zu treiben. Die Haut solle wie ein Stück Grundbesitz gehandelt werden.[508]

Auch die europäische Filmindustrie thematisierte mehrfach den Handel mit Tattoopräparaten.

So beschäftigt sich der französisch-italienische Kinofilm „Le Tatoué" (Deutscher Titel: „Balduin, dass Nachtgespenst") von 1968, in den Hauptrollen besetzt mit *Jean Gabin* und *Louis de Funès*, innerhalb seiner fiktiven Geschichte mit den Versuchen eines Kunsthändlers, das in die Haut eines Weltkriegsveteranen tätowierte Frühwerk eines bekannten Künstlers zu erwerben.[509]

Der deutsche Thriller „Tattoo" von 2002 wiederum thematisiert den illegalen Handel mit Tattoopräparaten, die den Tätowierten gegen deren Willen mit Gewalt entnommen werden.[510]

Beide Filme nehmen damit ein Motiv auf, das bereits in der 1952 veröffentlichten Kurzgeschichte „Haut" (Originaltitel: „Skin") von *Roald Dahl* Gegenstand war.[511]

2020 nahm die tunesische Regisseurin *Kaouther Ben Hania* die Geschichte rund um den Tätowierten *Tim Steiner* und den Künstler *Wim Delvoye* auf und vermischte sie mit der Flüchtlingskrise infolge des syrischen Bürgerkriegs. In „Der Mann, der seine Haut verkaufte" (Original: „The man who sold his skin") wird einem verzweifelten syrischen Flüchtling im Libanon von einem europäischen Künstler die sichere Einreise in die EU verspro-

---

507 Die Presse, Die Presse 02.09.2008; *Becker*, Hamburger Morgenpost 09.04.2015; *Bloethe*, BILD 21.05.2014; *Stender*, Dein Rücken gehört mir, 21.03.2014 (https://www.deutschlandfunknova.de/beitrag/kunstmarkt-wie-ein-mann-seinen-r%C3%BCcken-verkaufte) (geprüft am 29.09.2024).

508 Redbubble, Die menschliche Leinwand: Tim, der Tattoo-Mann, 14.09.2017 (https://blog.redbubble.com/de/2017/09/die-menschliche-leinwand-tim-der-tattoo-mann/) (geprüft am 29.09.2024).

509 Aka, Balduin, das Nachtgespenst, 2020 (https://de.wikipedia.org/w/index.php?title=Balduin,_das_Nachtgespenst&oldid=207114156) (geprüft am 29.09.2024).

510 *Kriest*, Tattoo (https://www.filmdienst.de/film/details/516335/tattoo) (geprüft am 29.09.2024).

511 *Sannwald*, Die süße Haut | Tattoo, 23.08.2022 (https://www.filmportal.de/node/46489/material/605404) (geprüft am 29.09.2024); Haut (neu) – frwiki.wiki, 23.08.2022 (https://de.frwiki.wiki/wiki/Peau_%28nouvelle%29) (geprüft am 29.09.2024).

chen, wenn er sich im Gegenzug ein Schengen-Visum großflächig auf den Rücken tätowieren und in der EU als Kunstobjekt ausstellen lasse.[512]

Der japanische Mediziner *Fukushi Masaichi*, genannt „Irezumi Hakase" (刺青博士, etwa: „Dr. Tattoo") erforschte seit 1907 Tätowierungen in Japan, wobei sein besonderes Interesse großflächigen Ganzkörpertätowierungen galt.[513] So erwarb und sammelte er rund 2000 Präparate, die jedoch zum Großteil durch Bombenangriffe 1945 verloren gingen, während ihm andere Exponate bei einer US-Reise gestohlen wurden. Die verbliebenen 105 Präparate fanden Eingang in die Sammlung des medizinisch-pathologischen Museums der Universität von Tokio.[514]

Nach alldem erscheint es zumindest möglich, dass auch mit dem Weiterverkauf eines urheberrechtsfähigen Tattoos Geld verdient werden kann. Deshalb entspricht es dem in § 26 UrhG manifestierten Willen des Gesetzgebers, auch Tattoo Artists und deren Nachkommen in dem seltenen Einzelfall eines Verkaufs eines urheberrechtsfähigen Tattoos durch den Erwerber oder dessen Rechtsnachfolger an den Weiterverkaufserlösen zu beteiligen und § 26 UrhG anzuwenden, soweit auch dessen weitere Voraussetzung, namentlich die Beteiligung eines Kunsthändlers oder Versteigerers gemäß § 26 Abs. 1 S. 1 UrhG, vorliegt.

Wie bereits oben ausgeführt, kann das Folgerecht gemäß § 26 Abs. 8 UrhG jedoch nicht bei Werken der angewandten Kunst gemäß § 2 Abs. 1 Nr. 4 UrhG angewendet werden. Nur soweit ein Tattoo die Anforderungen an Werke der bildenden Kunst gemäß § 2 Abs. 1 Nr. 4 UrhG erfüllt, kommt somit im Falle des Weiterverkaufs ein Folgerecht des Urhebers in Betracht.

Die o. g. Einschränkungen gelten erst recht für Tattoovorlagen. Wie bereits oben ausgeführt (s. o. S. 23), sind Tattoovorlagen nur dann der Werkart der reinen bildenden Kunst gemäß § 2 Abs. 1 Nr. 4 UrhG zuzuordnen, wenn sie nicht lediglich als zeitweilige Vorlage zur unmittelbaren Anfertigung eines

---

512 *Bradshaw*, The Man Who Sold His Skin review – tattooed refugee story offers up art-world satire, 26.09.2021 (https://www.theguardian.com/film/2021/sep/24/the-man-who-sold-his-skin-review) (geprüft am 29.09.2024); *Kamalzadeh*, Satire auf den scheinheiligen Kunstbetrieb: „Der Mann, der seine Haut verkaufte", 24.02.2022 (https://www.derstandard.de/story/2000133606295/satire-auf-den-scheinheiligen-kunstbetrieb-der-mann-der-seine-haut) (geprüft am 29.09.2024).

513 *Hardy*, Life & death tattoos, 1988; *Lodder*, Body Art: Body Modification as Artistic Practice, 2010 (https://www.researchgate.net/publication/282667817_Body_Art_Body_Modification_as_Artistic_Practice), 207 ff. (geprüft am 29.09.2024); *DeMello*, Inked, 2014, 287 f., 606 ff.

514 Doc.Heintz, Fukushi Masaichi, 09.10.2022 (https://de.wikipedia.org/wiki/Fukushi_Masaichi) (geprüft am 29.09.2024); Yamato Magazine, The Bodysuit Collector: Doctor Fukushi Masaichi And The Art Of Preserving Tattooed Skin, 2020 (https://yamatomagazine.home.blog/2020/09/14/the-bodysuit-collector-doctor-fukushi-masaichi/) (geprüft am 29.09.2024).

Tattoos genutzt werden sollen. Dies wäre beispielsweise dann der Fall, wenn sie nach der Verwendung als Vorlage zum Erstellen eines Tattoos in Zweitverwendung auch als dauerhafter Wandschmuck dienen, da sie damit angesichts ihres ästhetischen Gehalts und in Ermangelung eines rein funktionellen Gebrauchszwecks die Anforderungen an ein Werk der bildenden Kunst erfüllen. Anderenfalls scheidet ein Folgerecht für reine Tattoovorlagen aus.

Die Rechte gemäß § 26 Abs. 6 UrhG können schließlich nur durch eine Verwertungsgesellschaft geltend gemacht werden. Für die Geltendmachung der Auskunftsansprüche zur Durchsetzung des Folgerecht gemäß § 26 Abs. 4 und 5 UrhG sollten betroffene Tattoo Artists deshalb Mitglied einer Verwertungsgesellschaft werden.

C. Vergütung für Vermietung und Verleihen, § 27 UrhG

§ 27 UrhG regelt die Vergütungsansprüche von Urhebern aus der Vermietung und dem Verleih von Werkstücken. Während sie ursprünglich als vom Verbreitungsrecht umfasst angesehen wurden,[515] sind sie wegen des Verbreitungsbegriffs des EuGH, der für eine Verbreitung eine Eigentumsübertragung verlangt[516], heute eigenständig im Rahmen der sonstigen Rechte des Urhebers geregelt.

Verleih oder Vermietung von urheberrechtlich geschützten Tattoos mögen wegen der Platzierung in der Haut einer Trägerperson zunächst abwegig erscheinen.

Der oben im Rahmen des Folgerechts gemäß § 26 UrhG zitierte Fall des Verkaufs eines Tattoos liefert hier jedoch ebenfalls ein Beispiel. So verpflichtete sich die Trägerperson vertraglich auch dazu, sich mit dem vertragsgegenständlichen Tattoo mehrmals jährlich ausstellen zu lassen, und nahm als lebendiges Exponat bereits an Ausstellungen in diversen Museen teil.[517] Exponate ganzer Hautpartien mit Tattoos sind immer wieder Gegenstand von Ausstellungen. In der von November 2019 bis Mai 2020 im Museum für Hamburgische Geschichte gezeigten Sonderausstellung „Tattoo-Legenden.

515 BGH, Urt. v. 16.06.1971, Az. I ZR 120/69, GRUR 1972, 141; BGH, Urt. v. 06.03.1986, Az. I ZR 208/83, GRUR 1986, 736; BGH, Urt. v. 10.07.1986, Az. I ZR 102/84, GRUR 1987, 37, 38.

516 EuGH, Urt. v. 17.04.2008, Az. C-456/06, ZUM 2008, 508.

517 *Becker*, Hamburger Morgenpost 09.04.2015; *Bloethe*, BILD 21.05.2014.

Christian Warlich auf St. Pauli“ wurden beispielsweise echte Hautpartien mit von Christian Warlich angefertigten Tattoos ausgestellt.[518]

Damit und mit der nachgewiesenen Existenz eines Sammlermarktes für Echthautexponate (s. o. S. 140 f.) sowie angesichts des öffentlichen Interesses daran liegt der Schluss nahe, dass auch urheberrechtlich geschützte Tattoos z. B. als lebendige Objekte oder Echthautexponate verliehen oder vermietet werden. Die Vergütungsansprüche der davon betroffenen Tattoo Artists richten sich somit nach § 27 UrhG. Da sie gemäß Abs. 3 nur durch eine Verwertungsgesellschaft geltend zu machen sind, ist Tattoo Artists erneut zum Beitritt zu einer ihre Rechte wahrnehmenden Verwertungsgesellschaft zu raten.

Einschränkend ist jedoch festzustellen, dass Echthautexponate nach dem Wortlaut der Norm vom Anwendungsbereich der Vergütungspflicht und damit auch des Verbotsrechts des § 27 Abs. 1 UrhG ausgeschlossen sind. Die Vergütungspflicht soll nach dem Willen des Gesetzgebers nur für die Vermietung von Bild- oder Tonträgern gelten. Der unverzichtbare Vergütungsanspruch des § 27 Abs. 1 UrhG stelle einen Eingriff in die urhebervertragsrechtliche Gestaltungsfreiheit der Parteien dar, mit dem erst Erfahrungen gesammelt werden sollten.[519]

Damit stellt sich die Frage, ob Echthautexponate als unmittelbare „Bildträger“ im wahrsten Sinne des Wortes auch als Bildträger i. S. d. § 27 Abs. 1 UrhG angesehen werden sollten oder ihnen jedenfalls gleichzustellen sind.

Die Definition von Bildträgern i. S. d. § 27 UrhG entspricht jedoch der Legaldefinition des § 16 Abs. 2 UrhG.[520] Einmalige Fotoaufnahmen oder vergleichbare statische Wiedergaben einzelner Bilder sind davon nicht umfasst.[521]

Eine Ausweitung des Bildträgerbegriffs und damit des Anwendungsbereichs des § 27 Abs. 1 UrhG erscheint auch mit dem Willen des Gesetzgebers wegen des voraussichtlich winzigen, fast fiktiv wirkenden Anwendungsbereiches nicht sachgerecht. Ausweislich der bereits oben zitierten Gesetzesbegründung wollte der Gesetzgeber ausdrücklich nur den Massenmarkt der Vermietung marktgängiger Bild- und Tonträger wie Videokassetten, Schallplatten, CDs etc. regeln. Er entschied sich bewusst gegen eine Ausweitung auf andere Bereiche, in denen eine Vermietung ebenfalls denkbar erscheint.

518 Doc.Heintz, Christian Warlich, 03.12.2022 (https://de.wikipedia.org/wiki/Christian_Warlich) (geprüft am 29.09.2024).

519 Amtl. Begr. BT-Drs. 13/115 vom 1994, 14.

520 *Loewenheim*, in: Schricker/Loewenheim/Leistner (Hrsg.), UrhR, [6]2020, § 27, Rn. 8.

521 LG München I, Urt. v. 29.05.1979, Az. 7 S 2 1373/75, GRUR 1979, 852; *Loewenheim*, in: Schricker/Loewenheim/Leistner (Hrsg.), UrhR, [6]2020, § 16, Rn. 27.

Schließlich dürften die Rechte der Urheber in solchen Fällen ausreichend durch die §§ 17, 18 UrhG abgesichert sein (s. o. S. 115 ff.).

Daneben ist die außerdem mögliche öffentliche Verleihe entsprechender Echthautexponate beispielsweise durch Museen in § 27 Abs. 2 UrhG geregelt, der zudem auch das entsprechende Verleihen von legalen Vervielfältigungsstücken i. S. d. § 17 Abs. 2 UrhG, beispielsweise reproduzierender Fotografie urheberrechtlich geschützter Tattoos, durch Museen und vergleichbare öffentliche Einrichtungen erfasst. Verleiht eine solche öffentliche Einrichtung ein Originaltattoo oder ein Vervielfältigungsstück dessen zeitlich begrenzt[522] und ist das Verbreitungsrecht daran erschöpft i. S. d. § 17 Abs. 2 UrhG, entsteht für das Verleihen von urheberrechtlich geschützten Tattoos oder deren Vervielfältigungen ein Vergütungsanspruch der Tattoo Artists, den sie jedoch gemäß § 27 Abs. 3 UrhG nur mithilfe von Verwertungsgesellschaften geltend machen können.

Der gewerbsmäßige, den wirtschaftlichen Interessen des Verleihers dienende Verleih ist der Vermietung gemäß § 17 Abs. 3 S. 1 UrhG gleichzusetzen und unterfällt einzig § 17 UrhG.[523]

522 *Loewenheim*, in: Schricker/Loewenheim/Leistner (Hrsg.), UrhR, [6]2020, § 27, Rn. 17.
523 *Ders.*, in: Schricker/Loewenheim/Leistner (Hrsg.), UrhR, [6]2020, § 27, Rn. 18.

8. Kapitel: Nutzungsrechte

A. Einräumung von Nutzungsrechten, § 31 UrhG

In Bezug auf § 31 UrhG und Tattoos erscheinen zunächst weder Besonderheiten noch Anpassungsbedarf feststellbar.

In der sehr traditionsbewussten und zugleich weitgehend unregulierten Tattoobranche bleibt es jedoch noch häufiger als in anderen kreativen Branchen bei mündlichen Absprachen und Vertragsschlüssen ohne jede schriftliche Fixierung.

Die vermehrte Inanspruchnahme in Form von Schadensersatzforderungen von Kundenseite und ein dadurch gewachsenes Risikobewusstsein haben zwar in letzter Zeit dazu geführt, dass meist Risikoaufklärung und Einwilligung in die tatbestandliche Körperverletzung schriftlich festgehalten werden. Auch gehen Tattoo Artists, insbesondere freiberuflich tätige mit künstlerischer Hochschulausbildung, teilweise dazu über, Tattoovorlagen exklusiv zu lizenzieren und das tatsächliche Tätowieren dieser Vorlagen nur als Nebenleistung zu erbringen. Doch in der Branche weitverbreitete schriftliche Vertragswerke über die Erstellung von Tattoos sehen bislang keine Regelungen zur Übertragung von Nutzungsrechten an die Trägerperson vor. Neben gesundheitlichen Informationen über den Eingriff finden sich allenfalls datenschutz-, straf- und persönlichkeitsrechtliche Einwilligungen der Trägerpersonen zugunsten der Tattoo Artists.[524]

Das Fehlen jeglicher Rechteübertragung würde jedoch bedeuten, dass die für die Tattoowerke zahlenden Trägerpersonen keine urheberrechtlichen Nutzungsrechte an den Werken auf ihren Körpern oder jedenfalls keinen schriftlichen Nachweis darüber hätten, was sie mit den Werken in ihrer Haut überhaupt tun dürfen. Dieses Ergebnis und die daraus folgende Rechtsunsicherheit sind im Hinblick auf die offensichtlichen Interessen beider Vertragsparteien unausgewogen und nicht sachgerecht.

Neben der Anpassung zukünftiger Vertragswerke und einer noch durchzuführenden Prüfung von § 60 UrhG erscheint daher zunächst eine Feststellung erforderlich, ob Nutzungsrechte bei einem Vertrag über die Anfertigung eines Tattoos ohne ausdrückliche Übertragung von Nutzungsrechten möglicherweise konkludent übertragen werden.

So gibt § 31 Abs. 5 UrhG Anlass zu einer Auslegung, ob im Rahmen des sog. Übertragungszweckgedankens mit dem Vertrag über die Anfertigung eines

524 *Slamal*, Einwilligungserklaerung (https://www.tattoosafe.org/media/pdf/0d/49/eb/Einwilligungserklaerung.pdf) (geprüft am 29.09.2024).

Tattoowerks konkludent auch urheberrechtliche Nutzungsrechte übertragen werden.

I. Übertragungszweckgedanke

Der Übertragungszweckgedanke ist eine Ausprägung der teleologischen Auslegungsmethode. Ihm liegt § 31 Abs. 5 UrhG zugrunde. Gemäß dieser Regelung gewährt der Urheber Nutzungsrechte grundsätzlich nur in dem Ausmaß, das absolut erforderlich ist, um den Vertragszweck zu erfüllen.[525] Dieser beschränkt sich im Zweifel auf den bloßen Werkgenuss.[526]

Die Auslegungsregel scheint zunächst Urheber einseitig zu bevorzugen. Sie gilt jedoch nicht pauschal, sondern befindet sich in Konkurrenz zu den anderen Auslegungsregeln des UrhG.[527] Ebenso unterliegt sie dem Grundsatz einer Vertragsauslegung, die die Interessen beider Seiten angemessen berücksichtigt.[528] Bei Ermangelung eines auslegbaren Wortlauts sind ergänzend die gesamten Umstände des Vertragsschlusses zu würdigen, insbesondere Vertragszweck, Entstehungsgeschichte des Vertrags, Äußerungen der Vertragsparteien und ihr Verhalten.[529] Allerdings ist die Feststellung stillschweigender Rechteeinräumungen zurückhaltend und allenfalls dann anzunehmen, wenn sich ein dahinterstehender Wille des Urhebers konkret nachweisen lässt.[530]

In der überwiegenden Zahl der Fälle bei Vereinbarung eines Vertrags über die Erstellung eines Tattoos ist mangels bisherigen Bewusstseins der Branche keine Regelung etwaiger Nutzungsrechteübertragungen an die Trägerpersonen feststellbar (s. o. S. 146 f.). Eine ausdrückliche schriftliche Regelung von Nutzungsrechten in Tattooverträgen dürfte vielmehr die absolute Ausnahme darstellen, auch wenn das Bewusstsein nicht nur bei Tattoo Artists, sondern auch bei ihrer Kundschaft nicht zuletzt durch in den Medi-

525 *Ohly*, in: Schricker/Loewenheim/Leistner (Hrsg.), UrhR, [6]2020, Vor §§ 31 ff. UrhG, Rn. 55.

526 Thüringer OLG, Urt. v. 27.02.2008, Az. 2 U 319/07, K&R 2008, 301, 304.

527 *G. Schulze*, in: Dreier/G. Schulze/Raue u. a. (Hrsg.), UrhG, 2022, Vor § 31, Rn. 16.; *Ohly*, in: Schricker/Loewenheim/Leistner (Hrsg.), UrhR, [6]2020, Vor §§ 31 ff. UrhG, Rn. 56.; *Wandtke*, in: Wandtke/Bullinger (Hrsg.), UrhR, 2022, Vor §§ 31 ff., Rn. 126.

528 BGH, Urt. v. 19.12.2002, Az. I ZR 297/99, GRUR 2003, 699, 701; BGH, Urt. v. 22.04.2010, Az. I ZR 197/07, GRUR 2010, 1093, Rn. 20; BGH, Urt. v. 27.03.2013, Az. I ZR 9/12, GRUR 2013, 1213, Rn. 32; *Ohly*, in: Schricker/Loewenheim/Leistner (Hrsg.), UrhR, [6]2020, Vor §§ 31 ff. UrhG, Rn. 56.

529 BGH, Urt. v. 20.11.1970, Az. I ZR 50/69, GRUR 1971, 362, 363 f.

530 BGH, Urt. v. 22.04.2004, Az. I ZR 174/01, ZUM 2004, 830; LG Köln, Urt. v. 18.08.2022, Az. 14 O 350/21, GRUR-RS 2022, 43572, 53, 59; *Schack*, Rn. 662.

en behandelte, spektakuläre Fälle[531] langsam anwächst und z.B. die NFL Players Association (im Weiteren: NFLPA) Profi-Footballspielern seit 2013 ausdrücklich zu schriftlichen Freigaben der Nutzungsrechte durch ihre Tattoo Artists rät.[532] Deshalb erscheint es im Fall von Tattoos weiterhin sachgerecht, mangels bislang durchgängig branchen- und kundenübergreifenden Bewusstseins für den Bedarf einer Nutzungsrechteklärung die Angemessenheit einer konkludenten Rechteeinräumung zu diskutieren.

Zwar gibt es eine Ansicht in der Rechtsprechung, nach der aus dem gewerblichen Verkauf eines mit urheberrechtlich geschützten Werken versehenen Handelsgegenstands keine konkludente Übertragung von Nutzungsrechten abzuleiten sei und Nutzungsrechte vielmehr ausdrücklich schriftlich einzuräumen wären.[533] Diese Ansicht erscheint jedoch insbesondere wegen fehlender Berücksichtigung von in der Natur des menschlichen Verhaltens liegenden, üblichen und damit auch für Urheber vorhersehbaren Nutzungshandlungen, Branchenüblichkeiten und Verkehrsfähigkeit von Handelsgegenständen nicht sachgerecht und vermag nicht zu überzeugen.

Die Gegenansicht geht unter Berücksichtigung von in der Natur des menschlichen Verhaltens liegenden, üblichen und damit auch für Urheber vorhersehbaren Nutzungshandlungen, Branchenüblichkeit und Verwendungszweck des Verkaufsgegenstands davon aus, dass gerade gewerbliche Anbieter von Dekorationsgegenständen auch für die vertragsgemäße Nutzung erforderliche urheberrechtliche Nutzungsrechte an ihre Kunden übertragen.[534] Unter der vertragsgemäßen Nutzung sei insbesondere bei dauerhafter Verbindung der die urheberrechtlich geschützte Werke tragenden Ware mit Objekten des Käufers, die eine Beseitigung des mit den urheberrechtlich geschützten Werken versehenen Gegenstands im Rahmen der vertraglich vorausgesetzten Nutzung ausscheiden ließen, sowohl Vervielfältigung als auch öffentliche Zugänglichmachung von Vervielfältigungen der Ware mit den urhe-

531 *Baker*, NBA 2K Tattoo Copyright Suit Offers Two Compelling Legal Arguments, But Only One Seems Practical, 04.01.2019 (https://www.forbes.com/sites/thomasbaker/2019/01/04/lebron-smartly-sides-with-the-producers-of-nba-2k-in-tattoo-copyright-case-but-will-that-be-enough/) (geprüft am 29.09.2024).

532 *Heitner/Wilmot*, Score a Touchdown, Kiss Your Tattoo, and Get Sued for Copyright Infringement? Infringement?, 2014 (https://digitalcommons.law.villanova.edu/cgi/viewcontent.cgi?article=1312&context=mslj) (geprüft am 29.09.2024).

533 LG Köln, Urt. v. 18.08.2022, Az. 14 O 350/21, GRUR-RS 2022, 43572, Rn. 61; LG Köln, Urt. v. 11.04.2024, Az. 14 O 70/23, https://openjur.de/u/2488040.html, Rn. 74 ff.; LG Köln, Urt. v. 11.04.2024, Az. 14 O 75/23, https://openjur.de/u/2488041.html, Rn. 79 ff.

534 BGH, Urt. v. 11.09.2024, Az. I ZR 139/23; I ZR 140/23; I ZR 141/23, https://www.bundesgerichtshof.de/SharedDocs/Pressemitteilungen/DE/2024/2024179.html?nn=10690868; LG Düsseldorf, Urt. v. 19.04.2023, Az. 12 O 129/22, openJur 2023, 4927, Rn. 28.

berrechtlich geschützten Werken darauf zu verstehen.[535] In diesem beiden Seiten bei Vertragsschluss bewussten Nutzungsumfeld komme es nahezu zwangsläufig und aus unterschiedlichsten Motiven sowohl bei privater als auch gewerbliche Nutzung zu Vervielfältigungen durch Fotoaufnahmen.[536] Auch liege sowohl im privaten als auch im gewerblichen Bereich die öffentliche Zugänglichmachung im Internet oder Social Media stets nahe, sei im gewerblichen Bereich branchenüblich und damit auch für die Erreichung des von beiden Vertragsparteien gewollten Vertragszwecks im Rahmen des bestimmungsgemäßen Gebrauches abgedeckt.[537] Könne der Erwerber Fotos seines mit der Tapete geschmückten Raumes nicht nutzen, sei sie nicht für den bestimmungsgemäßen Gebrauch und Vertragszweck geeignet.[538] Niemand könne erwarten, dass Fotos der eigenen Räumlichkeiten nicht genutzt werden könnten.[539]

Eine gesonderte Vergütung für Rechte an Vervielfältigung und öffentlicher Zugänglichmachung entsprechender Tapeten sei auch branchenunüblich, die Forderung nach einer gesonderten schriftlichen Vereinbarung über Nutzungsrechte fernliegend.[540] Ein Berechtigter, der einen entsprechenden Gegenstand ohne Einschränkungen vertreibe, müsse mit den üblichen Nutzungshandlungen rechnen, die sich aus den Umständen ergäben. Andernfalls müsse er beim Vertrieb einschränkende Zusätze verwenden.[541] Dies werde auch durch den in § 17 Abs. 2 UrhG zum Ausdruck kommenden Rechtsgedanken gestützt, wonach das Urheberrecht, ähnlich wie andere Schutzrechte, dem Interesse an der Verkehrsfähigkeit der mit Zustimmung des Berechtigten in Verkehr gesetzten Ware weichen müsse.[542] Wenn ein Erwerber und Weiterverkäufer im Interesse der Verkehrsfähigkeit der Waren ein Abbild hiervon auch zu Werbezwecken nutzen und öffentlich zugänglich machen

535 BGH, Urt. v. 11.09.2024, Az. I ZR 139/23; I ZR 140/23; I ZR 141/23, https://www.bundesgerichtshof.de/SharedDocs/Pressemitteilungen/DE/2024/2024179.html?nn=10690868; OLG Düsseldorf, Urt. v. 08.02.2024, Az. I-20 U 56/23, openJur 2024, 1361, Rn. 51; LG Düsseldorf, Urt. v. 19.04.2023, Az. 12 O 129/22, openJur 2023, 4927, Rn. 28.

536 OLG Düsseldorf, Urt. v. 08.02.2024, Az. I-20 U 56/23, openJur 2024, 1361, Rn. 51; LG Düsseldorf, Urt. v. 19.04.2023, Az. 12 O 129/22, openJur 2023, 4927, Rn. 28.

537 OLG Düsseldorf, Urt. v. 08.02.2024, Az. I-20 U 56/23, openJur 2024, 1361, Rn. 51; LG Düsseldorf, Urt. v. 19.04.2023, Az. 12 O 129/22, openJur 2023, 4927, Rn. 28.

538 OLG Düsseldorf, Urt. v. 08.02.2024, Az. I-20 U 56/23, openJur 2024, 1361, Rn. 51; LG Düsseldorf, Urt. v. 19.04.2023, Az. 12 O 129/22, openJur 2023, 4927, Rn. 28.

539 LG Düsseldorf, Urt. v. 19.04.2023, Az. 12 O 129/22, openJur 2023, 4927, Rn. 28.

540 LG Düsseldorf, Urt. v. 19.04.2023, Az. 12 O 129/22, openJur 2023, 4927, Rn. 29.

541 BGH, Urt. v. 06.12.2007, Az. I ZR 94/05, GRUR 2008, 245, 245; LG Düsseldorf, Urt. v. 19.04.2023, Az. 12 O 129/22, openJur 2023, 4927, Rn. 34.

542 BGH, Urt. v. 06.03.1986, Az. I ZR 208/83, GRUR 1986, 736, 737 f.; BGH, Urt. v. 04.05.2000, Az. I ZR 256/97, ZUM 2000, 1082, 1084; LG Düsseldorf, Urt. v. 19.04.2023, Az. 12 O 129/22, openJur 2023, 4927, 34.

dürfe, ohne weitergehende Nutzungsrechte einholen zu müssen, könne für die Nutzbarkeit einer Fototapete nichts anderes gelten, da sonst deren Verkehrsfähigkeit maßgeblich eingeschränkt sei.[543]

Diese Argumentation vermag zu überzeugen. Die Forderung nach einer ausdrücklichen Vereinbarung von Nutzungsrechten beim Kauf eines Dekorationsobjekts erscheint fernliegend und lebensfremd. Weder einem gewerblichen noch einem privaten Erwerber ist zuzumuten, für seine entsprechend geschmückten Räume ansonsten eine Art Fotografierverbot aussprechen zu müssen.

Fraglich bleibt jedoch, ob die oben erzielten Erkenntnisse ohne Weiteres auf den Tattoobereich übertragen werden können. Auch im Tattoobereich erwirbt die Trägerperson Eigentum an den in ihre Haut eingebrachten Farbartikeln und damit an dem Tattoo. Sie ist auch als mindestens ebenso dauerhaft anzusehen wie die Wandtapete in einem Raum.

Neben diesen Übereinstimmungen gibt es aber auch wesentliche Unterschiede. Entgegen Tapeten, die bei jeglicher Raumnutzung zwangsläufig sichtbar sind und bei Fotoaufnahmen ins Bild geraten, sind nicht jegliche Tattoos stets und ständig sichtbar. Gerade bei Tattoos, die an für gewöhnlich bedeckten Körperstellen z. B. im Intimbereich angebracht sind, ist eine Vervielfältigung z. B. bei Fotografie der Person nicht zwangsläufig erforderlich und erscheint daher auch nicht sozialadäquat sowie als eine Art bestimmungsgemäßer Gebrauch. Ebenso handelt es sich bei Tattoos im Gegensatz zu Handelsgegenständen wie Dekoartikeln gerade nicht um Waren, die (weiter-)gehandelt und dafür zwangsläufig dargestellt werden. Das oben erwähnte Argumente der Verkehrsfähigkeit wird auf Tattoos mithin nicht anzuwenden sein. Damit wird der ausschlaggebende Faktor im Bereich der Branchenüblichkeit und des Umfangs des von beiden Seiten bei Vertragsschluss vereinbarten Vertragszwecks zu sehen sein.

Wie bereits oben (s. o. S. 121 ff.) angerissen, gibt es gute Gründe dafür, dass Tattoo Artists bereits vor Erstellung eines Tattoos bewusst sein dürfte, dass ihre Kunden die Tattoos mindestens auch zu Zwecken erwerben, die urheberrechtliche Nutzungsrechte darstellen, insbesondere die Vervielfältigung z. B. durch Fotos und die öffentliche Zugänglichmachung in Internet und Social Media im Rahmen der Darstellung ihres Körpers und ihrer Persönlichkeit im privaten Umfeld.

Bei bereits als Tattoo Model tätigen Personen oder weithin bekannten Prominenten wie z. B. Schauspielern oder Profisportlern, die häufig Gegenstand von Berichterstattungen sind und auch das Aussehen ihres Körpers vermarkten, muss sich der Schluss, dass Gegenstand ihrer professionell betriebenen

543 LG Düsseldorf, Urt. v. 19.04.2023, Az. 12 O 129/22, openJur 2023, 4927, Rn. 34.

Selbstdarstellung auch Tattoos am Körper sind oder werden, geradezu aufdrängen.

Aber ebenfalls aus ihrem eigenen sozialen Verhalten können Tattoo Artists auf das Verhalten anderer, auch nicht prominenter oder ihren Lebensunterhalt mit der Darstellung ihres Körpers verdienender Personen schließen.

Insofern bietet sich auch eine Bezugnahme auf den Rechtsgedanken der in § 59 UrhG normierten urheberrechtliche Schranke der sogenannten Panoramafreiheit an.

In Anbetracht der durch das o. g., jedenfalls in weiten Teilen der modernen Gesellschaft übliche Sozialverhalten bei Ausübung der Persönlichkeit in Form der Erstreckung der Außendarstellung auch auf das Internet und Social Media ist deren Nutzung durch Trägerpersonen mit z. B. Fotografien ihrer Tattoos und die Erforderlichkeit der dafür erforderlichen Nutzungsrechte für Tattoo Artists ähnlich offensichtlich und erwartbar wie die Vervielfältigung, Verbreitung und öffentliche Zugänglichmachung von Kunstwerken, die dauerhaft im öffentlichen Raum angebracht werden, für Künstler allgemein, z. B. durch Alltagsfotografie.

Als ein weiteres Argument für die Übertragung von Nutzungsrechten auch ohne ausdrückliche Regelung erscheinen der Wortlaut der speziellen Auslegungsregel des § 60 UrhG und der dadurch ausgedrückte Wille des Gesetzgebers.

Gemäß § 60 Abs. 1 UrhG ist die Vervielfältigung und unentgeltliche, nicht zu gewerblichen Zwecken vorgenommene Verbreitung eines Bildnisses durch den Besteller des Bildnisses, den Abgebildeten oder deren Rechtsnachfolger zulässig, bei Werken der bildenden Künste jedoch auf die Verwertung durch Lichtbild beschränkt.

Als Bildnisse i. S. d. § 60 UrhG gelten allerdings ausschließlich visuelle Darstellungen des äußeren Erscheinungsbilds einer Person[544] oder mehrerer Personen[545] als Hauptgegenstand des Bildnisses, nicht jedoch Landschafts-, Sach- oder Tierbilder.[546] Damit wird die Deutung des Begriffes des Bildnisses in § 60 UrhG von jener des ehemaligen § 18 Abs. 2 KUG übernommen und ist auch auf die §§ 22 bis 24 KUG anzuwenden, da der Begriff des Bildnisses

544 BGH, Urt. v. 09.06.1965, Az. I b ZR 126/63, NJW 1965, 2148; BGH, Urt. v. 01.12.1999, Az. I ZR 226/97, NJW 2000, 2201, 2202 mwN.

545 OLG Karlsruhe, Urt. v. 13.04.1994, Az. 6 U 244/93, ZUM 1994, 737; OLG Köln, Urt. v. 19.12. 2003, Az. 6 U 91/03, GRUR 2004, 499; *Dreier*, in: Dreier/G. Schulze/Raue u. a. (Hrsg.), UrhG, 2022, § 60, Rn. 4.

546 *A. Nordemann*, in: A. Nordemann/J. B. Nordemann/Czychowski (Hrsg.), UrhR, 2018, § 60, Rn. 7.; *Vogel*, in: Schricker/Loewenheim/Leistner (Hrsg.), UrhR, ^{6}2020, § 60, 17 ff.; *Götting*, in: Loewenheim (Hrsg.), Handbuch Urheberrecht, ^{3}2021, 46.

dort ebenfalls verwendet wird.[547] Auch hinsichtlich § 18 Abs. 2 KUG wurden unter dem Begriff des Bildnisses bereits ausschließlich solche Darstellungen verstanden, die die äußere Erscheinung einer oder mehrerer Personen durch eine bildliche Darstellung und nicht nur als Beiwerk wiedergeben.[548]

Die Spezialschranke des § 60 UrhG würde damit nach dem Willen des Gesetzgebers einzig Tattoos betreffen, deren Hauptgegenstand die Wiedergabe einer Person oder mehrerer Personen ist. Solche Porträttattoos machen allerdings nur einen kleinen Teil des kreativen Schaffens von Tattoo Artists aus, auch wenn sich einige gerade darauf spezialisiert haben.

Eine weitere Befassung mit dem Rechtsgedanken des § 60 UrhG soll deshalb an dieser Stelle unterbleiben und bei der eigenständigen Prüfung der Anwendbarkeit von § 60 UrhG an späterer Stelle erfolgen.

Damit ist als Zwischenergebnis festzuhalten, dass die konkludente Übertragung jedenfalls mancher urheberrechtlicher Nutzungsrechte im Rahmen einer interessengerechten Vertragsauslegung vom von beiden Parteien gewollten Vertragszweck umfasst und für dessen Zweckerreichung zwingend erforderlich ist. Umfang und Reichweite dieser konkludent übertragenen Rechte sind im Weiteren genauer herauszuarbeiten.

II. Umfang

Im Wege der weiteren Auslegung und Interessenabwägung ist zu beurteilen, welche der urheberrechtlichen Nutzungsrechte bei dem Vertrag über die Anfertigung eines Tattoowerks konkludent eingeräumt oder gewöhnlich von beiden Vertragspartnern als zur Erreichung des Vertragszwecks zwingend erforderlich angesehen werden.

1. Veröffentlichung und Vervielfältigung

Ebenso wie Tattoo Artists selbst, die ihre Rechte zur Vervielfältigung und Veröffentlichung nutzen, um ihre Werke und Fähigkeiten zu bewerben, ist es angesichts des überwiegenden Körperverschönerungszwecks als Motivator für den Erwerb von Tattoos als vornehmliches Interesse der Trägerpersonen zu werten, die erworbenen Werke in ihrer Haut nicht nur tragen, sondern auch vorzeigen zu dürfen. Dieses Recht zur Entscheidung über das Ob und Wie der Darstellung des eigenen Körpers und damit der Person und Persönlichkeit in der Öffentlichkeits-, Sozial- und Privatsphäre ist als sich an das Recht am eigenen Bild im Sinne der §§ 22, 23 KUG anlehnende Ausprägung des allgemeinen Persönlichkeitsrechts gemäß Art. 2 Abs. 1 GG i. V. m.

547 *Vogel*, in: Schricker/Loewenheim/Leistner (Hrsg.), UrhR, [6]2020, § 60, Rn. 17.
548 *Osterrieth/Marwitz*, in: Das Kunstschutzgesetz, [2]1929, 18 II 3 a.

Art. 1 Abs. 1 GG anzusehen. Das allgemeine Persönlichkeitsrecht ist auch im Rahmen zivilrechtlicher Streitigkeiten zu beachten. Es liegt in der Verantwortung des Staates sicherzustellen, dass private Dritte das Grundrecht nicht verletzen.[549]

Angesichts zu besorgender Eingriffe in die Öffentlichkeitssphäre, Sozialsphäre und Privatsphäre von Trägerpersonen bei der Durchsetzung von Urheberrechten ist eine Abwägung im Wege der Verhältnismäßigkeitsprüfung vorzunehmen. Die auch durch das Urheberrecht gewährleisteten Grundrechte der Tattoo Artists in Form der Kunstfreiheit, Berufsfreiheit und des Eigentums in Form von Immaterialgüterrechten sind damit gegen etwaige Persönlichkeitsrechtsverletzungen abzuwägen. Nur wenn diese Grundrechte der Tattoo Artists das allgemeine Persönlichkeitsrecht der Trägerpersonen überwiegen, können sie die Eingriffe in die Öffentlichkeitssphäre, Sozialsphäre und Privatsphäre der Trägerpersonen rechtfertigen.

Das Gewicht des allgemeinen Persönlichkeitsrechts im Einzelfall bestimmt sich danach, in welche Sphäre eingegriffen wird. Zudem sind bei der Gewichtung u. a. Alter, Reifegrad und Vorverhalten der Betroffenen zu berücksichtigen.[550]

Da bei einem Verbot der Veröffentlichung oder Vervielfältigung die Trägerpersonen ihre Tattoowerke weder öffentlich noch in der heute elektronisch erweiterten Sozialsphäre in Social Media bis hin zur Privatsphäre von geschlossenen Chatgruppen zeigen dürften, würde dies schwerwiegende erhebliche Eingriffe in Öffentlichkeits- bis hin zu Privatsphäre verwirklichen. Das in diesem Fall betroffene allgemeine Persönlichkeitsrecht ist somit ganz erheblich zu gewichten.

Ihm stehen als Ausprägung der o. g. Grundrechte, die Rechte der Tattoo Artists als Urheber, Veröffentlichung und Vervielfältigung kontrollieren zu können, gegenüber. Dabei darf nicht unberücksichtigt bleiben, dass Tattoo Artists sowohl den meist überwiegenden Körperverschönerungszweck der Anschaffung eines Tattoos als auch den üblichen Drang der tätowierten Menschen, ihren entsprechend verschönerten Körper analog oder digital vorzuzeigen, kennen oder jedenfalls kennen können.

Angesichts des bekannten menschlichen Verhaltens, sich auch zu fotografieren und fotografieren zu lassen, muss das Anfertigen von Tattoos auf Körpern anderer Personen als durch schlüssiges Verhalten geäußerter und unzweideutiger Parteiwille in der Form des schlüssigen Verhaltens des Urhebers im Sinne der einschlägigen Rechtsprechung des BGH[551] gewertet werden. Darüber hinaus ist auch davon auszugehen, dass die absolut über-

549 BVerfG, Urt. v. 25.10.2005, Az. 1 BvR 1696/98, openJur 2010, 3162, Rn. 27.
550 BVerfG, Urt. v. 25.01.2012, Az. 1 BvR 2499/09, openJur 2012, 612, Rn. 43 ff.
551 BGH, Urt. v. 22.04.2004, Az. I ZR 174/01, ZUM 2004, 830.

wiegende Anzahl der Tattoo Artists mit entsprechendem Verhalten der Trägerpersonen einverstanden ist, jedenfalls soweit dies nicht über eine private Nutzung hinausgeht.

Die Rechte zur Veröffentlichung (soweit nicht bereits durch die Tattoo Artists selbst erfolgt, s. o. S. 79 ff.) und Vervielfältigung für die Trägerperson erscheinen danach als vom von beiden Parteien gewollten Vertragsinhalt umfasst. Sie sind jedenfalls aber für die Erreichung des von beiden Parteien zugrunde gelegten Vertragszwecks als zwingend erforderlich anzusehen, sofern sie zu privaten Zwecken, namentlich zur Darstellung der Person und Persönlichkeit im Rahmen der Ausübung des allgemeinen Persönlichkeitsrechts ausgeübt werden.

Als mögliche weitere, konkludent eingeräumte Rechte kommen jene zur Verbreitung, öffentlichen Zugänglichmachung, Ausstellung, Vorführung und Bearbeitung in Betracht.

2. Verbreiten

Ebenso, wie der Käufer eines Werks gem. § 17 Abs. 1 UrhG i. V. m. § 15 Abs. 1 Nr. 2 UrhG und § 106 Abs. 1 UrhG nicht ohne Zustimmung dessen Urhebers oder gesetzlich erlaubte Ausnahme Vervielfältigungsstücke des Werks in der Öffentlichkeit anbieten oder sogar in Verkehr bringen darf, ist es auch für die Erreichung des von beiden Vertragsparteien zugrunde gelegten Zwecks eines Vertrags über die Erstellung eines Tattoos nicht zwingend erforderlich, als Trägerperson Vervielfältigungsstücke des erhaltenen Tattoowerks verbreiten zu dürfen.

Wie bereits ausgeführt (s. o. S. 116), stellt die Eigentumsübertragung an dem Werkoriginal keine Erschöpfung hinsichtlich weiterer Vervielfältigungsstücke dar.

Einzig die Weiterverbreitung des jeweiligen Werkoriginals in Form des Tattoos selbst ist zulässig. Nur diese wird, von wenigen Ausnahmen abgesehen, in die Vergütung für die Erstellung eines Tattoos eingepreist sein.

Auf die weiteren Ausführungen zum Verbreitungsrecht (s. o. S. 115 ff.) wird Bezug genommen.

3. Öffentliche Zugänglichmachung

Wie für die Außendarstellung der Tattoo Artists und ihrer Fähigkeiten, ist auch im menschlichen Miteinander weiter Teile der Gesellschaft und insbesondere vieler Kunden von Tattoo Artists die Nutzung von Internet und Social Media zu einem festen Bestandteil der Darstellung der Persönlichkeit geworden.

So nutzen gemäß einer 2021 veröffentlichten Studie 66 Millionen Deutsche Social Media und damit fast 80 %. Fast 79 Millionen Deutsche und damit 94 % der Bevölkerung nutzen das Internet. Im Durchschnitt hat jeder Deutsche sechs verschiedene Social-Media-Konten.[552] Die konkludente Übertragung auch des Nutzungsrechts auf öffentliche Zugänglichmachung erscheint deshalb zunächst naheliegend und sachgerecht.

Wie bereits festgestellt (s. o. S. 147), ist die Feststellung stillschweigender Rechteeinräumungen gem. herrschender BGH-Rechtsprechung[553] allerdings zurückhaltend vorzunehmen.

Für eine zurückhaltende Annahme der konkludenten Übertragung insbesondere des Rechts zur öffentlichen Zugänglichmachung sprechen auch die Auslegungsregeln des § 37 UrhG.

Wenn der Gesetzgeber sowohl das Recht zur Veröffentlichung einer Bearbeitung als auch das Recht, das Werk auf Bild- oder Tonträger zu übertragen sowie schließlich das Recht zur Wiedergabe außerhalb einer Veranstaltung im Zweifel beim Urheber belassen will, so ist im Wege des argumentum a fortiori gut zu vertreten, dass dann erst recht auch das Recht zur öffentlichen Zugänglichmachung gemäß § 19a UrhG im Zweifel beim Urheber verbleiben soll. So greift die öffentliche Zugänglichmachung gemäß § 19a UrhG aufgrund der daraus folgenden weltweiten Verfügbarmachung eine Vervielfältigung des Werks wesentlich intensiver in die Rechte des Urhebers ein als das Recht zur Veröffentlichung einer Bearbeitung, das Recht, das Werk auf Bild- oder Tonträger zu übertragen oder das Recht zur Wiedergabe außerhalb einer Veranstaltung.

Weiterhin zeigt der angedeutete Blick auf den Wortlaut und die Interpretation des § 60 UrhG (s. o. S. 152), dass diese spezielle Regelung ausschließlich dem aus persönlicher Verbundenheit resultierenden Interesse des Bestellers dient. Er soll die Möglichkeit haben, die auf seine Bestellung hin erstellte bildliche Darstellung selbst zu vervielfältigen und kostenlos an einzelne Dritte weiterzugeben. Es wird kein Nutzungsrecht zur öffentlichen Zugänglichmachung des bestellten Bildnisses gewährt.[554] § 60 UrhG ist nur auf Abbildungen von Personen anwendbar (s. o. S. 151).

552 *Kroker*, Deutschland Digital 2021: 66 Millionen Social-Media-Nutzer – plus 13 Prozent gegenüber 2020, 2021 (https://blog.wiwo.de/look-at-it/2021/02/17/deutschland-digital-2021-66-millionen-social-media-nutzer-plus-13-prozent-gegenueber-2020/) (geprüft am 29.09.2024).

553 BGH, Urt. v. 22.04.2004, Az. I ZR 174/01, ZUM 2004, 830.

554 OLG Köln, Urt. v. 19.12. 2003, Az. 6 U 91/03, GRUR 2004, 499, 500; LG Köln, Urt. v. 20.12.2006, Az. 28 O 468/06, MMR 2007, 465, 466; LG Köln, Urt. v. 09.04.2008, Az. 28 O 690/07, ZUM-RD 2008, 437, 439.

Ein Blick auf die Rechtsprechung zu bestellten Fotografien zeigt zudem, dass eine darauf bezogene Auslegung von § 31 Abs. 5 UrhG zu dem Schluss kommt, dass das Recht zur öffentlichen Zugänglichmachung nicht stillschweigend übertragen wird. Selbst wenn der Besteller bei Vertragsschluss darauf hinweise, die Fotos auch online verwenden zu wollen, werde das Nutzungsrecht für die öffentliche Zugänglichmachung nicht automatisch eingeräumt, wenn der erkennbare Wille des Urhebers fehle.[555] Diese Rechtsprechung wird vom LG Köln auch im Fall des gewerblichen Erwerbs einer Fototapete übernommen. Eine Übertragung von Nutzungsrechten sei bei dem Verkauf der Fototapete an die Beklagte nicht unbedingt erforderlich gewesen, weshalb sie nicht per Anfertigung einer Fotografie vervielfältigt und die Vervielfältigung nicht im Wege der öffentlichen Zugänglichmachung in das Internet gestellt werden dürfe.[556] Dieser Ansicht wird zwar vom BGH, OLG und LG Düsseldorf vehement widersprochen, da nicht außer Acht gelassen werden könne, dass der gewöhnliche Verwendungszweck einer Tapete auch darin bestehe, dauerhaft Räume zu dekorieren, in denen Fotos erstellt würden und unter verschiedensten Umständen Bilder davon in das Internet gelängen.[557] Diese Ansicht des BGH, OLG und LG Düsseldorf bezüglich Fototapeten kann aber nicht auf Tattoos übertragen werden. Denn wie vom LG Düsseldorf ausgeführt, ist es weder für Gewerbetreibende noch Privatpersonen ohne Weiteres vorhersehbar, ob z. B. beim Aufenthalt von Gästen, also Dritten, in den so tapezierten Räumlichkeiten oder auch bei Weiterveräußerung des Objekts, in dem die Fototapete angebracht ist, Lichtbilder erstellt und beispielsweise in sozialen Netzwerken geteilt würden.[558] Bei einem in den oberen Hautschichten einer Trägerperson angebrachten Tattoowerk ist für die Trägerperson aber vorhersehbar, jedenfalls aber über Bekleidung, Sozialverhalten etc. steuerbar, ob Fotos von einem auf ihrem Körper befindlichen Tattoowerk gemacht und in Social Media oder in das Internet gestellt werden können. Dies gilt insbesondere für Tattoowerke an Stellen, die im Alltag nicht sichtbar präsentiert werden.

---

555 OLG Köln, Urt. v. 19.12. 2003, Az. 6 U 91/03, GRUR 2004, 499, 500; LG Köln, Urt. v. 20.12.2006, Az. 28 O 468/06, MMR 2007, 465, 466.

556 LG Köln, Urt. v. 18.08.2022, Az. 14 O 350/21, GRUR-RS 2022, 43572, 58 ff.

557 BGH, Urt. v. 11.09.2024, Az. I ZR 139/23, https://juris.bundesgerichtshof.de/cgi-bin/rechtsprechung/document.py?Gericht=bgh&Art=en&nr=139012&pos=0&anz=1, Rn. 31 ff.; BGH, Urt. v. 11.09.2024, Az. I ZR 140/23, https://juris.bundesgerichtshof.de/cgi-bin/rechtsprechung/document.py?Gericht=bgh&Art=en&sid=8eda2cae2b5d5ffb6a3a9601581ce6cc&nr=139013&anz=1&pos=0, Rn. 32 ff.; BGH, Urt. v. 11.09.2024, Az. I ZR 141/23, https://juris.bundesgerichtshof.de/cgi-bin/rechtsprechung/document.py?Gericht=bgh&Art=en&sid=aa83bdf5e8009329bfe514afc7a0bf22&nr=139014&anz=1&pos=0, Rn. 31 ff.; OLG Düsseldorf, Urt. v. 08.02.2024, Az. I-20 U 56/23, openJur 2024, 1361, Rn. 51; LG Düsseldorf, Urt. v. 19.04.2023, Az. 12 O 129/22, openJur 2023, 4927, Rn. 29.

558 LG Düsseldorf, Urt. v. 19.04.2023, Az. 12 O 129/22, openJur 2023, 4927, 29.

Angesichts der im Interesse der Urheber zu befürwortenden, zurückhaltenden Annahme von konkludenten Rechtübertragungen muss auch für Tattoowerke geschlossen werden, dass das Recht zur öffentlichen Zugänglichmachung von Vervielfältigungen im Zweifel nicht eingeräumt wird. Insofern ist sowohl *Ludyga*[559] als auch den von ihm zitierten *Slamal*[560] und *Lampmann*[561] ausdrücklich zu widersprechen.

Slamals Begründung, dass das Recht zur öffentlichen Zugänglichmachung und kommerziellen Verwertung eines auf dem eigenen Körper befindlichen Tattoowerks aus der Autonomie über den eigenen Körper erwachse, zumal Tattoo Artists durch die öffentliche Zugänglichmachung *„kaum"* in ihren Urheberrechten verletzt würden,[562] vermag nicht zu überzeugen, da sie ohne jede Einbeziehung urheberrechtlicher Normen, Rechtsprechung oder Literaturmeinungen erfolgt.

Lampmann will unter Berufung auf § 60 UrhG jedem Besteller eines Tattoowerks die Rechte zur Vervielfältigung, Verbreitung und öffentlichen Zugänglichmachung sogar in gewerblicher Absicht einräumen. Dabei setzt er in seiner Auslegung von § 60 UrhG allerdings das urheberrechtlich geschützte Werk mit dem wesentlich engeren Begriff des Bildnisses des § 60 UrhG gleich.[563] Diese Auslegung erscheint zu weitgehend, wie anlässlich der Prüfung des § 60 UrhG noch zu beleuchten sein wird.

Dass das Recht zur öffentlichen Zugänglichmachung von Vervielfältigungen im Zweifel nicht eingeräumt wird, mag dem erwartbaren und sozialadäquaten Verhalten vieler Trägerpersonen widersprechen, gibt aber die herrschende Rechtsprechung und einhellige Literaturmeinung zu Fotografien wieder.

Es erscheint auch konsequent, die oben zitierte Rechtsprechung zu Fotografien auf Tattoowerke zu übertragen, stellen sie doch ebenso visuell wahrnehmbare Wiedergaben dar. Auch hier kann ein Interesse des Bestellers bestehen, das Tattoowerk, das auf seine Bestellung hin entstanden ist, selbst

---

559 *Ludyga*, ZUM 2023, 22, 25.

560 *Slamal*, Urheberrecht an Tattoos: Was Tätowierte dürfen, 2017 (https://www.lto.de/recht/hintergruende/h/tattoo-kunst-rechte-urheber-taetowierer-taetowierte-was-sie-duerfen/2/) (geprüft am 29.09.2024).

561 *Lampmann*, Tattoos und Urheberrecht: Wem gehört die Körperkunst?, 05.03.2019 (https://www.lhr-law.de/magazin/urheber-designrecht/tattoos-und-urheberrecht/) (geprüft am 29.09.2024).

562 *Slamal*, Urheberrecht an Tattoos: Was Tätowierte dürfen, 2017 (https://www.lto.de/recht/hintergruende/h/tattoo-kunst-rechte-urheber-taetowierer-taetowierte-was-sie-duerfen/2/) (geprüft am 29.09.2024).

563 *Lampmann*, Tattoos und Urheberrecht: Wem gehört die Körperkunst?, 05.03.2019 (https://www.lhr-law.de/magazin/urheber-designrecht/tattoos-und-urheberrecht/) (geprüft am 29.09.2024).

zu vervielfältigen und Vervielfältigungsstücke aufgrund einer persönlichen Verbundenheit unentgeltlich an einzelne Dritte weiterzugeben.

Die öffentliche Zugänglichmachung wird von diesem Erinnerungsinteresse des Bestellers aber nicht umfasst.[564] § 60 UrhG privilegiert die öffentliche Wiedergabe und damit die öffentliche Zugänglichmachung nicht.[565]

Auch wenn das rechtliche Vorgehen gegen Kunden eher nicht geeignet erscheint, für Kundenbindung und Werbewirkung zu sorgen, wird es nach gegenwärtiger Rechtslage Tattoo Artists dennoch zustehen, ihren Kunden die öffentliche Zugänglichmachung von Vervielfältigungen ihrer Tattoowerke zu untersagen. Ob sie dieses Recht wegen der zu besorgenden negativen Außenwirkung auch durchsetzen, bleibt eine andere Frage, deren Beantwortung aber keinen Einfluss auf die Beurteilung der Rechtslage haben darf.

Um einen gerechten Ausgleich zwischen den Interessen der Vertragsparteien zu finden und Rechtsunsicherheiten zu vermeiden, ist erneut die ausdrückliche schriftliche Regelung von Rechteübertragungen zu empfehlen.

4. Ausstellung

Wie bereits oben ausgeführt (s. o. S. 118), erscheint ein realer Anwendungsfall des auf das Original oder Vervielfältigungsstücke eines unveröffentlichten Werks der bildenden Künste begrenzten Ausstellungsrechts gem. § 18 1. Var. UrhG auf Tattoowerke fernliegend. Dennoch ist der hypothetische Fall zumindest kurz zu bewerten.

Schon in der Fertigstellung des Tattoos in der Haut einer anderen Person ist zwar ein Einverständnis des Urhebers mit der Veröffentlichung durch die Trägerpersonen zu sehen (s. o. S. 79 ff.). Angesichts der gemäß herrschender Rechtsprechung[566] zurückhaltend anzunehmenden stillschweigenden Rechteeinräumungen (s. o. S. 147), ließe sich jedoch vertreten, die Ausweitung der konkludenten Zustimmung zur Veröffentlichung auch auf die Ausstellung solcher Tattoowerke i. S. d. § 18 1. Var. UrhG durch ihre Trägerpersonen als schon nicht zwingend erforderlich anzusehen, um die Ausübung von besonders schützenswerten Persönlichkeitsrechten zu gewährleisten.

Auch der von o. g. Rechtsprechung geforderte, konkrete Nachweis eines dahinterstehenden Willens des Urhebers dürfte schwerfallen, zumal es im

564 OLG Köln, Urt. v. 19.12. 2003, Az. 6 U 91/03, GRUR 2004, 499, 500.

565 *Dreyer*, in: Dreyer/Kotthoff/Meckel u. a. (Hrsg.), UrhR, [4]2018, § 60, Rn. 14.; *A. Nordemann*, in: A. Nordemann/J. B. Nordemann/Czychowski (Hrsg.), UrhR, 2018, § 60, Rn. 14.; *Vogel*, in: Schricker/Loewenheim/Leistner (Hrsg.), UrhR, [6]2020, § 60, Rn. 31.; *Dreier*, in: Dreier/G. Schulze/Raue u. a. (Hrsg.), UrhG, 2022, § 60, Rn. 13.; *Engels*, in: Götting/Lauber-Rönsberg/Rauer (Hrsg.), UrhR, 2024, § 60, Rn. 8.

566 BGH, Urt. v. 22.04.2004, Az. I ZR 174/01, ZUM 2004, 830.

ureigensten Interesse jedes Künstlers liegt, selbst über Ob und Wie der Teilnahme seiner bislang unveröffentlichten Werke an Ausstellungen zu entscheiden. Dies wird umso mehr gelten, wenn mit der Teilnahme an Ausstellungen Einnahmen erzielt und nicht rein private Zwecke verfolgt werden, zumal Letzteres bei der Teilnahme an Ausstellungen fernliegend erscheint.

Zudem wird sich die Trägerpersonen jedenfalls bei einem bislang unveröffentlichten Tattoowerk nicht auf die Schranke des § 60 UrhG berufen können, da dieser die Ausstellung von unveröffentlichten Bildnissen nicht abdeckt.[567] § 60 UrhG würde lediglich für Bildnisse, d. h. Abbildungen von Personen gelten. Andere Tattoowerke werden von ihm schon nicht erfasst (s. o. S. 152).

Im Gegensatz zum Veröffentlichungsrecht des § 12 Abs. 1 UrhG wird das Ausstellungsrecht gemäß § 18 UrhG jedoch vornehmlich durch § 44 Abs. 2 UrhG beschränkt. Dieser kehrt die Zweifelsregelung von § 44 Abs. 1 UrhG um und schafft eine Vermutung zugunsten des Eigentümers eines Werkoriginals, zur Ausstellung dieses Originals berechtigt zu sein. Nur die Vereinbarung eines ausdrücklichen Vorbehalts bei Veräußerung des Originals bewahrt das Recht des Urhebers.

Wie bereits ausgeführt (s. o. S. 82), ist die Fertigstellung eines Tattoowerks in der Haut einer anderen Person mit der Veräußerung eines Werkoriginals gleichzusetzen. Tattoo Artists werden sich deshalb wie Urheber behandeln lassen müssen, die das Eigentum an ihrem Werkoriginal durch Veräußerung übertragen haben.

Die Trägerperson des Tattoowerks ist als dessen Eigentümer gem. § 44 Abs. 2 UrhG im Zweifel dazu berechtigt, das Tattoowerk öffentlich auszustellen, zumal bereits oben festgestellt wurde, dass auch ein Einverständnis des Tattoo Artist mit der Veröffentlichung zu unterstellen ist, da dies zwingend erforderlich ist, um den Körper und die Persönlichkeit der Trägerpersonen auch im privaten Umfeld darstellen zu können.

Einen entgegenstehenden Willen werden Tattoo Artists gemäß § 44 Abs. 2 UrhG bereits in dem Vertrag über die Erstellung eines Tattoos ausdrücklich erkennen lassen müssen.

5. Vorführung

Es wurde bereits erarbeitet, dass Tattoowerke dem Vorführrecht des § 19 Abs. 4 UrhG mindestens theoretisch unterfallen können (s. o. S. 119 f.).

---

567 *A. Nordemann*, in: A. Nordemann/J. B. Nordemann/Czychowski (Hrsg.), UrhR, 2018, § 60, Rn. 14.

Die der Veräußerung des Werkoriginals gleichkommende Fertigstellung eines Tattoowerks auf oder in der Haut einer anderen Person hat jedoch nicht zur Folge, dass die öffentliche Vorführung erlaubnisfrei wird, da die Vorführung keine Weiterverbreitung i. S. d. § 17 Abs. 2 UrhG darstellt. Eine Erschöpfung des Vorführungsrechts durch die Fertigstellung des Tattoowerks tritt also nicht ein.

Auch erscheinen keine Gründe dafür ersichtlich, die oben ausgeführte Umkehr der Zweifelsregelung des § 44 Abs. 1 UrhG betreffend das Ausstellungsrecht (s. o. S. 158 f.) auf das Recht zur Vorführung gemäß § 19 Abs. 4 UrhG zu übertragen.

Wie oben bereits die herrschende Rechtsprechung des BGH[568] zitierend festgestellt (s. o. S. 147), sind stillschweigender Rechteeinräumungen wegen der ganz erheblichen Einschnitte in die Rechte der Urheber zurückhaltend anzunehmen.

Darüber hinaus erscheint die Ausübung des Vorführungsrechts ebenfalls als nicht zwingend erforderlich für die Ausübung besonders schützenswerter Persönlichkeitsrechte.

Der konkrete Nachweis eines dahinterstehenden Willens des Urhebers dürfte ebenfalls in den seltensten Fällen nachweisbar sein. Dementsprechend ist das Vorführrecht für Trägerpersonen vom konkludenten Einverständnis des Tattoo Artists als Urheber bei Fertigstellung des Tattoowerks auf oder in einem fremden Körper nicht umfasst.

6. Bearbeitung

Tattoo Artists haben als Urheber das Recht, die Veröffentlichung oder Verwertung von Umgestaltungen ihrer Tattoowerke zu untersagen, sofern das neu geschaffene Werk keinen hinreichenden Abstand zum benutzten Tattoowerk wahrt (s. o. S. 136).

Bei der Ausführung von Entwürfen für ein Tattoowerk bedarf bereits das Herstellen der Umgestaltung der Zustimmung des Tattoo Artists.

Anders liegt der Fall jedoch, wenn die Trägerperson das Original des Tattoowerks umgestalten möchte.

Im Zusammenhang mit der Prüfung, ob Tattoo Artists gegen die Entstellung eines Tattoowerks vorgehen können (s. o. S. 92 ff.) wurde festgestellt, dass angesichts der besonderen Bedeutung des Rechts auf eigenverantwortliche Gestaltung des äußeren Erscheinungsbildes einer Person für die Gewährleistung ihrer grundgesetzlich geschützten Persönlichkeitsrechte in einer Interessenabwägung dem Interesse der Kunden an der Veränderung ihres körper-

568 BGH, Urt. v. 22.04.2004, Az. I ZR 174/01, ZUM 2004, 830.

lichen Erscheinungsbilds in Form der Änderung eines Tattoos den Vorrang vor dem Erhaltungsinteresses des Tattoo Artists als Urheber an der Erhaltung seiner Schöpfung zu geben ist. So müssen Tattoo Artists stets damit rechnen, dass sich die Überzeugung ihrer Kunden wandelt oder sie ihr äußeres Erscheinungsbild erneut ändern möchten. Nicht wenige dieser Tattoo Artist leben darüber hinaus mindestens auch von solchen Änderungs- und Ergänzungswünschen, z. B. in Form von *„cover-ups"* und *„blast-overs"* oder sind sogar darauf spezialisiert.

Das Veränderungsbedürfnis der Trägerpersonen dürfte auch als von der Rechtsprechung gebilligte, nutzungsbedingte Werkänderung angesehen werden können, der auch konkludent zugestimmt werden kann.[569]

Zudem entspricht es den Traditionen der Tattoobranche, sich einerseits dem Althergebrachten verpflichtet zu fühlen, gleichzeitig andererseits neuen Stilrichtungen, Techniken sowie dem sich stets wandelnden Zeitgeist gegenüber offen zu sein und dies nach und nach in das schöpferische Wirken zu integrieren.

Wenn aber die nachfolgenden Generationen von Tattoo Artists selbst auf den von den Altvorderen erbrachten Leistungen aufbauen, indem sie sie teilweise übernehmen und teilweise abändern, um sie den neuen Gegebenheiten anzupassen (in Anlehnung an BGH, GRUR 1989,106, 107), so müssen sie diesen Willen und auch das Bedürfnis zur Veränderung im Interesse der stetigen Weiterentwicklung auch ihren Kunden zugestehen.

Schließlich sind (s. o. S. 108) jedenfalls in der öffentlichen Berichterstattung auch keine Fälle bekannt, in denen sich Tattoo Artists in der Vergangenheit gegen Änderungen, Überdeckungen oder Entfernungen von ihnen angefertigter Tattoos in ihrer künstlerischen Freiheit oder ihren Rechten verletzt gefühlt hätten, von denkbaren Ausnahmen im Zusammenhang mit speziellen Kunst-Happenings, Body-Art u. Ä. einmal abgesehen, die aber ohne Weiteres im Rahmen von schriftlichen Vereinbarungen reglementiert werden könnten (z. B. vertraglich vereinbarte Mitteilungspflicht an Tattoo Artist vor Umgestaltung etc.).

Folgerichtig ist die vertragliche Einigung, spätestens aber die Fertigstellung eines Tattoos als konkludente Zustimmung zur späteren Umgestaltung und damit einhergehend mit der Veröffentlichung einer solchen Umgestaltung zu interpretieren.

Etwas anderes könnte jedoch hinsichtlich der Verwertung der Umgestaltung gelten. Denn diese ist nicht zwingend zum Ausleben des Kundenwillens zur Umgestaltung des vorhandenen Tattoowerks und damit für die Entfaltung

---

569 BGH, Urt. v. 13.10.1988, Az. I ZR 15/87, GRUR 1989,106, 107.

der Persönlichkeit. Auf vorrangige Persönlichkeitsrechte kann sich die Trägerperson somit in diesem Fall nicht berufen.

Vielmehr würde damit unmittelbar die den Urhebern zustehende Vergütung für ihr künstlerisches Schaffen beschnitten und damit die Axt an eine der Säulen des Urheberrechts gelegt, das den Urhebern eine faire Vergütung für ihre kreativen Leistungen zugestehen möchte, um die kulturelle Vielfalt zu wahren.

Davon Abweichendes kann mit § 23 Abs. 1 S. 2 UrhG allenfalls dann gelten, wenn das neu geschaffene Werk einen hinreichenden Abstand zum benutzten Tattoowerk wahrt und damit keine Umgestaltung i. S. v. § 23 Abs. 1 S. 1 UrhG vorliegt. Wird durch die Umgestaltung eines vorhandenen Tattoowerks ein neu geschaffenes Werk mit hinreichendem Abstand zum benutzten Tattoowerk geschaffen, so wird auch eine Verwertung ohne Zustimmung des ursprünglichen Tattoo Artists möglich sein. Anderenfalls bedarf jedoch jede Verwertung einer Umgestaltung seiner Zustimmung.

7. Abwägung

Im Ergebnis ist somit festzustellen, dass es rechtlich geboten erscheint, dass Tattoo Artists mit Fertigstellung des Tattoowerks wegen der Natur der Sache in Form der Einbringung von ein Werkoriginal darstellenden Farbpigmenten in den fremden Körper einer Trägerpersonen auch ohne ausdrückliche schriftliche Regelung im Tattoovertrag ihren Kunden teilweise Nutzungsrechte konkludent einräumen. Dabei handelt es sich um die Rechte zur Veröffentlichung, Vervielfältigung, Verbreitung, Ausstellung und Veröffentlichung einer Umgestaltung, allerdings jeweils einzig des Werkoriginals, d. h. des Tattoowerks in der Haut der Trägerperson.

Die geschilderten Interessen der Trägerpersonen sind im Rahmen der rechtlichen Prüfung jedoch noch zur Gewährleistung eines fairen Interessenausgleichs mit jenen der Tattoo Artists als Urheber der betroffenen Tattoowerke abzuwägen, soweit eine solche Abwägung nicht bereits oben erfolgte.

Es erscheint dabei zwingend erforderlich, den Kunden von Tattoo Artists im Rahmen der Ausübung ihrer Persönlichkeitsrechte und Handlungsfreiheit zu ermöglichen, auch ohne ausdrückliche Zustimmung der jeweiligen Urheber die in ihrer Haut befindlichen Tattoowerke jedenfalls zu privaten Zwecken, insbesondere zur Darstellung ihrer Person und Persönlichkeit, auch z. B. fotografisch oder filmisch festhalten und öffentlich präsentieren zu dürfen.

Eine entgegenstehende Ansicht würde zu einer erheblichen Einschränkung des allgemeinen Persönlichkeitsrechts und der Handlungsfreiheit der Trägerpersonen führen. Jedes private Urlaubsfoto eines tätowierten Körpers wäre damit unzulässig. Ein solcher Umfang der Einschränkung der Auslebung der Persönlichkeit von Trägerpersonen erscheint unzumutbar und vor dem Hintergrund der eher gering ausfallenden Einschränkung der Rechte der Tattoo Artists als Urheber in solchen Fällen auch unausgewogen zwischen den Interessen der Vertragsparteien. Es erscheint bei der Abwägung durch die konkludente Einräumung der o. g. Nutzungsrechte vielmehr kein erheblicher Nachteil für die Rechte der Urheber erkennbar. Die wenigen Einschränkungen haben auch andere Urheber mit Billigung des Gesetzgebers zu dulden.

Einzig die Preisgabe des Veröffentlichungsrechts erscheint außergewöhnlich, wenn auch nur auf den ersten Blick. Bei genauerer Betrachtung begibt sich aber jeder Urheber dieses Rechts oder übt es aus, der ein unveröffentlichtes Werk beim Verwerter abliefert.[570] Gleiches gilt, wenn der Urheber das Original eines Werks der bildenden Kunst veräußert, da der Erwerber eines solchen Werks gem. § 44 Abs. 2 UrhG zur Ausstellung selbst eines unveröffentlichten Werks berechtigt ist und das Ausstellungsrecht einen Unterfall des Veröffentlichungsrechts darstellt.[571] Vorbehaltlich anderweitiger ausdrücklicher Vereinbarungen zwischen den Parteien muss der Urheber mithin so behandelt werden, als hätte er auf sein Erstveröffentlichungsrecht verzichtet oder dieses abgetreten.

Bereits oben wurde festgestellt, dass das Recht zur Veröffentlichung neben dem Recht zur Vervielfältigung zur Erreichung des von beiden Parteien gewollten Vertragszwecks unverzichtbar ist (s. o. S. 79 ff.).

Außerdem wird in vielen Fällen der Tattoo Artist als Urheber unmittelbar nach Fertigstellung eines als Tattoowerk zu qualifizierenden Tattoos dieses selbst zu Zwecken der Eigenwerbung veröffentlichen, beispielsweise als Social Media-Post, was den tatsächlichen Anwendungsbereich marginalisiert.

Die ermittelten Einschränkungen für Tattoo Artists als Urheber von Tattoowerken erscheinen nach alldem gering. Weiterhin können Tattoo Artists als Urheber uneingeschränkt über die Verwertung der Tattoowerke bestimmen und sind auch bei den Trägerpersonen erlaubten Nutzungen gem. § 13 UrhG als Urheber zu nennen. Falschen Urheberangaben kann weiterhin mit Verweis auf § 13 UrhG wirksam entgegengetreten werden.

Allen als konkludent übertragen erkannten Nutzungsrechten bleibt zudem gemein, dass sie einzig für die private Nutzung der jeweiligen Trägerpersonen des Tattoowerks und nicht für die gewerbliche Verwertung dienen dürfen.

---

570 *G. Schulze*, in: Dreier/G. Schulze/Raue u. a. (Hrsg.), UrhG, 2022, § 12, Rn. 9.; *Bullinger*, in: Wandtke/Bullinger (Hrsg.), UrhR, 2022, § 12, Rn. 11.

571 *G. Schulze*, in: Dreier/G. Schulze/Raue u. a. (Hrsg.), UrhG, 2022, § 12, Rn. 10.; *Bullinger*, in: Wandtke/Bullinger (Hrsg.), UrhR, 2022, § 12, Rn. 11.

Eine gewerbliche Verwertung von Tattoos ist nicht von dem von beiden Vertragsparteien zugrunde gelegten Vertragszweck umfasst, sondern stellt vielmehr eine über die übliche und erwartbare Nutzung hinausgehende Verwertungshandlung dar. Sie geht über die vom Urheber zu billigende und mit Abschluss des Vertrags akzeptierte Nutzung hinaus. Denn z. B. eine Vervielfältigung zu gewerblichen Zwecken ist zum Ausleben des Kundenwillens der Trägerperson zur Entfaltung der Persönlichkeit nicht zwingend erforderlich.

Trägerpersonen werden sich somit im Fall der gewerblichen Verwertung nicht auf den Vorrang von Persönlichkeitsrechten berufen können. Dies erscheint zur Absicherung einer fairen Vergütung schöpferischer Leistungen und dadurch ermöglichter kultureller Vielfalt auch geboten.

Mit einer gewerblichen Verwertung müssen Tattoo Artists somit nicht rechnen, es sei denn, sie werden bei Vertragsabschluss ausdrücklich darauf hingewiesen. Eine konkludente Einwilligung erscheint abwegig. Ein ausdrücklicher Hinweis vor Vertragsschluss ist auch erforderlich, damit eine entsprechende Rechteabtretung in das Vertragswerk aufgenommen und die über die allgemein akzeptierte Nutzung hinausgehende Verwertung Einfluss auf die Preisgestaltung finden kann. Anderes kann allenfalls dann gelten, wenn sich eine bereits prominente Person tätowieren lässt, der Tattoo Artist somit mit einer gewerblichen Verwertung rechnen muss und Gelegenheit hat, die etwaige gewerbliche Verwertung vertraglich zu regeln oder in die Preisgestaltung einfließen zu lassen.

Damit ist festzustellen, dass Tattoo Artists bei gewerblicher Verwertung der von ihnen erstellten Tattoowerke durch Dritte und auch durch die Trägerpersonen ein Untersagungsrecht verbleibt.

Nach Feststellung, welche urheberrechtlichen Nutzungsrechte von Tattoo Artists konkludent an Trägerpersonen übertragen werden, bleibt noch offen, wie weit diese Rechte reichen. Insbesondere wird anhand der Prüfung von § 34 UrhG zu klären sein, ob sie auch auf Dritte übertragbar sind oder, ob das Recht zur Einräumung von Unterlizenzen davon umfasst ist. Auch ist anhand der Prüfung von § 35 UrhG zu klären, ob es sich um einfache oder sogar ausschließliche Nutzungsrechte handelt.

8. Tattoovorlagen

In Bezug auf Tattoovorlagen sind keine Besonderheiten festzustellen. Da es sich bei ihnen in aller Regel um Illustrationen handelt, sind sie als solche zu behandeln. Etwaige konkludente Rechteabtretungen sind anhand der vorbekannten Kriterien von urheberrechtlicher Literatur und Rechtsprechung zu beurteilen.

III. Zwischenergebnis

Die konkludente Übertragung jedenfalls mancher urheberrechtlicher Nutzungsrechte wird im Rahmen einer interessengerechten Vertragsauslegung vom von beiden Parteien gewollten Vertragszweck umfasst und ist für dessen Zweckerreichung zwingend erforderlich.

Dazu gehören die Rechte zur Veröffentlichung (soweit nicht bereits durch die Tattoo Artists selbst erfolgt, s. o. S. 79 ff.), zur Vervielfältigung, zur Ausstellung im Rahmen des § 44 Abs. 2 UrhG und zur Veröffentlichung von Umgestaltungen, jedenfalls soweit die Umgestaltungen im Rahmen der Auslebung des allgemeinen Persönlichkeitsrechts der Trägerperson geschehen und nicht gewerblichen Zwecken dienen. Nicht umfasst sind dagegen das Recht zur Verbreitung von Vervielfältigungsstücken, das Recht zur öffentlichen Zugänglichmachung oder das Recht zur Vorführung.

B. Verträge über unbekannte Nutzungsarten, § 31a UrhG

§ 31a UrhG bietet auf den ersten Blick keinen Anlass, von Besonderheiten im Bereich von Tattoos auszugehen. Die bekannten Literaturmeinungen und herrschende Rechtsprechung sind übertragbar und bedürfen an dieser Stelle keiner näheren Betrachtung.

I. Einschränkung des Widerrufsrechts gem. §§ 31a Abs. 1 S. 3, Abs. 3 UrhG

Anlass für eine kurze gesonderte Betrachtung im Hinblick auf Tattoos bieten jedoch das Widerrufsrecht des § 31a Abs. 1 S. 3 UrhG und insbesondere § 31a Abs. 3 UrhG. Gemäß seines Wortlauts dürfen Urheber das Widerrufsrecht gemäß § 31a Abs. 1 Satz 3 UrhG nicht in widersprüchlicher Weise ausüben, wenn mehrere Werke oder Werkbeiträge zu einer Einheit zusammengefasst sind und sich diese Einheit in der neuen Nutzungsart angemessen nur unter Verwendung sämtlicher Werke oder Werkbeiträge verwerten lässt. Ein Anwendungsbereich des § 31a Abs. 3 UrhG kann sich bei neuen Nutzungsarten ergeben, die Tattoowerke oder damit tätowierte Körper wiedergeben. Damit ist zunächst zu prüfen, ob tätowierte Körper Werkgesamtheiten i. S. d. § 31a Abs. 3 UrhG darstellen.

Als Werkgesamtheit gelten Werkverbindungen nach § 9 UrhG, z. B. Kunstbücher, Buchillustrationen oder Comicstrips, in denen visuelle Darstellungen mit Text verbunden werden, ebenso wie Sammelwerke nach §4 UrhG mit Beiträgen mehrerer Autoren.[572]

1. Tätowierte Körper als Werkverbindung

Bereits oben auf S. 75 ff. wurden Zweifel an der Einordnung von tätowierten Körpern als Werkverbindungen gemäß §9 UrhG ausgeführt. Auch weiterhin erscheint eine solche Einordnung als unpassend. Bei einer Ansammlung von Tattoos auf einem Körper handelt es sich um eine Vielzahl von gleichartigen Werken. Damit fehlt es an der Voraussetzung einer Kombination aus verschiedenartigen Werken, die anderen Werkverbindungen ihre Charakteristik gegeben, wie z.B. der Oper als Verbindung der Werke Musik und Gesang oder dem Bildband, der Werke in Form von Darstellungen mit Textwerken verbindet. Ein vielfach tätowierter Körper ist also keine Werkverbindung.

2. Tätowierte Körper als Sammelwerk

Wesentlich naheliegender erscheint stattdessen die Einordnung tätowierter Körper als Sammelwerk i.S.d. §4 Abs. 1 UrhG.

Ein Sammelwerk wird definiert als eine Zusammenstellung von Werken, Daten oder anderen unabhängigen Elementen, die aufgrund ihrer Auswahl oder Anordnung eine persönliche geistige Schöpfung darstellt. Die einzelnen Bestandteile müssen nicht zwangsläufig selbst urheberrechtlich geschützte Werke sein.[573] Einzig das Vorliegen einer persönlichen geistigen Schöpfung bei der Auswahl oder Anordnung der Elemente und der dafür bestehende und individuell-kreativ genutzte Gestaltungsspielraum ist entscheidend für die Annahme urheberrechtlichen Schutzes.[574]

Mit diversen Tattoos tätowierte Körper, insbesondere solche mit Tattoowerken verschiedener Urheber, legen nahe, bei ihnen eine solche Sammlung von unabhängigen Elementen festzustellen. Die Elemente sind auch aufgrund von individuellen menschlichen Entscheidungen ausgewählt und angeordnet.

---

572 *G. Schulze*, in: Dreier/G. Schulze/Raue u.a. (Hrsg.), UrhG, 2022, §31a, Rn. 133 f.; *Spindler*, in: Schricker/Loewenheim/Leistner (Hrsg.), UrhR, [6]2020, §31a, Rn. 111.

573 BGH, Urt. v. 21.11.1991, Az. I ZR 190/89, GRUR 1992, 382, 384; *Dreier*, in: Dreier/G. Schulze/Raue u.a. (Hrsg.), UrhG, 2022, §4, Rn. 9.; *Leistner*, in: Schricker/Loewenheim/Leistner (Hrsg.), UrhR, [6]2020, §4, Rn. 11.; *Schack*, Rn. 302.

574 BGH, Urt. v. 12.06.1981, Az. I ZR 95/79, GRUR 1982, 37, 39; BGH, Urt. v. 08.11.1989, Az. I ZR 14/88, GRUR 1990, 669, 673; BGH, Urt. v. 21.11.1991, Az. I ZR 190/89, GRUR 1992, 382, 384; *Dreier*, in: Dreier/G. Schulze/Raue u.a. (Hrsg.), UrhG, 2022, §4, 11 f.; *Leistner*, in: Schricker/Loewenheim/Leistner (Hrsg.), UrhR, [6]2020, §4, Rn. 10.; *Schack*, Rn. 302.

a. Grundlage und Motivation

Hinsichtlich der Grundlage und Motivation der Auswahl- oder Anordnungsentscheidung ist ein Meinungsstreit festzustellen.

So herrscht zwar Übereinstimmung darüber, dass bei wissenschaftlich-literarisch-systematisierender Auswahl oder Anordnung von einem Sammelwerk zu sprechen sein wird.[575]

Bei aufgrund einer rein künstlerisch-ästhetisch geprägten Auswahl- oder Anordnungsentscheidung geprägten Sammlungen wird dies jedoch von einigen Stimmen bestritten, da es sich damit nicht um literarisch-wissenschaftliches Schaffen handele.[576] Auch diese abweichende Ansicht will jedoch Sammlungscharakter zugestehen, wenn die einzelnen Bestandteile „Elemente" im Sinne der Richtlinie 96/9/EG des Europäischen Parlaments und des Rates vom 11. März 1996 über den rechtlichen Schutz von Datenbanken[577] (im Weiteren: Datenbank-RL) sind. § 4 Abs. 1 UrhG sei als infolge der Umsetzung der Datenbank-RL geschaffen insofern richtlinienkonform auszulegen.[578] Erwägungsgrund 17 fordert weiter eine systematische oder methodische Anordnung der Elemente, die darüber hinaus einzeln zugänglich sein müssen. Gerade erstere Anforderung spricht nach Aussage der abweichenden Ansicht gegen eine rein künstlerisch geprägte Auswahl oder Anordnung.[579]

Dieser Ansicht ist jedoch die neuere EuGH-Rechtsprechung[580] entgegenzuhalten, die urheberrechtlichen Schutz in diesem Bereich weniger in rein systematischen, sondern vornehmlich in schöpferisch-künstlerischen Auswahl- oder Anordnungsentscheidungen erkennt.

Da Erwägungsgrund 17 der Datenbank-RL als Beispiel für unabhängige Elemente „künstlerische Werke" und „Bilder" nennt, sind Tattoos, insbesondere Tattoowerke, wie andere Illustrationen ohne Weiteres als Element im

575 LG München I, Urt. v. 05.02.2003, Az. 21 O 2324/00, ZUM-RD 2003, 492, 498 f.; LG München I, Urt. v. 31.01.2018, Az. 37 O 17964/17, ZUM-RD 2018, 427, Rn. 20 ff.; *Dreier*, in: Dreier/G. Schulze/Raue u. a. (Hrsg.), UrhG, 2022, § 4, 10 f.; *Leistner*, in: Schricker/Loewenheim/Leistner (Hrsg.), UrhR, ⁶2020, § 4, Rn. 15.

576 *Czychowski*, in: A. Nordemann/J. B. Nordemann/Czychowski (Hrsg.), UrhR, 2018, § 4, Rn. 29 mwN.

577 *Europäisches Parlament*, RICHTLINIE 96/9/EG DES EUROPÄISCHEN PARLAMENTS UND DES RATES vom 11. März 1996 über den rechtlichen Schutz von Datenbanken, 11.03.1996 (https://eur-lex.europa.eu/LexUriServ/LexUriServ.do?uri=CELEX:31996L0009:de:HTML) (geprüft am 29.09.2024).

578 *Czychowski*, in: A. Nordemann/J. B. Nordemann/Czychowski (Hrsg.), UrhR, 2018, § 4, Rn. 29.

579 *Ders.*, in: A. Nordemann/J. B. Nordemann/Czychowski (Hrsg.), UrhR, 2018, § 4, Rn. 29.

580 EuGH, Urt. v. 01.03.2012, Az. C-604/10, MMR 2012, 828, 830 (45).

Sinne der Datenbank-RL zu werten. Eine Streitentscheidung bleibt damit entbehrlich.

Mit der zusätzlichen Voraussetzung der „Unabhängigkeit“ der Elemente sollen laut Erwägungsgrund 17 der Datenbank-RL lediglich einheitliche Ausdrucksformen menschlicher Kreativität wie Bücher, Filme oder Musikstücke als Sammlung ihrer einzelnen Bestandteile ausgeschlossen werden.[581]

Mit einer Vielzahl von Tattoos versehene Körper können somit Sammlungen von unabhängigen Elementen oder Sammelwerke sein. Dazu bedarf es jedoch einer weiteren Voraussetzung, die im Folgenden zu prüfen ist.

b. Persönliche geistige Schöpfung

Die Auswahl oder Anordnung der Elemente der Sammlung müssen eine persönliche geistige Schöpfung darstellen und die Individualität des Urhebers widerspiegeln.[582]

Auswahl und Anordnung stehen dabei nicht in einem hierarchischen System, sondern alternativ nebeneinander. Auch muss die Schöpfungshöhe nur hinsichtlich einer der beiden Gestaltungen – Auswahl oder Anordnung – vorliegen. Während die Auswahlentscheidung den Vorgang des Sammelns, Aufnehmens, Sichtens, Bewertens und Zusammenstellens von Elementen zu einem bestimmten Thema beschreibt, bedeutet die Anordnung eine Einteilung, Präsentation oder Zugänglichmachung der Elemente nach einem oder mehreren Ordnungssystemen. Letztlich ausschlaggebend ist die Manifestation eines geistigen Gehaltes in Auswahl oder Anordnung.[583]

Zudem muss Entscheidungsspielraum vorhanden sein, welche Elemente in die Sammlung aufgenommen werden.[584]

Letztlich sind aber die Anforderungen an die schöpferische Eigenheit von Auswahl und Anordnung nicht zu hoch anzusetzen.[585] Auch die „kleine Münze“ des Sammelwerkschaffens ist, bis auf rein handwerkliches, schematisches oder routinemäßiges, schutzfähig.[586]

---

581 *Dreier*, in: Dreier/G. Schulze/Raue u. a. (Hrsg.), UrhG, 2022, § 4, Rn. 10.; *Leistner*, in: Schricker/Loewenheim/Leistner (Hrsg.), UrhR, ^{6}2020, § 4, Rn. 17.

582 EuGH, Urt. v. 01.03.2012, Az. C-604/10, MMR 2012, 828, 830 (45); *Dreier*, in: Dreier/G. Schulze/Raue u. a. (Hrsg.), UrhG, 2022, § 4, Rn. 11 f.; *Leistner*, in: Schricker/Loewenheim/Leistner (Hrsg.), UrhR, ^{6}2020, § 4, Rn. 19 ff.

583 *Dreier*, in: Dreier/G. Schulze/Raue u. a. (Hrsg.), UrhG, 2022, § 4, Rn. 11.

584 *Dreier*, in: Dreier/G. Schulze/Raue u. a. (Hrsg.), UrhG, 2022, § 4, Rn. 12.; *Leistner*, in: Schricker/Loewenheim/Leistner (Hrsg.), UrhR, ^{6}2020, § 4, Rn. 20.

585 *Dreier*, in: Dreier/G. Schulze/Raue u. a. (Hrsg.), UrhG, 2022, § 4, Rn. 12.

586 BGH, Urt. v. 25.09.1953, Az. I ZR 104/52, GRUR 1954, 129, 130; OLG Nürnberg, Urt. v. 29.05.2001, Az. 3 U 337/01, GRUR 2002, 607; LG Mannheim, Urt. v. 23.01.2004, Az. 7 O 262/03, ZUM-RD 2004, 547, 549; *Dreier*, in: Dreier/G. Schul-

In Bezug auf Tattoos auf menschlichen Körpern ist festzustellen, dass hier stets menschliche Auswahlentscheidungen vorliegen, die entweder durch die Trägerpersonen oder den Tattoo Artist getroffen werden. Da sie nicht willkürlich, sondern aufgrund von bewussten menschlichen Entscheidungen getroffen werden, bei denen zumeist sowohl künstlerische Ausdrucksformen als auch körperliche Gegebenheiten und ästhetische Wünsche der Trägerpersonen Berücksichtigung finden dürften, werden Auswahl und/oder Anordnung diverser Tattoos auf einem menschlichen Körper in den allermeisten Fällen eine persönliche geistige Schöpfung darstellen. Häufig haben derartige Ansammlungen eine bestimmte Bedeutung,[587] einen Grundtenor oder eine bestimmte Stilrichtung, insbesondere bei sogenannten Tattoosammlern, die z. B. Tattoos eines bestimmten Tattoo Artists oder einer bestimmten Stilrichtung auf ihrem Körper sammeln.

Aus ebenjenem Grund ist auch ausreichender Entscheidungsspielraum festzustellen, da Tattoo Artist, Trägerpersonen oder beide gemeinsam frei entscheiden, welche Motive wo tätowiert werden sollen. Einzig im hypothetischen Fall einer beispielsweise staatlichen Anordnung von (Straf-)Tätowierungen wären sowohl Entscheidungsspielraum als auch eine persönliche geistige Schöpfung zu verneinen.

Als Zwischenergebnis bleibt damit, dass mit diversen Tattoos versehene menschliche Körper ein Sammelwerk i. S. d. § 4 Abs. 1 UrhG darstellen. Damit ist auch das Vorliegen eine Werkgesamtheit i. S. d. § 31a Abs. 3 UrhG festzustellen.

Zu klären ist jedoch noch, wer Hersteller einer solchen Sammlung ist, da er neben den Urhebern der einzelnen Werke der Werkgesamtheit in Form einer Sammlung Rechteinhaber des Widerrufsrechts ist.[588]

c. Sammlungshersteller

Hinsichtlich mit einer Vielzahl von Tattoos versehenen Körpern als Sammlung i. S. d. § 4 Abs. 1 UrhG ist zu prüfen, wer jeweils Hersteller dieser Sammlungen ist. Nur dieser kann über das Widerrufsrecht des § 31a Abs. 1 S. 3 UrhG verfügen und gegebenenfalls gemäß § 31 Abs. 3 UrhG darin beschränkt sein.

Eindeutig liegt der Fall, wenn nur eine Person darüber entscheidet, welche Tattoos an welchem Ort auf dem jeweiligen Körper tätowiert werden. Dies

---

ze/Raue u. a. (Hrsg.), UrhG, 2022, § 4, Rn. 14.; *Czychowski*, in: A. Nordemann/J. B. Nordemann/Czychowski (Hrsg.), UrhR, 2018, § 4, Rn. 13.; *Leistner*, in: Schricker/Loewenheim/Leistner (Hrsg.), UrhR, [6]2020, § 4, Rn. 21.

587 *Eberhard*, 86.

588 *G. Schulze*, in: Dreier/G. Schulze/Raue u. a. (Hrsg.), UrhG, 2022, § 31a, Rn. 134.

wird zumeist die Trägerperson sein, die sich in freier Willensausübung jeweils für ein neues Tattoo des gewünschten Aussehens entscheidet.

Nur in Ausnahmefällen dürfte es ein Tattoo Artist sein, der Auswahl- und/oder Anordnungsentscheidungen trifft. Dies wäre z. B. der Fall, wenn sich eine Trägerperson dem Tattoo Artist wie eine „menschliche Leinwand" für ein Kunstprojekt o. ä. zur Verfügung stellt, ohne jeglichen Einfluss auf Auswahl und Anordnung der Motive zu nehmen. Dass es solche Fälle in der Praxis tatsächlich gibt, zeigt der oben erwähnte Fall des Künstlers *Wim Delvoye* (s. o. S. 140), für dessen Werk der Rücken von *Tim Steiner* als Leinwand dient, die bereits für den Fall des Versterbens der Trägerperson an einen Kunstsammler verkauft ist und nach dem erklärten Willen des Künstlers am Kunstmarkt gehandelt werden soll.

Ein solcher Fall wird, erneut bewiesen durch den o. g. Fall von *Delvoyes* Werk „TIM", zur Herbeiführung von Rechtssicherheit für alle Beteiligten vertraglicher Regelung bedürfen. In dieser Regelung sollte auch eine Rechteklärung enthalten sein. Anderenfalls dürften Persönlichkeitsrechte der Trägerperson und ihre daraus resultierende freie Entscheidung jedenfalls über den Verbleib solcher Tattoos eine Herstellereigenschaft des Tattoo Artist in Frage stellen.

Fraglich ist der Fall ebenfalls, wenn verschiedene Personen über Auswahl und Anordnung der Tattoos auf einem Körper entscheiden. Dies kann z. B. eintreten, wenn verschiedene Tattoo Artists einer Trägerperson verschiedene Tattoowerke für verschiedene Körperstellen anfertigen, sei es in im Rahmen eines Kunstprojekts oder lediglich auf Wunsch der Trägerperson.

Da Hersteller der Sammlung sein soll, wer die Letztentscheidung über Auswahl und/oder Anordnung der Elemente der Sammlung hat, böte sich zunächst der Schluss an, diese Eigenschaft dem Motiv und Ort auszuwählenden Tattoo Artists zuzuordnen. Dies würde bei Tätigkeit diverser Tattoo Artists an einem Körper aber zu einer Vielzahl gleichberechtigter „Hersteller" führen, die sich jedenfalls durch konkludentes Handeln gemäß § 705 BGB in einer Gesellschaft bürgerlichen Rechts wiederfänden und in Ermangelung vertraglicher Regelungen einstimmige Entscheidungen treffen müssten. Dies dürfte zu unbefriedigenden Ergebnissen in der Rechtsdurchsetzung führen.

Bei dieser Lösung findet zudem keine Berücksichtigung, dass es die Trägerperson ist, die die letzte und grundlegende Entscheidung darüber hat. Sie ist es, die abschließend darüber entscheidet, ob, wann und von wem sie sich an welcher Körperstelle tätowieren lässt, jedenfalls soweit sie freien Willens entscheidet. Auch wenn es der Trägerperson im Ergebnis egal ist, welches Motiv ihr wo tätowiert wird, liegt darin dennoch eine Auswahlentscheidung betreffend die Körperstelle und den jeweiligen Tattoo Artist.

Zudem entscheidet die Trägerpersonen abschließend auch darüber, ob solche Tattoowerke dauerhaft verbleiben oder nicht. Auch dies ist eine Auswahlentscheidung. Würde die Trägerperson die so entstandenen Tattoowerke nicht dauerhaft in die so von ihr kuratierte Sammlung in Form ihres Körpers aufnehmen wollen, könnte sie diese von ihrem Körper und damit aus ihrer Sammlung entfernen lassen, z. B. durch Lasern.

Damit liegt die grundlegende Entscheidung über Erhalt und Verbleib der Sammlung abschließend bei der Trägerperson. Wie der Hersteller einer Gedichtsammlung oder die Kuratoren einer Ausstellung von Gemälden entscheidet letztlich die Trägerperson, welche Werke in die Sammlung gelangen und welche dort verbleiben. Denn sie trifft die Entscheidung darüber, ob, wo und von wem überhaupt eine Tätowierung dem Körper hinzugefügt wird und ob sie verbleibt.

Schließlich gehen die Urheber der einzelnen Tattoowerke auch keiner Rechte verlustig, da bei Sammelwerken aus mehreren Werken neben dem Urheber des Sammelwerks auch die Urheber der gesammelten Werke Urheberrechtsschutz genießen.[589]

Auch in einem solchen Fall ist die Trägerperson daher als Herstellerin der Sammlung anzusehen. Deshalb sind auch sowohl die Urheber der einzelnen Tattoowerke als auch die Trägerpersonen als Herstellerin der Sammlung Inhaber des Widerrufsrechts gemäß § 31a Abs. 1 S. 3 UrhG.

d. Verwertbarkeit nur in Gesamtheit

Schließlich ist grundlegende Voraussetzung für den Ausschluss des Widerrufsrechts gem. § 31a Abs. 3 UrhG, dass sich die Werkgesamtheit in der neuen Nutzungsart nur unter Verwendung sämtlicher Werke oder Werkbeiträge verwerten lässt.

Dies dürfte beispielsweise der Fall sein, wenn eine Verwertung des gesamten Körpers der Trägerperson, jedenfalls aber aller vorhandener Tattoowerke, durchgeführt werden soll. Konkrete Anwendungsfälle sind damit beispielsweise Tätigkeiten von Tattoo Models, aber auch die Verwertung des Aussehens im Lichte des öffentlichen Interesses stehende Sportler oder anderer prominenter Personen in den Medien, Computerspielen etc.

II. Zwischenergebnis

Im Körper einer Trägerperson können mehrere Tattoowerke oder Werkbeiträge zu einer Gesamtheit zusammengefasst sein (s. o. S. 1 f.). Trägerperso-

589 *Ders.*, in: Dreier/G. Schulze/Raue u. a. (Hrsg.), UrhG, 2022, § 31a, Rn. 134.

nen, die häufig mehrere Tattoos und somit möglicherweise auch mehrere Tattoowerke tragen, können damit ohne Weiteres eine Werkgesamtheit in Form eines Sammelwerks und somit i. S. d. § 4 Abs. 1 UrhG darstellen. Gerade Tattoo Models, Tattoosammler oder im Lichte der Öffentlichkeit stehende prominente Personen wie Profisportler, jeweils mit diversen Tattoowerken eines oder verschiedener Tattoo Artists, stellen damit naheliegende Anwendungsfälle dar.

Herstellerin der Werkgesamtheit in Form einer Sammlung und damit Inhaberin eines eigenen Widerrufsrechts aus § 31a Abs. 1 S. 3 UrhG neben den Urhebern der einzelnen Werke wird in der absoluten Mehrzahl der Fälle die Trägerperson sein, da sie über Erhalt und Verbleib der Tattoowerke in der Sammlung entscheidet (s. o. S. 169 ff.).

Damit verbleibt noch, die jeweilige Legitimation des Widerrufsrechts gemäß § 31a Abs. 1 S. 3 UrhG oder seines Ausschlusses im Rahmen des § 31a Abs. 3 UrhG zu diskutieren.

Gemäß Wortlaut des § 31a Abs. 3 UrhG ist sogar eine Werkgesamtheit tatbestandsmäßig, bei der mehrere Werke oder Werkbeiträge nur eines Urhebers miteinander verbunden werden, auch wenn der Gesetzgeber angesichts der Begründung nur einen Fall mit mehreren Urhebern erwähnt.[590] Es ist jedoch davon auszugehen, dass es sich bei der Formulierung der Begründung um ein Versehen des Gesetzgebers handelt, da er offensichtlich die Möglichkeit übersah, dass auch mehrere Werke oder Werkbeiträge eines einzelnen Urhebers eine Werkgesamtheit bilden können.

Ein solcher Fall einer von einem Urheber geschaffenen Werkgesamtheit ist auch in Bezug auf Tattoos ohne Weiteres denkbar, wenn sich eine Trägerperson z. B. nur von einem Tattoo Artist diverse Tattoowerke tätowieren lässt.

Auch in diesem Fall ist es im Interesse einer rechtssicheren Verwertung und damit des Funktionierens urheberrechtlicher Vertragswerke, wenn auch der alleinige Urheber einer Werkgesamtheit das Widerrufsrecht des § 31a Abs. 1 S. 3 UrhG nicht wider Treu und Glauben ausüben kann.

Zudem besteht in Bezug auf die Praktikabilität des Rechtserwerbs kein erheblicher Unterschied zwischen Werkgesamtheiten und dem einzelnen Werk eines Autors, weshalb ein Widerruf kaum gegen Treu und Glauben verstoßen kann.[591]

Anderenfalls würde auch ein gesetzgeberisches Schlupfloch für alleinige Urheber einer Werkgesamtheit festzustellen sein, mit dem sie das Widerrufsrecht wider Treu und Glauben ausüben könnten. Ein Urheber, der beispiels-

590 RegE BT-Drs. 16/1828, 24 f.; *Spindler*, in: Schricker/Loewenheim/Leistner (Hrsg.), UrhR, [6]2020, § 31a, Rn. 110.

591 *G. Schulze*, in: Dreier/G. Schulze/Raue u. a. (Hrsg.), UrhG, 2022, § 31a, Rn. 133.

weise bezüglich eines seiner zu einer Werkgesamtheit zusammengefügten Werke den Widerruf wider Treu und Glauben ausüben möchte, könnte ansonsten damit die Verwertung sämtlicher Werke der Werkgesamtheit blockieren. Die einseitige und unbegründete Bevorzugung alleiniger Urheber von Werkgesamtheiten ist angesichts von § 31a Abs. 1 S. 3 UrhG, der für Urheber einzelner Werke anzuwenden ist, nicht zu rechtfertigen. Der Gesetzgeber wollte die Verwertung von Werkgesamtheiten gerade erleichtern. Dies soll und muss auch für Werkgesamtheiten von einzelnen Urhebern gelten, wie das realistische Beispiel eines von nur einem Tattoo Artist am ganzen Körper tätowierten Tattoo Models anschaulich zeigen mag. Dieser Tattoo Artist könnte ansonsten die Rechteeinräumung wegen eines einzigen Tattoowerks am Körper des Tattoo Models auch wider Treu und Glauben widerrufen, obwohl die Verwertung in einer neuen Nutzungsart unter Umständen nur unter Verwendung sämtlicher Werke verwertbar ist.

In diesem Zusammenhang ist daran zu erinnern, dass angesichts der Tatsache, dass ein derart tätowierter Körper eine Werkgesamtheit in Form eines Sammelwerks darstellen kann (s. o. S. 166 ff.), auch dem Urheber des Sammelwerks neben den Urhebern der gesammelten Werke Urheberrechtsschutz zustehen kann.[592]

Bereits oben wurde etabliert, dass Urheber des Sammelwerks in Form eines tätowierten Körpers in aller Regel die Trägerperson selbst sein wird (s. o. S. 169 ff.). Aus dieser Position erwachsende Rechte wie das Widerrufsrecht des § 31 Abs. 1 S. 3, Abs. 3 UrhG stehen somit neben jenen der originären Urheber der einzelnen zusammengefassten Werke der Werkgesamtheit. Neben den beitragenden Tattoo Artists hat also auch die Trägerperson als Herstellerin des Sammelwerks ein eigenständiges Widerrufsrecht.

Ein Grund für die Annahme eines hierarchischen Systems der Über- und Unterordnung des eigenständigen Widerrufsrechts des Sammlungsherstellers etwa über jene der originären Urheber der einzelnen Werke der Sammlung finden sich in § 34 Abs. 2 UrhG. Dessen Wortlaut vermittelt zunächst den Eindruck, dass der Gesetzgeber den Sammlungshersteller bewusst privilegieren wollte.

Tatsächliches Ziel des Gesetzgebers mit § 34 Abs. 2 UrhG war jedoch die Erleichterung der Übertragung von Nutzungsrechten an Sammelwerken, weshalb die Zustimmung in der Person des Urhebers des Sammelwerks zentral gebündelt werden sollte.[593] Gerade bei Sammelwerken aus Werken einer Vielzahl von Urhebern dürfte diese Maßnahme tatsächlich die Übertragung von Nutzungsrechten erleichtern und beschleunigen.

---

592 *Ders.*, in: Dreier/G. Schulze/Raue u. a. (Hrsg.), UrhG, 2022, § 31a, Rn. 134.
593 RegE UrhG 1962, 57.

Damit stand aber nicht die Privilegierung des Sammlungsherstellers an sich im Vordergrund der Norm und des Willens des Gesetzgebers, sondern die Erleichterung der Übertragung von Nutzungsrechten. Eine stets schwerere Gewichtung der Rechte des Sammlungsherstellers gegenüber jenen der originären Urheber der einzelnen Werke ist mithin nicht zu begründen.

Darüber hinaus darf auch der Sammlungshersteller weder seine Zustimmung zur Übertragung von Nutzungsrechten wider Treu und Glauben verweigern noch wider Treu und Glauben von seinem o. g. Widerrufsrecht Gebrauch machen. Dementsprechend ist ein im Ergebnis gleichberechtigtes Nebeneinander der Widerrufsrechte der Urheber der einzelnen Werke neben jenem des Sammlungsherstellers anzunehmen.

C. Angemessene Vergütung, § 32 UrhG; Weitere Beteiligung des Urhebers, § 32a UrhG

Die Vergütung in der Tattoobranche wird überwiegend nach zeitlichem Aufwand anhand eines vorher ausgehandelten Stundensatzes oder Tagespauschalen berechnet.[594] Darüber hinaus erfolgt die Gegenleistung in Form der Vergütung gewöhnlich im Wege der Vorschussleistung oder Anzahlung bei Terminvereinbarung und in bar unmittelbar nach Leistungserbringung.[595]

Gleichwohl ist zu prüfen, ob und wenn ja, wie die Vergütungsregelungen der §§ 32, 32a UrhG auch im Tattoobereich Anwendung finden können oder ob sogar gesetzlicher Anpassungsbedarf besteht. Anwendungsbereich der o. g. Normen könnte z. B. ein Verwertungsumfang sein, mit der auf Urheberseite bei Vertragsschluss nicht zu rechnen war.

Zwar ist an dieser Stelle daran zu erinnern, dass jedenfalls die finanzgerichtliche Rechtsprechung in Form des BFH bislang die Meinung vertritt, bei dem Vertrag über die Anfertigung eines Tattoos würden keine Rechte an dem Motiv vom Urheber an die Trägerperson lizenziert (s. o. S. 58 ff.). Diese Rechtsprechung erscheint jedoch in urheberrechtlicher Hinsicht spätestens mittlerweile lebensfremd, angesichts des durch Digitalisierungsfortschritte getriebenen, heute üblichen und sozialadäquaten menschlichen Verhaltens insbesondere im Hinblick auf die Möglichkeiten, jederzeit und nahezu kostenneutral verlustfreie Digitalkopien zu erstellen, große Datenmengen speichern und transferieren zu können, selbst körperliche Vervielfältigungsstücke herstellen oder sogar zum Sender werden zu können, vor allem re-

594 *Kreienbrink*, Tätowieren als Job: Stich für Stich, 11.07.2020 (https://www.sueddeutsche.de/karriere/tattoo-job-ausbildung-bezahlung-karriere-1.4945115) (geprüft am 29.09.2024).

595 *Feige/Krause*, 236.

präsentiert durch die Selbstdarstellung bis hin zur Eigenvermarktung auf Social-Media-Plattformen.

Diese o. g. Rechtsprechung des BFH vermag im Hinblick auf urheberrechtliche Nutzungsrechte, oben erwähnte Auslegungsregeln und im Lichte der bisher erarbeiteten Erkenntnisse nicht zu überzeugen. So lässt sie die Möglichkeit der konkludenten oder im Wege der erweiterten Vertragsauslegung erfolgenden Einräumung von Nutzungsrechten zu Unrecht weitestgehend außer Acht.

I. Verhältnis § 32 UrhG zu § 32a UrhG

Weiter ist kurz das Verhältnis von § 32 UrhG und § 32a UrhG zueinander zu klären. Diese stehen selbstständig nebeneinander.[596]

Während § 32 Abs. 1 S. 3 UrhG jedoch die Angemessenheit der vertraglichen Vergütung für die normale vertragliche Nutzung in einer Ex-ante-Sicht der vertraglichen Vereinbarungen korrigiert, ist § 32a UrhG vom Gesetzgeber dafür geschaffen worden, dem Urheber ex-post weitere Vergütungsansprüche zu verschaffen, falls sich im Nachhinein durch den Umfang der Nutzung ein Missverhältnis zwischen der zunächst als angemessen angesehenen vertraglichen Vergütung und den tatsächlichen Verträgen des Verwerters ergibt.[597]

Hinsichtlich der Angemessenheit der vereinbarten Vergütung ist im Verhältnis von Tattoo Artist und Kunde kein auffälliges Gefälle der Verhandlungspositionen festzustellen. Der vom Gesetzgeber insbesondere bei der Reform 2016 gesehene Handlungsbedarf in bestimmten Verwertungsbereichen liegt in der Tattoobranche nicht vor. Da Tattoo Artists zumeist selbstständig tätig sind, ihre Vorstellungen einer angemessenen Vergütung für den Normalfall der vertraglichen Nutzung problemlos durchsetzen können und die urheberrechtliche Verwertung von Tattoowerken im Gegensatz zu z. B. Literatur, Musik und Illustration erst im langsamen Wachsen ist, dürfte der Anwendungsbereich des § 32 Abs. 1 S. 3 UrhG auf den Tattoobereich allenfalls marginal ausfallen (z. B. Erstellung von Tattoovorlagen durch Angestellte).

Solange Kunden die Tattoowerke wie von Tattoo Artists zu erwarten im privaten Umfeld und Umfang oder sozialadäquat im Rahmen üblicher ge-

596 BGH, Urt. v. 07.10.2009, Az. I ZR 38/07, GRUR 2009, 1148, 1150; BGH, Urt. v. 20.02.2020, Az. I ZR 176/18, GRUR 2020, 611, Rz. 43; LG Hamburg, Urt. v. 23.01.2015, Az. 308 O 191/12, ZUM 2015, 587, 594; *G. Schulze*, in: Dreier/G. Schulze/Raue u. a. (Hrsg.), UrhG, 2022, § 32a, Rn. 7.; *Haedicke/Peifer*, in: Schricker/Loewenheim/Leistner (Hrsg.), UrhR, ^{6}2020, § 32a, Rn. 9.; *Wandtke*, in: Wandtke/Bullinger (Hrsg.), UrhR, 2022, § 32, Rn. 74.

597 *Wandtke*, in: Wandtke/Bullinger (Hrsg.), UrhR, 2022, § 32, Rn. 74.

sellschaftlicher Teilhabe in der Öffentlichkeit nutzen, wird kein besonderer Auslegungs- oder Anpassungsbedarf in Bezug auf Tattoos gesehen. Eine weitere Befassung mit § 32 UrhG unterbleibt daher.

Einen Anlass zur Prüfung bieten jedoch die Anspruchsgrundlagen der § 32a Abs. 1 S. 1 und Abs. 2 UrhG. Diese Rechte geben dem Urheber jeweils Anspruch auf eine weitere angemessene Beteiligung an den Erlösen aus der Verwertung seines Werkes oder auf die Einwilligung in eine Vertragsänderung, falls die ursprünglich vereinbarte Vergütung im Nachhinein im Vergleich zu den Erträgen unverhältnismäßig niedrig erscheint.[598]

In Bezug auf Tattoos stellt sich damit die Frage, ob Tattoo Artists über die Anspruchsgrundlagen des § 32a UrhG eine Beteiligung an den Erlösen der Verwertung ihrer Werke von den verwertenden Trägerpersonen und verwertenden Dritten verlangen können.

Insbesondere bei der Verwertung von Tattoowerken durch die ausgeübte Tätigkeit als Tattoo Modell oder in der sonstigen Verwertung von Vervielfältigungen der Tattoowerke beispielsweise in Bildbänden oder auf Merchandisingmaterial könnten Verwertungserlöse aus den Tattoowerken generiert werden, die in einem Missverhältnis zur vom Tattoo Artist für die Erbringung des Tattoowerks ursprünglich erzielten Gegenleistung stehen. Da solche Verwertungen keine Veräußerungen des Originals eines Tattoowerks darstellen, werden sie nicht durch das Folgerecht des § 26 UrhG (s. o. S. 140 ff.) abgedeckt. Gleichwohl erscheint ein Anpassungsbedarf oder Ausgleich im Hinblick auf die Vergütung des Tattoo Artists als Urheber naheliegend und zu rechtfertigen, wenn z. B. die Verwertung sich nachträglich qualitativ ändert, einen bei Vertragsschluss nicht absehbaren Umfang erreicht oder aus der Verwertung des von ihm geschaffenen Tattoowerks Erträge erwachsen, deren Höhe bei Anfertigung des Tattoowerks nicht absehbar waren und die deshalb nicht in die Kalkulation der vereinbarten Vergütung für die Erbringung des Werks eingeflossen sind. Ein grobes oder auch nur auffälliges Missverhältnis zwischen vereinbarter Vergütung und Verwertungserträgen ist dafür nicht mehr erforderlich[599], zumal die Schwelle für einen Vertragsanpassungsanspruch vom ursprünglich erforderlichen *„auffälligen Missverhältnis"* durch Art. 20 der DSM-RL auf eine *„unverhältnismäßig niedrige"* Vergütung abgesenkt wurde.[600]

598 *Schack*, Rn. 1209.

599 *Ders.*, Rn. 1209.

600 *Rosati*, Copyright in the digital single market, 2021, 386; *G. Schulze*, in: Dreier/G. Schulze/Raue u. a. (Hrsg.), UrhG, 2022, § 32a, Rn. 6a.

Da § 32a UrhG auf sämtliche Werkarten anwendbar ist[601], ist er auch auf urheberrechtlich geschützte Tattoowerke anwendbar. Dabei erscheint schon wegen der unterschiedlichen Anspruchsgrundlagen eine getrennte Prüfung im Hinblick auf die Verwertung durch Trägerpersonen selbst zum einen und durch Dritte zum anderen erforderlich.

II. Anspruch gegen Trägerpersonen, § 32a Abs. 1 S. 1 UrhG

Bei Betrachtung der Verwertung von Tattoowerken durch Trägerpersonen sind verschiedene Konstellationen betrachtungswert.

So könnten Trägerpersonen wie z. B. Sammler von Tattoowerken bekannter Tattoo Artists auf die Idee kommen, an ihrem Körper vorhandene Tattoowerke beispielsweise durch die Herstellung von Vervielfältigungsstücken in Form von Merchandisingmaterial o. ä. selbst zu verwerten (1.).

Weiter könnten Trägerpersonen nachträglich beschließen, eine Tätigkeit als haupt- oder nebenberufliches Tattoo Modell aufzunehmen, d. h. durch das Präsentieren ihres tätowierten Körpers und damit der an ihrem Körper befindlichen, urheberrechtlich geschützte Tattoowerke bei Veranstaltungen oder in der Werbung mindestens einen Teil des Lebensunterhalts zu verdienen. Alternativ waren sie bereits in dieser Tätigkeit aktiv, als sie urheberrechtlich geschützte Tattoowerke erhielten (2.).

Schließlich könnten Trägerpersonen im Laufe der Zeit zu im Lichte der medialen Aufmerksamkeit stehenden und mit dieser Aufmerksamkeit ihren Lebensunterhalt verdienenden Prominenten werden oder bereits prominente Personen sich mit urheberrechtlich geschützten Tattoowerken tätowieren lassen (3.).

1. Verwertung durch Trägerperson

Nehmen mit Tattoowerken tätowierte Personen selbst die Verwertung der Tattoowerke vor, greift dies unmittelbar in die dem jeweiligen Tattoo Artist als Urheber zustehenden Verwertungsrechte ein. Trägerpersonen werden sich jedoch in einer Abwägung mit den Rechten des Tattoo Artists auf die Ausübung ihres allgemeinen Persönlichkeitsrechts berufen können.

Insbesondere ist zu argumentieren, dass Tattoo Artists mit einem derartigen Verhalten ihrer Kunden, z. B. der Präsentation der Tattoowerke in der Öffentlichkeit, Vervielfältigung durch Fotografie etc. rechnen müssen oder rechnen. Ihnen wird in aller Regel somit zu unterstellen sein, dass sie diese Nutzungen und die damit verbundene Rechtelizenzierung bereits in die von

601 LG München I, Urt. v. 24.03.2010, Az. 21 O 11590/09, ZUM 2010, 733, 739; *G. Schulze*, in: Dreier/G. Schulze/Raue u. a. (Hrsg.), UrhG, 2022, § 32a, Rn. 13.

ihnen festgelegte Vergütung einberechnet haben oder diese zu erwartenden Nutzungshandlungen jedenfalls hätten einberechnen können. Bei entgegenstehendem Willen urheberseits sind somit ausdrückliche Vereinbarungen und Rechtevorbehalte zum ausdrücklichen Vertragsgegenstand zu machen. Entsprechende Verwertungsrechte seien also im Zweifel konkludent übertragen worden.

Letzterem wäre erneut entgegenzuhalten, dass die Feststellung stillschweigender Rechteeinräumungen gem. herrschender BGH-Rechtsprechung zurückhaltend vorzunehmen ist (s. o. S. 147).

Auch würde dies die dem § 31 Abs. 5 UrhG innewohnende gesetzgeberische Richtungsentscheidung ins Gegenteil verkehren, derzufolge nicht ausdrücklich abgetretene Rechte im Zweifel beim Urheber bleiben.

Dieser Gegenargumentation könnte allerdings wiederum entgegengehalten werden, dass es zum von beiden Vertragspartnern zugrunde gelegten Vertragszweck gehöre, dass individuell angefertigte Tattoowerk auch vollumfänglich verwerten zu dürfen.

Eine Annahme vollumfänglicher Verwertungsrechte der Trägerperson geht jedoch zu weit. Sie entwertet die vom Gesetzgeber im Interesse der Alimentierung von Urhebern beabsichtigte und von der o. g. Rechtsprechung bestätigte zurückhaltende Annahme konkludenter Rechteübertragungen, die sich auch im Wortlaut des § 31 Abs. 5 UrhG zeigt.

Für den Vertragszweck der Erbringung eines Tattoowerks und entsprechendes sozialadäquates Verhalten der Trägerperson in der Folge ist das Recht zur vollumfänglichen Verwertung auch nicht zwingend erforderlich. Die Rechte zur Veröffentlichung und Vervielfältigung dürften die meisten sozialadäquaten privaten Nutzungshandlungen von Trägerpersonen abdecken (Freibadbesuch, Fotografie etc.).

Weiter wird schwerlich überzeugend zu argumentieren sein, dass Tattoo Artists stets mit einer vollumfänglichen Verwertung der von ihnen erstellten Tattoowerke durch Kunden rechnen.

So entspricht es ausweislich § 44 Abs. 1 UrhG vielmehr urheberrechtlichen Grundsätzen, dass Urheber die von ihnen geschaffenen Werke weiterhin verwerten können, auch wenn sie das Werkoriginal veräußern. Im Gegenzug erwirbt der Erwerber zwar das Werkoriginal, im Zweifel aber nicht automatisch auch jegliche Verwertungsrechte daran.[602]

In Bezug auf Tattoos ist nach alldem zu schließen, dass auch Trägerpersonen von Tattoowerken als Erwerber des Werkoriginals i. S. d. § 44 UrhG anzu-

602 *Wandtke*, in: Wandtke/Bullinger (Hrsg.), UrhR, 2022, § 44, Rn. 1.

sehen sind und nicht automatisch jegliche Verwertungsrechte (z. B. zur gewerblichen Verbreitung von Vervielfältigungsstücken) erwerben.

In entsprechender Anwendung von § 44 Absatz 2 UrhG wird Trägerpersonen allerdings zuzubilligen sein, dass sie ihr Werkoriginal in Form eines Tattoowerks und damit eines Werks der bildenden Kunst öffentlich präsentieren dürfen, wie bereits oben angedeutet (s. o. S. 79 ff.).

Auch hier wird die Einschränkung des ausdrücklichen Ausschlusses durch den Urheber zu berücksichtigen sein. Eine derartige Einschränkung dürfte aber in der Tattoobranche allenfalls sehr selten bis nie vorkommen, zumal die Kundschaft bei Offenbarung einer solchen aller Wahrscheinlichkeit nach auf den Vertragsschluss und den Erwerb des nicht öffentlich zeigbaren Tattoowerks verzichten dürfte.

Weiter ist Trägerperson entgegenzuhalten, dass sie über die Präsentation des Werks in der Öffentlichkeit und private Vervielfältigungshandlungen z. B. durch Fotografieren hinausgehende Verwertungsrechte ausdrücklich bei einer vertraglichen Vereinbarung über die Erbringung des Tattoowerks oder gegebenenfalls nachträglich einbringen sollten, sofern sie eine bestimmte Verwertungsform beabsichtigen, damit die Tattoo Artists dies auch in die Vergütung für die Erbringung des Tattoowerks einfließen lassen können.

Die Interessen der Trägerpersonen werden durch eine zurückhaltende Zuerkennung von Verwertungsrechten auch nicht unzumutbar beschnitten. Ihnen verbleiben für die Erfüllung des Vertragszwecks zwingend erforderliche Verwertungsrechte (s. o. S. 165). Gleiches gilt für das eben erwähnte Ausstellungsrecht des § 44 Abs. 2 UrhG, das die Darstellung in der Öffentlichkeit und sogar die Erstveröffentlichung[603] erlaubt.

Schließlich wird es auch nicht im Interesse der weit überwiegenden, keine gewerblichen Verwertungen von auf ihrem Körper befindlichen Tattoowerken planenden oder vornehmenden Anzahl der Trägerpersonen liegen, wenn Tattoo Artists stets eine mögliche spätere gewerbliche Verwertung ihrer Werke durch Trägerpersonen in ihre Preise einfließen lassen würden. Stundensätze oder Preise gerade für hochwertige Tattoowerke dürften sich in diesem Fall zwangsläufig zu Lasten aller Trägerpersonen nach oben bewegen.

Wenn festgestellt wird, dass die Ausübung der tatsächlich übertragenen Verwertungsrechte in einem Maße erfolgt, dass die vereinbarte Vergütung im Vergleich zu den Erträgen und Vorteilen der Verwertungsrechte als unverhältnismäßig niedrig erscheint, wird eine Vertragsanpassung in Bezug auf die Vergütung für die Erstellung des Tattoowerks im Wege des Fairnessaus-

603 *G. Schulze*, in: Dreier/G. Schulze/Raue u. a. (Hrsg.), UrhG, 2022, § 44, Rn. 15.; *Wandtke*, in: Wandtke/Bullinger (Hrsg.), UrhR, 2022, § 44, Rn. 19.

gleiches gemäß § 32a Abs. 1 S. 1 UrhG erforderlich werden und durchsetzbar sein. Dies wird z. B. der Fall sein, wenn die Trägerperson Vervielfältigungsstücke des Tattoowerks in Form von Kunstdrucken, Merchandising etc. gewerblich verbreitet.

2. Verwertung durch Tattoo Modell

Das oben unter 1. Festgestellte wird erst recht auf Personen anzuwenden sein, die mit der Zurschaustellung der an ihrem Körper befindlichen Tattoowerke gegen Entgelt mindestens Teile ihres Lebensunterhaltes bestreiten und die Tattoowerke so verwerteten.

Denn Grund für das Interesse an ihrer Tätigkeit beispielsweise bei Auftritten auf Tattoomessen, der Abbildung in Zeitschriften, Fotobänden etc. sind in erster Linie die an ihrem Körper befindlichen Tattoowerke und damit die kreative Leistung der beteiligten Tattoo Artists.

Haben Tattoo Modells sich die erforderlichen Verwertungsrechte nicht ausdrücklich vertraglich übertragen lassen, bedeutet ihre Tätigkeit eine unrechtmäßige Ausübung von Verwertungsrechten und damit eine Rechtsverletzung zulasten der betroffenen Tattoo Artists.

Doch selbst wenn sie über entsprechende Verwertungsrechte verfügen, wird auch bei ihnen ein Fairnessausgleich gemäß § 32a Abs. 1 S. 1 UrhG zugunsten der beteiligten Tattoo Artists erforderlich werden, wenn ihre Erträge aus der Verwertung die Vergütung der beteiligten Tattoo Artists unverhältnismäßig niedrig erscheinen lassen.

Zwar liegt es auf den ersten Blick nahe, eine Ausnahme jedenfalls dann zu machen, wenn betroffene Tattoo Artists bereits bei Anfertigung wussten, dass die Trägerperson als Tattoo Modell tätig ist. Als Argument dafür könnte vorgebracht werden, dass die Vergütung auch in Bezug auf die bekannte Tätigkeit der Trägerperson festgesetzt wurde, die dafür erforderlichen Verwertungsrechte für die Tätigkeit als Tattoo Modell damit jedenfalls konkludent übertragen wurden.

Eine solche Ansicht vernachlässigt jedoch § 32a Abs. 1 S. 2 UrhG, demzufolge unerheblich ist, ob die Vertragspartner die Höhe der erzielten Erträge vorhergesehen haben oder hätten vorhersehen können. Für eine Ausnahme bleibt mithin kein Raum. Auch bei vorheriger Kenntnis der Tätigkeit und geplanten Verwertung wird eine Anpassung der vertraglichen Vergütung gemäß § 32a Abs. 1 S. 1 UrhG durchsetzbar sein.

3. Verwertung durch Prominente

Hinsichtlich sogenannter Prominenter könnte zum einen darauf abzustellen sein, ob der Schwerpunkt der Verwertung auf der hervorgehobenen Wiedergabe der Tattoowerke tätowierter Prominenter oder auf der Wiedergabe ihrer Person liegt.

Anders als bei den oben unter 2. behandelten Tattoo Models, die in erster Linie wegen ihrer Tattoos gebucht und gezeigt werden, wird z. B. bei der Berichterstattung über Prominente und z. B. in deren Social Media-Selbstdarstellung zumeist das äußere Erscheinungsbild der gesamten Person und ihr mit ihrer öffentlichen Persona verbundenes gesellschaftliches Ansehen im Vordergrund stehen.

Gemäß § 57 UrhG können urheberrechtlich geschützte Werke ohne Zustimmung des Urhebers vervielfältigt, verbreitet und öffentlich wiedergegeben werden, wenn sie zufällig oder beiläufig bei der Verwertung eines anderen Werks genutzt werden.[604] Dies umfasst neben dem Recht auf Vervielfältigung, Verbreitung und öffentliche Wiedergabe auch das Recht auf öffentliche Zugänglichmachung gemäß § 19a UrhG.[605]

Die Tattoos von Prominenten könnten deshalb als unwesentliches Beiwerk i. S. v. § 57 UrhG der Berichterstattung oder Selbstdarstellung zu behandeln sein. Dies wird anlässlich der Prüfung von § 57 UrhG näher zu betrachten sein.

Anders ist dies jedoch stets zu beurteilen, wenn gerade die Tätowierungen der Prominenten im Fokus der Berichterstattung oder Selbstdarstellung stehen.

So ist ein deutlich wahrnehmbarer qualitativer Unterschied in einer Verwertung beispielsweise in Form eines Fotos zu sehen, je nachdem, ob es sich dabei um Detailfotografie eines Tattoowerks oder die Ablichtung der Person eines Prominenten beispielsweise in Form eines Portraits handelt, auf dem aufgrund von Bildausschnitt und Tattooplatzierung zwangsläufig auch ein Tattoowerk zu sehen ist.

Zum anderen wird bei der Beurteilung darauf abzustellen sein, ob die prominente Trägerpersonen diese Prominenz bereits vor Anfertigung des Tattoowerks hatte oder erst danach prominent wurde. Wie auch bei bereits als Tattoo Modell tätigen Trägerpersonen wird auch Tattoo Artists, die bereits bekannte Prominente tätowieren, zu unterstellen sein, dass sie einen gewissen „Promifaktor“ in ihre Preisfindung haben einfließen lassen und damit auch jedenfalls konkludent entsprechende Nutzungsrechte abgetreten haben.

---

604 *Lüft*, in: Wandtke/Bullinger (Hrsg.), UrhR, 2022, § 57, Rn. 1.
605 BGH, Urt. v. 17.11.2014, Az. I ZR 177/13, GRUR 2015, 667.

4. Zwischenergebnis

Damit ist festzustellen, dass Trägerpersonen sozialadäquate Nutzungshandlungen ohne gewerblichen Charakter in gewissem Rahmen erlaubt sind. Die Aufnahme einer Tätigkeit als Tattoo Modell oder das gewerbliche Angebot von Vervielfältigungsstücken der Tattoowerke z. B. auf Produkten und damit die gewerbliche Verwertung der Tattoowerke der Trägerperson fällt jedoch nicht darunter und würde die Anwendbarkeit von § 32a Abs. 1 S. 1 UrhG ermöglichen.

Bei Bildberichterstattung oder Social Media-Selbstdarstellung nachträglich prominent gewordener Personen mit erkennbaren Tattoowerken könnten diese als Beiwerk i. S. d. § 57 UrhG zu behandeln sein, was noch zu prüfen sein wird. Dafür spricht zunächst, dass die Person an sich im Zentrum der Berichterstattung steht, nicht aber die Tattoowerke, die gleichwohl mit gezeigt werden müssen, um die Person in der Situation darstellen zu können. Jedenfalls im Ausnahmefall der Fokussierung von Berichterstattung oder Selbstdarstellung auf die Tattoowerke wird dies wiederum als illegale Verwertung einzuordnen sein.

Bei bereits vorhandener Prominenz ist zu unterstellen, dass entsprechende Nutzungshandlungen durch die Trägerpersonen in die Kalkulation des Tattoo Artists eingeflossen sind und konkludent eingeräumt wurden.

III. Anspruch gegen verwertende Dritte, § 32a Abs. 2 UrhG

Auch gegen Tattoowerke verwertende Dritte wird ein Anspruch auf Fairnessausgleich aus § 32a UrhG durchsetzbar sein.

Liegen die außergewöhnlichen Erträge der Verwertung statt beim Vertragspartner des Urhebers bei Dritten wie beispielsweise Lizenznehmern des Vertragspartners, richtet sich der Anspruch des Urhebers gemäß § 32a Abs. 2 UrhG unmittelbar und ausschließlich gegen diese Dritten.[606] Er ist jedoch nach einer Ansicht mangels anpassungsfähigen Vertrages zwischen Urheber und Dritten nicht auf Vertragsanpassung, sondern unmittelbar auf Zahlung gerichtet[607], während eine andere Ansicht einen Anspruch auf den Abschluss eines auf die Gewährung der Beteiligung gerichteten Vertrages sieht, aus

606 BGH, Urt. v. 01.04.2021, Az. I ZR 9/18, GRUR 2021, 955, 965; *Wandtke*, in: Wandtke/Bullinger (Hrsg.), UrhR, 2022, § 32a, Rn. 36.; *Schack*, Rn. 1211.

607 BGH, Urt. v. 20.02.2020, Az. I ZR 176/18, GRUR 2020, 611, Tz. 23; *W. Nordemann*, in: A. Nordemann/J. B. Nordemann/Czychowski (Hrsg.), UrhR, 2018, § 32a, Rn. 15.; *Haedicke/Peifer*, in: Schricker/Loewenheim/Leistner (Hrsg.), UrhR, [6]2020, § 32a, Rn. 34.; *Wandtke*, in: Wandtke/Bullinger (Hrsg.), UrhR, 2022, § 32a, Rn. 39.; *Schack*, Rn. 1211.

dem sodann ein vertraglicher Zahlungsanspruch entspringe.[608] Während die eben zitierte Entscheidung des BGH „Das Boot III“ bereits eine Richtung vorgibt, bedarf der Meinungsstreit gleichwohl keiner Entscheidung, da der BGH es dem Urheber auch schon vor der eben genannten Entscheidung freistellte, nach seiner Wahl entweder den erstmaligen Abschluss eines Vergütungsvertrags oder unmittelbar Zahlung zu verlangen.[609]

Verwertet beispielsweise ein Fotograf mit Erlaubnis der Trägerpersonen deren Tattoowerke in einem Bildband, ein TV-Produktionsunternehmen in einem TV-Feature über Tattoowerke oder ein Softwareunternehmen in einem Computerspiel, ergibt sich der Anspruch der betroffenen Tattoo Artists auf Fairnessausgleich direkt gegen die verwertenden Dritten aus § 32a Abs. 2 S. 1 UrhG – dies jedenfalls insoweit, als es sich nicht um eine eher nebensächliche Verwertung handelt, in der die betroffenen Tattoowerke als Beiwerk i. S. d. § 57 UrhG zu werten sind. Stehen die Tattoowerke hingegen im Zentrum der Verwertung, ist ein Fairnessausgleich vorzunehmen.

Probleme können sich jedoch in der Lizenzkette ergeben. Stellt § 32a Abs. 2 S. 2 UrhG noch klar, dass die Haftung des Lizenznehmers entfällt, wenn lediglich eine extensive Verwertung durch den Unterlizenznehmer einen Fairnessausgleich erforderlich macht, stellt sich die Frage, wie bei weiterer Unterlizenzierung und beispielsweise extensiver, einen Fairnessausgleich erforderlich machender Verwertung auf mehreren Unterlizenzstufen vorzugehen ist. Auch bleibt unklar, was der Gesetzgeber mit der Haftung *„unter Berücksichtigung der vertraglichen Beziehungen der Lizenzkette“* gemeint hat.[610]

Während eine Ansicht zu dem Ergebnis kommt, dass verwertende Dritte etwa gezahlte Lizenzgebühren von ihren Erträgen abziehen dürfen[611], ist eine andere Ansicht der Meinung, dass die Erträge verwertender Dritter allein mit der Vergütung der Urheber in Beziehung gesetzt werden, somit der letzte verwertende Unterlizenznehmer dem Urheber gegenüber für den Fairnessausgleich verantwortlich ist[612] und die vertraglichen Beziehungen

608 *G. Schulze*, in: Dreier/G. Schulze/Raue u. a. (Hrsg.), UrhG, 2022, § 32a, Rn. 48.; *Erdmann*, GRUR 2002, 923, 927; *Hilty/Peukert*, GRUR-Int 2002, 643, 647; *Leistner*, in: Haesner/Kreile/G. Schulze u. a. (Hrsg.), Zwischen Gestern und Morgen, 2017, S. 19, 25.

609 BGH, Urt. v. 28.02.2017, Az. I ZR 46/16, GRUR-RR 2017, 185, Rn. 29.

610 *Schack*, Rn. 1211.

611 OLG München, Urt. v. 01.06.2017, Az. 6 U 310/16, GRUR-RR 2017, 376 Tz. 55; *Haedicke/Peifer*, in: Schricker/Loewenheim/Leistner (Hrsg.), UrhR, [6]2020, § 32a, Rn. 33.; *Brauner*, ZUM 2004, 96, 100, 104; *Datta*, Die angemessene Vergütung des Urhebers, 2018, 361 f.; *Leistner*, in: Haesner/Kreile/G. Schulze u. a. (Hrsg.), Zwischen Gestern und Morgen, 2017, S. 19 ff.

612 *G. Schulze*, in: Dreier/G. Schulze/Raue u. a. (Hrsg.), UrhG, 2022, § 32a, Rn. 52.; *Wandtke*, in: Wandtke/Bullinger (Hrsg.), UrhR, 2022, § 32a, Rn. 39.; *W. Nordemann*,

zwischen den Lizenznehmern allein für Regressansprüche untereinander Bedeutung haben.[613]

Ein Argument für diese Auffassung ist, dass der Grundsatz, wonach der dem Geschädigten vom Lieferanten zu zahlende Gewinn durch Ausgleichszahlungen, die der Lieferant an seine Abnehmer wegen deren Inanspruchnahme durch den Geschädigten leistet, reduziert wird, in Bezug auf § 32 Abs. 2 UrhG ins Gegenteil verkehrt würde. Weiter erscheint es schwerlich zumutbar, den in ihren Rechten verletzten Urhebern zuzumuten, die gesamte Lizenzkette durchzuarbeiten und jeweils mühsam Auskunft, Rechnungslegung sowie sodann Nachforderungsansprüche schlimmstenfalls gegen eine Vielzahl von Unterlizenznehmern durchsetzen zu müssen. Auch sprechen Grundsätze der Prozesseffizienz gegen derart zeitaufwendiges und ressourcenfressendes Vorgehen.

Schließlich deutet auch Art. 20 Abs. 1 der DSM-RL auf diese Auslegung.[614]

IV. Zwischenergebnis

Zusammenfassend ist festzustellen, dass sich Tattoo Artists nicht in einer unterlegenen Verhandlungsposition gegenüber Nutzern ihrer Werke befinden. Es besteht deshalb kein Bedarf für die Anwendung von § 32 UrhG im Tattoobereich.

Anders fällt die Beurteilung jedoch im Hinblick auf § 32a UrhG aus. Eine unverhältnismäßige Verwertungsintensität zu Lasten der Tattoo Artists als Urheber erscheint insbesondere bei der gewerblichen Verwertung von Tattoowerken z. B. auf Produkten, im Rahmen der Tätigkeit als Tattoo Model oder durch Prominente anlässlich deren (Selbst-)Darstellung möglich, jedenfalls wenn vorrangiges Ziel der jeweiligen Verwertung die Wiedergabe der Tattoowerke ist. Erst recht gilt dies, wenn die gewerbliche Verwertung der Tattoowerke durch Dritte geschieht, die keine vertragliche Verbindung zum Urheber haben, jedenfalls, soweit nicht die Schranke des § 57 UrhG eingreift. Tattoo Artists haben dann einen Anspruch auf Fairnessausgleich direkt gegen die verwertenden Dritten aus § 32a Abs. 2 S. 1 UrhG.

Das neue Urhebervertragsrecht, 2002, 101 f.; *Reber*, GRUR Int 2015, 802, 805; *Reinhard/Distelkötter*, ZUM 2003, 269, 273 f.; *Wolff*, Urheberrechtliche Lizenzen in der Insolvenz von Film- und Fernsehunternehmen, 2007, 77 ff.

613 *G. Schulze*, in: Dreier/G. Schulze/Raue u. a. (Hrsg.), UrhG, 2022, § 32a, Rn. 55.; *Schack*, Rn. 1211.

614 *G. Schulze*, in: Dreier/G. Schulze/Raue u. a. (Hrsg.), UrhG, 2022, § 32a, Rn. 52a.; *Schack*, Rn. 1211 (Fn. 90).

D. Weiterwirkung von Nutzungsrechten, § 33 UrhG

In Bezug auf § 33 UrhG wird kein spezieller Erörterungsbedarf hinsichtlich Tattoos gesehen.

Gemäß § 33 S. 1 UrhG bleiben nicht nur ausschließliche, sondern auch einfache Nutzungsrechte gegenüber später eingeräumten Nutzungsrechten wirksam. Damit bleibt lediglich klarzustellen, dass dies beispielsweise auf die Nutzung vorher an Dritte verkaufter Vervielfältigungsstücke einer Vorlage eines Tattoowerks anzuwenden ist, das später einer Trägerperson exklusiv gestochen wird. Gem. § 33 S. 2 UrhG müssen z. B. Erben oder andere Rechtsnachfolger eines Tattoo Artists Gleiches gegen sich gelten lassen, selbst wenn es sich um eine vorher vom Hauptlizenznehmer in Form der Trägerperson wirksam eingeräumte Unterlizenz an Dritte handelt.

E. Übertragung von Nutzungsrechten, § 34 UrhG

Auch wenn die Weiterübertragung von Nutzungsrechten an Tattoowerken wegen der dauerhaften Anbringung der Werke in der Haut der Trägerpersonen zunächst fernliegend erscheint, wird dennoch Erörterungsbedarf hinsichtlich § 34 UrhG gesehen. So wird die Ausübung vieler Nutzungsrechte nicht zwingend den Transfer des Tattoowerks in Form der in der Haut befindlichen Farbpartikel bedingen.

I. Zustimmungsrecht

§ 34 Abs. 1 UrhG legt fest, dass Nutzungsrechte nur mit Zustimmung des Urhebers übertragen werden dürfen, der Urheber die Zustimmung aber auch nicht wider Treu und Glauben verweigern darf. Dies soll nach dem Willen des Gesetzgebers den Urheber davor schützen, sein Werk in die Hand von Personen zu legen, denen er z. B. wegen weltanschaulicher Differenzen, der Reputation im Geschäftsleben etc.[615] nicht vertraut und von denen er einen seinen Absichten zuwiderlaufenden Gebrauch des Werks befürchten muss.[616]

Oben wurde bereits festgestellt, dass bei einem Vertrag über die Erstellung eines Tattoowerks den Trägerpersonen einige urheberrechtliche Nutzungsrechte auch ohne ausdrückliche Regelung konkludent eingeräumt werden (s. o. S. 165). Fraglich bleibt dabei jedoch, ob diese Nutzungsrechte von den Trägerpersonen auch auf Dritte übertragen werden dürfen. Zu klären ist ins-

615 *G. Schulze*, in: Dreier/G. Schulze/Raue u. a. (Hrsg.), UrhG, 2022, § 34, Rn. 18.
616 RegE UrhG 1962, 57.

besondere, ob die konkludente Einräumung von Rechten bereits als Zustimmung zur etwaigen Übertragung von Nutzungsrechten zu werten ist oder ob bei geplanter Übertragung von Nutzungsrechten an Tattoowerken stets ein Zustimmungserfordernis des Tattoo Artists besteht. Ersteres erscheint jedenfalls möglich, da der Begriff der Zustimmung in § 34 Abs. 1 S. 1 UrhG entsprechend § 182 BGB zu verstehen ist.[617] Der Urheber kann somit vorher (§ 138 S. 1 BGB) oder hinterher (§ 184 Abs. 1 BGB) zustimmen.[618] Auch ist die Zustimmung nicht nur schriftlich oder mündlich, sondern auch durch schlüssiges Verhalten möglich.[619]

Erneut ist jedoch daran zu erinnern, dass in Ansehung der herrschenden Rechtsprechung des BGH jegliche konkludente Rechtseinräumung zurückhaltend vorzunehmen und daran zu messen ist, ob sie für die Erreichung des von beiden Seiten bei Vertragsschluss gewollten Vertragszwecks zwingend erforderlich ist.[620]

Rechtfertigung für die o. g., konkludent übertragenen Nutzungsrechte (s. o. S. 165) ist das Überwiegen der Ausübung von Persönlichkeitsrechten der Trägerpersonen. Nur weil anderenfalls die Auslebung der Persönlichkeitsrechte unzumutbar beeinträchtigt wäre, sind den Trägerpersonen überhaupt die o. g. Nutzungsrechte zulasten der Tattoo Artists zuzugestehen.

Für die Ausübung dieser Persönlichkeitsrechte erscheint es gleichwohl nicht zwingend erforderlich, alle konkludent eingeräumten Nutzungsrechte individuell auf Dritte übertragen zu können. Diese Rechte auf nicht in den Schutz der individuellen Persönlichkeitsrechte der Trägerperson fallende Dritte übertragen zu können, würde das zwingend erforderliche Maß an Rechteabtretung vielmehr überschreiten und wäre eine unzumutbare Benachteiligung der Tattoo Artists.

In einer konkludenten Einräumung von Nutzungsrechten durch Fertigstellung eines Tattoowerks ist somit keine Zustimmung zur etwaigen Übertragung von Nutzungsrechten an Dritte zu sehen.

II. Treu und Glauben

Fraglich bleibt noch, ob eine Verweigerung der Zustimmung zur Übertragung einzelner oder aller eingeräumten Nutzungsrechte von der Trägerperson an Dritte als Verstoß gegen Treu und Glauben aufzufassen wäre.

617 *Wandtke*, in: Wandtke/Bullinger (Hrsg.), UrhR, 2022, § 34, Rn. 9.

618 *Dass.*, in: Wandtke/Bullinger (Hrsg.), UrhR, 2022, § 34, Rn. 9.

619 BGH, Urt. v. 28.06.1962, Az. I ZR 20/61, GRUR 1962, 595, 598; BGH, Urt. v. 03.03.2005, Az. I ZR 111/02, GRUR 2005, 860, 862; *Wandtke*, in: Wandtke/Bullinger (Hrsg.), UrhR, 2022, § 34, Rn. 10.

620 BGH, Urt. v. 22.04.2004, Az. I ZR 174/01, ZUM 2004, 830.

So könnte eine solche Auffassung den gesetzgeberisch gewollten Schutz des Urhebers aushöhlen, sein Werk nicht in die Hand von Personen legen zu müssen, denen er wegen weltanschaulicher Differenzen, der Reputation im Geschäftsleben o. Ä. misstraut.

Auch handelt es sich bei einem Verstoß gegen Treu und Glauben um einen Ausnahmefall. Der Urheber braucht einer Rechteübertragung in der Regel nicht zuzustimmen,[621] insbesondere, wenn begründete Bedenken gegenüber dem Bewerber bestehen.[622] Nur in seltenen Ausnahmefällen, in denen die Verweigerung der Zustimmung willkürlich erscheint, weil keine berechtigten Belange des Urhebers betroffen sind und gleichzeitig berechtigte Interessen des Rechtsinhabers an einer Übertragung des Nutzungsrechts vorliegen, wird die Abwägung zu Ungunsten des Urhebers ausfallen. In diesen Fällen wird die Verweigerung der Zustimmung als Verstoß gegen Treu und Glauben betrachtet.[623]

Die konkludent eingeräumten Nutzungsrechte sind gleichwohl näher zu betrachten. Dabei erscheint einzig bezüglich der Vervielfältigung eine Übertragung des Rechts auch auf Dritte zumutbar und zwingend erforderlich für die Erreichung des von beiden Vertragsparteien angenommenen Vertragszwecks, jedenfalls soweit es sich um Vervielfältigungen im Rahmen der Auslebung der Persönlichkeit der Trägerperson im privaten Umfeld handelt, beispielsweise um die Anfertigung von Fotografien, auf denen die Trägerperson abgebildet ist. Beispielsweise Freunden oder Familie von Trägerpersonen zu untersagen, die Trägerpersonen wegen eines auf dem Körper befindlichen Tattoowerks fotografieren zu dürfen, erscheint unzumutbar für die Auslebung der Persönlichkeit der Trägerpersonen. Diese Form der Nutzung im persönlichen Umfeld dürfte aber keine Rechteübertragung, sondern lediglich die Einräumung von Unterlizenzen erfordern, ist somit kein Fall des § 34 UrhG.

Abgesehen von der gerade behandelten Ausnahme hinsichtlich der Vervielfältigung erscheint die Versagung des Rechts auf Rechteübertragung nicht dazu geeignet, Schäden für die Auslebung der Persönlichkeit und die Persönlichkeitsrechte der Trägerpersonen durch eine solche Beschränkung zu verursachen.

Angesichts der Natur von Tattoos als im Körper der Trägerpersonen verankerte Kunstwerke besteht kein Bedürfnis dafür, die Rechte auf Dritte übertragen zu können. Während z. B. Gemälde als bewegliche Sachen beim Erbfall in das Eigentum von Erben übergehen und sie als Eigentümer an Stelle

621 LG Frankfurt a. M., Urt. v. 06. 07.2011, Az. 2-06 O 576/09, ZUM 2012, 162, 165.
622 *Ohly*, in: Schricker/Loewenheim/Leistner (Hrsg.), UrhR, [6]2020, § 34, Rn. 27.; *Schricker*, in: Verlagsrecht, [3]2001, § 28, Rn. 13.
623 *G. Schulze*, in: Dreier/G. Schulze/Raue u. a. (Hrsg.), UrhG, 2022, § 34, Rn. 18.

des ursprünglichen Bestellers oder Erwerbers des Werks fortan darüber verfügen dürfen, liegt dies bei Tattoos in der Haut von Trägerpersonen fern.

Zwar erscheint z. B. die Anfertigung eines ebenfalls eine bewegliche Sache darstellenden Präparats selbst zu Lebzeiten der Trägerperson rein technisch möglich. Auch wurde bereits ausgeführt, dass dafür zumindest theoretisch ein Markt besteht (s. o. S. 140). Das theoretische Vorhandensein eines Marktes für Tattoopräparate o. Ä. ist aber nicht dazu geeignet, eine weitergehende Einschränkung der Rechte von Tattoo Artists als Urheber zu rechtfertigen.

Da bereits die Anfertigung einer Tätowierung als erheblicher Eingriff in die körperliche Unversehrtheit und damit als (zumeist gemäß § 228 StGB durch Einwilligung der Trägerperson gerechtfertigte) Körperverletzung gemäß § 223 Abs. 1 StGB zu werten ist,[624] wird im Umkehr- und Erst recht-Schluss auch die Gewinnung von Tattoopräparaten zu Lebzeiten der Trägerperson einen erheblichen Eingriff in die körperliche Unversehrtheit und damit eine Körperverletzung gemäß § 223 Abs. 1 StGB darstellen.

Auch eine Bewertung darauf abzielender Rechtsgeschäfte als sittenwidrig i. S. v. § 138 Abs. 1 BGB liegt nahe, was bei Verweigerung einer Einwilligung einen Verstoß gegen Treu und Glauben in weite Ferne rückt.

Eine Übertragbarkeit von Nutzungsrechten erscheint mithin weder aus moralischen oder anderweitigen Gründen geboten noch zwingend erforderlich, um den von den Vertragsparteien als zwingend erforderlich angesehenen Vertragszweck zu erfüllen. Dieser besteht aus der Auslebung der Persönlichkeit der Trägerperson mit ihrem Tattoowerk am Körper. Er umfasst insbesondere nicht die Verwertung von Vervielfältigungen oder sogar Hautpräparaten durch Dritte.

Wie bereits ausgeführt (s. o. S. 147 ff., 165, 181 ff.), könnten sich jedoch insbesondere bereits bei Anfertigung eines Tattoowerks im Lichte der öffentlichen Aufmerksamkeit stehende sogenannte Prominente oder bekanntermaßen mit der gewerblichen Verwertung auch von Ansichten ihrer Körper befasste und dafür bekannte Trägerpersonen wie Tattoo Models darauf zurückziehen, dass Tattoo Artists, die Tattoowerke in ihre Körper einbringen, auch mit einer Verwertung durch Dritte rechnen müssen.

Wie bereits durch das Zitat der Ausführungen der prominenten Trägerperson LeBron James als Zeuge in dem Verfahren Solid Oak Sketches, LLC vs. Visual Concepts, LLC et al belegt (s. o. S. 123 f.), sehen es gerade prominente Trägerpersonen oft als Selbstverständlichkeit an, die Tattoos auf ihrem Körper verwerten oder ihr Antlitz auch mit den Tattoos an Dritte lizenzieren oder sogar übertragen zu dürfen. Diese Ansicht greift jedoch zu kurz und

624 OLG Hamm, Urt. v. 05.03.2014, Az. I-12 U 151/13, NJW-RR 2014, 717; LG Osnabrück, Urt. v. 18.03.2022, Az. 7 O 2619/21, NJW-RR 2022, 889, 890 Rn. 28.

findet keine Deckung in der urheberrechtlichen Literatur und herrschenden Rechtsprechung. Bereits oben wurde ausführlich hergeleitet, dass die äußerst zurückhaltend vorzunehmenden konkludenten Rechteabtretungen einzig durch die gewichtiger zu bewertenden Rechte zur Auslebung der Persönlichkeit einzuschränken sind. Die gewerbliche Verwertung überschreitet die Grenzen dieser Rechtfertigung. Sie ist für die übliche Auslebung der Persönlichkeit nicht zwingend erforderlich und damit nicht von einer konkludenten Rechteabtretungen umfasst. Vielmehr ist die gewerbliche Verwertung urheberrechtlich geschützter Werke ureigenstes Recht der Urheber. Gerade durch sie soll sich kreative Betätigung (mit-) finanzieren, Urheber absichern und kulturelle Vielfalt sichern. Ein Verstoß gegen Treu und Glauben bei Versagung der Einwilligung wird damit schwerlich festzustellen sein, zumal dadurch gleich in mehrfacher Hinsicht der Wille des Gesetzgebers gelebt wird, den Urheber zum einen gegen seinen Willen widersprechende Verwertungen abzusichern und ihm gleichzeitig eine Existenzgrundlage zu sichern.

Zudem erscheint eine andere Lösung des Übertragungs- und Verwertungsproblems viel einfacher und naheliegender, nämlich die (idealerweise vorherige) schriftliche Vereinbarung entsprechender Rechte oder der Zulässigkeit von Rechteübertragungen. Trägerpersonen, die die Übertragung von Rechten zur gewerblichen Verwertung von Ansichten ihres Körpers planen, steht es frei, bei Vertragsschluss darauf hinzuweisen und sich entsprechende Einwilligungen ausdrücklich einzuholen. Erneut gibt auch dies Gelegenheit, solche Ansinnen in die Preisgestaltung der Urheber einfließen zu lassen und führt zu einem fairen Ausgleich.

Urhebern das Recht zur Vorenthaltung der Einwilligung jedoch über die Krücke der konkludenten Rechteübertragung und einen angeblichen Verstoß gegen Treu und Glauben durch Versagung der Einwilligung zu entziehen, hieße erneut, die Axt an die tragenden Säulen des urheberrechtlichen Systems zu legen und den erklärten Willen des Gesetzgebers zu missachten. Dafür gibt es angesichts der geschilderten Alternativen weder Rechtfertigung noch Erfordernis.

III. Reichweite

Doch selbst wenn man z. B. zur rechtssicheren Klärung von Altfällen Trägerpersonen das Recht zur Übertragung von Verwertungsrechten zugestehen würde, bliebe noch zu klären, wie weitreichend derlei Befugnisse wären.

So mag vertreten werden, eine Vervielfältigung visueller Natur von Tattoowerken im Zusammenhang mit einer Darstellung der Trägerperson als zulässig anzusehen. Mindestens die herausgreifende Verwertung nur des Tattoowerks ohne Kontext und Bezug zur Trägerperson und der Darstellung ihrer Persönlichkeit durch Dritte erscheint aber in jedem Falle unzulässig. Es ist im urheberrechtlichen System weder darstellbar noch den Tattoo Artists als Urhebern zu vermitteln, warum beispielsweise ein Fotograf in Absprache mit den Trägerpersonen einen Bildband ihrer besten Tattoowerke anfertigen können sollte, ohne vorher die Einwilligung der Urheber eingeholt zu haben. Dies wird umso mehr für die Verwertung von Tattoowerken in der Werbung gelten, z. B. wenn die Ausrichtung des beworbenen Unternehmens, der politischen Partei etc. nicht mit den Überzeugungen des Tattoo Artists als Urheber übereinstimmt.

Als Beispiel hierfür mag der Fall N.K. Collins, LLC vs. William Grant & Sons, Inc. et al vor dem US District Court for the District of Hawaii dienen.[625] Die Witwe und weitere Erben des bekannten US-amerikanischen Tätowierers Norman „Sailor Jerry" Collins verklagten im Jahr 2019 mit ihrem Unternehmen den schottischen Spirituosenhersteller William Grant & Sons, Inc., der eine Spirituose namens „The Original Sailor Jerry Spiced Rum" (s. o. S. 116) auf den Markt gebracht hatte. William Grant & Sons, Inc. verwendete auf dem Produkt und in der Werbung dafür neben dem Namen des Tätowierers auch zahlreiche seiner Tattoovorlagen und berühmte sich, die dafür erforderlichen Rechte 2008 von den Nachfolgern Collins´ erworben zu haben.[626]

Als eines der Hauptargumente brachten die klagenden Erben vor, der 1973 verstorbene Collins und seine Ehefrau hätten während der gesamten Beziehung keinen Alkohol konsumiert. Das Angebot von Spirituosen in seinem Namen und mit seinen Tattoovorlagen sei nicht in seinem Sinne und schade seinem Andenken.[627]

Während im genannten Prozess vornehmlich Marken- und Namensrechte thematisiert wurden und ein Vergleich erzielt werden konnte, verdeutlicht der Fall jedoch, dass es gerade bei der Übertragung von Verwertungsrechten

---

625 *US District Court for the District of Hawaii*, Docket – N.K. Collins, LLC v. William Grant & Sons, Inc. et al, 2019 (https://dockets.justia.com/docket/hawaii/hidce/1:2019cv00386/145356) (geprüft am 29.09.2024).

626 *Reporter*, Widow of tattooist Sailor Jerry sues whisky giants William Grant for "cashing in" on her husband's legacy, 23.06.2019 (https://www.scotsman.com/news/people/widow-tattooist-sailor-jerry-sues-whisky-giants-william-grant-cashing-her-husbands-legacy-1414767) (geprüft am 29.09.2024); Sailor Jerry, Sailor Jerry Spiced Rum – Original Tattoos & Caribbean Rum – Sailor Jerry (https://sailorjerry.com/en/) (geprüft am 29.09.2024).

627 *Lyte*, Widow Of Tattoo Legend 'Sailor Jerry' Sues Rum Distillers, 14.06.2019 (https://www.civilbeat.org/beat/widow-of-tattoo-legend-sailor-jerry-sues-rum-distillers/) (geprüft am 29.09.2024); *Reporter*, Widow of tattooist Sailor Jerry sues whisky giants William Grant for "cashing in" on her husband's legacy, 23.06.2019 (https://www.scotsman.com/news/people/widow-tattooist-sailor-jerry-sues-whisky-giants-william-grant-cashing-her-husbands-legacy-1414767) (geprüft am 29.09.2024).

an Dritte leicht zu Konflikten mit den Überzeugungen des betroffenen Urhebers kommen kann.

Die Annahme einer konkludenten Einwilligung insbesondere des Rechts zur Verbreitung und öffentlichen Zugänglichmachung ist deshalb, der Intention des Gesetzgebers folgend, abzulehnen.

Zur ergänzenden Begründung mag auch eine analoge Anwendung der gesetzgeberischen Intention hinter § 23 Abs. 1 Nr. 2 KUG dienen, der Aufnahmen von erkennbaren Personen im Zusammenhang oder in der Gruppe beispielsweise anlässlich der Teilnahme an einer öffentlichen Demonstration zulässt, nicht aber herausgreifende Portrait- oder Detailaufnahmen ohne Kontext. Gleiches muss auch für Tattoowerke gelten, an deren individuellem Erscheinungsbild informierte Kreise oft ihren Urheber erkennen können. Dieser sollte nicht durch Übertragbarkeit von Verwertungsrechten mit Personen, Ansichten, Geschäftspraktiken etc. assoziiert werden, mit denen er nicht assoziiert werden möchte.

IV. Zwischenergebnis

Die o. g., konkludent übertragenen, stark eingeschränkten Verwertungsrechte für Trägerpersonen sind nicht auf Dritte übertragbar. Eine Pflicht zur Einwilligung für Tattoo Artists liegt fern. Eine Versagung der Einwilligung ist kein Verstoß gegen Treu und Glauben.

Hinsichtlich der weiteren Absätze des § 34 UrhG wird im Hinblick auf Tattoowerke kein besonderer Erörterungsbedarf gesehen.

F. Einräumung weiterer Nutzungsrechte, § 35 UrhG

Schließlich stellt sich mit § 31 Abs. 5 S. 2 UrhG wegen der oben erfolgten Bejahung der konkludenten Übertragung von einigen Nutzungsrechten (s. o. S. 165) die Frage, ob es sich dabei um einfache oder ausschließliche Nutzungsrechte i. S. v. § 31 Abs. 2 und Abs. 3 UrhG handelt.

Der Klärungsbedarf besteht aufgrund der unterschiedlichen Regelungsbereiche von § 34 UrhG und § 35 UrhG. Während § 34 UrhG die vollständige Übertragung von Verwertungsrechten betrifft, regelt § 35 UrhG das Zustimmungsbedürfnis des Urhebers bei einer Einräumung von Unterlizenzen auf Basis eines ausschließlichen Nutzungsrechts.[628]

---

628 *G. Schulze*, in: Dreier/G. Schulze/Raue u. a. (Hrsg.), UrhG, 2022, § 35, Rn. 4 f.; *Ohly*, in: Schricker/Loewenheim/Leistner (Hrsg.), UrhR, [6]2020, § 35, Rn. 1.

I. Umfang Nutzungsrechte

Infolge seines Wortlauts ist § 35 UrhG auf die bei Tattoowerken konkludent an Trägerpersonen übertragenen Nutzungsrechte nur dann anwendbar, wenn es sich dabei um ausschließliche Nutzungsrechte handelt.

Damit stellt sich wegen der oben festgestellten konkludenten Rechteeinräumung die Frage, ob es zur Erreichung des von beiden Vertragspartnern zugrunde gelegten Vertragszwecks für die Trägerperson eines Tattoowerks erforderlich ist, dass es sich bei den übertragenen Nutzungsrechten um ausschließliche Nutzungsrechte handelt.

Gegen die Einräumung von ausschließlichen Nutzungsrechten spricht zunächst, dass es sich um keine ausdrückliche, sondern um eine konkludente Rechteeinräumung handelt.

In diesem Zusammenhang ist daran zu erinnern, dass die Feststellung stillschweigender Rechteeinräumungen zurückhaltend und allenfalls dann anzunehmen ist, wenn sich ein dahinterstehender Wille des Urhebers konkret nachweisen lässt.[629] Es ließe sich somit argumentieren, diese zurückhaltende Annahme auch auf den Umfang etwaiger konkludent eingeräumter Nutzungsrechte zu übertragen.

Bei einem urheberrechtlich geschützten Tattoowerk wird jedoch von der Literatur teilweise sogar eine über den Vertragszweck hinausgehenden Einräumung von Nutzungsrechten angenommen. Anderenfalls bedeute jedes Foto einer Trägerperson mit sichtbarem Tattoowerk eine Verletzung der Rechte des Tattoo Artists. Nach dieser Ansicht sei davon auszugehen, dass in den Begleitumständen und dem schlüssigen Verhalten der Parteien unzweideutig ein entsprechender Parteiwille zum Ausdruck komme.[630]

Wenn er nach den oben wiedergegebenen Ergebnissen (s. o. S. 165) auch zu weitgehend ist, vermag dieser zweckorientierte Ansatz jedoch – jedenfalls dem Grunde nach – zu überzeugen. Denn der Übertragungszweckgrundsatz garantiert Werknutzern einen zwingenden Kern von urheberrechtlichen Nutzungsrechten, die für die vereinbarte Verwertung unerlässlich sind.[631]

Bei Tattoowerken liegt es bereits aufgrund ihrer Platzierung in der Haut einer Trägerperson nahe, die Einräumung von Enkelrechten an Dritte als zum zwingenden Kern von urheberrechtlichen Nutzungsrechten der Trägerperson als Werknutzer anzusehen. So sollte es zum zwingenden Kern der durch die Anfertigung eines Tattoowerks auf dem Körper einer Trägerperson ein-

---

629 *Schack*, Rn. 662.

630 *Wirth*, in: Eichelberger/Wirth/Seifert (Hrsg.), UrhG, ^{4}2022, § 31, Rn. 10.

631 BGH, Urt. v. 24.02.2000, Az. I ZR 141/97, ZUM-RD 2000, 419; OLG Düsseldorf, Urt. v. 29.05.2001, Az. 20 U 166/00, ZUM 2001, 795, 797; *Wandtke*, in: Wandtke/Bullinger (Hrsg.), UrhR, 2022, § 31, Rn. 47.

geräumten Rechte gehören, sich mit dem sichtbaren Tattoowerk nicht nur selbst fotografieren zu dürfen, sondern sich auch von Dritten fotografieren lassen zu dürfen.

Tattoo Artists werden aufgrund des Fortschritts der technischen Möglichkeiten auch für Verbraucher und der Veränderung menschlicher Kommunikation im Laufe der Zeit mit entsprechendem Verhalten der Trägerperson rechnen. Zwar darf beispielsweise allein aus der Branchenüblichkeit weiterer Nutzungen keine stillschweigende Rechteeinräumung gefolgert werden,[632] wobei selbst dies von Teilen der Rechtsprechung für Einzelfälle anders gesehen wird.[633] Dieser Streit bedarf hier jedoch keiner Entscheidung. Denn eine stillschweigenden Rechteeinräumung selbst über den Vertragszweck hinausgehender Nutzungen ist jedenfalls dann möglich und kann angenommen werden, wenn Parteiwille, Begleitumstände und schlüssiges Verhalten dies zum Ausdruck bringen.[634] Selbst wenn man das o. g. Verhalten von Trägerpersonen als nicht vom Vertragszweck gedeckt ansehen sollte, sprechen mindestens Begleitumstände und Verhalten einer Vielzahl von Tattoo Artists für eine stillschweigende Rechteeinräumung über den Vertragszweck hinaus. So mangelt es völlig an Verfahren oder öffentlichen Stimmen aus Reihen der Tattoo Artists, die entsprechendes Verhalten der Trägerpersonen kritisieren. Auch verhalten Tattoo Artists sich zumeist selbst entsprechend, indem sie z. B. fotografische Vervielfältigungen des Entstehungsprozesses und des fertigen Tattoowerks in Foto- und Videoform anfertigen und für ihre Selbstdarstellung als Künstler nutzen. Es sollte für sie mithin nachvollziehbar sein, dass sich auch die Trägerpersonen der Tattoowerke in ihrem sozialen Umfeld entsprechend darstellen möchten. Aus ebenjenem Grund werden Tattoo Artists in den allermeisten Fällen mit einem entsprechenden Verhalten der Trägerpersonen einverstanden sein, soweit die Nutzung im privaten Rahmen bleibt und nicht die Grenze zur kommerziellen Verwertung des Tattoowerks überschreitet. Denn mit einer kommerziellen Verwertung müssen Tattoo Artists nicht rechnen.

Bereits oben (s. o. S. 181 ff.) wurde geklärt, dass bei den bereits prominenten Trägerpersonen – z. B. bekannten Musikern oder Sportstars – Tattoo Artists auch mit einer gewerblichen Verwertung des Tattoowerks durch die prominente Trägerperson rechnen müssen und ihnen ein Einverständnis damit unterstellt werden kann. Dies gilt jedoch nicht für nachträglich prominent gewordene Trägerpersonen oder Dritte. Gerät die Trägerperson erst nach Anfertigung des Tattoowerks in das Rampenlicht oder wird das Tattoowerk über den persönlichen Gebrauch hinaus von Dritten z. B. in einem Bildband

632 *Wandtke*, in: Wandtke/Bullinger (Hrsg.), UrhR, 2022, § 31, Rn. 48.

633 KG, Urt. v. 24.04.2001, Az. 5 U 5417/99, ZUM 2002, 291.

634 BGH, Urt. v. 22.04.2004, Az. I ZR 174/01, ZUM 2004, 830, 831; *Wandtke*, in: Wandtke/Bullinger (Hrsg.), UrhR, 2022, § 31, Rn. 48.

verwertet, überschreitet dies die Grenzen der durch Anfertigung eines Tattoowerks konkludent übertragenen Nutzungsrechte.

Für eine sozialadäquate Nutzung konkludent übertragener Nutzungsrechte an den Tattoowerken erscheint es zunächst nicht zwingend erforderlich, über ausschließliche Nutzungsrechte i. S. d. § 31 Abs. 3 UrhG zu verfügen.

Dieser Gedanke vermag jedoch eher bei nicht mit urheberrechtlicher Schöpfungshöhe ausgestatteten Tattoos verfangen, die einer Vielzahl von Personen gestochen werden.

Bei Tattoowerken, die nur einer Person gestochen werden, liegt stattdessen die Annahme von ausschließlichen Nutzungsrechten nahe, insbesondere bei gezielter Beauftragung durch die Trägerperson. Es erscheint angemessen, die Trägerperson eines einmaligen Werkoriginals in Form des Tattoowerks mit dem Recht auszustatten, das Werk auf die ihr erlaubte Art zu nutzen, Nutzungsrechte einzuräumen und andere Personen von der Nutzung auszuschließen zu können. So wird es Trägerpersonen in manchen Fällen schwerlich zuzumuten sein, eine Nutzung der auf ihrem Körper befindlichen Tattoowerke dulden zu müssen. Als Argument hierfür mag auch der Rechtsgedanke des § 60 UrhG übertragen werden, gerade wenn der Anstoß für die Erstellung des Tattoowerks von der Trägerperson ausging und das Tattoowerk extra für diese Trägerperson entworfen wurde.

Soweit in der konkludenten Einräumung ausschließlicher Nutzungsrechte im Wege der bedarfsgerechten Abwägung auch festzustellen ist, dass als Ausgleich dem Urheber die Nutzung vorbehalten bleibt (§ 31 Abs. 3 S. 2 UrhG), wird auch weder eine Überbeanspruchung der interessengerechten Vertragsauslegung oder des Vertragszwecks oder eine unzumutbare Belastung der Tattoo Artists als Urheber verwirklicht.

Nach alldem ist davon auszugehen, dass es sich bei den konkludent eingeräumten Nutzungsrechten um ausschließliche Rechte handelt. Der Anwendungsbereich des § 35 UrhG ist damit eröffnet.

II. Recht zur Unterlizenzierung

Wegen der Einräumung von ausschließlichen Nutzungsrechten ist angesichts § 35 UrhG noch zu klären, wie die Zustimmung des Urhebers gemäß § 35 Abs. 1 S. 1 UrhG zu erfolgen hat und wann er sie versagen darf. Hierzu ist auf die Ausführungen zu § 34 UrhG (s. o. S. 185 ff.) zu verweisen. Die Zustimmung kann, wie dort, ausdrücklich oder konkludent erfolgen.[635] Auch ein etwaiger Verstoß gegen Treu und Glauben im Falle der Versagung der

635 *Ohly*, in: Schricker/Loewenheim/Leistner (Hrsg.), UrhR, ^{6}2020, § 35, Rn. 11.; *Wandtke*, in: Wandtke/Bullinger (Hrsg.), UrhR, 2022, § 35, Rn. 13.

Zustimmung durch den Urheber ist anhand der oben anlässlich § 34 UrhG erfolgten Ausführungen zu beurteilen (s. o. S. 185 ff.).

III. Zwischenergebnis

Bei den im Rahmen der Erstellung von Tattoowerken konkludent eingeräumten Nutzungsrechten handelt es sich um ausschließliche Nutzungsrechte i. S. v. § 31 Abs. 3 UrhG. Fragen zu etwaigen Verstößen gegen Treu und Glauben wegen der Versagung der Einwilligung zur Einräumung von Enkelrechten orientieren sich an den Ausführungen zu § 34 UrhG (s. o. S. 185 ff).

G. Gemeinsame Vergütungsregeln, § 36 UrhG

Hinsichtlich der Anwendbarkeit der §§ 36 ff. UrhG auf Fragestellungen mit Bezug auf Tattoowerke wird kein Erörterungsbedarf gesehen.

Im Hinblick auf das Erfordernis der Bildung von Vereinigungen von Urhebern zur Bestimmung der Angemessenheit von Vergütungen gemäß § 36 Abs. 1 S. 1 UrhG ist erneut für Tattoo Artists die Mitgliedschaft in einer Verwertungsgesellschaft anzuregen. Tattoo Artists ist die Mitgliedschaft zu empfehlen, damit sie an der Bestimmung der Angemessenheit von Vergütungen und den nur über Verwertungsgesellschaften erzielbaren Vergütungen teilhaben können.

H. Recht zur anderweitigen Verwertung nach zehn Jahren bei pauschaler Vergütung, § 40a UrhG

Angesichts der bisherigen Ergebnisse stellt sich die Frage, ob § 40a UrhG auf Tattoowerke anwendbar ist. Dies wäre gemäß § 40a Abs. 1 S. 1 UrhG der Fall, wenn es sich bei den konkludent eingeräumten Nutzungsrechten um gegen eine pauschale Vergütung eingeräumte ausschließliche Nutzungsrechte i. S. v. § 31 Abs. 3 UrhG handeln würde.

Sofern die Ausnahmen des Abs. 3 des § 40a UrhG nicht greifen, wäre die Rechtsfolge der Anwendbarkeit des § 40a Abs. 1 UrhG, dass aus den ausschließlichen Nutzungsrechten nach Ablauf einer zehnjährigen Frist einfache Nutzungsrechte würden, der Tattoo Artist als Urheber konkludent eingeräumte Nutzungsrechte somit wieder anderweitig einräumen könnte und der Trägerperson nur einfache Nutzungsrechte verblieben.

I. Ausschließliches Nutzungsrecht

Motivation des Gesetzgebers für die Regelung des § 40a Abs. 1 UrhG war die Sorge davor, dass es infolge der im urheberrechtlichen Bereich oft üblichen „Total Buy-Outs"[636] zu einem Missverhältnis zwischen der langen Schutzdauer und deren Sinn kommen könne, wenn Urheber ihre Nutzungsrechte zeitlich unbegrenzt lediglich für ein einmaliges Pauschalhonorar einräumen. Nutznießer der langen Schutzdauer sei dann nicht mehr der schutzbedürftige Urheber, sondern der Verwerter.[637]

Wie bereits oben festgestellt (s. o. S. 192 ff.), handelt es sich bei den bei der Anfertigung eines Tattoowerks vom Tattoo Artist als Urheber an die Trägerperson konkludent eingeräumten Nutzungsrechten um ausschließliche Nutzungsrechte i. S. v. § 31 Abs. 3 UrhG.

II. Pauschalvergütung

Weiter ist erforderlich, dass es sich bei der vereinbarten Vergütung für die Einräumung der Nutzungsrechte um eine Pauschalvergütung handelt. Keine pauschalen Vergütungen sind z. B. Absatzhonorare oder sonstige laufende Beteiligungen an den Erlösen der Verwertung eines urheberrechtlich geschützten Werks,[638] während eine einmalige Entgeltzahlung eine pauschale Vergütung i. S. d. § 40a UrhG darstellt.[639]

Verträge über die Erstellung eines Tattoos werden bislang allgemein als Werkvertrag angesehen und Tattoowerke damit in aller Regel gegen eine pauschale Vergütung angefertigt.[640] Dem folgend werden die o. g. ausschließlichen Nutzungsrechte somit gegen eine pauschale Vergütung eingeräumt.

III. Zeitlich unbeschränkt, § 40a Abs. 3 UrhG

Das Vorliegen der beiden eben geprüften Voraussetzungen der Anwendbarkeit des § 40a Abs. 1 S. 1 UrhG hätte die Rechtsfolge, dass Tattoo Artists nach Ablauf von zehn Jahren dazu berechtigt wären, von ihnen geschaffenen

636 *Lucas-Schloetter*, GRUR 2017, 235, 238.

637 BT-Drs. 18/8625, 17 ff.; *G. Schulze*, in: Dreier/G. Schulze/Raue u. a. (Hrsg.), UrhG, 2022, § 40a, Rn. 1.; *Wandtke/Hegemann/Zurth*, in: Wandtke/Bullinger (Hrsg.), UrhR, 2022, § 40a, Rn. 1.

638 *G. Schulze*, in: Dreier/G. Schulze/Raue u. a. (Hrsg.), UrhG, 2022, § 40a, Rn. 6.

639 *Berger/Freyer*, ZUM 2016, 569, 575.

640 *Koch*, Tattoorecht: Anzahlung oder Terminkaution?, 24.10.2019 (https://www.kleymann.com/aktuelles/news/tattoorecht-anzahlung-oder-terminkaution/) (geprüft am 29.09.2024).

Tattoowerke anderweitig zu verwerten. Der Trägerperson als ursprünglichem Vertragspartner verbliebe lediglich ein einfaches Nutzungsrecht. Dies könnte zu der jedenfalls für die Trägerperson unbefriedigenden Situation führen, dass ein für sie geschaffenes exklusives *„custom"* Tattoowerk zehn Jahre später ohne ihr Einverständnis z. B. von durch den Tattoo Artist entsprechend lizenzierten Dritten vervielfältigt oder ausgestellt werden dürfte.

Die konkludente Einräumung von ausschließlichen Nutzungsrechten an die Trägerperson im Rahmen eines Vertrags über die Erstellung eines Tattoowerks könnte jedoch unter § 40a Abs. 3 UrhG fallen. Die konkludent eingeräumten Nutzungsrechte wären dann zeitlich unbeschränkt.

1. Nachrangiger Beitrag

Einer Anwendbarkeit des § 40a Abs. 3 Nr. 1 UrhG steht sein Wortlaut entgegen.

So ist ein Beitrag gemäß der Legaldefinition des § 40a Abs. 3 Nr. 1 UrhG insbesondere dann nachrangig, wenn er den Gesamteindruck eines Werks wenig prägt. Das Gegenteil gilt sowohl für den Entwurf als auch die Erstellung eines Tattoowerks. Beide prägen den Gesamteindruck eines Tattoowerks maßgeblich. Deshalb kann ein von einem Tattoo Artist entworfenes und angefertigtes Tattoowerk keinen nachrangigen Beitrag zu einem Werk i. S. d. § 40a Abs. 3 Nr. 1 UrhG darstellen.

2. Werk der Baukunst oder Entwurf eines solchen Werks

Auf den ersten Blick gesehen handelt es sich bei einem fertigen Tattoowerk und der Vorlage dafür offensichtlich nicht um ein Werk der Baukunst oder den Entwurf eines solchen Werks i. S. d. § 40a Abs. 3 Nr. 2 UrhG.

Allerdings wurden Werke der Baukunst vom Gesetzgeber deshalb von den Rechtsfolgen des § 40a Abs. 1 UrhG ausgenommen, weil an ihnen ein gesteigertes Interesse an einer auf lange Zeit angelegten Exklusivität der Nutzungsbefugnisse anzuerkennen sei.[641] Auch sei eine angemessene Vergütung durch eine eigene Honorarordnung sichergestellt.[642]

Wie bereits festgestellt wurde, besteht jedoch eine gewisse Nähe in der rechtlichen Behandlung von Tattoowerken zu Werken der Baukunst und ihren Entwürfen (s. o. S. 97 ff.).

641 BT-Drs. 18/8625, 30; *Wandtke/Hegemann/Zurth*, in: Wandtke/Bullinger (Hrsg.), UrhR, 2022, § 40a, Rn. 38.

642 BT-Drs. 18/8625, 30; *Wandtke/Hegemann/Zurth*, in: Wandtke/Bullinger (Hrsg.), UrhR, 2022, § 40a, Rn. 38.

Zudem ist auch bei Tattoowerken kraft ihrer sichtbaren und dauerhaften Existenz in der Haut einer Trägerperson ein gesteigertes Interesse an einer auf lange Zeit angelegten Exklusivität der Nutzungsbefugnisse anzuerkennen. Auf dem Körper von Trägerpersonen sichtbare Tattoowerke sind in dieser Hinsicht Bauwerken näher als z. B. Gemälden oder Illustrationen. Sie sollten deshalb auch ähnlich behandelt werden, zumal erneut festzustellen ist, dass Tattoo Artists als Urheber in Vertragsverhältnissen mit ihren Kunden als nicht besonders schutzbedürftig anzusehen sind, da beide auf Augenhöhe verhandeln und schon kein Missverhältnis zwischen der Nutzungsdauer und der dafür gewährten Vergütung festzustellen ist. Auch wenn § 40a UrhG von der urheberrechtlichen Literatur teilweise als „kümmerlich" und „von vielen Ausnahmen durchlöchert" angesehen wird,[643] ist jedenfalls in Bezug auf Tattoowerke festzustellen, dass beide beteiligten Vertragsparteien keinen durch eine unterlegene Verhandlungsposition nach dem Wunsch des Gesetzgebers besonders privilegierten Bedarf für eine Anwendung des § 40a Abs. 1 S. 1 UrhG haben. Vor diesem Hintergrund liegt es nahe, Tattoowerke und deren Entwürfe ebenso zu behandeln und rechtsfortbildend im Wege der Analogie unter den Anwendungsbereich des § 40a Abs. 3 Nr. 2 UrhG fallen zu lassen.

Zwar gibt es auch Kritik an der Berechtigung der Ausnahme des § 40a Abs. 3 Nr. 2 UrhG.[644] Die kritischen Stimmen sind der Auffassung, die gesetzgeberische Begründung überzeuge weder inhaltlich noch systematisch. Werke der Baukunst passten nicht in eine Reihe mit nachrangigen Beiträgen zu einem Werk und nicht nur die Sicherung einer angemessenen Vergütung, sondern auch der Schutz der Kontrollbefugnisse des Urhebers sei Zweck des § 40a UrhG. Ein berechtigtes Interesse an langer Nutzung der Werke sei nachvollziehbar, bedürfe dafür aber keiner exklusiven Verwertungsrechte.[645] Dieser Meinungsstreit bedarf hier jedoch keiner Entscheidung. Denn im Hinblick auf Tattoowerke ist jedenfalls festzustellen, dass deren Trägerpersonen einen privilegierten Bedarf für exklusive Verwertungsrechte an ihrem Tattoowerk haben (s. o. S. 192 ff.). Die Kritik im Hinblick auf den Wortlaut des § 40a Abs. 3 Nr. 2 UrhG kann damit hinsichtlich der eben gebildeten Analogie für Tattoowerke nicht verfangen.

3. Bestimmung als Marke o. Ä.

§ 40a Abs. 3 Nr. 3 UrhG soll Werke erfassen, die nicht wegen ihrer urheberrechtlich geschützten Gestaltung, sondern vorrangig wegen ihrer Funktion

---

643 *Schack*, Rn. 1215.

644 *G. Schulze*, in: Dreier/G. Schulze/Raue u. a. (Hrsg.), UrhG, 2022, § 40a, Rn. 16.; *Peifer*, in: Schricker/Loewenheim/Leistner (Hrsg.), UrhR, [6]2020, § 40a, Rn. 38.

645 *Peifer*, in: Schricker/Loewenheim/Leistner (Hrsg.), UrhR, [6]2020, § 40a, Rn. 38.

genutzt werden, wie Logos z. B. für Bildmarken oder Wort-Bildmarken, Designs oder Gemeinschaftsgeschmacksmuster.[646]

Zumal sie in § 40 Abs. 3 Nr. 3 UrhG nicht erwähnt werden, sollen Werke der angewandten Kunst nicht in seinen Anwendungsbereich fallen.[647] Dafür spricht auch die Tendenz der BGH-Rechtsprechung, auch Werken der angewandten Kunst großzügig Urheberrechtsschutz zu gewähren, auch wenn sie zusätzlich als Design oder Gemeinschaft Geschmacksmuster angemeldet werden können.[648] Wenn aber nicht einmal Werke der angewandten Kunst in den Anwendungsbereich des § 40a Abs. 3 Nr. 3 UrhG fallen, wird dies erst recht für Werke der bildenden Kunst wie Tattoowerke (s. o. S. 22 ff.) gelten, zumal Tattoowerke vorrangig wegen ihrer individuellen Züge rechtlich geschützten Gestaltung genutzt werden.

§ 40a Abs. 3 Nr. 3 UrhG ist damit auf Tattoowerke nicht anwendbar.

4. Keine Veröffentlichung

Wie bereits oben festgestellt (s. o. S. 152 ff.), wird es Trägerpersonen von Tattoowerken vorbehaltlich ausdrücklich abweichender schriftlicher Vereinbarungen im Zweifel erlaubt sein, ihr Tattoowerk zu veröffentlichen, sofern dies nicht bereits durch den Tattoo Artist selbst geschehen ist. Nach dem Wortlaut des § 40a Abs. 3 Nr. 4 UrhG ist damit kein Raum für seine Anwendung auf Tattoowerke. Er soll lediglich für Werke gelten, die nach dem Willen beider Vertragsparteien unveröffentlicht bleiben sollen, wie z. B. interner Behördengutachten und Ähnliches.[649]

IV. Zwischenergebnis

Nach alldem ist festzustellen, dass § 40a Abs. 1 UrhG auf Tattoowerke keine Anwendung finden, sondern § 40a Abs. 3 Nr. 2 UrhG analog auf Tattoowerke anzuwenden sein sollte. Idealerweise ist der Wortlaut der Norm entsprechend zu ändern.

Anderenfalls drohen die beschriebenen, für Trägerpersonen und deren Persönlichkeitsrechte negativen Rechtsfolgen des § 40a Abs. 1 S. 1 UrhG (s. o. S. 195 ff.).

---

646 *G. Schulze*, in: Dreier/G. Schulze/Raue u. a. (Hrsg.), UrhG, 2022, § 40a, Rn. 17.

647 *Ders.*, in: Dreier/G. Schulze/Raue u. a. (Hrsg.), UrhG, 2022, § 40a, Rn. 17.

648 BGH, Urt. v. 13.11.2013, Az. I ZR 143/12, GRUR 2014, 175, 175, Rn. 41.

649 BT-Drs. 18/8625, 30; *G. Schulze*, in: Dreier/G. Schulze/Raue u. a. (Hrsg.), UrhG, 2022, § 40a, Rn. 19.; *Peifer*, in: Schricker/Loewenheim/Leistner (Hrsg.), UrhR, [6]2020, § 40a, Rn. 44.; *Wandtke/Hegemann/Zurth*, in: Wandtke/Bullinger (Hrsg.), UrhR, 2022, § 40a, Rn. 41.

I. Rückrufsrecht wegen Nichtausübung, § 41 UrhG

Ziel des § 41 UrhG ist, eine Gefährdung schutzwürdiger Interessen von Urhebern bei fehlender oder unzureichender Ausübung von Nutzungsrechten durch Verwerter zu verhindern, hinsichtlich der Folgen für Urheber jedenfalls aber abzumildern.[650]

Bei einer fehlenden oder unvollständigen Ausübung von Nutzungsrechten durch Verwerter ist in erster Linie an Verlage oder die Musikindustrie zu denken. Eine Anwendbarkeit von § 41 UrhG auf Verträge über Tattoowerke erscheint jedoch ebenfalls möglich.

Dies könnte z. B. der Fall sein, wenn sich ein Kunde eine Tattoovorlage mit Schöpfungshöhe exklusiv anfertigen lässt, diese aber – entgegen der Vereinbarung – nicht dauerhaft zur Anfertigung eines einmaligen Tattoowerks verwendet.

1. Fehlende Ausübung

Das Verschwinden eines Werks in der Schublade eines Nutzers widerspricht nicht nur den schutzwürdigen ideellen Interessen des Urhebers, mit dem Werk bekannt zu werden, sondern auch seinen materiellen Interessen, durch die umfassende Nutzung des Werkes entsprechend zu verdienen.[651] Sind für die Anfertigung der Vorlage und des Tattoos eigenständige Vergütungen vereinbart, droht dem Tattoo Artist damit neben der Gefährdung seiner ideellen Interessen an der Verwirklichung des Tattoowerks auch ein unmittelbarer Einkommensverlust. Ein Interesse des Tattoo Artists, eine besonders gelungene Vorlage bei einem anderen Kunden in ein Tattoowerk umzusetzen, erscheint deshalb sowohl im Hinblick auf die ideellen Interessen an der Verwirklichung des Werks als auch bezüglich seiner finanziellen Interessen nachvollziehbar.

Wurde hinsichtlich der Anfertigung eines Tattoowerks Exklusivität vereinbart, ist der Tattoo Artist mithin unter Wahrung der gesetzlichen Voraussetzungen des § 41 UrhG zum Rückruf der Exklusivität des Nutzungsrechts oder des Nutzungsrechts insgesamt gemäß § 41 Abs. 1 S. 1 UrhG berechtigt.

---

650 *Peukert*, in: Schricker/Loewenheim/Leistner (Hrsg.), UrhR, [6]2020, § 41, Rn. 1.; *G. Schulze*, in: Dreier/G. Schulze/Raue u. a. (Hrsg.), UrhG, 2022, § 41, Rn. 1.; *Schack*, Rn. 700.

651 *Peukert*, in: Schricker/Loewenheim/Leistner (Hrsg.), UrhR, [6]2020, § 41, Rn. 2.; *G. Schulze*, in: Dreier/G. Schulze/Raue u. a. (Hrsg.), UrhG, 2022, § 41, Rn. 1.

2. Unzureichende Ausübung

Gemäß § 41 Abs. 1 S. 1 UrhG kann ein Rückruf durch den Urheber auch dann möglich werden, wenn der Inhaber das Nutzungsrecht nur unzureichend ausübt. Fraglich ist, ob unter den Begriff der unzureichenden Ausübung i. S. d. § 41 Abs. 1 S. 1 UrhG auch der Beginn der Anfertigung des Tattoowerks ohne vollständige Fertigstellung oder sogar die Anfertigung des Tattoos durch einen anderen als den die Vorlage entwerfenden Tattoo Artist zu subsumieren ist.

Ob eine vertragsgemäße Ausübung des Nutzungsrechts vorliegt, ist anhand des Vertragszwecks, der Branchengepflogenheiten und der Interessenabwägung nach Treu und Glauben zu beurteilen.[652] Maßgebend ist die objektive Wertung,[653] wobei sich die Feststellung einer unzureichenden Ausübung schwierig gestalten kann.[654]

a. Unvollständige Ausübung

Der Nutzungsberechtigte muss diejenigen Mittel einsetzen, die zur Erreichung des Vertragszwecks erforderlich sind.[655] Ist der Nutzungsberechtigte finanziell und gesundheitlich in der Lage, die Anfertigung des Tattoowerks vollständig vornehmen zu lassen, wird er sich eine dennoch unvollständige Umsetzung der Vorlage als unzureichende Ausübung seiner ausschließlichen Nutzungsrechte zurechnen lassen müssen.

b. Ausübung durch Dritte

Ungleich schwerer erscheint die Beurteilung der Anfertigung des Tattoos durch einen anderen Tattoo Artist, da sie – jedenfalls auf den ersten Blick – eine den ideellen Interessen des die Vorlage anfertigenden Tattoo Artists entsprechende, vollständige Ausübung der ausschließlichen Nutzungsrechte dar.

In der Anfertigung des Tattoos durch einen anderen Tattoo Artist liegt aber zugleich eine unmittelbare Gefährdung der ideellen Interessen des die Vorlage anfertigenden Tattoo Artists. Mit dem fertigen, mit der künstlerischen Formensprache des ursprünglichen Tattoo Artists ausgestatteten Tattoo wird in erster Linie – wenn nicht ausschließlich – der anfertigende Tattoo Artist in Verbindung gebracht werden. Dies ist der Eindrücklichkeit des Arbeitsergebnisses und seiner heute zumeist auf Social-Media-Plattformen erfolgenden Veröffentlichung geschuldet. Wegen der hinsichtlich des Umfangs

652 *G. Schulze*, in: Dreier/G. Schulze/Raue u. a. (Hrsg.), UrhG, 2022, § 41, Rn. 15.
653 OLG München, Urt. v. 06.06.1997, Az. 21 U 3710/96, ZUM-RD 1997, 451, 452.
654 *G. Schulze*, in: Dreier/G. Schulze/Raue u. a. (Hrsg.), UrhG, 2022, § 41, Rn. 15.
655 *Ders.*, in: Dreier/G. Schulze/Raue u. a. (Hrsg.), UrhG, 2022, § 41, Rn. 15.

technisch beschränkten und im Interesse der vorzugsweisen Berücksichtigung durch den Algorithmus verkürzten Darstellungsweise wird eine juristisch korrekte Kennzeichnung selten erfolgen oder möglich sein.

Damit droht die im Arbeitsergebnis verkörperte Schöpfungs-, Schaffens- und Ausdruckskraft ausschließlich dem ausübenden, zumeist auch veröffentlichenden Tattoo Artist zugerechnet zu werden. Die ideellen Interessen des ursprünglichen Schöpfers der Vorlage sind unmittelbar gefährdet. Die im Arbeitsergebnis ausgeprägte Ausdrucks- und Schöpfungskraft wird nicht ihm zugeschrieben.

Da bei der Anfertigung durch einen anderen Tattoo Artist die anfallende Vergütung hierfür ebenfalls nicht beim ursprünglichen Vorlagenerschaffer anfällt, liegt zudem eine unmittelbare Gefährdung der finanziellen Interessen des ursprünglich die Vorlage schaffenden Tattoo Artists vor.

Damit ist eine infolge der Umsetzung der DSM-RL zur Feststellung einer unzureichenden Ausübung nicht einmal mehr erforderliche[656], unmittelbare und erhebliche Verletzung berechtigter Interessen des ursprünglichen Lizenzgebers festzustellen. Auch die Umsetzung einer exklusiven Vorlage durch einen anderen Tattoo Artist ist deshalb als unzureichende Ausübung exklusive Verwertungsrechte i. S. d. § 41 Abs. 1 S. 1 UrhG anzusehen.

3. Entschädigungspflicht

Im Rahmen von § 41 Abs. 6 UrhG ist noch zu prüfen, ob den Tattoo Artist als Urheber im Falle des Rückrufs eine Entschädigungspflicht trifft. Ein betroffener Kunde könnte wegen der durch den Rückruf entfallenden Exklusivität oder der hinfälligen Nutzungsrechte zur Umsetzung der Vorlage in ein Tattoo einen Schaden behaupten.

Die Behauptung eines Schadens erscheint insofern auch nachvollziehbar, als die für die Erstellung einer zur Umsetzung in ein Tattoo aufgewendete Vergütung vergeblich erscheint und die Vergütung zur Erstellung einer Vorlage für ein exklusives Tattoo höher als für ein nicht exklusives ausfallen wird. So führt die Gesetzesbegründung als Beispiel für denkbare Entschädigungspflichten die Entrichtung eines Entgelts für den Erwerb des Rechts durch den Verwerter oder Aufwendungen des Verwerters im Vertrauen auf sein Recht an.[657]

Jedoch ist ebenfalls zu berücksichtigen, dass der Urheber dem Verwerter für das gezahlte Entgelt mindestens zwei Jahre lang ein ausschließliches Nut-

---

656 *Ders.*, in: Dreier/G. Schulze/Raue u. a. (Hrsg.), UrhG, 2022, § 41, Rn. 17.
657 RegE UrhG 1962, 60.

zungsrecht zur Verfügung gestellt hat.[658] Die mangelnde oder mangelhafte Ausübung des Nutzungsrechts durch den Verwerter wird in aller Regel nicht vom Urheber zu vertreten sein. Sie ist ihm daher nicht belastend zuzurechnen. Gerade bei Nichtausübung der ausschließlichen Nutzungsrechte wird vielmehr der Verwerter zu vertreten haben, dass er die von § 41 Abs. 2 S. 1 UrhG eingeräumte Frist zur Ausübung von mindestens zwei Jahren nicht wahren konnte, denn eine Entschädigung muss der Billigkeit entsprechen. Eine Entschädigung entspricht jedoch nicht der Billigkeit, wenn die Umstände, die zum Rückruf führen, von der Verwerterseite zu vertreten sind.[659] Eine Entschädigungspflicht kann allenfalls dann vorliegen, wenn der Verwerter unverschuldet oder durch höhere Gewalt an der rechtzeitigen Ausübung seines Nutzungsrechts gehindert war, die Behinderung aber in Zukunft nicht mehr bestanden hätte.[660] Hat der Verwerter die Ausübung seines Rechts vorsätzlich oder fahrlässig, jedenfalls aber schuldhaft unterlassen, muss er sich sein eigenes Verschulden anrechnen lassen.[661] Ist dem Verwerter die Ausübung dauerhaft unmöglich, entsteht ihm kein Verlust, für den er entschädigt werden könnte.[662]

Somit dürfte im Fall der Nichtausübung exklusiver Nutzungsrechte infolge der Erstellung einer Tattoovorlage in den seltensten Fällen eine Entschädigungspflicht bei Rückruf einschlägig sein. Der Kunde als Verwerter müsste eine mindestens zweijährige Verhinderung der Ausübung der erworbenen Rechte ohne eigenes Verschulden oder durch höhere Gewalt nachweisen.

4. Zwischenergebnis

Im Ergebnis erscheint § 41 UrhG auf Fälle der vertragswidrigen Ausübung von exklusiven Nutzungsrechten infolge der Erstellung einer Tattoovorlage anwendbar. Sowohl bei Nichtumsetzung, nicht vollständiger Umsetzung oder Umsetzung durch einen anderen Tattoo Artist wird ein Rückruf wegen Nichtausübung bei Wahrung der übrigen Voraussetzungen des § 41 UrhG möglich sein (s. o. S. 200 ff.).

Das Vorliegen einer Entschädigungspflicht gemäß § 41 Abs. 6 UrhG wird eine Ausnahme bleiben.

---

658 *J. B. Nordemann*, in: A. Nordemann/J. B. Nordemann/Czychowski (Hrsg.), UrhR, 2018, § 41, Rn. 45.

659 OLG München, Urt. v. 06.06.1997, Az. 21 U 3710/96, ZUM-RD 1997, 451, 453.

660 *J. B. Nordemann*, in: A. Nordemann/J. B. Nordemann/Czychowski (Hrsg.), UrhR, 2018, § 41, Rn. 46.

661 OLG München, Urt. v. 06.06.1997, Az. 21 U 3710/96, ZUM-RD 1997, 451, 453.

662 *J. B. Nordemann*, in: A. Nordemann/J. B. Nordemann/Czychowski (Hrsg.), UrhR, 2018, § 41, Rn. 46.

J. Rückrufsrecht wegen gewandelter Überzeugung, § 42 UrhG

Der Anspruch des Urhebers auf Rückruf übertragener Nutzungsrechte wegen gewandelter Überzeugung hinsichtlich des Werks ist Ausfluss des Urheberpersönlichkeitsrechts.[663] Er kann als eine Art spiegelbildliche Norm zu § 12 UrhG angesehen werden.[664] Steht der Urheber nicht mehr zu seinem Werk, kann er dessen weitere Verwertung verhindern. Er muss Lizenznehmer im Gegenzug aber gemäß § 42 Abs. 3 UrhG angemessen entschädigen und unterliegt der Wiederanbietungspflicht gem. § 42 Abs. 4 UrhG.

Fraglich ist, ob die allgemeinen Grundsätze betreffend § 42 UrhG auch auf Nutzungsrechte an Tattoos angewendet werden können. Ein solcher Fall könnte im Tattoobereich beispielsweise vorliegen, wenn der Tattoo Artist nach Anfertigung einer Vorlage und vor Umsetzung in ein Tattoowerk zwischenzeitlich seinen Stil ändert oder sich aus anderen Gründen nicht mehr mit den abgebildeten Inhalten identifiziert. Was im Hinblick auf nicht umgesetzte Tattoovorlagen noch nachvollziehbar sein mag, erscheint in Bezug auf Werkoriginale von Tattoowerken, die sich bereits in der Haut von Kunden befinden, zweifelhaft.

I. Rückruf bezüglich Tattoovorlage

Möchte der Urheber einer zwar anlässlich eines Vertrages über eine Tattooerstellung angefertigten, aber noch nicht in ein Tattoowerk umgesetzten, urheberrechtlich geschützten Tattoovorlage sein Werk wegen gewandelter Überzeugung zurückrufen, wird ihm das innerhalb der gesetzlichen Voraussetzungen des § 42 UrhG möglich sein.

1. Voraussetzungen des Rückrufs

Der Urheber wird zum einen nachweisen müssen, dass das Werk nicht mehr seiner künstlerischen Überzeugung entspricht. Zum anderen wird in einer Interessenabwägung auch anhand objektiver Maßstäbe und nicht etwa abhängig von Werkkategorie, Wertigkeit der Überzeugungsänderung o. Ä.[665] zu prüfen sein, ob die geplante Verwertung des Werkes für den Tattoo Artist

663 BGH, Urt. v. 21.02.2019, Az. I ZR 98/17, I ZR 99/17, ZUM 2019, 508, 26, 47; *Peukert*, in: Schricker/Loewenheim/Leistner (Hrsg.), UrhR, [6]2020, § 42, Rn. 1.; *Wandtke*, in: Wandtke/Bullinger (Hrsg.), UrhR, 2022, § 42, Rn. 1.

664 *Rauda*, GRUR 2010, 22, 23.

665 *Wandtke*, in: Wandtke/Bullinger (Hrsg.), UrhR, 2022, § 42, Rn. 7.; *Rauda*, GRUR 2010, 22, 25; *G. Schulze*, in: Dreier/G. Schulze/Raue u. a. (Hrsg.), UrhG, 2022, § 42, Rn. 18.

über die gewandelte Überzeugung hinaus tatsächlich auch unzumutbar ist. Nachträgliche Unzufriedenheiten oder geschmackliche Nuancen werden in aller Regel nicht ausreichen, um den Rückruf zu rechtfertigen,[666] denn auch die Interessen des Nutzers, der oft bereits für die Erstellung der Vorlage investiert, in Erwartung der Erstellung des Werkoriginal hierfür Zeit reserviert oder sogar – wie gerade bei Tattoosammlern und besonders beliebten Tattoo Artists nicht unüblich – eine Fernreise zur Tattooerstellung organisiert hat, sind aufzuwiegen.

Liegt jedoch eine Schädigung des Rufs und künstlerischen Ansehens des Tattoo Artists bei Umsetzung der Vorlage nahe oder ist sogar schon durch die Veröffentlichung der Vorlage eingetreten, wird eine Unzumutbarkeit i. S. d. § 42 Abs. 1 S. 1 UrhG vorliegen. Der Urheber muss nicht dulden, dass sein Ruf durch Verwertung seines mittlerweile ungeliebten Werks gegen seinen Willen ernstzunehmend geschädigt wird. Die berechtigten Interessen des Kunden sind in diesem Fall durch die Entschädigungspflicht gemäß § 42 Abs. 3 UrhG und die Wiederanbietungspflicht gemäß § 42 Abs. 4 UrhG angemessen geschützt.

2. Entschädigungspflicht

Während beim Rückruf wegen Nichtausübung gemäß § 41 UrhG eine Entschädigung nur aus Billigkeitsgründen und eher ausnahmsweise in Betracht kommt (s. o. S. 202 f.), ist der Urheber beim Rückruf wegen gewandelter Überzeugung nicht nur aus Billigkeitserwägungen, sondern in angemessener Höhe entschädigungspflichtig.[667] Dabei sind erneut die berechtigten Interessen beider Seiten gegeneinander abzuwägen. So kann eine Entschädigungspflicht im Ausnahmefall sogar vollständig entfallen, wenn die Nichtausübung der Verwertungsrechte nach gewandelter Überzeugung auch im Interesse des Lizenzerwerbers liegt. Im Tattoobereich könnte dies beispielsweise der Fall sein, wenn sich der Tattoo Artist von den seine berechtigten Interessen mittlerweile gefährdenden Inhalten einer Tattoovorlage glaubhaft distanziert hat und auch der Kunde nicht mehr an der Umsetzung in ein Tattoo interessiert ist. In einem solchen Fall kann statt einer Entschädigung beispielsweise die Anfertigung einer neuen Vorlage durch den gleichen Tattoo Artist zum Ausgleich der Interessen führen.

Der Umfang des Entschädigungsanspruchs besteht gemäß § 42 Abs. 3 S. 1 UrhG mindestens aus den Aufwendungen, die der Inhaber des Nutzungsrechts bis zur Erklärung des Rückrufs getätigt hat, wobei Aufwendungen, die auf bereits gezogene Nutzungen entfallen, außer Betracht bleiben. Der rückrufende Tattoo Artist wird seinem Kunden mindestens alle Kosten für

666 *G. Schulze*, in: Dreier/G. Schulze/Raue u. a. (Hrsg.), UrhG, 2022, § 42, Rn. 18.
667 *Ders.*, in: Dreier/G. Schulze/Raue u. a. (Hrsg.), UrhG, 2022, § 42, Rn. 23.

die Erstellung der nicht umgesetzten Vorlage zu erstatten haben, denn diese hat der Kunde im Vertrauen auf die vollständige Erfüllung des Vertrages und den dauerhaften Erwerb von Nutzungsrechten investiert.

Auch darüberhinausgehende Kosten wie z. B. für eine Fernreise zur Tattooerstellung o. Ä. können unter die Entschädigungspflicht fallen, wenn der Kunde diese Ausgaben nicht mehr im Rahmen der ihm obliegenden Schadensminderungspflicht rückgängig machen kann und der Tattoo Artist mit solchen Aufwendungen des Kunden rechnen musste.

Etwaige Einnahmen durch die Werkverwertung bis zum Rückruf wird sich der Kunde anrechnen lassen müssen. Ist die Vorlage beispielsweise gegen Honorar vom Kunden für ein Vorlagenbuch, einen Zeitschriftenartikel o. Ä. unterlizenziert worden, sind solche Erträge aus der Verwertung des Werks abzuziehen,[668] sofern diese nicht die dem Kunden übertragenen Nutzungsrechte überschreiten und schon deshalb an den Urheber herauszugeben sind.

Schließlich ist der Nutzungsberechtigte auch für entgangenen Gewinn angemessen zu entschädigen, wenn er darauf vertrauen durfte, dass Werk gewinnbringend verwerten zu dürfen.[669] Auch dieser Bestandteil des Entschädigungsanspruchs steht aber unter dem Primat der Angemessenheit. § 42 Abs. 3 UrhG soll vorrangig als Ausgleich für nutzlose Aufwendungen dienen. Die Umstände des Rückrufs sind in der Interessenabwägung zu berücksichtigen. Die abweichende Ansicht, nach der kein entgangener Gewinn zu erstatten ist,[670] vermag nicht zu überzeugen, weil sie die berechtigten Interessen des Nutzungsberechtigten nicht angemessen berücksichtigt.

3. Wiederanbietungspflicht

Neben der Tatbestandsvoraussetzung der Entschädigungspflicht obliegt dem rückrufenden Urheber ebenfalls die Wiederanbietungspflicht gemäß § 42 Abs. 4 UrhG. Er muss dem früheren Nutzungsberechtigten Nutzungsrechte an dem Werk zu angemessenen Bedingungen anbieten, falls er nach dem Rückruf erneut mit einer Verwertung einverstanden ist – anderenfalls macht

---

668 *J. B. Nordemann*, in: A. Nordemann/J. B. Nordemann/Czychowski (Hrsg.), UrhR, 2018, § 42, 21 f.; *Wandtke*, in: Wandtke/Bullinger (Hrsg.), UrhR, 2022, § 42, Rn. 12.; *G. Schulze*, in: Dreier/G. Schulze/Raue u. a. (Hrsg.), UrhG, 2022, § 42, Rn. 23.; *Rauda*, GRUR 2010, 22, 26.

669 *J. B. Nordemann*, in: A. Nordemann/J. B. Nordemann/Czychowski (Hrsg.), UrhR, 2018, § 42, Rn. 23.

670 *Peukert*, in: Schricker/Loewenheim/Leistner (Hrsg.), UrhR, [6]2020, § 42, Rn. 28.

er sich schadensersatzpflichtig gemäß § 280 BGB.[671] Dies soll den Urheber von Vertragsreue und Missbrauch seines Rückrufrechts abhalten.[672]

Entschließt sich ein Tattoo Artist dazu, eine Tattoovorlage doch in ein Tattoowerk umzusetzen, die er zuvor wegen gewandelter Überzeugung zurückgerufen hatte, wird er die Umsetzung in ein Tattoowerk zunächst dem damaligen Kunden anbieten müssen. Anderenfalls macht er sich schadensersatzpflichtig. Bei dem erneuten Angebot muss sich der Urheber jedoch nicht an den früheren, sondern nur an nunmehr angemessenen Bedingungen festhalten lassen.[673] Ist beispielsweise sein Stundensatz mittlerweile gestiegen, wird der Tattoo Artist den gestiegenen Stundensatz für die Erstellung des Tattoowerks auch vom ursprünglichen Kunden verlangen dürfen.

4. Zwischenergebnis

Der Rückruf einer Tattoovorlage wegen gewandelter Überzeugung gemäß § 42 UrhG ist ohne Weiteres möglich. Der Tattoo Artist wird den betroffenen Kunden allerdings angemessen entschädigen müssen. Weiter wird er dem ursprünglichen Kunden die Werkverwertung erneut anbieten müssen, falls er nach dem Rückruf erneut mit einer Verwertung einverstanden ist.

II. Rückruf bezüglich Tattoowerk

Wie bereits oben angedeutet, erscheint die Abwägung der berechtigten Interessen bei einem Rückruf wegen gewandelter Überzeugung an einem Tattoowerk weitaus komplizierter als bei einer Tattoovorlage. Im Unterschied zu allen anderen Werkarten ist das Werkoriginal im Tattoobereich untrennbar mit dem Körper des Nutzungsberechtigten verbunden, der zudem über gewichtige Rechte verfügt, die von einem Rückruf betroffen sind.

---

671 *J. B. Nordemann*, in: A. Nordemann/J. B. Nordemann/Czychowski (Hrsg.), UrhR, 2018, § 42, Rn. 23.; *Peukert*, in: Schricker/Loewenheim/Leistner (Hrsg.), UrhR, [6]2020, § 42, Rn. 35.; *G. Schulze*, in: Dreier/G. Schulze/Raue u. a. (Hrsg.), UrhG, 2022, § 42, Rn. 27.; *Wandtke*, in: Wandtke/Bullinger (Hrsg.), UrhR, 2022, § 42, Rn. 14.; *Götting*, in: Götting/Lauber-Rönsberg/Rauer (Hrsg.), UrhR, 2024, § 42, Rn. 21.

672 RegE UrhG 1962, 61; *J. B. Nordemann*, in: A. Nordemann/J. B. Nordemann/Czychowski (Hrsg.), UrhR, 2018, § 42, Rn. 26.; *Wandtke*, in: Wandtke/Bullinger (Hrsg.), UrhR, 2022, § 42, Rn. 14.

673 *J. B. Nordemann*, in: A. Nordemann/J. B. Nordemann/Czychowski (Hrsg.), UrhR, 2018, § 42, Rn. 26.; *Wandtke*, in: Wandtke/Bullinger (Hrsg.), UrhR, 2022, § 42, Rn. 14.; *Götting*, in: Götting/Lauber-Rönsberg/Rauer (Hrsg.), UrhR, 2024, § 42, Rn. 21.

1. Rückruf gegenüber Kunden

Der Tattoo Artist wird eine grundlegend gewandelte Überzeugung in Bezug auf das existierende Tattoowerk und eine ernsthafte Gefährdung seiner berechtigten Interessen durch eine Verwertung des Tattoowerks nachzuweisen haben (s. o. S. 204 ff.).

a. Überzeugungswandel

Die Unzufriedenheit mit qualitativ weniger gelungenen Frühwerken reicht für eine Interessengefährdung des Urhebers nicht aus.[674] Bloße Stilwechsel, Zweifel an der Qualität o. Ä. werden ein Festhalten an der Verwertung durch die Trägerperson nicht unzumutbar erscheinen lassen, sofern die persönlichen Interessen des Urhebers dadurch nicht erheblich beeinträchtigt werden.[675] So kann ein schützenswertes Interesse der kunsthistorischen Forschung vorliegen, auch das Frühwerk des Urhebers berücksichtigen zu können.[676]

Eine Distanzierung vom allgemein anerkannt abgelehnten und mittlerweile auch vom Urheber selbst als qualitativ unbrauchbar erkannten Frühwerk des Urhebers o. Ä. kommt jedoch als Rückrufgrund infrage.[677] Bei Werken, die nur an ästhetische Empfindungen des Menschen appellieren, soll der Überzeugungswandel i. S. d. § 42 UrhG sogar mit dem Wandel der künstlerischen Auffassung gleichzusetzen sein.[678] Dies liegt auch bei Tattoowerken nahe. Sie wirken in erster Linie optisch über die Veränderung des äußeren Erscheinungsbilds der Trägerperson und appellieren damit unmittelbar an das ästhetische Empfinden der Rezipienten.

Eine erhebliche Beeinträchtigung der persönlichen Interessen des Urhebers wird zudem in der Verwertung von Werken mit durch einen radikalen Gesinnungswandel des Urhebers von ihm mittlerweile abgelehnten religiösen, politischen oder weltanschaulichen Inhalten liegen.[679]

---

674 *J. B. Nordemann*, in: A. Nordemann/J. B. Nordemann/Czychowski (Hrsg.), UrhR, 2018, § 42, Rn. 9.; *G. Schulze*, in: Dreier/G. Schulze/Raue u. a. (Hrsg.), UrhG, 2022, § 42, Rn. 16.; *Rauda*, GRUR 2010, 22, 24.

675 *G. Schulze*, in: Dreier/G. Schulze/Raue u. a. (Hrsg.), UrhG, 2022, § 42, Rn. 16.

676 *Götting*, in: Götting/Lauber-Rönsberg/Rauer (Hrsg.), UrhR, 2024, § 42, Rn. 8.

677 *Dass.*, in: Götting/Lauber-Rönsberg/Rauer (Hrsg.), UrhR, 2024, § 42, Rn. 8.

678 *J. B. Nordemann*, in: A. Nordemann/J. B. Nordemann/Czychowski (Hrsg.), UrhR, 2018, § 42, Rn. 9.; *G. Schulze*, in: Dreier/G. Schulze/Raue u. a. (Hrsg.), UrhG, 2022, § 42, Rn. 16.; *Götting*, in: Götting/Lauber-Rönsberg/Rauer (Hrsg.), UrhR, 2024, § 42, Rn. 7.; *Rauda*, GRUR 2010, 22, 24.

679 *Ulmer*, UrhR, 1980, § 87 III 1; *J. B. Nordemann*, in: A. Nordemann/J. B. Nordemann/Czychowski (Hrsg.), UrhR, 2018, § 42, Rn. 8.; *Peukert*, in: Schricker/Loewenheim/Leistner (Hrsg.), UrhR, 62020, § 42, Rn. 19.; *G. Schulze*, in: Dreier/G. Schulze/Raue

b. Unzumutbarkeit

Eine Abwägung der berechtigten Interessen sowohl des Tattoo Artists als auch der Trägerperson wird jedoch nur im Ausnahmefall zu einer Zulässigkeit des Rückrufs führen, denn die Trägerperson kann stets eine schwerwiegende Beeinträchtigung ihrer Persönlichkeitsrechte in die Abwägung einbringen. Sie wird durch einen Rückruf der Nutzungsrechte an dem Tattoowerk an der freien und selbstbestimmten Ausübung ihrer Persönlichkeitsrechte gehindert.

Darf die Trägerperson zwar das Werkoriginal in ihrer Haut behalten, sich damit aber nicht mehr in der Öffentlichkeit zeigen oder z. B. ablichten lassen, mag dies zwar zunächst als milderes Mittel gegenüber einer Entfernung des Tattoowerks erscheinen. Dies bleibt aber im Hinblick auf die fundamental betroffenen Persönlichkeitsrechte unzumutbar. Indem es das äußere Erscheinungsbild der Trägerperson nach Erstellung fortan mitbestimmt oder sogar prägt, wird ein Tattoowerk zu einem fundamentalen Teil ihrer nach außen gezeigten Persönlichkeit.

Es wird hinsichtlich der verschiedenen Verwertungsformen die Frage zu stellen sein, ob jede einzelne von ihnen in Zukunft für den Urheber unzumutbar ist, da ein Kausalzusammenhang zwischen Überzeugungswandel und Unzumutbarkeit bestehen muss.[680] So wird z. B. eine kontextlose öffentliche Wiedergabe des Tattoowerks im privaten Umfeld dem Urheber eher als eine mediale Berichterstattung oder eine öffentliche Zugänglichmachung im Internet zuzumuten sein.

Hier ist jedoch einschränkend daran zu erinnern, dass Tattoowerke nicht mit einer Urheberbezeichnung versehen werden (s. o. S. 84 ff.). Wird ein Werk aber lediglich anonym oder pseudonym veröffentlicht und ist die wahre Identität des Urhebers auch nicht allgemein bekannt, droht auch keine erhebliche Gefahr der Rufschädigung oder Identitätsverfälschung für den Urheber.[681] Allenfalls eine Verwertung mit Urhebernennung kann zu einer anderen Bewertung führen.

Schließlich erscheint ein Rückruf der mit Anfertigung lizenzierten Nutzungsrechte (s. o. S. 165) gegenüber der Trägerperson eines Tattoowerks auch als Widerspruch gegen die Rechtsgedanken des § 44 Abs. 2 UrhG und § 60 Abs. 1 UrhG.

Die generelle Übertragbarkeit des Rechtsgedankens des § 60 Abs. 1 UrhG auf Tattoowerke erscheint wegen dessen bewusster Beschränkung auf Per-

---

u. a. (Hrsg.), UrhG, 2022, § 42, Rn. 16.; *Wandtke*, in: Wandtke/Bullinger (Hrsg.), UrhR, 2022, § 42, Rn. 7.; *Rauda*, GRUR 2010, 22, 25.

680 *Peukert*, in: Schricker/Loewenheim/Leistner (Hrsg.), UrhR, [6]2020, § 42, Rn. 21.

681 *Ders.*, in: Schricker/Loewenheim/Leistner (Hrsg.), UrhR, [6]2020, § 42, Rn. 24.

sonendarstellungen[682] jedoch fraglich. Nicht jedes Tattoowerk stellt Personen dar.

Die Übertragbarkeit des Rechtsgedankens des § 44 Abs. 2 UrhG liegt näher. Mit der Einbringung der Pigmentpartikel in ihre Haut wird die Trägerperson zur Eigentümerin des Originals eines Werks der bildenden Künste. Der Eigentümer des Originals eines Werkes der bildenden Künste ist nach dem Willen des Gesetzgebers dazu berechtigt, das Werk öffentlich auszustellen; selbst wenn es noch nicht veröffentlicht ist: Das Argument des Gesetzgebers, dass das Ausstellungsrecht als Verwertungsrecht der Interessenlage sowohl des Urhebers als auch des Eigentümers entspreche, zumal Maler oder Bildhauer normalerweise damit einverstanden seien, dass ihre noch nicht veröffentlichten Werke durch den Erwerber ausgestellt werden,[683] ist auch auf Tattoo Artists und die Ausstellung von Tattoowerken übertragbar. Ist die Trägerperson als Eigentümerin des Originals eines Tattoowerks und damit Werks der bildenden Künste (s. o. S. 22 ff.) sogar dazu berechtigt ist, das Werk zu veröffentlichen, muss sie sich damit auch alltäglich zeigen und am öffentlichen Leben teilnehmen dürfen, wozu auch das Vervielfältigen z. B. durch Fotografien fällt, auf denen auch das Tattoowerk abgebildet ist (s. o. S. 152 ff.). Jede Einschränkung dieser Nutzungsrechte der Trägerperson erscheint unzumutbar.

c. Entschädigungspflicht

Weiter erscheint fraglich, wie derartige Einschränkungen der Ausübung der Persönlichkeit im Rahmen der Entschädigungspflicht (s. o. S. 202 f.) bemessen werden sollten. Eine Entfernung des Tattoowerks als radikalste Form der Durchsetzung eines Rückrufs wäre vom Tattoo Artist vollständig zu tragen. Sie wäre dann aber wegen des erheblichen Eingriffs in die körperliche Unversehrtheit und das Erscheinungsbild der Trägerperson weiterhin unzumutbar, soweit sich die Letztere nicht freiwillig darauf einlässt.

Damit stellt sich die Frage, wie die Einschränkung, sich z. B. nicht mehr mit dem Tattoowerk fotografieren zu lassen, im Hinblick auf eine Entschädigungszahlung finanziell zu bewerten ist. Die durch einen solchen Rückruf auftretenden Probleme dürften endlos sein und eine Einhaltung durch die

---

682 OLG Karlsruhe, Urt. v. 13.04.1994, Az. 6 U 244/93, ZUM 1994, 737; OLG Köln, Urt. v. 19.12. 2003, Az. 6 U 91/03, GRUR 2004, 499; *A. Nordemann*, in: A. Nordemann/J. B. Nordemann/Czychowski (Hrsg.), UrhR, 2018, § 60, Rn. 7.; *Vogel*, in: Schricker/Loewenheim/Leistner (Hrsg.), UrhR, [6]2020, § 60, Rn. 17.; *Lüft*, in: Wandtke/Bullinger (Hrsg.), UrhR, 2022, § 60, Rn. 3.; *Dreier*, in: Dreier/G. Schulze/Raue u. a. (Hrsg.), UrhG, 2022, § 60, Rn. 4.

683 *Wandtke*, in: Wandtke/Bullinger (Hrsg.), UrhR, 2022, § 44, Rn. 18.

tätowierte Trägerperson erscheint schwerlich mit deren allgemeinem Persönlichkeitsrecht und der Menschenwürde vereinbar.

d. Zwischenergebnis

Der Rückruf von Nutzungsrechten durch den Tattoo Artist gegenüber der Trägerperson wird allenfalls in Einzelfällen rechtmäßig durchgeführt werden können. Er ist nicht mit dem allgemeinen Persönlichkeitsrecht der Trägerpersonen vereinbar (s. o. S. 209 ff.).

In der Interessenabwägung ist nicht zuletzt zu berücksichtigen, dass Tattoo Artists bereits bei Anfertigung von Tattoowerken bewusst ist, dass diese „für die Ewigkeit" gedacht sind und ihre Kunden die Tattoos mindestens auch zu Zwecken erwerben, die urheberrechtliche Nutzungsrechte darstellen. Wie der Maler, der mit dem Verkauf seines unveröffentlichten Werkoriginals eines Gemäldes dem Käufer als Eigentümer des Originals gemäß § 44 Abs. 2 UrhG gestattet, das Werk öffentlich auszustellen, erlauben Tattoo Artists Trägerpersonen, sich mit dem Tattoowerk in der Öffentlichkeit zu zeigen und ablichten zu lassen (s. o. S. 152 ff.).

Nicht ohne Grund heißen Tattoo Studios z. B. „Für Immer"[684] oder „Immer und ewig"[685] und einschlägige Bücher „Ein Tattoo ist für immer"[686]. Die geplante Dauerhaftigkeit ihres Schaffens ist Tattoo Artists bewusst. Sie müssen sich daran festhalten lassen, auch wenn ihr Ansehen durch später ungeliebte Frühwerke o. Ä. leidet. Wegen der Besonderheit der Entstehung des Werkoriginals im Körper einer anderen Person ist der Tattoobereich nicht mit anderen Kunstbereichen vergleichbar, bei denen Werkoriginale ohne Weiteres sogar körperlich zurückgerufen werden könnten, da es sich dort um eigenständige, bewegliche Objekte handelt.

Wie bereits oben festgestellt, räumt der Tattoo Artist der Trägerperson schon durch die Anfertigung einige Nutzungsrechte an dem Tattoowerk ein (s. o. S. 165). Diese wegen gewandelter Überzeugung im Nachhinein zurückzurufen, erscheint angesichts des schwerwiegenden Eingriffs in die Persönlichkeitsrechte der Trägerperson für diese unzumutbar (s. o. S. 209 ff.).

Jedenfalls die gewerbliche Verwertung des Tattoowerks sollte der Tattoo Artist seinem Kunden aber verwehren können (s. o. S. 162 ff.), sofern er nicht anderweitige vertragliche Regelungen mit ihm getroffen hat oder bereits vor Anfertigung des Tattoowerks mit einer gewerblichen Verwertung rechnen

684 *Albrand*, Tattoo Studio Berlin Friedrichshain, 28.05.2023 (https://www.fuerimmertattoo.de/) (geprüft am 29.09.2024).
685 *Hensen*, Immer und Ewig Tattooing, 17.04.2023 (https://immerundewig-tattooing.de/) (geprüft am 29.09.2024).
686 *Feige/Streckenbach*, Ein Tattoo ist für immer, 2003.

musste (s. o. S. 177 ff.). Ein Rückruf wäre dann im Rahmen der Entschädigungspflicht zu kompensieren, wenn man der Meinung folgt, nach der entgangener Gewinn im Rahmen der Entschädigungspflicht auszugleichen ist (s. o. S. 205 ff.). Zudem ist die Wiederanbietungspflicht gemäß § 42 Abs. 4 UrhG zu berücksichtigen, falls der Tattoo Artist in Zukunft doch wieder mit einer Verwertung seines zurückgerufenen Tattoowerks einverstanden ist (s. o. S. 206).

2. Rückruf gegenüber Dritten

Hat der Urheber Nutzungsrechte an Dritte lizenziert, die nicht an die Trägerperson lizenziert wurden, so wird er diese unter Wahrung der oben ausgeführten Voraussetzungen (s. o. S. 204 ff.) zurückrufen können. Er macht sich aber aller Wahrscheinlichkeit nach ebenfalls entschädigungspflichtig gemäß § 42 Abs. 3 S. 1 UrhG und wird auch hier die Wiederanbietungspflicht gemäß § 42 Abs. 4 UrhG zu wahren haben, wenn er sich nach erfolgtem Rückruf erneut mit einer Verwertung des Werks einverstanden erklärt.

a. Unterlizenzierung

Fraglich ist jedoch, ob ein Rückruf wegen gewandelter Überzeugung auch innerhalb einer Lizenzkette durchschlägt, wenn z. B. eine Unterlizenzierung von Nutzungsrechten durch die Trägerperson an Dritte erfolgte oder der Rückruf gegenüber Dritten erklärt wird, die wiederum unterlizenziert haben.

Zunächst stellt sich die Frage, ob Trägerpersonen überhaupt zur Einräumung von Unterlizenzen berechtigt sind. Angesichts der Ausführungen zum Umfang jedenfalls konkludent eingeräumter Nutzungsrechte (s. o. S. 146 ff., 165) erscheint naheliegend, dass die Trägerperson zur Einräumung von Unterlizenzen im Rahmen dessen berechtigt ist, was von dem von beiden Parteien gewollten Vertragszweck – der Ausübung ihrer Persönlichkeitsrechte im privaten Rahmen – umfasst und für dessen Zweckerreichung zwingend erforderlich erscheint.

Haben Trägerperson oder Urheber selbst wirksam Unterlizenzen an Dritte erteilt, stellt sich bei einem Rückruf wegen gewandelter Überzeugung sodann die Frage des Durchschlags des Rückrufs innerhalb der Lizenzkette.

Der Sukzessionsschutz gilt auch bei Rückruf wegen gewandelter Überzeugung.[687] In der Regel bleibt die dem Erwerber des Nutzungsrechts erteilte Lizenz wirksam.[688] Gerade wenn Verbraucher etwaige Endprodukte erwer-

687 *Wandtke*, in: Wandtke/Bullinger (Hrsg.), UrhR, 2022, § 42, Rn. 8.

688 BGH, Urt. v. 26.03.2009, Az. I ZR 153/06, GRUR 2009, 946, 947; BGH, Urt. v. 19.07.2012, Az. I ZR 24/11, GRUR 2012, 914, 915; BGH, Urt. v. 19.07.2012, Az. I ZR 70/10, GRUR, 2012, 916, 917.

ben, gebieten der Verbraucherschutz und die Interessenabwägung zwischen den Vertragsparteien, dass das Vertrauen und der Schutz des Verbrauchers auf die Rechtmäßigkeit der erworbenen Nutzungsrechte höher als das Interesse des Urhebers an einem Rückruf wegen gewandelter Überzeugung zu bewerten sind .[689]

Nur wenn die Ursache für den Rückruf in der Sphäre des Verbrauchers liegt, weil er beispielsweise das Werk entstellt hat, entfallen seine Gewährleistungsrechte und seine Schutzwürdigkeit hinsichtlich des genutzten Werks.[690]

b. Zwischenergebnis

Auch gegenüber Dritten ist ein Rückruf der Lizenzkette möglich. Es gilt jedoch der Sukzessionsschutz. Nur im Ausnahmefall sind Verbraucher in Bezug auf das genutzte Werk schutzwürdig.

III. Zwischenergebnis

Ein Rückruf wegen gewandelter Überzeugung bezüglich von Nutzungsrechten an einer Tattoovorlage oder einem Tattoowerk ist bei Wahrung der gesetzlichen Voraussetzungen möglich. Gerade im Hinblick auf Nutzungsrechte an Tattoowerken erscheint es aber angesichts der obigen Ausführungen mehr als zweifelhaft, ob das Rückrufsrecht gemäß § 42 UrhG im Tattoobereich aus seinem Dornröschenschlaf[691] geweckt wird. Hinsichtlich der der Trägerperson zwingend übertragenen Nutzungsrechte ist der Rückruf nicht durchsetzbar (s. o. S. 211 f.).

689 *Wandtke*, in: Wandtke/Bullinger (Hrsg.), UrhR, 2022, § 42, Rn. 8.
690 *Spindler/Sein*, MMR 2019, 488, 489.
691 *Rauda*, GRUR 2010, 22.

9. Kapitel: Schranken

Die §§44a ff. UrhG stellen die Schranken des Urheberrechts dar. Diese gesetzlich erlaubten Nutzungen werden wiederum durch das Änderungsverbot des §62 UrhG und die Pflicht zur Quellenangabe gem. §63 UrhG beschränkt. Im Folgenden ist zu prüfen, wie die Anwendung der gesetzlichen Schranken des Urheberrechts auf Nutzungen in Bezug auf Tattoowerke erfolgen kann.

A. Zitate, §51 UrhG

§51 UrhG ist die klassische[692] und gem. Art. 10 Abs. 1 RBÜ einzig zwingende Schranke des Urheberrechts, um das Interesse an freier geistiger Auseinandersetzung schützen.[693]

Auch die Schranke des §51 UrhG wird teilweise zur Verteidigung gegen den Vorwurf einer Urheberrechtsverletzung angeführt. Die Nutzung des fremden Werks sei nur zum Zweck des Zitats erfolgt und deshalb gerechtfertigt. Diese Verteidigung ist jedoch schon nicht gegen jeden Vorwurf illegaler Nutzung erfolgversprechend. Die gem. §51 UrhG zulässigen Nutzungen sind durch dessen Wortlaut auf Vervielfältigung, Verbreitung und öffentliche Wiedergabe beschränkt.[694] Zudem sind gem. §51 S.1 UrhG aus Gründen des Persönlichkeitsschutzes[695] nur bereits veröffentlichte Werke zitierfähig. Schließlich muss die Nutzung in ihrem Umfang durch den besonderen Zweck des Zitats gerechtfertigt sein. Die Aufzählung der mit dem wissenschaftlichen Großzitat, Kleinzitat und Musikzitat insgesamt drei Arten von gerechtfertigten Zitaten in §51 S.2 UrhG ist dabei nicht abschließend, sondern nur beispielhaft.[696] So werden Bildzitate auch von ganzen Werken von

---

692 *Schack*, Rn.578.

693 BGH, Urt.v. 22.09.1972, Az. I ZR 6/71, GRUR 1973, 216, 217; BGH, Urt.v. 23.05.1985, Az. I ZR 28/83, GRUR 1986, 59, 60; BGH, Urt.v. 29.04.2010, Az. I ZR 69/08, GRUR 2010, 631, Rn.26; KG, Urt.v. 20.06.2011, Az.24 U 107/10, ZUM-RD 2012, 526, 528; OLG München, Urt.v. 14.06.2012, Az.29 U 1204/12, ZUM-RD 2012, 479, 480; OLG Brandenburg, Urt.v. 19.03.2013, Az.6 U 14/10, ZUM-RD 2013, 376, 380; *Dustmann*, in: A. Nordemann/J. B. Nordemann/Czychowski (Hrsg.), UrhR, 2018, §51, Rn. 1.; *Spindler*, in: Schricker/Loewenheim/Leistner (Hrsg.), UrhR, [6]2020, §51, Rn.10.; *Dreier*, in: Dreier/G. Schulze/Raue u.a. (Hrsg.), UrhG, 2022, §51, Rn.1.; *Schulz*, in: Götting/Lauber-Rönsberg/Rauer (Hrsg.), UrhR, 2024, §51, Rn.1.

694 *Spindler*, in: Schricker/Loewenheim/Leistner (Hrsg.), UrhR, [6]2020, §51, Rn.53.; *Dreier*, in: Dreier/G. Schulze/Raue u.a. (Hrsg.), UrhG, 2022, §51, Rn.2.

695 *Dreier*, in: Dreier/G. Schulze/Raue u.a. (Hrsg.), UrhG, 2022, §51, Rn.2.

696 *Spindler*, in: Schricker/Loewenheim/Leistner (Hrsg.), UrhR, [6]2020, §51, 93ff.; *Schack*, Rn.578.

weiten Teilen der Instanzgerichte und des Schrifttums als zulässig angesehen.[697] Die abweichende Ansicht[698] vermag insofern nicht zu überzeugen, als gerade beim Bildzitat zumeist ein zwingendes Erfordernis zur Darstellung des ganzen Bildes als Gegenstand des Zitats besteht. Da der Gesetzgeber für die Zulässigkeit eines Zitats ein überragendes Interesse im Dienst des wissenschaftlichen Fortschritts fordert, werden ganze Werke nur im Ausnahmefall als sog. „großes Kleinzitat“ oder „kleines Großzitat“[699] zitiert werden dürfen. Zudem wird die Zulässigkeit durch die zwingende Erforderlichkeit beschränkt und werden Bildzitate vom Gesamtwerk eines Künstlers prima facie weitgehend vom Wortlaut des § 51 UrhG ausgeschlossen.[700] Daher ist keine Gefahr des ausufernden Missbrauchs der Schranke zu besorgen. Vielmehr schlägt der Schutz der Kommunikationsgrundrechte durch.[701]

Die den Beispielen gemeinsame Voraussetzung, dass die Schranke des § 51 UrhG nur Urhebern neuer selbstständiger Werke zugutekomme, das zitierende Werk somit selbst urheberschutzfähig sein müsse,[702] wird von einem Teil der Rechtsprechung in Zweifel gezogen.[703] Eine Entscheidung dieses Meinungsstreits wird hier nicht als erforderlich angesehen. Kern der Berechtigung eines Zitats bleibt jedenfalls die Belegfunktion, derzufolge ein Zitat

---

697 KG, Urt. v. 26.11.1968, Az. 5 U 1462/68, UFITA 54 (1969), 296, 300; OLG Hamburg, Urt. v. 27.07.1989, Az. 3 U 29/89, GRUR 1990, 36, 37; OLG Hamburg, Urt. v. 25.02.1993, Az. 3 U 183/92, GRUR1993, 666; LG Frankfurt a. M., Urt. v. 11.08.1981, Az. 2/3 O 306/81, UFITA 94 (1982), 338, 340; LG München I, Urt. v. 18.10.1983, Az. 21 S 11870/83, FuR 1984, 475, 477; LG Berlin, Urt. v. 16.03.2000, Az. 16 S 12/99, GRUR 2000, 797; *Bornkamm*, in: Erdmann (Hrsg.), Festschrift für Henning Piper, 1996, S. 641, 652; *Dustmann*, in: A. Nordemann/J. B. Nordemann/Czychowski (Hrsg.), UrhR, 2018, § 51, S. 40.; *Spindler*, in: Schricker/Loewenheim/Leistner (Hrsg.), UrhR, [6]2020, § 51, Rn. 85.; *Lüft*, in: Wandtke/Bullinger (Hrsg.), UrhR, 2022, § 51, S. 15.; *Dreier*, in: Dreier/G. Schulze/Raue u. a. (Hrsg.), UrhG, 2022, § 51, Rn. 24.; *Prengel*, Bildzitate von Kunstwerken als Schranke des Urheberrechts und des Eigentums mit Bezügen zum Internationalen Privatrecht, 2011, 151 f.

698 *Gamm*, in: Urheberrechtsgesetz, [1]1968, § 51, Rn. 13; *Ekrutt*, Urheberrechtliche Probleme beim Zitat von Filmen und Fernsehsendungen, 1973, 21, 88.

699 *Dreier*, in: Dreier/G. Schulze/Raue u. a. (Hrsg.), UrhG, 2022, § 51, Rn. 24.; *Prengel*, 158.

700 *Prengel*, 152.

701 *Spindler*, in: Schricker/Loewenheim/Leistner (Hrsg.), UrhR, [6]2020, § 51, Rn. 85.; *Prengel*, 155.

702 BGH, Urt. v. 30. 11. 2011, Az. I ZR 212/10, GRUR 2012, 819, 820; LG Hamburg, Urt. v. 26. September 2008, Az. 308 O 42/06, ZUM 2009, 315, 322; *Spindler*, in: Schricker/Loewenheim/Leistner (Hrsg.), UrhR, [6]2020, § 51, 44 ff.

703 EuGH, Urt. v. 04.10.2011, Az. C-403, 429/08, GRUR 2012, 166, Tz. 129 ff., 136; EuGH, Urt. v. 29.07.2019, Az. C-516/17, GRUR 2019, 940, Tz. 78; BGH, Urt. v. 28.07.2016, Az. I ZR 9/15, GRUR 2016, 1157, Tz. 28.

nur zur Unterstützung der eigenen Auffassung verwendet werden darf.[704] Dabei muss eine geistige Auseinandersetzung mit dem fremden Werk feststellbar sein. Gleichzeitig muss das fremde Werk als solches erkennbar bleiben und darf nicht ununterscheidbar integriert sein.[705]

Auch im Tattoobereich wird die Schranke des § 51 UrhG gelegentlich zur Verteidigung gegen den Vorwurf der Urheberrechtsverletzung an oder durch Tattoos verwendet. Dies gibt Anlass zu der Prüfung, ob bei Anwendung der Schranke des § 51 UrhG in Bezug auf Tattoos Besonderheiten zu beachten sind. Aus Gründen der Übersichtlichkeit wird im Folgenden zwischen dem Zitat eines Tattoos und dem Zitat durch ein Tattoo unterschieden.

I. Zitat von Tattoo

Soll das Zitat eines vollständigen Tattoowerks zulässig sein, hat es die Voraussetzungen des Bildzitats gem. § 51 S. 2 Nr. 1 UrhG zu erfüllen.

1. Veröffentlichung

Die Zulässigkeit eines Tattoozitats kann bereits an der mangelnden Veröffentlichung scheitern. Haben weder Tattoo Artist noch Trägerperson das Tattoowerk i. S. d. § 6 Abs. 1 UrhG veröffentlicht, ist ein Zitat stets unzulässig.

2. Copycat-Tattoo

Ein reines Copycat-Tattoo eines Tattoowerks kann kein zulässiges Bildzitat sein. Wird sklavisch nachgeahmt, ist keine geistige Auseinandersetzung mit dem fremden Werk feststellbar. Die rechtfertigende Belegfunktion liegt nicht vor. Auch ist der Körper der Trägerperson des Copycat-Tattoos nicht als selbständiges wissenschaftliches Werk i. S. d. § 51 S. 2 Nr. 1 UrhG zu subsumieren. Schließlich wird das Copycat-Tattoo nicht zur Erläuterung des Inhalts des Körpers der Trägerperson angefertigt.

3. Umgestaltung

Umgestaltende Vervielfältigungen im Tattoobereich werden im Rahmen der Betrachtung des Änderungsverbot gemäß § 62 UrhG im Folgenden zu beurteilen sein.

---

704 EuGH, Urt. v. 29.07.2019, Az. C-516/17, GRUR 2019, 940, Tz. 78 ff.; BGH, Urt. v. 03.04.1968, Az. I ZR 83/66, GRUR, 609; BGH, Urt. v. 30.04.2020, Az. I ZR 228/15, GRUR 2020, 859, Tz. 82 f.; KG, Urt. v. 21. 12. 2001, Az. 5 U 191/01, NJW 2003, 680, 682; *Ulmer*, § 67 II 2 a.

705 OLG München, Urt. v. 26.03.1998, Az. 29 U 5758–97, NJW 1999, 1975; OLG Köln, Urt. v. 31.07.2009, Az. 6 U 52/09, GRUR-RR 2010, 143, 144.

4. Teile eines Werks

Werden nur einzelne, nicht urheberrechtsfähige Werkteile übernommen, liegen keine Urheberrechtsverletzung und damit ein zulässiges Zitat vor.[706] Ohne individuelle Prägung der übernommenen Teile ist deren Urheber nicht erkennbar und deshalb auch nicht in seinen Rechten verletzt.[707] Die Zulässigkeit derartiger Kleinzitate betrifft auch – entgegen dem Wortlaut des § 51 S. 2 Nr. 2 UrhG – nicht nur Sprachwerke.[708] Das im Gesetz berücksichtigte Allgemeininteresse an der Förderung des kulturellen Lebens erstreckt sich nicht ausschließlich auf Sprachwerke.[709]

5. Andere Werkformen

Wird hingegen ein komplettes Tattoowerk nicht per Tattoo, sondern z. B. im Wege einer Vervielfältigung per Lichtbild oder Illustration in einem Buch oder Artikel wiedergegeben, kann ein zulässiges Bildzitat in Form eines Großzitats gem. § 51 S. 2 Nr. 1 UrhG vorliegen. Dazu muss sich aus dem Kontext, z. B. aus dem Begleittext zur Wiedergabe ergeben, dass eine geistige Auseinandersetzung mit dem zitierten Werk stattfindet und das Großzitat dieses Werkes dafür als Beleg erforderlich ist. Besteht das neue Werk im Wesentlichen jedoch aus einem oder mehreren Zitaten, kann der durch den besonderen Zweck gerechtfertigte Umfang eines zulässigen Zitats überschritten sein. Ausschlaggebend wird hier der Umfang des Zitats des fremden Werkes im Verhältnis zum neuen Werk sein. Das Zitat darf nicht so umfangreich sein, dass es das neue Werk selbstständig trägt.[710] Das Zitat soll zur Beschäftigung mit dem fremden Werk anregen und nicht das neue Werk ausmachen.[711] Wesentlich bleibt weiter, dass ein Großzitat gemäß § 51 S. 2 Nr. 1 UrhG nur in einem selbstständigen, wissenschaftlichen Ansprüchen genügenden Werk zur Erläuterung des Inhalts zulässig ist.[712] Das Großzitat stellt einen derart schweren Eingriff in die Rechte des Urhebers dar, dass nur einige wenige Werke desselben Urhebers übernommen werden dürfen.[713] Im

706 BGH, Urt. v. 21.04.1953, Az. I ZR 110/52, GRUR 1953, 299, 301 f.; *Oekonimidis*, Die Zitierfreiheit im Recht Deutschlands, Frankreichs, Großbritanniens und der Vereinigten Staaten, 1970, 131; *Prengel*, 161 f.

707 *Schack*, Rn. 580.

708 *Prengel*, 161 f.

709 BGH, Urt. v. 04.12.1986, Az. I ZR 189/84, GRUR 1987, 362, 363; *Dreier*, in: Dreier/G. Schulze/Raue u. a. (Hrsg.), UrhG, 2022, § 51, Rn. 23.; *Lüft*, in: Wandtke/Bullinger (Hrsg.), UrhR, 2022, § 51, Rn. 14.

710 BGH, Urt. v. 12.06.1981, Az. I ZR 95/79, GRUR 1982, 37, 40; *Schack*, Rn. 579.

711 *Schack*, Rn. 579.

712 OGH, Urt. v. 26.09.2017, Az. 4 Ob 81/17s, GRUR Int 2018, 183, 185.

713 BGH, Urt. v. 03.04.1968, Az. I ZR 83/66, GRUR, 609; OLG München, Urt. v. 16.03.1989, Az. 21 O 19131/88, ZUM 1989, 529, 531.

Gegensatz zu z. B. Fachartikeln über bestimmte Tattoo Artists mit fachlicher Analyse ihres Tätowierstils anhand von Lichtbildern einzelner ihrer Werke werden sich daher Herausgeber von im Wesentlichen aus Lichtbildern von Tattoowerken bestehenden Bildbänden oder Tattoozeitschriften ohne umfassende begleitende Analyse o. Ä. der Tattoowerke jedenfalls nicht auf die Zitierfreiheit des § 51 UrhG berufen können.

Gleichwohl erscheint eine zulässige Nutzung im Rahmen des ungeschriebenen, o. g. „großen Kleinzitats" oder „kleinen Großzitats" jedenfalls denkbar, soweit die zwingende Erforderlichkeit für das zitierte Werk vorliegt (s. o. S. 214 ff.).

6. Zwischenergebnis

Das zulässige Bildzitat eines Tattoowerks in Form eines Großzitats gemäß § 51 S. 2 Nr. 1 UrhG erscheint vorstellbar. Nachschaffende Copycats oder Printverlage werden sich insbesondere in Ermangelung der Belegfunktion nicht darauf berufen können (s. o. S. 216). Gerade bei der wissenschaftlichen Befassung mit Tattoowerken wird die Zulässigkeit von Großzitaten aber naheliegen (s. o. S. 216 f.).

II. Zitat durch Tattoo

Auch Tattoos können den Anspruch erheben, ein fremdes Werk zu zitieren. Die Zulässigkeit ist erneut zunächst an § 51 S. 2 Nr. 1 UrhG zu messen.

1. Kopie in Tattooform

Auch ein Tattoo, das lediglich aus der vollständigen und fotorealistischen Wiedergabe eines anderen urheberrechtlich geschützten Werks wie z. B. eines Lichtbildwerks besteht, fällt nicht in den Anwendungsbereich des § 51 S. 2 Nr. 1 UrhG. Geistige Auseinandersetzung mit dem fremden Werk, selbständiges wissenschaftliches Werk sowie Belegfunktion fehlen (s. o. S. 216 ff.). Ein solches nachschaffendes Tattoo ist kein gerechtfertigtes Bildzitat, sondern eine Urheberrechtsverletzung in Form der Vervielfältigung gemäß § 16 UrhG und Verbreitung gemäß § 17 UrhG.[714] Auch auf das „kleine Großzitat" oder „große Kleinzitat" wird sich der nachschaffende Tattoo Artist in Ermangelung eines zwingenden Erfordernisses nicht berufen können (s. o. S. 216).

714 *Rieck*, IPRB 2022, 233, 234 f.

2. Umgestaltung

Die umgestaltende Tätowierung eines fremden Werks wird nicht als Bildzitat zu rechtfertigen sein. Hier wird es zumeist ebenfalls an der geistigen Auseinandersetzung mit dem ursprünglichen Werk fehlen. Zudem ist das Änderungsverbot des § 62 UrhG zu beachten, worauf im Folgenden noch eingegangen wird.

Anders kann der Fall jedoch u. U. beurteilt werden, wenn ein fremdes Werk innerhalb eines Tattoos wiedergegeben wird, sei es umgestaltend oder nicht. Wird beispielsweise ein Gemälde oder Lichtbildwerk innerhalb einer Wohnzimmerszene als an der Wand des auf dem Tattoo abgebildeten Zimmers hängend wiedergegeben, wird es von der Gesamtaussage des Tattoos abhängen, ob tatsächlich ein gerechtfertigtes Bildzitat festzustellen ist. Gleiches gilt für vergleichbare Darstellungsformen. Angesichts der in solchen Fällen u. U. ebenfalls einschlägigen Schranken gemäß § 51a UrhG und § 57 UrhG (dazu im Folgenden) wird in solchen Fällen für das Erfordernis der Zitatschranke allerdings wenig Raum bleiben.

3. Zwischenergebnis

Wenn auch nicht naheliegend, erscheint ein zulässiges Zitat durch ein Tattoowerk dennoch möglich. Rein nachschaffende Tätowierer werden sich darauf aber nicht berufen können (s. o. S. 216). Die vollständige oder teilweise Wiedergabe eines fremden Werks innerhalb eines Tattoowerks kann jedoch zulässig sein, wenn sie für den Zitatzweck zwingend erforderlich und innerhalb des Tattoowerks eine inhaltliche Auseinandersetzung mit dem zitierten Werk festzustellen ist.

III. Änderungsverbot, § 62 UrhG

Auch wenn im Tattoobereich Zitate als zumindest theoretisch rechtlich zulässig i. S. d. § 51 UrhG angesehen werden, darf das mit § 14 UrhG in Zusammenhang stehende[715] Änderungsverbot für solche zulässigen Nutzungen gemäß § 62 Abs. 1 UrhG nicht vergessen werden.

Das Änderungsverbot wird zwar durch die folgenden Abs. 2 bis 5 sowie in § 62 Abs. 1 S. 2 UrhG durch die Bezugnahme auf § 39 UrhG und damit dessen Abs. 2 eingeschränkt. Abweichungen vom Änderungsverbot sind jedoch nur in dem engen Umfang gestattet, der unbedingt notwendig ist.[716] Über

715 *G. Schulze*, in: Dreier/G. Schulze/Raue u. a. (Hrsg.), UrhG, 2022, § 62, Rn. 1, 5.; *Bullinger*, in: Wandtke/Bullinger (Hrsg.), UrhR, 2022, § 62, Rn. 2.

716 *G. Schulze*, in: Dreier/G. Schulze/Raue u. a. (Hrsg.), UrhG, 2022, § 62, 5 f.; *Bullinger*, in: Wandtke/Bullinger (Hrsg.), UrhR, 2022, § 62, Rn. 6.

die Zulässigkeit der Abweichung ist stets im Einzelfall im Wege einer Güter- und Interessenabwägung zu befinden.[717] Zudem wird auch eine zulässige Abweichung vom Änderungsverbot durch § 14 UrhG begrenzt.[718]

Wie bei § 23 UrhG, der lediglich die Herstellung von Umgestaltungen freistellt, Veröffentlichung und Verwertung jedoch von einer Genehmigung des betroffenen Urhebers abhängig macht, gilt das Änderungsverbot bei jeder öffentlichen Nutzung uneingeschränkt, soweit nicht der jeweilige Schrankenzweck Änderungen des Werks zwingend erfordert.[719] Der Katalog des § 62 UrhG inklusive der Berücksichtigung von § 39 UrhG wird jedoch als abschließend angesehen.[720]

§ 62 Abs. 3 UrhG erlaubt ausdrücklich Größenveränderungen und solche Änderungen, die das die Vervielfältigung angewendete Verfahren mit sich bringt. Bloße Größenanpassungen des zitierten Werks beispielsweise an die Körperform der Trägerperson oder an das Format einer wissenschaftlichen Ausarbeitung sind damit zulässig und stellen keine verbotenen Veränderungen dar. Zitatzweckbedingte Größenänderungen[721] und selbst veränderte Auflösungen oder andere Farbgebungen[722] können rechtlich zulässig sein, soweit sie durch das für die Vervielfältigung angewendete Verfahren bedingt sind oder das Urheberpersönlichkeitsrecht des Zitierten eine solche Reproduktion gebietet.[723] Sie fallen dann nicht unter das Änderungsverbot des § 62 UrhG.

In Bezug auf Tattoos ist damit festzustellen, dass insbesondere produktionstechnisch bedingte Größenänderungen im Rahmen der Zitatfreiheit zulässig sind. Hinsichtlich seiner Farbwahl ist der zitierende Tattoo Artist jedoch nicht völlig frei. Nur dann, wenn Farbänderungen produktionstechnisch bedingt sind, weil z. B. die Farbe des zitierten Originals mittlerweile im Zuge der Novellierung der Verordnung (EG) Nr. 1907/2006 des Europäischen Parlaments und des Rates zur Registrierung, Bewertung, Zulassung und Beschränkung chemischer Stoffe (REACH) betreffend Stoffe in Tätowier-

717 *G. Schulze*, in: Dreier/G. Schulze/Raue u. a. (Hrsg.), UrhG, 2022, § 62, Rn. 6.

718 *Ders.*, in: Dreier/G. Schulze/Raue u. a. (Hrsg.), UrhG, 2022, § 62, Rn. 7.

719 *Ders.*, in: Dreier/G. Schulze/Raue u. a. (Hrsg.), UrhG, 2022, § 62, Rn. 8.

720 *Ders.*, in: Dreier/G. Schulze/Raue u. a. (Hrsg.), UrhG, 2022, § 62, Rn. 9.

721 *Peukert*, in: Schricker/Loewenheim/Leistner (Hrsg.), UrhR, ⁶2020, § 62, Rn. 20.; *Engels*, in: Götting/Lauber-Rönsberg/Rauer (Hrsg.), UrhR, 2024, § 62, Rn. 20.

722 *A. Nordemann*, in: A. Nordemann/J. B. Nordemann/Czychowski (Hrsg.), UrhR, 2018, § 62, Rn. 10.; *Peukert*, in: Schricker/Loewenheim/Leistner (Hrsg.), UrhR, ⁶2020, § 62, Rn. 20.; *Bullinger*, in: Wandtke/Bullinger (Hrsg.), UrhR, 2022, § 62, Rn. 23.; *Engels*, in: Götting/Lauber-Rönsberg/Rauer (Hrsg.), UrhR, 2024, § 62, Rn. 21.

723 *Prengel*, 157.

farben oder Permanent-Make-up[724] verboten[725] wurde, aus anderen unüberwindbaren Gründen nicht zur Verfügung steht oder sich in der Haut der Trägerperson nicht anders darstellen lässt, werden Farbänderungen im Rahmen der Zitatfreiheit zulässig sein.

Rein ästhetisch motivierte[726], den Sinngehalt oder Gesamteindruck des zitierten Werks entstellende[727] Veränderungen stellen stets Verstöße gegen das Änderungsverbot dar.

IV. Pflicht zur Quellenangabe, § 63 UrhG

Bereits anlässlich der Prüfung des Namensnennungsrechts gemäß § 13 UrhG wurde festgestellt, dass die Urheberangabe am Werk im Tattoobereich absolut unüblich ist (s. o. S. 84 ff.). Der Wortlaut des § 63 UrhG scheint deshalb eine Anwendbarkeit des Zitatrechts jedenfalls in Tattooform auszuschließen, da auch eine Quellenangabe nicht den Praktiken der Branche entspricht.

Darüber hinaus ist festzustellen, dass § 63 UrhG sogar über § 13 UrhG hinausgehende Pflichten begründet und der Besserstellung des Urhebers dient.[728] Die Quellenangabe hat eine über die Urheberbenennung hinausgehende Werbefunktion für den Urheber.[729] Abweichende Verkehrssitten können jedoch in allen Anwendungsbereichen des § 63 UrhG zu seiner Unanwendbarkeit führen. So wird beispielsweise im Bereich der unkörperlichen Werkverwertung lediglich dann eine Pflicht zur Quellenangabe angenommen, wenn dies der Verkehrssitte entspricht.[730] Zwar wird für den Bereich der körperlichen Vervielfältigung und Verbreitung i. S. d. § 63 Abs. 1 UrhG

724 *EU-Kommission*, Verordnung (EG) Nr. 1907/2006 des Europäischen Parlaments und des Rates zur Registrierung, Bewertung, Zulassung und Beschränkung chemischer Stoffe (REACH) betreffend Stoffe in Tätowierfarben oder Permanent-Make-up, 13.05.2023 (https://eur-lex.europa.eu/legal-content/DE/TXT/HTML/?uri=CELEX:32020R2081&qid=1608042969866&from=EN#d1e40-6-1) (geprüft am 29.09.2024).

725 *Sondermann*, Tattoofarben 2023: Blau und Grün müssen bald gehen – Feelfarbig, 2022 (https://feelfarbig.com/artikel/tattoofarben-2023-blau-und-gruen-muessen-bald-gehen/) (geprüft am 29.09.2024); *Jentzsch*, Gefährliche Inhaltsstoffe: EU verbietet weitere Tattoo-Farben, 13.05.2023 (https://www.merkur.de/verbraucher/tattoo-farben-gefaehrliche-inhaltsstoffe-eu-verbot-reach-giftig-92008724.html) (geprüft am 29.09.2024).

726 LG Mannheim, Urt. v. 14.02.1997, Az. 7 S 4/96, GRUR 1997, 364, 366; *Peukert*, in: Schricker/Loewenheim/Leistner (Hrsg.), UrhR, ^{6}2020, § 62, Rn. 20.

727 *Bullinger*, in: Wandtke/Bullinger (Hrsg.), UrhR, 2022, § 62, Rn. 23.; *A. Nordemann*, in: A. Nordemann/J. B. Nordemann/Czychowski (Hrsg.), UrhR, 2018, § 62, Rn. 10.; *G. Schulze*, in: Dreier/G. Schulze/Raue u. a. (Hrsg.), UrhG, 2022, § 62, Rn. 18.

728 *Bullinger*, in: Wandtke/Bullinger (Hrsg.), UrhR, 2022, § 63, Rn. 28.

729 *Ders.*, in: Wandtke/Bullinger (Hrsg.), UrhR, 2022, § 63, Rn. 1.

730 *Ders.*, in: Wandtke/Bullinger (Hrsg.), UrhR, 2022, § 63, Rn. 4.

die Quellenangabe als verpflichtend angesehen. Als Begründung hierfür wird jedoch erneut die Werbefunktion angeführt. Insbesondere für den Urheber ist die Kennzeichnung seiner geistigen Schöpfung zur Unterscheidung von einem fremden Werk besonders wichtig, besonders dann, wenn Werke oder Teile davon in einem fremden Werk oder in Verbindung mit diesem vervielfältigt werden dürfen.[731]

Gemäß § 63 1 S. 3 UrhG entfällt die Pflicht zur Quellenangabe jedoch, wenn die Quellen auf dem als Quelle dienenden Werkstück nicht angegeben und dem Nutzer auch anderweitig nicht bekannt sind.[732] Angesichts der bereits o. g. Verkehrssitte im Tattoobereich, der Urheberangaben am Werk fremd sind, wird somit in aller Regel bereits das als Quelle dienenden Werkstück nicht über Quellenangaben verfügen. Zwar kann dem Zitierenden auferlegt werden, seinerseits Nachforschungen anzustellen, um die fehlenden Quellenangaben zu ergänzen.[733] Auch hier ist aber erneut die Verkehrssitte im Tattoobereich zu erwähnen. Weder werden sich bewusst auf Urheberangabe verzichtende Tattoo Artists auf den fehlenden Werbeeffekt einer Quellenangabe berufen, noch wird ein zitierender Tattoo Artist gegenüber der Trägerperson eine Quellenangabe am Werk durchsetzen können (s. o. S. 84 ff.).

Da zudem auch im Bereich der öffentlichen Wiedergabe von Werken Quellenangaben aus Gründen der Verkehrssitte entfallen können, erscheint es naheliegend und vertretbar, in einer für den Tattoobereich erweiterten Auslegung die Pflicht zur Quellenangabe aus Gründen der Verkehrssitte als generell nicht anwendbar anzusehen. Jedenfalls Tattoozitate in Tattooform werden somit nicht an einer fehlenden Quellenangabe scheitern.

Anders liegt der Fall jedoch, wenn andere Werke in Tattooform zitiert werden sollen. Die aus dem Tattoobereich bekannte Verkehrssitte des Verzichts auf Quellenangaben am Werk kann dann nicht rechtfertigend eingreifen. Der Verzicht auf Quellenangaben wird somit zu einer Unzulässigkeit des Zitats führen. Nutzer werden eine andere Schranke des Urheberrechts wie beispielsweise die bereits o. g. § 51a UrhG oder § 57 UrhG nutzen müssen.

Das Gleiche gilt, wenn Tattoowerke nicht in Tattooform, sondern in anderer Werkform zitiert werden sollen. Hier besteht kein Erfordernis für Rücksichten auf die Verkehrssitte im Tattoobereich. Auch kann sich der Zitierende nicht auf eine Unzumutbarkeit der Durchsetzung der Quellenangabe wie bei Anfertigung eines zitierenden Tattoos (s. o. S. 216) berufen. Nur die Ver-

731 RegE UrhG 1962, 76 f.

732 *Dreyer*, in: Dreyer/Kotthoff/Meckel u. a. (Hrsg.), UrhR, [4]2018, § 63, Rn. 20.; *Bullinger*, in: Wandtke/Bullinger (Hrsg.), UrhR, 2022, § 63, Rn. 23.; *G. Schulze*, in: Dreier/G. Schulze/Raue u. a. (Hrsg.), UrhG, 2022, § 63, Rn. 18.

733 *Dustmann*, in: A. Nordemann/J. B. Nordemann/Czychowski (Hrsg.), UrhR, 2018, § 63, Rn. 12.; *Spindler*, in: Schricker/Loewenheim/Leistner (Hrsg.), UrhR, [6]2020, § 63, Rn. 17.; *Bullinger*, in: Wandtke/Bullinger (Hrsg.), UrhR, 2022, § 63, Rn. 23.

kehrssitte des Werkformats, in dem zitiert wird, kann hier ausschlaggebend sein. Wird in anderer Werkform als in Tattooform zitiert, lebt die Pflicht zur Nachforschung bezüglich der fehlenden Quellenangaben[734] eines Tattoos wieder auf.

V. Dreistufentest

Schließlich sind gemäß § 51 UrhG zulässig erscheinende Nutzungen am Dreistufentest des Art. 5 Abs. 5 der InfoSoc-RL zu messen. Demnach dürfen urheberrechtliche Ausschließlichkeitsrechte nur in bestimmten Sonderfällen eingeschränkt werden, sofern die normale Auswertung des Werkes nicht beeinträchtigt wird und die berechtigten Interessen des Urhebers nicht unzumutbar verletzt werden. Angesichts der zunehmenden wirtschaftlichen Bedeutung von Ausnahmen und Beschränkungen im elektronischen Umfeld kann es notwendig sein, den Umfang von Ausnahmen oder Beschränkungen bei einigen neuen Nutzungsformen urheberrechtlich geschützter Werke enger als bisher zu definieren.[735]

Angesichts der wenigen denkbaren, o. g. Fälle der Zulässigkeit des Eingriffs in Urheberrechte gemäß § 51 UrhG im Tattoobereich (s. o. S. 216 f., 219) werden diese als Sonderfälle i. S. v. Art. 5 Abs. 5 der InfoSoc-RL zu kategorisieren sein.

Die genannten Sonderfälle beschränken auch die normale Auswertung des Ursprungswerks nicht, da diese gerade bei einem Tattoowerk als Ursprungswerk primär in der Erstellung und allenfalls sekundär in der Verwertung des Ursprungswerks verkörpert sind. Das Zitat eines Tattoowerks wird die Verwertung des Tattoowerks nicht beschränken. Gleiches gilt für die Verwertbarkeit eines sonstigen, in Tattooform zitierten Werks.

Die o. g. Sonderfälle führen schließlich auch zu keiner unzumutbaren Verletzung berechtigter Interessen der Urheber. Diese wird im Einzelfall nachzuweisen sein.

Der Dreistufentest steht einer Zulässigkeit von Zitaten im Tattoobereich mithin nicht im Weg.

---

734 *Dustmann*, in: A. Nordemann/J. B. Nordemann/Czychowski (Hrsg.), UrhR, 2018, § 63, Rn. 12.; *Spindler*, in: Schricker/Loewenheim/Leistner (Hrsg.), UrhR, [6]2020, § 63, Rn. 17.; *Bullinger*, in: Wandtke/Bullinger (Hrsg.), UrhR, 2022, § 63, Rn. 23.

735 *Europäisches Parlament*, Richtlinie 2001/29/EG des Europäischen Parlaments und des Rates vom 22. Mai 2001 zur Harmonisierung bestimmter Aspekte des Urheberrechts und der verwandten Schutzrechte in der Informationsgesellschaft, 22.05.2001 (https://eur-lex.europa.eu/legal-content/DE/TXT/HTML/?uri=CELEX:32001L0029), Erwägungsgrund 44 (geprüft am 29.09.2024); *Lüft*, in: Wandtke/Bullinger (Hrsg.), UrhR, 2022, Vor §§ 44a ff., Rn. 8.

VI. Zwischenergebnis

Zusammenfassend ist festzustellen, dass zulässige Zitate i. S. d. § 51 UrhG sowohl an als auch durch Tattoos möglich sind. Der Anwendungsbereich des § 51 UrhG auf Tattoos mag gering erscheinen. Zulässige Zitate werden aber jedenfalls nicht zwingend an dem Änderungsverbot gemäß § 62 UrhG, der Pflicht zur Quellenangabe gemäß § 63 UrhG oder dem Dreistufentest gemäß Art. 5 Abs. 5 InfoSoc-RL scheitern.

B. Karikatur, Parodie und Pastiche, § 51a UrhG

Der im Zuge der Umsetzung der DSM-RL eingeführte § 51a UrhG basiert auf Art. 5 Abs. 3 (k) der InfoSoc-RL. Karikaturen und Parodien waren laut Rechtsprechung zum § 24 UrhG a. F. auch ohne Zustimmung des Urhebers des Ursprungswerks in Einzelfällen bereits vor Einführung des § 51a UrhG zulässig,[736] sodass insofern auf den damaligen Meinungsstand in Rechtsprechung und Literatur zurückgegriffen werden kann.[737] Zulässige Satire und Parodie werden wahrnehmbare Unterschiede zum Originalwerk aufweisen müssen, ohne es zugleich jedoch verblassen zu lassen.[738] Zudem wird die erforderliche Auseinandersetzung mit dem Originalwerk bei ihnen stets in humoristischer oder verspottender Weise zu erfolgen haben, was sie vom eher anlehnenden Pastiche unterscheidet.[739] Schon wegen der Einführung dieses im deutschen Urheberrecht bis dahin unbekannten[740] und selbst im deutschen Sprachgebrauch selten genutzten Begriffs erscheint zunächst eine Betrachtung seiner Anwendbarkeit auf den Tattoobereich angebracht. So sind sowohl hommageartiges Zeichnen und Tätowieren im Stil „alter Meister"[741] als auch die wahrscheinlich aus den klassischen Pin-up-Tattoos von Seeleuten erwachsene[742] Wiedergabe und Karikatur althergebrachter und

736 *Dreier*, in: Dreier/G. Schulze/Raue u. a. (Hrsg.), UrhG, 2022, § 51a, Rn. 4.

737 *Ders.*, in: Dreier/G. Schulze/Raue u. a. (Hrsg.), UrhG, 2022, § 51a, Rn. 4.

738 RegE UrhG 2021, 90; OLG Köln, Urt. v. 20.04.2018, Az. 6 U 116/17, GRUR-RR 2018, 326; *Dreier*, in: Dreier/G. Schulze/Raue u. a. (Hrsg.), UrhG, 2022, § 51a, 6, 15.

739 RegE UrhG 2021, 91; OLG Frankfurt a. M., Urt. v. 02.02.2023, Az. 11 U 101/22, openJur 2023, 3275, Tz. 42.

740 BGH, Urt. v. 30.04.2020, Az. I ZR 115/16, GRUR 2020, 843, Tz. 65; *Schack*, Rn. 594.

741 *Cornelius*, Sailor Jerry Redrawn, 12.05.2023 (https://www.instagram.com/cybe/p/B-CeeHiDkCS/?img_index=1) (geprüft am 29.09.2024); Matthias, Redrawing of Christian Warlich flash sheet in Progress, 20.05.2023 (https://www.zeitgeist-tattoo.com/matthias-tattoos/redrawing-of-christian-warlich-flash-sheet-in-progress-nachlass-warlich-ch/) (geprüft am 29.09.2024).

742 *Feige/Krause*, Tattoo-Lexikon, 2004, 55.

bekannter Cartoon-Characters,[743] das Remixen verschiedener Stile[744] und spätestens im Zuge des sog. „Ignorant Style“ [745] selbst Satire, Ironie und Parodie bekannte Ausdrucksformen in der Tattookultur.

Der Begriff des Pastiche bleibt jedoch einstweilen unklar.[746] *Kreutzer* definiert ihn als *„ein eigenständiges kulturelles und/oder kommunikatives Artefakt, das sich an die eigenschöpferischen Elemente veröffentlichter Werke Dritter anlehnt und sie erkennbar übernimmt.“*[747] Die Trennlinie zwischen Pastiche auf der einen Seite und Parodie sowie Karikatur auf der anderen Seite erscheint danach aber weiterhin unscharf. Im Einzelfall wird die Unterscheidung unmöglich sein.[748] Die exakte Differenzierung mag angesichts der gleichen Rechtsfolgen noch entbehrlich erscheinen.[749]

Vor allem aber wird sich die Beurteilung der rechtlichen Zulässigkeit von sich auf die Schranke des § 51a UrhG berufenden Arbeitsergebnissen, sei es in Tattooform oder anhand eines Tattoowerks, nicht von der Sichtweise zu außerhalb des Tattoobereichs angesiedelten Fällen (z. B. Illustration, Fotografie) unterscheiden. Es wird sich stets um eine Einzelfallentscheidung mit Abwägung von Kunst- und Meinungsfreiheit einerseits und den Rechten des Urhebers andererseits handeln.[750] Eine eingehendere Bearbeitung in Bezug auf Tattoos erscheint daher an dieser Stelle nicht angebracht.

C. Vervielfältigungen zum privaten und sonstigen eigenen Gebrauch, § 53 UrhG

Angesichts des Wortlauts der Norm und der Begründung durch den Gesetzgeber für die erlaubten Vervielfältigungen zum privaten und sonstigen eigenen Gebrauch stellt sich die Frage, wie die Schranke des § 53 UrhG auf Tattoowerke anwendbar ist.

---

743 *Millan*, Tatuantes 14.10.2016.

744 Staff, Tattoo Style Remix, 10.10.2018 (https://www.inkedmag.com/culture/tattoo-style-remix) (geprüft am 29.09.2024).

745 *Weigandt*, Neuer Tattoo-Trend: Tätowierungen gehorchen nun dem „Ignorant Style“, 29.07.2019 (https://www.faz.net/aktuell/stil/mode-design/neuer-tattoo-trend-der-ignorant-style-wird-immer-beliebter-16306911.html) (geprüft am 29.09.2024).

746 *Lüft/Bullinger*, in: Wandtke/Bullinger (Hrsg.), UrhR, 2022, § 51a, 14 f.

747 *Kreutzer*, Der Pastiche im Urheberrecht, 2022 (https://freiheitsrechte.org/uploads/documents/Demokratie/Urheberrecht/Gutachten_Kreutzer_Pastiche.pdf), 4 (geprüft am 29.09.2024).

748 RegE UrhG 2021, 90; *Kreutzer* , 32.

749 *Dreier*, in: Dreier/G. Schulze/Raue u. a. (Hrsg.), UrhG, 2022, § 51a, Rn. 9.

750 *Lüft/Bullinger*, in: Wandtke/Bullinger (Hrsg.), UrhR, 2022, § 51a, Rn. 15.; *Lauber-Rönsberg*, ZUM 2020, 733, 738.

So wird in der Tattoobranche beim Vorwurf der Urheberrechtsverletzung durch Erstellung eines Vervielfältigungsstücks in Form eines Tattoos von einem Tattoowerk teilweise argumentiert, es handele sich bei dem Vervielfältigungsstück um eine Privatkopie i. S. d. § 53 UrhG, da z. B. *„nur zur Übung unentgeltlich für einen Bekannten"* tätowiert worden sei.

Auch könnte ein Tattoo Artist einwenden, dass z. B. ein anhand eines Lichtbildwerks als Vorlage erstelltes Tattoo eine Privatkopie darstelle und deshalb vom Urheber des Lichtbildwerks zu dulden sei.

Bei der Beantwortung der Frage, ob derlei Vorbringen unter Voraussetzungen für die vom Gesetzgeber beabsichtigte Privilegierung fallen soll, ist zunächst die Motivation des Gesetzgebers für die Privilegierung an sich zu beleuchten.

Hintergrund der Schranke des § 53 UrhG aus dessen Abs. 1 und 2 ist das vom Gesetzgeber anerkannte Bedürfnis, bestimmte Handlungen durch entsprechende Schrankenbestimmungen vom Verbotsrecht aus §§ 15 Abs. 1 Nr. 1, 16 UrhG auszunehmen. Dabei handele es sich um jene Handlungen, bei denen das Verbot der Vervielfältigung unangemessen erscheine oder mangels Feststellungs- und Verfolgungsmethoden im privaten Bereich eher unpraktikabel wäre.[751] Motivationen sind also in erster Linie der bewusste Verzicht auf eine Ausforschung und Kriminalisierung des privaten Raums sowie eine nüchterne Analyse, dass derlei Ausforschung auch schwerlich, jedenfalls mit vertretbarem Mittelaufwand, möglich sei. Darüber hinaus seien individuelle Transaktionen für Vervielfältigungen zum privaten und sonstigen eigenen Gebrauch im bei Erlass des UrhG 1965 analogen Umfeld auch nicht möglich gewesen, sodass von einem Marktversagen auszugehen sei.[752]

Es erscheint daher vornehmlich als ökonomische Kosten-Nutzen-Entscheidung, aber auch realistische Einschätzung der tatsächlichen ökonomischen Auswirkungen auf die Nutzungs- und Verwertungsrechte der Urheber, derlei zunächst nicht zwingend erforderlich erscheinende Handlungen zu privilegieren.

Doch die Schranke des § 53 UrhG kann auch als Einbindung der Urheberinteressen in die Gemeinwohlbindung des Art. 14 Abs. 1 GG angesehen werden, da die Schranke dem Interesse der Allgemeinheit verpflichtet sei, im Rahmen der Entwicklung der modernen Industriegesellschaft unkom-

751 *Dreier*, in: Dreier/G. Schulze/Raue u. a. (Hrsg.), UrhG, 2022, § 53, Rn. 1.; *Loewenheim/Stieper*, in: Schricker/Loewenheim/Leistner (Hrsg.), UrhR, [6]2020, § 53, Rn. 2.; *Lüft*, in: Wandtke/Bullinger (Hrsg.), UrhR, 2022, § 53, Rn. 1.

752 BGH, Urt. v. 29.05.1964, Az. Ib ZR 4/63, GRUR 1965, 104.

plizierten Zugang zu vorhandenen Informationen und Dokumentationen zu haben.[753]

Die o. g. Anwendungsfälle des nachschaffenden Tattoos von einem Tattoowerk und jenes von einer anderen urheberrechtlich geschützten Vorlage wie z. B. einem Lichtbildwerk oder Lichtbild sind in der forensischen Praxis immer wieder anzutreffen (vgl. oben S. 70 ff.), erscheinen daher lebensnah und sind als mögliche Anwendungsfälle des § 53 UrhG im Folgenden zu prüfen.

I. Privatkopie von Tattoowerk

Es stellt sich im Zuge der urheberrechtlichen Einordnung von Tattoos die Frage, ob auch ein Tattoo als Vervielfältigungsstück eines Tattoowerks eine Privatkopie i. S. d. § 53 Abs. 1 oder 2 UrhG darstellen kann.

1. Privater Gebrauch

Privater Gebrauch im Sinne des § 53 Abs. 1 Satz 1 UrhG bezieht sich auf die Verwendung im privaten Bereich zur Erfüllung eigener persönlicher Bedürfnisse oder jener mit dem Handelnden eng verbundener Personen.[754] Der private Gebrauch ist damit ein Unterfall des persönlichen Gebrauchs.[755]

a. Vorlage

Ausweislich des Wortlauts der Norm darf darüber hinaus die zur Vervielfältigung benutzte Vorlage weder offensichtlich rechtswidrig hergestellt noch öffentlich zugänglich gemacht worden sein. Dies bedeutet jedoch nicht, dass es sich bei der Vorlage zwingend um das Original handeln muss. Da § 53 UrhG auch auf nicht offensichtlich rechtswidrig hergestellte Vorlagen anwendbar ist, kann es sich bei der Vorlage auch um ein Vervielfältigungsstück

---

753 RegE UrhG 1962, 30 f.; Novelle BT-Drs. 10/837, 16 ff.; BGH, Urt. v. 16.01.1997, Az. I ZR 9/95, GRUR 1997, 459, 463; *Loewenheim/Stieper*, in: Schricker/Loewenheim/Leistner (Hrsg.), UrhR, 62020, § 53, Rn. 1.; *Grübler*, in: Götting/Lauber-Rönsberg/Rauer (Hrsg.), UrhR, 2024, § 53, 1.1.

754 BGH, Urt. v. 14.04.1978, Az. I ZR 111/76, GRUR 1978, 474, 475; BGH, Urt. v. 06.10.2016, Az. I ZR 25/15, GRUR 2017, 266, 49; *Dreier*, in: Dreier/G. Schulze/Raue u. a. (Hrsg.), UrhG, 2022, § 53, Rn. 7.; *Wirtz*, in: A. Nordemann/J. B. Nordemann/Czychowski (Hrsg.), UrhR, 2018, § 53, Rn. 9.; *Loewenheim/Stieper*, in: Schricker/Loewenheim/Leistner (Hrsg.), UrhR, 62020, § 53, Rn. 23.; *Lüft*, in: Wandtke/Bullinger (Hrsg.), UrhR, 2022, § 53, Rn. 23.; *Schack*, Rn. 598.

755 *Dreier*, in: Dreier/G. Schulze/Raue u. a. (Hrsg.), UrhG, 2022, § 53, Rn. 7.; *Loewenheim/Stieper*, in: Schricker/Loewenheim/Leistner (Hrsg.), UrhR, 62020, § 53, Rn. 23.

handeln, das seinerseits im Rahmen des § 53 Abs. 1 UrhG oder einer anderen Schrankenbestimmung erlaubterweise hergestellt wurde.[756]

Benutzt ein nachschaffender Tätowierer beispielsweise ein legal hergestelltes Foto eines Tattoowerks als Vorlage, so wird jedenfalls die Voraussetzung der nicht offensichtlich rechtswidrig hergestellten oder öffentlich zugänglich gemachten Vorlage erfüllt sein.

b. Kein Erwerbszweck

Weiter darf die private Vervielfältigung als Unterfall des persönlichen Gebrauchs weder unmittelbar noch mittelbar Erwerbszwecken dienen. Dies mag der Fall sein, wenn sich beispielsweise die Trägerperson selbst ein Tattoo nach Vorlage eines Tattoowerks sticht. Hier steht der persönliche Gebrauch zur Befriedigung rein persönlicher Bedürfnisse im Vordergrund.

Erfolgt die Herstellung des Vervielfältigungsstücks in Form eines Tattoos jedoch in Ausübung einer zum Lebensunterhalt des Tätowierenden beitragenden Tätigkeit, sei es auch *„nur zur Übung"*, so wird der persönliche Bereich verlassen und dient der Gebrauch jedenfalls mittelbar Erwerbszwecken, ähnlich wie das Anfertigen von Kopien durch Studierende für Studienzwecke[757] oder von Rechtsanwälten für ihre berufliche Tätigkeit[758] jeweils deren Erwerbszwecken dient. So soll ein Erwerbszweck nach der herrschenden Meinung sogar dann bestehen, wenn der berufliche Zweck nicht der alleinige Zweck ist, sondern die Vervielfältigungen sowohl zu privaten als auch zu beruflichen oder erwerbswirtschaftlichen Zwecken angefertigt werden.[759] Dies vermag auch für den Tattoobereich zu überzeugen.

Zwar soll nach einer Ansicht nicht schon jeder indirekte erwerbswirtschaftliche Zweck die Privilegierung ausschließen, sondern komme es darauf an, ob die konkrete Vervielfältigung zu beruflichen oder Erwerbszwecken ver-

---

756 *Dreier*, in: Dreier/G. Schulze/Raue u. a. (Hrsg.), UrhG, 2022, § 53, Rn. 11.; *Loewenheim/Stieper*, in: Schricker/Loewenheim/Leistner (Hrsg.), UrhR, [6]2020, § 53, Rn. 14.; *Lüft*, in: Wandtke/Bullinger (Hrsg.), UrhR, 2022, § 53, Rn. 15.

757 BGH, Urt. v. 09.06.1983, Az. I ZR 70/81, GRUR 1984, 54, 55; BGH, Urt. v. 28.11.2013, Az. I ZR 76/12, GRUR 2014, 549, Tz. 72.

758 BGH, Urt. v. 09.06.1983, Az. I ZR 70/81, GRUR 1984, 54, 55; *Wirtz*, in: A. Nordemann/J. B. Nordemann/Czychowski (Hrsg.), UrhR, 2018, § 53, Rn. 13.; *Loewenheim/Stieper*, in: Schricker/Loewenheim/Leistner (Hrsg.), UrhR, [6]2020, § 53, Rn. 24.

759 BVerfG, Urt. v. 25.07.2005, Az. 1 BvR 2182/04, GRUR 2005, 1032; BGH, Urt. v. 24.06.1993, Az. I ZR 148/91, GRUR 1993, 899, 900; BGH, Urt. v. 06.10.2016, Az. I ZR 25/15, GRUR 2017, 266, Rn. 49 ff.; *Dreier*, in: Dreier/G. Schulze/Raue u. a. (Hrsg.), UrhG, 2022, § 53, Rn. 10.; *Wirtz*, in: A. Nordemann/J. B. Nordemann/Czychowski (Hrsg.), UrhR, 2018, § 53, Rn. 11.; *Lüft*, in: Wandtke/Bullinger (Hrsg.), UrhR, 2022, § 53, Rn. 23.

wandt werde.[760] Wird die Vervielfältigung eines Tattoowerks jedoch von einer Person angefertigt, die ihren Lebensunterhalt mindestens teilweise mit dem Tätowieren verdient, liegt die tatsächliche Vermutung nahe, dass diese Vervielfältigung unmittelbar, jedenfalls aber in erheblicher Weise mittelbar den Erwerbszwecken des Tätowierenden dient. Dies gilt insbesondere dann, wenn die Vervielfältigung für einen Dritten als Trägerperson angefertigt wird und sei es auch *„nur zur Übung"*. Denn selbst durch eine angebliche Übung wird das dem Erwerbszweck dienende Schaffen der Tätowierenden direkt befördert. So trägt Übung zur Verbesserung, mindestens aber Erhaltung der für den Erfolg ihrer Erwerbstätigkeit grundlegenden Fähigkeiten der Tätowierenden bei.

Zudem kann es sich neben dem Verdacht der bloßen Schutzbehauptung beispielsweise um eine verschleierte Werbeaktion handeln, die die Trägerperson zur erneuten, diesmal kostenpflichtigen Inanspruchnahme der Leistungen der Tätowierenden motivieren soll.

Auch wird mit dem Herstellen weiterer Vervielfältigungsstücke in Form von Tattoos schon durch Mundpropaganda der Trägerpersonen ein Werbeeffekt für das Schaffen der Hersteller der Vervielfältigungsstücke zu verzeichnen sein.

Anderenfalls würde auch die Schranke des § 53 UrhG unkontrollierbar weit aufgestoßen, wenn bei der Anfertigung jeglicher nachschaffenden Tattoos als Vervielfältigungsstücke von Tattoowerken der Tätowierende in Absprache mit der Trägerpersonen stets behaupten könnte, dies diene lediglich Übungszwecken und sei daher privilegiert. Die Schranke des § 53 UrhG wird als in hohem Maße missbrauchsanfällig bezeichnet.[761]

Die Natur des Tätowiervorgangs erfordert ein besonderes Nähe- und Vertrauensverhältnis zwischen Tätowierendem und Trägerperson. Die Trägerperson lässt den Tätowierenden für einen schmerzhaften Eingriff unmittelbar an ihren jedenfalls in diesem Bereich nackten und somit schutzlosen Körper. Sie zeigt ihm ungeschützte Körperbereiche, an die sie ansonsten allenfalls Personen innerhalb eines intimen Näheverhältnisses oder einer medizinischen Behandlung lassen würde.

Zwar werden den meisten Tätowierenden im Gegensatz zu behandelnden Ärzten umfassende medizinische Kenntnisse und jedenfalls umfassende Kenntnisse der gesundheitlichen Historie der Trägerpersonen fehlen. Das besondere Nähe- und Vertrauensverhältnis zwischen Tätowierendem und

760 *Dreier*, in: Dreier/G. Schulze/Raue u. a. (Hrsg.), UrhG, 2022, § 53, Rn. 10.

761 BGH, Urt. v. 16.01.1997, Az. I ZR 9/95, GRUR 1997, 459; BGH, Urt. v. 16.01.1997, Az. I ZR 38/96, GRUR 1997, 464; BGH, Urt. v. 25.02.1999, Az. I ZR 118/96, GRUR 1999, 707; *Grassmann*, Der elektronische Kopienversand im Rahmen der Schrankenregelungen, 2006, 88 ff.; *Schack*, Rn. 598.

Trägerperson ist dennoch ähnlich jenem zwischen Arzt und Patient, ohne diese aus o. g. Gründen jedoch gleichzusetzen.[762]

Darüber hinaus liegt auch das Bestehen eines Abhängigkeitsverhältnisses nahe, wenn die Trägerperson z. B. noch weitere Tattoos von dem Tätowierenden erhalten oder fertiggestellt haben möchte, zumal die Preisgestaltung für die Leistung einzig in Händen des Tätowierenden liegt.[763]

Aufgrund dieses besonderen Näheverhältnisses zwischen Trägerperson und Tätowierendem würde es bei dem Vorwurf einer Urheberrechtsverletzung aller Wahrscheinlichkeit nach nur noch angebliche „Privatkopien" geben, ohne Möglichkeit des Gegenbeweises durch den betroffenen Urheber des Tattoowerks. Wegen des besonderen Näheverhältnisses und der einhergehenden psychologischen Effekte dürfte ein Parteiergreifen der Trägerpersonen für „ihren" Tätowierenden der menschlichen Natur entsprechen, ähnlich wie der im Verkehrsrecht häufig zu beobachtende, aus der sogenannten „Beifahrerrechtsprechung"[764] bekannte Fall des unabhängig vom tatsächlichen Geschehensablauf aus psychologischen Gründen für den Fahrer positiv aussagenden Beifahrers.

Eine derart einfach durch kollusives Verhalten zweier Personen erreichbare Schranke, die zudem in einem besonderen Nähe-, Vertrauens- und oft auch Abhängigkeitsverhältnis zueinander stehen, widerspräche dem Grundsatz, dass auch § 53 UrhG als Schrankenregelung aufgrund des Beteiligungsgrundsatzes und unter Berücksichtigung der gegenüberstehenden Interessen eng auszulegen sei.[765]

c. Herstellung durch andere

Das Anfertigen eines Copycat-Tattoos von einem Tattoowerk ist auch keine legale Privatkopie in Form des privaten Gebrauchs der Trägerperson, hergestellt durch andere (siehe § 53 Abs. 1 S. 2 UrhG).

---

762 *Magnus*, Patientenautonomie im Strafrecht, 2015, 73.

763 *Ebert*, Preisübersicht – Wie viel kostet ein Tattoo?, 29.03.2022 (https://www.stuttgarter-zeitung.de/inhalt.wie-viel-kostet-ein-tattoo-mhsd.a812579f-bb42-4dac-87ad-bdf1b447d200.html) (geprüft am 29.09.2024); *Sondermann*, Was kostet ein Tattoo?, 27.01.2020 (https://feelfarbig.com/artikel/was-kostet-ein-tattoo/) (geprüft am 29.09.2024).

764 BGH, Urt. v. 03.11.1987, Az. VI ZR 95/87, NJW 1988, 566; *Prechtel*, ZJS 2017, 381, 385.

765 BGH, Urt. v. 16.01.1997, Az. I ZR 9/95, GRUR 1997, 459; BGH, Urt. v. 24.01.2002, Az. I ZR 102/99, GRUR 2002, 605; BGH, Urt. v. 11.07.2002, Az. I ZR 255/00, GRUR 2002, 963.

Zwar soll die Herstellung von Vervielfältigungsstücken nicht bereits dann als entgeltlich gelten, wenn lediglich Materialkosten erstattet werden.[766] Erneut ist aber, wie bereits oben auf S. 228 ff. ausgeführt, die Anfertigung von Vervielfältigungsstücken in Form von Tattoos durch Dritte in mindestens mittelbarer Gewinnerzielungsabsicht anzunehmen, wenn von diesen Dritten Trainings-, Werbe- und ähnliche positive Effekte für ihre berufliche Tätigkeit erzielt werden. Denn § 53 Abs. 1 S. 2 UrhG setzt voraus, dass der herstellende Dritte nicht seinerseits die Grenzen der Privilegierung überschreitet.[767]

Darüber hinaus legt die Alternative des § 53 Abs. 1 S. 2 UrhG nahe, dass die unentgeltlichen Vervielfältigungshandlungen vom Gesetzgeber in einem ähnlichen ökonomischen Umfang gemeint sind, wie jener der Vervielfältigung auf Papier oder einem ähnlichen Träger mittels beliebiger fotomechanischer Verfahren, d. h. im Centbereich pro Vervielfältigungsstück.

Es erscheint vor diesem Hintergrund nicht vertretbar, die Anfertigung von Tattoos mit einem Preisniveau von durchschnittlich einigen hundert Euro pro Vervielfältigungsstück damit gleichzusetzen.

Auch würde jedenfalls bei als Tattoo Modell tätigen Trägerpersonen selbst die unentgeltliche Anfertigung weiterer Tattoos zusätzlich deren Erwerbstätigkeit befördern.

d. Zwischenergebnis

Vor diesem Hintergrund ist ein privater Gebrauch i. S. d. § 53 UrhG bei Schaffung eines Vervielfältigungsstücks in Form eines Copycat-Tattoos von einem Tattoowerk zwar möglich (s. o. S. 227 ff.). Insbesondere bei Beteiligung einer zweiten Person und insbesondere eines professionell Tätowierenden liegt aber die Gefahr des bewussten Missbrauchs der Schranke nahe.

Eingedenk der o. g., engen Auslegung bei der Annahme von Schrankenregelungen spricht eine tatsächliche Vermutung bei Beteiligung von professionell Tätowierenden vielmehr dafür, dass ein privater Gebrauch im Zweifel nicht vorliegt, jedenfalls soweit sie nicht sich selbst tätowieren. So wird häufig zu bezweifeln sein, ob das nachschaffende Tattoo tatsächlich ohne jeden unmittelbaren oder mittelbaren Erwerbszweck und ohne jegliche Vergütung geschaffen wurde. Denn es werden stets mindestens Trainings- und meist Werbeeffekte für die gewerbliche Tätigkeit des professionell Tätowierenden festzustellen sein. Darüber hinaus wird in der Branche eine Übung behauptet, jedenfalls unter Tattoo Artists bei ohne Vergütung für die aufgewendete Zeit angefertigten Tattoos jedenfalls die Gegenleistung in Form

766 OLG Dresden, Urt. v. 05.12.2006, Az. 14 U 1735/06, ZUM 2007, 385, 386.
767 *Dreier*, in: Dreier/G. Schulze/Raue u. a. (Hrsg.), UrhG, 2022, § 53, Rn. 13.

von ebenfalls ohne Vergütung angefertigten Tattoos zu erwarten.[768] Die weiter behauptete Übung, von nicht tätowierenden Freunden und Bekannten zumindest monetären Ersatz für die aufgewendeten Materialien wie Tätowierfarbe, Zeitaufwand etc. zu erwarten, konnte teilweise bestätigt werden.[769]

Stellen Trägerperson und Tätowierende verschiedene Personen dar, ist das Vorliegen eines privaten Gebrauchs i. S. d. § 53 UrhG daher nicht auszuschließen, im Zweifel aber unwahrscheinlich.

2. Sonstiger eigener Gebrauch

Unter dem sonstigen eigenen Gebrauch werden verschiedene, abschließend benannte[770] Nutzungsformen definiert. Grundlegend für alle Formen ist die Herstellung von Vervielfältigungsstücken zur eigenen Verwendung und nicht zur Weitergabe an Dritte.[771]

Der eigene Gebrauch gemäß § 53 Abs. 2 UrhG kann jedoch im Gegensatz zum privaten Gebrauch des § 53 Abs. 1 UrhG auch zu beruflichen oder erwerbswirtschaftlichen Zwecken erfolgen.[772] § 53 Abs. 2 S. 1 Nr. 2 UrhG privilegiert auch das Herstellen lassen von einzelnen Vervielfältigungsstücken eines Werks durch Dritte.

Als auf den Tattoobereich möglicherweise anwendbar ist einzig die Nutzungsform des § 53 Abs. 2 S. 1 Nr. 2 UrhG anzusehen.

a. Eigenes Archiv

So wird vom § 53 Abs. 2 S. 1 Nr. 2 UrhG die Herstellung einzelner Vervielfältigungsstücke eines Werks als zulässig erklärt, wenn sie zur Aufnahme in ein eigenes Archiv geboten sind und als Vorlage für die Vervielfältigung ein eigenes Werkstück benutzt wird.

Ein Archiv zur Benutzung durch außenstehende Dritte ist jedoch kein eigenes Archiv i. S. d. § 53 Abs. 2 S. 1 Nr. 2 UrhG.[773] Die Herstellung eines Tat-

768 *Rödel, Dirk-Boris*; *Schulze, Valentin*; *Gantenberg, Heiko*; *Hanrath, Matthias*; *Cornelius, Marc*; *Palazzolo, Tanina*; *Nentwig, Herry*; *Buchwald, Hermann*; *Heering, Sebastian*; *Winter, Sebastian*, in: *Rieck*, 25.07.2024, Umfrage über Vergütung unter Tattoo Artists und von Freunden/Bekannten (nicht repräsentativ),

769 *Rödel, Dirk-Boris*; *Schulze, Valentin*; *Gantenberg, Heiko*; *Hanrath, Matthias*; *Cornelius, Marc*; *Palazzolo, Tanina*; *Nentwig, Herry*; *Buchwald, Hermann*; *Heering, Sebastian*; *Winter, Sebastian*, in: *Rieck*, 25.07.2024, Umfrage über Vergütung unter Tattoo Artists und von Freunden/Bekannten (nicht repräsentativ),

770 *Dreier*, in: Dreier/G. Schulze/Raue u. a. (Hrsg.), UrhG, 2022, § 53, Rn. 18.

771 Novelle BT-Drs. 10/837, 9.

772 BGH, Urt. v. 14.04.1978, Az. I ZR 111/76, GRUR 1978, 474, 475; BGH, Urt. v. 24.06.1993, Az. I ZR 148/91, GRUR 1993, 899, 900.

773 BGH, Urt. v. 16.01.1997, Az. I ZR 9/95, GRUR 1997, 459, 461.

toos auf dem Körper eines Dritten kann deshalb nicht als Aufnahme in ein eigenes Archiv angesehen werden, da dieser Dritte das „Archiv" in Form seines Körpers nutzt. Dieser Zweck könnte allenfalls dann rechtfertigend behauptet werden, wenn das Tattoo auf dem eigenen Körper erfolgt.

b. Archivierungszweck

Eine weitere Bedingung gemäß § 53 Abs. 2 Satz 1 Nr. 2 UrhG ist, dass die Aufnahme in das Archiv durch den Zweck der Archivierung gerechtfertigt sein muss. Dieser Zweck besteht darin, den vorhandenen Bestand an geschützten Werken zu sichern und intern zu nutzen. Die Verfolgung anderer Zwecke, wie beispielsweise die Erweiterung eines Bibliotheksbestandes, ist unzulässig, da dies eine zusätzliche Verwertung des Werks bedeuten würde.[774] Das bloße Zusammenraffen im Interesse eines möglichst großen Bestandes von Werken Dritter ist somit ausdrücklich nicht privilegiert.

Die Legitimation der Kopie durch § 53 Abs. 2 S. 1 Nr. 2 UrhG dürfte in Bezug auf Tattoos am Fehlen des vom Gesetzgeber privilegierten Archivierungszwecks scheitern.

Wünscht sich eine Person ein weiteres Tattoo, ist dies als Wunsch nach Erweiterung des Archivbestandes zu werten und nicht etwa geboten, um einen Überblick über den Tattoomarkt, das kreative Schaffen eines bestimmten Tattoo Artists oder Ähnliches erhalten zu können.

Weiterer vornehmlicher Zweck dürfte eine Verschönerung, jedenfalls aber Veränderung des Aussehens sein.

Diese Zwecke sind keine vom Gesetzgeber privilegierten, die die Anlegung eines Archivs gebieten. Wird ein Vervielfältigungsstück eines urheberrechtlich geschützten Tattoos hergestellt, ist dies eine zusätzliche Verwertung des Werks.

c. Eigenes Werkstück

Zusätzlich dazu muss der Archivierende ein eigenes Werkstück als Vorlage für die Vervielfältigung verwenden.[775] Weder reicht das Eigentum des Herstellers der Vervielfältigung aus noch eine leihweise Überlassung fremder Werkstücke an den Archivierenden.[776]

---

774 *Dreier*, in: Dreier/G. Schulze/Raue u. a. (Hrsg.), UrhG, 2022, § 53, Rn. 27.; *Loewenheim/Stieper*, in: Schricker/Loewenheim/Leistner (Hrsg.), UrhR, [6]2020, § 53, 38, 41.

775 *Dreier*, in: Dreier/G. Schulze/Raue u. a. (Hrsg.), UrhG, 2022, § 53, Rn. 27.

776 *Spindler*, AfP 2006, 408, 411.

Das Werkstück ist die Konkretisierung des ein Immaterialgut darstellenden, urheberrechtlich geschützten Werks.[777] Da einzig legales Werkstück eines Tattoowerks das Originaltattoo selbst ist, könnte somit einzig die bereits mit dem Originalwerk tätowierte Trägerperson ein Copycat-Tattoo davon für ihr ′"Archiv" i. S. d. § 53 Abs. 2 S. 1 Nr. 2 UrhG herstellen lassen, da nur sie Eigentümerin eines eigenen Werkstücks sein kann. Auch aus diesem Grund wird eine Anwendbarkeit des § 53 Abs. 2 S. 1 Nr. 2 UrhG auf Tattoos eher selten in Frage kommen.

d. Schranken-Schranke des § 53 Abs. 2 S. 2 UrhG

Neben den o. g. Voraussetzungen müssen auch die Voraussetzungen der Schranken-Schranke des § 53 Abs. 2 S. 2 UrhG erfüllt sein, um die Privilegierung des § 53 Abs. 2 S. 1 Nr. 2 UrhG zu erreichen. Diese setzen die Vervielfältigung auf Papier oder einem ähnlichen Träger mittels beliebiger fotomechanischer Verfahren oder anderer Verfahren ähnlicher Wirkung voraus oder alternativ eine ausschließlich analoge Nutzung.

In Bezug auf Tattoos fällt es bereits schwer, deren Trägermaterial menschliche Haut mit Papier gleichzusetzen. So ist menschliche Haut schon kein wie Papier beliebig, schnell und kostengünstig verfügbarer Träger, der z. B. bei Nichtgefallen ebenso beliebig verworfen werden kann. Vielmehr sind durch jegliche Tätowierung erhebliche Auswirkungen auf äußeres Erscheinungsbild, Persönlichkeit und Persönlichkeitsrechte der Trägerpersonen festzustellen.

Darüber hinaus stellt das Tätowieren kein fotomechanisches Verfahren dar. Nach dem Wortsinn handelt es sich bei fotomechanischen Verfahren um mechanische Verfahren zur Herstellung von Fotografien, d. h. identischen Ablichtungen des vorgefundenen Motivs durch mechanische Fotografie. Dies ist nicht mit dem Vorgang des Tätowierens, d. h. dem manuellen oder mechanischen Einbringen von Farbpigmenten in obere Schichten der menschlichen Haut, vergleichbar, auch wenn dabei nahezu fotorealistische Tattoos entstehen können.

Es könnte sich beim Tätowieren jedoch um ein *„anderes Verfahren mit ähnlicher Wirkung"* handeln. Hierunter fallen sämtliche Vervielfältigungsverfahren gemäß § 53 Abs. 1–3 UrhG a. F., bei denen analoge Kopien erzeugt werden.[778] Ob ein analoges oder digitales Werkstück als Vorlage für die Vervielfältigung verwendet wird, ist dabei unwichtig.[779]

777 BGH, Urt. v. 07.02.2002, Az. I ZR 304/99, GRUR 2002, 532, 534.

778 EuGH, Urt. v. 27.06.2013, Az. C-457/11, C-458/11, C-459/11, C-460/11, GRUR 2013, 812, Rn. 60 ff.; BGH, Urt. v. 03.07.2014, Az. I ZR 28/11, GRUR 2014, 979, Rn. 18.

779 BGH, Urt. v. 03.07.2014, Az. I ZR 28/11, GRUR 2014, 979, Rn. 18; BGH, Urt. v. 03.07.2014, Az. I ZR 30/11, GRUR 2014, 984, Rn. 19.

Tattoos können unter diese Definition fallen, da es ich bei ihnen um analoge Vervielfältigungsstücke handelt. Nach der herrschenden Rechtsprechung des EuGH und des BGH wäre es somit jedenfalls dem Grunde nach möglich, dass Copycat-Tattoos die Voraussetzungen der Schranken-Schranke des § 53 Abs. 2 S. 2 Nr. 1 UrhG in der zweiten Alternative erfüllen.

Bei dem Anfertigen von Tattoos dürfte es sich um eine ausschließlich analoge Nutzung i. S. d. § 53 Abs. 2 S. 2 Nr. 2 UrhG handeln.

e. Schranken-Schranke des § 53 Abs. 6 UrhG

Die Anwendbarkeit des § 53 UrhG auf Tattoos könnte auch an der Schranken-Schranke des § 53 Abs. 6 UrhG scheitern.

Gemäß § 53 Abs. 6 S. 1 UrhG dürfen in seinem Rahmen erstellte Vervielfältigungsstücke weder verbreitet noch zu öffentlichen Wiedergaben benutzt werden. Zwar hat § 53 Abs. 6 S. 1 UrhG wegen des sich bereits aus § 17 UrhG ergebenden Verbreitungsrechts nur deklaratorische Bedeutung.[780] Die Zulässigkeit von Verbreitungshandlungen kann damit aber anhand der bereits oben nach § 17 UrhG entwickelten Grundsätze in Bezug auf Tattoos (s. o. S. 115 ff.) bemessen werden.

So wurde oben festgestellt, dass die Fertigstellung eines Tattoos von einer urheberrechtlich geschützten Vorlage neben deren Vervielfältigung auch die Verbreitung in Form des Inverkehrbringens darstellt (s. o. S. 115 ff.). Fertige Tattoos sind körperliche Werkexemplare der Vorlage in Form von gezielten Ansammlungen von Farbpigmentpartikeln in der Trägerhaut, die dauerhaft im Besitz der Trägerpersonen verbleiben und in deren Eigentum übergehen.

Der Begriff der Verbreitung setzt jedoch ein Verbreiten an die Öffentlichkeit gemäß § 15 Abs. 3 UrhG voraus und erfasst die Weitergabe im privaten Bereich nicht.[781] Sollte ein Copycat-Tattoo tatsächlich unter Freunden im privaten Bereich erstellt worden sein, würde es sich dabei jedenfalls nicht um ein Verbreiten an die Öffentlichkeit und damit nicht um eine Verbreitung i. S. d. § 17 UrhG handeln, sodass hier die Schranken-Schranke des § 53 Abs. 6 S. 1 UrhG nicht greift.

Unzulässig ist jedoch auch die öffentliche Wiedergabe. Die öffentliche Wiedergabe umfasst auch die öffentliche Zugänglichmachung gemäß § 19a UrhG.[782] Jegliche öffentliche Zugänglichmachung z. B. von Fotos solcher möglicherweise zulässig im Rahmen des § 53 UrhG Gesetz erstellten Copycat-Tattoos sind damit unzulässig und sind nicht von § 53 UrhG gedeckt. Die Schranken-Schranke des § 53 Abs. 6 S. 1 UrhG kann damit aus einer zu-

780 *Dreier*, in: Dreier/G. Schulze/Raue u. a. (Hrsg.), UrhG, 2022, § 53, Rn. 46.
781 *Ders.*, in: Dreier/G. Schulze/Raue u. a. (Hrsg.), UrhG, 2022, § 53, Rn. 46.
782 *Ders.*, in: Dreier/G. Schulze/Raue u. a. (Hrsg.), UrhG, 2022, § 53, Rn. 46.

nächst zulässig erscheinenden Privatkopie im Rahmen des § 53 UrhG eine unzulässige machen, wenn das Copycat-Tattoo z. B. im Internet öffentlich zugänglich gemacht wird, womit angesichts des meist einschlägigen Grundes der Körperverschönerung und des Untergangs vieler Trägerpersonen zur Zurschaustellung ihrer neuen Tattoos zu rechnen ist.

Damit bleibt festzustellen, dass auch die Schranken-Schranke des § 53 Abs. 6 S. 1 UrhG in den meisten Fällen von Copycat-Tattoos eine zulässige Privatkopie verhindern wird.

f. Schranken-Schranke des § 53 Abs. 7 UrhG

Schließlich könnte die Anfertigung eines Copycat-Tattoos von einem Tattoowerk auch unter die Schranken-Schranke des § 53 Abs. 7 UrhG fallen.

Privatkopien von urheberrechtlich geschützten Tattoos oder deren Vorlagen wären ohne Einwilligung des schöpfenden Tattoo Artists oder Vorlagenerstellers unzulässig, wenn es sich bei dem Copycat-Tattoo um die Ausführung von Plänen und Entwürfen zu Werken der bildenden Künste i. S. d. § 53 Abs. 7 UrhG handelt.

Der Gesetzgeber hat das Verbot der Ausführung von Plänen und Entwürfen zu Werken der bildenden Kunst geschaffen, weil die derartige Realisierung von Gestaltungsplänen die Interessen der betroffenen Urheber negativ beeinträchtigen könnte.[783] Ebenso wie die Vervielfältigung von Plänen oder Entwürfen im Rahmen von § 53 Abs. 1 und 2 UrhG zulässig bleibt, ist jedoch auch die Vervielfältigung eines bereits vollendeten Werks der bildenden Künste z. B. in der Form der Nachbildung oder Fotografie zulässig, jedenfalls, soweit es sich dabei nicht um Werke handelt, die ihrer Natur nach auf multiple Originale angelegt sind, weil Letzteres erneut die Interessen der betroffenen Urheber negativ beeinträchtigen würde.[784]

Wird ein bereits bestehendes Tattoowerk erneut gestochen, so wird diese Vervielfältigung jedenfalls nicht wegen der Schranken-Schranke des § 53 Abs. 7 UrhG unzulässig sein, da es sich dabei um die jedenfalls gemäß § 53 Abs. 7 UrhG zulässige Vervielfältigung eines bereits vollendeten Werks der bildenden Künste im Wege der Privatkopie handeln könnte.

Ohne Einwilligung des Vorlagenerstellers stets unzulässig wird jedoch die Verwirklichung einer Vorlage für ein Tattoowerk sein, die bislang nicht in ein Tattoowerk, d. h. das Werkoriginal, umgesetzt wurde.

---

783 *Loewenheim/Stieper*, in: Schricker/Loewenheim/Leistner (Hrsg.), UrhR, [6]2020, § 53, Rn. 63.

784 *Dreier*, in: Dreier/G. Schulze/Raue u. a. (Hrsg.), UrhG, 2022, § 53, Rn. 49.; *Loewenheim/Stieper*, in: Schricker/Loewenheim/Leistner (Hrsg.), UrhR, [6]2020, § 53, Rn. 63.

Ebenfalls ohne die Zustimmung des Vorlagenerstellers unzulässig sind auch die Ausführung in einem anderen Maßstab als der Entwurf sowie Umgestaltungen bei der Ausführung.[785]

g. Zwischenergebnis

Die einzige auf den Tattoobereich anwendbar erscheinende Nutzungsform des § 53 Abs. 2 S. 1 Nr. 2 UrhG dürfte selten Anwendung finden. Einzig denkbarer Fall einer Privilegierung eines Copycat-Tattoos durch § 53 Abs. 2 S. 1 Nr. 2 UrhG ist jener, bei dem die Trägerperson des Originals eine Kopie davon erstellt oder erstellen lässt, beispielsweise bei einem Tattoowerk auf einem Arm oder Bein eine Kopie davon auf dem anderen Arm oder Bein. Nur die Trägerperson des Tattoowerks erfüllt sämtliche Voraussetzungen des § 53 Abs. 2 Satz 1 Nr. 2 UrhG und der Schrankenregelung des § 53 Abs. 2 Satz 2 UrhG, da nur sie rechtmäßige Eigentümerin des Originalwerks in Form des Tattoos ist und allein sie den erforderlichen Archivierungszweck zur Sicherung und internen Nutzung des bestehenden Bestandes an geschützten Werken für sich beanspruchen kann.

Weiter verhindert die Schranken-Schranke des § 53 Abs. 6 S. 1 UrhG in den meisten Fällen von Copycat-Tattoos eine zulässige Privatkopie, da so erstellte Vervielfältigungsstücke nicht zu öffentlichen Wiedergaben benutzt, insbesondere nicht öffentlich zugänglich gemacht werden dürfen (s. o. S. 235 f.).

Die Schranken-Schranke des § 53 Abs. 7 UrhG dagegen verbietet die Umsetzung von Vorlagen noch nicht bestehender Tattoowerke ohne das Einverständnis des Urhebers, ohne jedoch ein Einverständnis des Urhebers für die Vervielfältigung bereits bestehender Tattoowerke zu fordern.

II. Privatkopie von sonstigem Werk

Die erarbeiteten Ergebnisse betreffend die Anwendbarkeit des § 53 UrhG auf Tattoowerke (s. o. S. 225 ff.) sind auch auf die Fälle anwendbar, bei denen sonstige urheberrechtlich geschützte Werke wie z. B. Lichtbildwerke durch ein Tattoo vervielfältigt werden.

Auch hier ist ein privater Gebrauch i. S. d. § 53 UrhG bei Schaffung eines Vervielfältigungsstücks in Form eines Tattoos möglich. Bei Beteiligung eines professionell Tätowierenden liegt aber auch hier ein Missbrauch der Schranke nahe. Erneut ist von einer tatsächlichen Vermutung auszugehen, dass bei Beteiligung von professionell Tätowierenden im Zweifel ein pri-

785 Novelle BT-Drs. 10/837, 31; *Dreier*, in: Dreier/G. Schulze/Raue u. a. (Hrsg.), UrhG, 2022, § 53, Rn. 49.; *Loewenheim/Stieper*, in: Schricker/Loewenheim/Leistner (Hrsg.), UrhR, 62020, § 53, Rn. 63.

vater Gebrauch nicht vorliegt, jedenfalls soweit sie nicht sich selbst tätowieren, da die Übungs- und Werbeeffekte durch die Erstellung jedenfalls mittelbar dem Erwerbszweck des Tätowierenden dienen. Zudem erfolgt die Erstellung hochwertiger Tattoos außer im engsten Freundes- oder Kollegenkreis nie ohne irgendeine Form der Aufwandsentschädigung (s. o. S. 231).

Weiter wird auch die Nutzungsform des § 53 Abs. 2 S. 1 Nr. 2 UrhG allenfalls dann zu einer privilegierten Nutzung führen, wenn sich die Trägerperson des Tattoos eine Vervielfältigung eines in ihrem Eigentum befindlichen Werkstücks eines urheberrechtlich geschützten Werks stechen lässt.

Hinsichtlich der Schranken-Schranken des § 53 Abs. 2 S. 2 UrhG und § 53 Abs. 7 UrhG ist auf das oben auf den S. 234 ff. Geschriebene zu verweisen.

III. Sonderfall Tattoo von Lichtbild

Die oben unter II. erarbeiteten Ergebnisse geben Anlass zu der Frage, ob die Erstellung eines Tattoos als Vervielfältigung eines zwar nicht als Lichtbildwerk, aber jedenfalls gemäß § 72 UrhG als Lichtbild geschützten Fotos wegen der fehlenden Schöpfungshöhe des Lichtbilds im Vergleich zum Lichtbildwerk anders zu beurteilen ist.

Die Regeln des ersten Teils des UrhG, die für Lichtbildwerke gelten, finden entsprechend auf Lichtbilder gemäß § 72 UrhG Anwendung.[786] Darunter fallen auch die Schrankenregelungen der §§ 44a ff. UrhG. Im Gegensatz zu einer Illustration ohne Schöpfungshöhe, die als Vorlage für ein Tattoo verwendet werden dürfte, ohne gegen das UrhG zu verstoßen, könnte die Verwertung von Lichtbildern als Tattoo eine Urheberrechtsverletzung darstellen. Die Anwendung der Schranke des § 53 UrhG bleibt aber möglich.

IV. Koppelung an Vergütung gem. §§ 54 ff. UrhG

Oben wurde festgestellt, dass die Anwendbarkeit der Schranke des § 53 UrhG jedenfalls in einigen wenigen Fällen möglich erscheint (s. o. S. 231 und 237 f.), eine Vervielfältigung also z. B. in den oben beschriebenen, eher seltenen Fällen auch ohne Einwilligung des Urhebers möglich sein kann.

1. Abwägung

Selbst eine solche erlaubnisfreie Verwertung gemäß § 53 UrhG bleibt jedoch im Ergebnis nicht vergütungsfrei. Vielmehr ist § 53 UrhG zum einen dem

---

786 *G. Schulze*, in: Dreier/G. Schulze/Raue u. a. (Hrsg.), UrhG, 2022, § 72, Rn. 16.; *Vogel*, in: Schricker/Loewenheim/Leistner (Hrsg.), UrhR, 62020, § 72, Rn. 14.

in den letzten Jahrzehnten stetig wachsenden Zugang weiter Kreise der Bevölkerung zu Kopiertechnik und damit immer einfacheren, kostengünstigen und verlustfreieren Vervielfältigungsmöglichkeiten geschuldet.[787] Zum anderen ist § 53 UrhG ein Ausdruck der Sozialbindung der Immaterialgüter.[788]

In Verbindung mit den Regelungen der §§ 54 ff. UrhG zielt § 53 UrhG darauf ab, die Interessen der Allgemeinheit an einer Nutzung urheberrechtlich geschützter Werke ohne vorherige Erlaubnis in Einklang zu bringen.[789] Es handelt sich mithin um eine gesetzliche Lizenz[790], die in der Literatur wegen ihres Umfangs auch als „Magna charta" der gesetzlichen Lizenzen[791] bezeichnet wird.

2. Anwendbarkeit

Zunächst ist jedoch zu prüfen, ob §§ 54 ff. UrhG überhaupt auf Tattoowerke anwendbar sind. Dies ist gemäß § 54 Abs. 1 UrhG der Fall, wenn die Art des Werks eine nach § 53 Abs. 1 oder 2 UrhG erlaubte Vervielfältigung erwarten lässt, es sich somit um ein vergütungspflichtiges Werk handelt.

Vergütungspflichtige Werke sind jene Werkarten, die sich vervielfältigen lassen und für die die Vervielfältigung zu erwarten steht.[792] Während die Wahrscheinlichkeit bei Schriftwerken, Werken der Musik, Lichtbildwerken, Filmwerken besonders hoch anzusehen ist, liegt sie dennoch auch bei Werken der bildenden Künste und der Baukunst vor.[793]

Wie bereits oben unter 1. und 2. geschildert, liegt im Bereich Tattoo eine Vervielfältigung von urheberrechtlich geschützten Tattoowerken nahe. Interessenten, die mit Fotos besonders attraktiver Tattoos fremder Urheber aus Zeitschriften oder Social Media Tattoo Studios aufsuchen, um idealerweise identische Tattoos zu erhalten, sind in der Branche an der Tagesordnung. Tattoowerke als Werke der bildenden Kunst i. S. d. § 2 Abs. 1 Nr. 4 UrhG sind somit als vergütungspflichtige Werke i. S. d. § 54 Abs. 1 UrhG anzusehen.

---

787 *Dreier*, in: Dreier/G. Schulze/Raue u. a. (Hrsg.), UrhG, 2022, § 53, Rn. 2.; *Loewenheim/Stieper*, in: Schricker/Loewenheim/Leistner (Hrsg.), UrhR, 62020, § 53, Rn. 5.

788 Novelle BT-Drs. 10/837, 9; BGH, Urt. v. 16.01.1997, Az. I ZR 9/95, GRUR 1997, 459, 463; *Dreier*, in: Dreier/G. Schulze/Raue u. a. (Hrsg.), UrhG, 2022, § 53, Rn. 1.; *Loewenheim/Stieper*, in: Schricker/Loewenheim/Leistner (Hrsg.), UrhR, 62020, § 53, Rn. 1.; *Lüft*, in: Wandtke/Bullinger (Hrsg.), UrhR, 2022, § 53, Rn. 1.

789 *Dreier*, in: Dreier/G. Schulze/Raue u. a. (Hrsg.), UrhG, 2022, § 53, Rn. 1.; *Loewenheim/Stieper*, in: Schricker/Loewenheim/Leistner (Hrsg.), UrhR, 62020, § 53, Rn. 1.; *Lüft*, in: Wandtke/Bullinger (Hrsg.), UrhR, 2022, § 53, Rn. 1.

790 *Dreier*, in: Dreier/G. Schulze/Raue u. a. (Hrsg.), UrhG, 2022, § 53, Rn. 1.; *Loewenheim/Stieper*, in: Schricker/Loewenheim/Leistner (Hrsg.), UrhR, 62020, § 53, Rn. 16.

791 *Hoeren*, Internetrecht, 42021, Rn. 166.

792 *Dreier*, in: Dreier/G. Schulze/Raue u. a. (Hrsg.), UrhG, 2022, § 54, Rn. 4.

793 *Ders.*, in: Dreier/G. Schulze/Raue u. a. (Hrsg.), UrhG, 2022, § 54, Rn. 4.

Weiter stellt sich die Frage, ob die im Bereich Tattoo verwendeten Geräte vergütungspflichtige Geräte i. S. d. § 54 UrhG darstellen.

Vergütungspflichtige Geräte sind solche, deren Typ allein oder i. V. m. anderen Geräten, Speichermedien oder Zubehör zur Vornahme von Vervielfältigungen zum privaten oder sonstigen eigenen Gebrauch i. S. v. § 53 Abs. 1-3 UrhG benutzt wird.

Gemäß § 54 Abs. 1 UrhG umfasst der Begriff „Gerät" alle Vorrichtungen, die grundsätzlich zur Vervielfältigung urheberrechtlich geschützter Werke geeignet sind, das heißt, alle Vorrichtungen, die offensichtlich zum Zweck der Vervielfältigung bestimmt sind.[794] Erkennbar zur Vornahme vergütungspflichtige Vervielfältigungen bestimmt ist ein technisch geeignetes Gerät, wenn neben die Eignung zur Anfertigung von Vervielfältigungen auch eine dementsprechende Zweckbestimmung hinzukommt. Eine solche Zweckbestimmung ist dann anzunehmen, wenn allgemein bekannt ist oder dafür geworben wird, dass das Gerät für solche Vervielfältigungen verwendet werden kann.[795]

Tätowiermaschinen sind explizit dafür geschaffen, um Tattoovorlagen, egal ob bereits als Werkoriginal in Form eines Tattoowerks verwirklicht oder nicht, auf den Körpern von Trägerpersonen zu vervielfältigen. Tätowiermaschinen haben somit den vornehmlichen Zweck, zu Vervielfältigungen benutzt zu werden.

Für die Vergütungspflicht von Tätowiermaschinen spricht zudem, dass im Bereich der Vervielfältigung Geräte, die analoge Vorlagen vervielfältigen, vergütungspflichtig sind[796], ebenso wie Drucker und Plotter.[797] Tätowiermaschinen vervielfältigen zumeist analoge Vorlagen in Form der Tattoovorlagen, die analog auf Papier oder digital beispielsweise auf Tablets geschaffen werden.

Es handelt sich bei Tätowiermaschinen deshalb um vergütungspflichtige Geräte i. S. d. § 54 Abs. 1 UrhG.

§ 54 UrhG ist somit auch auf Tattoowerke uneingeschränkt anwendbar. Er scheitert auch nicht an § 54 Abs. 2 UrhG, da dieser lediglich klarstellt, dass die Vergütungspflicht nur für inländische Vervielfältigungshandlungen gilt.[798]

794 *Lüft*, in: Wandtke/Bullinger (Hrsg.), UrhR, 2022, § 54, Rn. 13.; *Dreier*, in: Dreier/G. Schulze/Raue u. a. (Hrsg.), UrhG, 2022, § 54, Rn. 7.

795 BGH, Urt. v. 14.12.2017, Az. I ZR 54/15, ZUM 2018, 364.

796 *Dreier*, in: Dreier/G. Schulze/Raue u. a. (Hrsg.), UrhG, 2022, § 54, Rn. 7.

797 EuGH, Urt. v. 27.06.2013, Az. C-457/11, C-458/11, C-459/11, C-460/11, GRUR 2013, 812; BGH, Urt. v. 03.07.2014, Az. I ZR 28/11, GRUR 2014, 979; BGH, Urt. v. 03.07.2014, Az. I ZR 30/11, GRUR 2014, 984.

798 *Dreier*, in: Dreier/G. Schulze/Raue u. a. (Hrsg.), UrhG, 2022, § 54, Rn. 18.

3. Kompensation

Die Voraussetzung einer gesetzlichen Lizenz impliziert, dass laut dem Willen des Gesetzgebers und als Folge der Abwägung zwischen der gesellschaftlichen Bindung an immaterielle Güter und den Interessen der Allgemeinheit an einer Nutzung urheberrechtlich geschützter Werke die Existenz dieser Lizenz und die Anwendbarkeit der Schranke des § 53 UrhG zwingend an die Entschädigung der betroffenen Urheber gebunden sind.[799] Selbst bei Zustimmung des Rechtsinhabers zur Vervielfältigung entfällt die Vergütungspflicht nicht.[800] Vergütungsfreiheit hat vielmehr Ausnahmecharakter.[801] Sie gilt allenfalls für Geräte, die im Inland nicht zu Vervielfältigungshandlungen genutzt werden oder werden können.[802]

Bei Annahme einer Vergütungsfreiheit auch für Geräte, die für Vervielfältigungshandlungen im Inland genutzt werden oder genutzt werden können, würde das ausschlaggebende Argument für eine erlaubnisfreie Nutzung ausfallen. Das Ergebnis der Abwägung wäre ein völlig anderes. Die bei Ausfall jeglicher Vergütung erreichte Intensität des staatlichen Eingriffs in grundgesetzlich geschützte Rechte der Urheber durch Schaffung einer erlaubnisfreien, gesetzlichen Lizenz würde zur Verfassungswidrigkeit der Schranke des § 53 UrhG führen.

Erfolgt in einem Anwendungsbereich der Schranke des § 53 UrhG keine Kompensation der betroffenen Urheber, ist die Schranke in diesem Bereich nicht anwendbar, da die Verknüpfung von erlaubnisfreier Nutzung und Vergütung als Kompensation für die Annahme einer gesetzlichen Lizenz und deren Grundrechtskonformität zwingend erforderlich ist.

4. Zwischenergebnis

Nach alldem ist festzustellen, dass § 53 UrhG auch auf den Tattoobereich Anwendung finden kann.

Ohne nennenswerte Kompensation für die in diesem Bereich betroffenen Urheber und bereits in Ermangelung einer Geräteabgabe auf Tätowiermaschinen erscheint die Anwendbarkeit von § 53 UrhG jedenfalls auf Copycat-Tattoos von Tattoowerken zweifelhaft. Die erlaubnisfreie Vervielfältigung ist ohne angemessene finanzielle Kompensation der Urheber verfassungswidrig.

---

799 *Dreier*, in: Dreier/G. Schulze/Raue u. a. (Hrsg.), UrhG, 2022, § 54, Rn. 1.; *Hoeren*, Internetrecht, [4]2021, Rn. 166.

800 EuGH, Urt. v. 27.06.2013, Az. C-457/11, C-458/11, C-459/11, C-460/11, GRUR 2013, 812, 30 ff.; BGH, Urt. v. 03.07.2014, Az. I ZR 28/11, GRUR 2014, 979, 42; BGH, Urt. v. 19.11.2015, Az. I ZR 151/13, GRUR 2016, 792, 50 ff.

801 *Dreier*, in: Dreier/G. Schulze/Raue u. a. (Hrsg.), UrhG, 2022, § 54, Rn. 21.

802 *Ders.*, in: Dreier/G. Schulze/Raue u. a. (Hrsg.), UrhG, 2022, § 54, 18 f.

Dies gilt ebenso für nachschaffende Tattoos von sonstigen Werken, wie beispielsweise Fotografien. Auch hier wird eine Anwendbarkeit von § 53 UrhG an verfassungsrechtlichen Bedenken scheitern, da es bereits an der fehlenden Erhebung einer Geräteabgabe auf Tätowiermaschinen mangelt, für derlei Vervielfältigungshandlungen somit keine Kompensation erfolgt, jedenfalls aber dafür nicht in die Töpfe der Verwertungsgesellschaften eingezahlt wird.

V. Schranken-Schranke, § 53 Abs. 4 UrhG analog?

Alternativ könnte wegen der fehlenden Kompensation von Tattoo Artists als Urheber mangels Vergütung aus Kopierabgabe auf Tätowiermaschinen die Schranken-Schranke des § 53 Abs. 4 UrhG analog auch auf Tattoowerke anzuwenden sein.

1. Abschreiben

Dem ließe sich zunächst die in § 53 Abs. 4 UrhG enthaltene Rückausnahme entgegenhalten. Dieser Rückausnahme zufolge sind Vervielfältigungen grafischer Aufzeichnungen von Werken der Musik, eines ganzen Buches oder einer Zeitschrift dann zulässige Privatkopien, soweit sie durch Abschreiben vorgenommen werden.

Das Tätowieren eines Vervielfältigungsstücks lässt sich unter das „Abschreiben" im Sinne der Norm subsumieren. Der erhebliche Aufwand und die für die Erstellung einer ansehnlichen, idealerweise fotorealistischen Vervielfältigung des Originals erforderlichen Fähigkeiten beim Tätowieren kommen dem Aufwand des Abschreibens von Musik oder Literatur mindestens gleich.

2. Nennenswerte Beeinträchtigung

Begründung für die Rückausnahme ist jedoch, dass das bloße Abschreiben von ganzen Büchern, Zeitschriften oder Notenwerken die Nachfrage nach den originalen Verlagsprodukten nicht nennenswert zu beeinträchtigen vermöge.[803]

Dies ist auf den Bereich Tattoowerke nicht übertragbar. Denn hier würde durch das Anfertigen von Vervielfältigungen hochwertiger Tattoowerke z. B. die bewusste Limitierung durch den Urheber auf ein Werkoriginal unterlaufen und damit auch dessen Wert als Singularität negativ beeinflusst.

---

803 *Ders.*, in: Dreier/G. Schulze/Raue u. a. (Hrsg.), UrhG, 2022, § 53, 39 f.

Verlage dagegen können eine Vielzahl von Vervielfältigungsstücken produzieren und absetzen, sodass die händische Vervielfältigung einzelner Vervielfältigungsstücke im privaten Umfeld ökonomisch nicht ins Gewicht fällt.

Darüber hinaus würde durch die erlaubnisfreie Herstellung von Vervielfältigungsstücken von Tattoowerken eine Nachfrage befriedigt, die aufgrund der häufigen Limitierung auf ein einziges Werkoriginal ansonsten überhaupt nicht befriedigt werden könnte oder jedenfalls wegen des teilweise auf Jahre ausgebuchten Terminkalenders der betroffenen, besonders begehrten Tattoo Artists ganz erheblich sein kann.

Könnten Interessierte das kreative Schaffen dieser höchst gefragten Tattoo Artists auf dem Umweg über die Privatkopie durch nachschaffendes Anfertigen von Vervielfältigungsstücken durch Dritte erwerben, ginge den betroffenen Urhebern der Originale ganz wesentlicher Umsatz und ihren Werken Exklusivität verloren, die ihre Eigentümer bei Erwerb voraussetzten und auch vergüteten. Haben Tattoo Artists ihren Kunden ein individuelles Unikat zugesagt, schadet jede weitere Vervielfältigung zum einen dem Wert des Originals für Trägerpersonen sowie zum anderen Ruf und Ansehen der betroffenen Tattoo Artists. So könnte auch der Eindruck entstehen, diese würden sich nicht an die vereinbarte Exklusivität halten.

Damit wäre bei jeder Anwendung der Schranke des § 53 Abs. 4 UrhG auf Tattoowerke eine erhebliche Beeinträchtigung der Nachfrage nach Tattoowerken der jeweiligen Tattoo Artists ernstlich zu besorgen. Die Rückausnahme des § 53 Abs. 4 UrhG ist deshalb auf Tattoowerke nicht anwendbar. Die analoge Anwendung der Schranken-Schranke des § 53 Abs. 4 UrhG für den Bereich der Tattoowerke erscheint mithin weiterhin möglich.

3. Analoge Anwendung

Als Argument für die Annahme der Schranken-Schranke des § 53 Abs. 4 UrhG im Bereich Tattoowerke erscheint zudem die gesetzgeberische Begründung der Schranken-Schranke geeignet.

Der Gesetzgeber hat die Schranken-Schranke betreffend Kopien von Notenblättern, ganzen Büchern oder Zeitschriften damit begründet, dass Privatkopien in diesen Bereichen allzu große Beeinträchtigungen der Absatzmöglichkeiten der Verlagsprodukte darstellten, die nach Ansicht des Gesetzgebers durch den Vergütungsanspruch nicht hinreichend abgegolten würden.[804]

Dies lässt sich angesichts der Ausführungen oben unter 2. auch auf den Bereich Tattoowerke übertragen. Wenn schon die angeblich nicht zur Kompensation geeignete Höhe der aus der Kopierabgabe erzielten Vergütung für be-

804 Novelle BT-Drs. 10/837, 17.

stimmte Branchen als Begründung dafür geeignet erscheint, Rückausnahme von der Zulässigkeit der Privatkopie für ganze Werkkategorien zu rechtfertigen, sollte die analoge Anwendung dieser Schranken-Schranke erst recht für Werke angezeigt sein, die als Werke der bildenden Kunst Unikatstatus haben und deren Urheber keine, jedenfalls aber keine angemessene Kompensation für Vervielfältigungen im Rahmen der Privatkopieschranke des § 53 UrhG erhalten.

4. Zwischenergebnis

Die Schranken-Schranke des § 53 Abs. 4 UrhG erscheint im Wege des argumentum a fortiori in der Form des argumentum a minore ad maius wegen der Gefährdung des Unikatstatus von Werken der bildenden Kunst und ansonsten ganz erheblichen ökonomischen Nachteile für Tattoo Artists auch analog auf Tattoowerke anwendbar. Wenn schon im Vergleich zu anspruchsvollen Tattoos zu einem Bruchteil der Kosten technisch einfach und maschinell in beliebiger Stückzahl vervielfältigbare Noten, Bücher oder Zeitschriften derart schutzbedürftig erscheinen und geschützt sind, sollte dies erst recht für hochwertige Tattoounikate als Werke der bildenden Kunst gelten. Ihre Urheber sind deshalb mindestens ebenso, wenn nicht noch schutzwürdiger als Verlage für grafische Aufzeichnungen von Werken der Musik, Bücher oder Zeitschriften.

VI. Änderungsverbot, § 62 UrhG

Selbst wenn im Tattoobereich die Anfertigung von Privatkopien von Tattoowerken oder deren Vorlagen als rechtlich zulässig i. S. d. § 53 UrhG angesehen würde, darf erneut das Änderungsverbot für derlei zulässige Nutzungen gemäß § 62 Abs. 1 UrhG nicht vergessen werden (s. o. S. 219 f.)

Im Tattoobereich und den darauf anzuwendenden Schranken des Urheberrechts ist kein Zweck erkennbar, der für Privatkopien Änderungen des Werks zwingend erfordern würde. Zwar mag es gerade bei der Anpassung der Kopie eines Tattoowerks an den Körper erforderlich erscheinen, Änderungen hinsichtlich der Größe oder für das vervielfältigende Tätowieren zwingend erforderliche Änderungen vorzunehmen, was gemäß § 62 Abs. 3 UrhG in Bezug auf urheberrechtlich geschützte Tattoowerke zunächst zulässig erscheint.

Die Erstellung einer Tätowierung kann heutzutage aber schwerlich dem rein privaten Nutzungsumfeld zugerechnet werden. So wird ein Tattoo jedenfalls an den meisten Körperstellen früher oder später der Öffentlichkeit präsentiert werden, sei es z. B. bei sommerlichen Temperaturen in entsprechend offenbarender Bekleidung, im Freibad, in der gemischten Sauna oder in Gruppen-Umkleidekabinen.

Auch ist daran zu erinnern, dass die Anfertigung von Tattoos für gewöhnlich der Verschönerung des Körpers und Körpergefühls dient, die die Trägerpersonen zumeist gerne ihrem persönlichen Umfeld und auch der Öffentlichkeit präsentieren.

Ähnlich wie bei der Nutzung eines Werks im Schulunterricht, in einer Behörde oder einem Unternehmen besteht somit zumindest eine Nähe zur Öffentlichkeit. Deshalb ist bei Privatkopien von Tattoos das Änderungsverbot stets zu beachten.

VII. Zwischenergebnis

Nach alldem ist festzustellen, dass die Schranke des § 53 UrhG in Bezug auf Tattoos allenfalls in wenigen, eng begrenzten Einzelfällen Anwendbarkeit finden kann.

So erscheint ein privater Gebrauch i. S. d. § 53 UrhG bei Schaffung eines Vervielfältigungsstücks eines Tattoowerks oder z. B. eines Lichtbildwerks zumindest denkbar (s. o. S. 227 ff.).

Wegen der evidenten Gefahr des bewussten Missbrauchs der Schranke und in Ansehung der engen Auslegung bei der Annahme von Schrankenregelungen spricht eine tatsächliche Vermutung bei Beteiligung von professionell Tätowierenden jedoch dafür, dass ein privater Gebrauch im Zweifel nicht vorliegt, jedenfalls soweit sie nicht sich selbst tätowieren. Weit überwiegend werden nachschaffend angefertigte sogenannte Copycat-Tattoos deshalb die Voraussetzungen des § 53 UrhG nicht erfüllen, unabhängig davon, ob sie ein bereits vorhandenes Tattoowerk oder ein anderes Werk vervielfältigen.

Selbst wenn die Voraussetzungen des § 53 UrhG erfüllt wären, fehlt es jedoch an der die Anwendung von § 53 UrhG erst rechtfertigenden Vergütung für von Privatkopien in Tattooform betroffene Urheber. Da auf Tätowiermaschinen keine Kopierabgabe erhoben wird, erhalten Tattoo Artists von den vorhandenen Verwertungsgesellschaften keine angemessenen Ausschüttungen für Privatkopien ihrer Tattoowerke. Das Gleiche gilt für Urheber von durch Tattoos kopierte, sonstige Werke. Der Anwendung von § 53 UrhG auf Tattoos stehen deshalb ernstzunehmende verfassungsrechtliche Bedenken entgegen (s. o. S. 241).

Zudem ist die Schranken-Schranke des § 53 Abs. 4 UrhG wegen eines argumentum a minore ad maius sowie aufgrund der Gefährdung des Unikatstatus von Werken der bildenden Kunst und ansonsten ganz erheblicher ökonomischer Nachteile für Tattoo Artists analog auf Tattoowerke anwendbar (s. o. S. 243).

Schließlich dürften die meisten derartigen Vervielfältigungen am Änderungsverbot des § 62 UrhG scheitern (s. o. S. 244).

Erneut erscheint für Tattoo Artists die Mitgliedschaft in einer ihre Rechte wahrnehmenden Verwertungsgesellschaft angeraten, um Vergütungsansprüche der betroffenen Urheber durchsetzen zu können, sofern die Schranke der Privatkopie gemäß § 53 UrhG doch auf Tattoos Anwendung finden soll. Dazu bedarf es ergänzend der Erhebung der Kopierabgabe auch auf Tätowiermaschinen und vergleichbare Geräte.

D. Beiwerk, § 57 UrhG

Bereits anlässlich der Prüfung der Anwendbarkeit von § 32a UrhG in Fällen der Verwertung von Tattoowerken auf den Körpern sogenannter Prominenter (s. o. S. 181 ff.) stellte sich die Frage, ob die bei Abbildung der Prominenten u. U. sichtbaren Tattoowerke als Beiwerk i. S. d. § 57 UrhG beurteilt werden können, jedenfalls bei nicht gezielter Darstellung der Tattoowerke als Fokus der Berichterstattung oder Selbstdarstellung. Vervielfältigung, Verbreitung und öffentliche Wiedergabe sowie öffentliche Zugänglichmachung auch durch Dritte wären damit ohne Einwilligung des Urhebers zulässig.

Dafür spräche zunächst, dass gerade das äußere Erscheinungsbild der prominenten Person an sich im Fokus der Berichterstattung stehen soll, es aber, je nach Platzierung und Wahl des Bildausschnitts, u. U. nicht möglich ist, dieses Erscheinungsbild der Person wiederzugeben, ohne Tattoowerke abzubilden.

I. Hauptwerk und Beiwerk

Dagegen spricht jedoch, dass das nicht im Fokus der Darstellung liegende Beiwerk zum einen bei der Verwertung eines anderen urheberrechtlich geschützten Werks z. B. zufällig ins Bild geraten und ohne jeden Bezug zum im Fokus stehenden Werk stehen müsste.[805] Maßgeblich für die Bestimmung des Hauptwerks ist die Sicht des objektiven Durchschnittsbetrachters unter Berücksichtigung des Gesamtzusammenhangs und der Umstände des Einzelfalls.[806]

805 *Lüft*, in: Wandtke/Bullinger (Hrsg.), UrhR, 2022, § 57, Rn. 1.; *Dreier*, in: Dreier/G. Schulze/Raue u. a. (Hrsg.), UrhG, 2022, § 57, Rn. 2.

806 BGH, Urt. v. 17.11.2014, Az. I ZR 177/13, GRUR 2015, 667, Tz. 21; *Nordemann-Schiffel*, in: A. Nordemann/J. B. Nordemann/Czychowski (Hrsg.), UrhR, 2018, § 57, Rn. 3.;

Bezogen auf Tattoowerke an Körpern von Prominenten fällt schon schwer, die bildliche Darstellung einer Person als „anderes Werk" einzuordnen, jedenfalls aber, dass ein Tattoowerk auf dem Körper einer Person ohne Bezug zu diesem wäre. Schon diese Voraussetzung ist deshalb klar zu verneinen. Die Darstellung erfolgt schon nicht zufällig. Auch ist ein auf dem dazustellenden Körper sichtbares Tattoowerk nicht z. B. mit einem zufällig im Hintergrund eingefangenen Wandbild oder Ähnlichem zu vergleichen. Im Gegensatz zum zufällig mitfotografierten Wandbild handelt es sich beim Tattoowerk um einen Bestandteil des im Fokus der Darstellung liegenden äußerlichen Erscheinungsbilds einer Person. Somit ist ein Tattoowerk in dieser Hinsicht als Teil des äußeren Erscheinungsbilds einer Person, ähnlich einem Bildausschnitt von einem Gemälde, in diesem Zusammenhang nicht als sonstiges unabhängiges Werk gesondert zu betrachten. Eine Aufteilung von äußerem Erscheinungsbild der Person und den unmittelbar zu diesem äußeren Erscheinungsbild gehörenden Tattoowerken in Hauptwerk und Beiwerk erscheint deshalb abwegig.

II. Unwesentlichkeit

Darüber hinaus darf ein solches Beiwerk i. S. d. § 57 UrhG nicht wesentlich sein.

§ 57 UrhG ist eng auszulegen.[807] Beiwerk wird nur dann als unwesentlich betrachtet, wenn es ohne erkennbare Auswirkung auf das Hauptwerk weggelassen oder ausgetauscht werden kann, ohne dass der Durchschnittsbetrachter dies bemerkt. Objektiv gesehen darf das Beiwerk keinerlei inhaltliche Beziehung zum Hauptwerk haben und muss für das Hauptwerk in jeder Hinsicht bedeutungslos sein, aufgrund seiner Zufälligkeit und Beliebigkeit.[808] Bei der Beurteilung der Wesentlichkeit oder Unwesentlichkeit müssen die

---

Vogel, in: Schricker/Loewenheim/Leistner (Hrsg.), UrhR, [6]2020, § 57, Rn. 8.; *Dreier*, in: Dreier/G. Schulze/Raue u. a. (Hrsg.), UrhG, 2022, § 57, Rn. 3.; *Lüft*, in: Wandtke/Bullinger (Hrsg.), UrhR, 2022, § 57, Rn. 3.

807 BGH, Urt. v. 17.11.2014, Az. I ZR 177/13, GRUR 2015, 667, Tz. 27; OLG München, Urt. v. 09.06.1988, Az. 6 U 4132/87, NJW 1989, 404; *Poeppel*, Die Neuordnung der urheberrechtlichen Schranken im digitalen Umfeld, 2005, 389; *Jacobs*, in: Büscher/Erdmann/Fuchs u. a. (Hrsg.), Rechtsdurchsetzung, 2016, 225, 228; *Hönisch/Schmitt*, GRUR Int 2016, 1, 3 f.; *Vogel*, in: Schricker/Loewenheim/Leistner (Hrsg.), UrhR, [6]2020, § 57, Rn. 6.; *Schack*, Rn. 608.

808 BGH, Urt. v. 17.11.2014, Az. I ZR 177/13, GRUR 2015, 667; LG Köln, Urt. v. 18.08.2022, Az. 14 O 350/21, GRUR-RS 2022, 43572, 65 f.; *Vogel*, in: Schricker/Loewenheim/Leistner (Hrsg.), UrhR, [6]2020, § 57, Rn. 9.; *Lüft*, in: Wandtke/Bullinger (Hrsg.), UrhR, 2022, § 57, Rn. 2.

Besonderheiten des Mediums Berücksichtigung finden, in dem die Nutzung des urheberrechtlich geschützten Werks stattfindet.[809]

Die gesetzgeberische Begründung für den § 58 UrhG a. F. weist als einzige Beispiele des unwesentlichen Beiwerks lediglich das anlässlich von Dreharbeiten zufällig ins Bild geratene Wandgemälde oder zufällig ertönende Musik bei Fernsehaufnahmen aus.[810]

Neben aller berechtigten Kritik an den Beispielen[811] und dem bereits oben erwähnten Zufallsmoment haben beide Beispiele gemein, dass die in die Aufzeichnung geratenen Werke nicht Zielobjekt der Aufzeichnung sind. Gerät ein Werk beabsichtigt in den Fokus der Aufzeichnung und sei es auch nur als Beiwerk neben einem Hauptwerk, so kann es im Umkehrschluss nicht mehr als unwesentlich betrachtet werden.[812] Dies gilt insbesondere, wenn dem Beiwerk eine erkennbar stil- oder stimmungsbildende Funktion zukommt.[813]

Bezogen auf Tattoos ist festzustellen, dass diese bei Darstellungen des äußeren Erscheinungsbilds von Personen im Fokus des Ziels der Berichterstattung oder Selbstdarstellung liegen, da sie, jedenfalls, soweit offen sichtbar, eben jenes äußere Erscheinungsbild der Person prägen, jedenfalls aber deutlich mitbestimmen. Wegen des Interesses der Öffentlichkeit am äußerlichen Erscheinungsbild von Personen erfolgt gerade die Darstellung in Berichterstattung und Selbstdarstellung. Auch wird es den Eindruck von einer Person wesentlich prägen, ob diese offen sichtbar tätowiert ist oder nicht. Tattoowerke im äußeren Erscheinungsbild einer Person stehen somit in unmittelbarer inhaltlicher Beziehung zum Hauptwerk und können nicht hinweggedacht werden, ohne den optischen Eindruck eines objektiven Durchschnittsbetrachters zu verändern. Damit sind vorhandene Tattoowerke zwangsläufig stil- oder stimmungsbildend. Vielmehr würde es die Darstellung des tatsächlichen äußeren Erscheinungsbilds der Person verfälschen und damit den Zweck der Darstellung des aktuellen äußeren Erscheinungsbilds der Person verfehlen, wenn sie ohne ihre tatsächlich vorhandenen, offen sichtbaren Tattoowerke gezeigt würde.

---

809 LG Köln, Urt. v. 18.08.2022, Az. 14 O 350/21, GRUR-RS 2022, 43572, 66.

810 RegE UrhG 1962, 75 f.

811 *Vogel*, in: Schricker/Loewenheim/Leistner (Hrsg.), UrhR, [6]2020, § 57, Rn. 11.

812 BGH, Urt. v. 17.11.2014, Az. I ZR 177/13, GRUR 2015, 667, Tz. 27; *Vogel*, in: Schricker/Loewenheim/Leistner (Hrsg.), UrhR, [6]2020, § 57, Rn. 10.; *Lüft*, in: Wandtke/Bullinger (Hrsg.), UrhR, 2022, § 57, Rn. 2.; *Dreier*, in: Dreier/G. Schulze/Raue u. a. (Hrsg.), UrhG, 2022, § 57, Rn. 2.

813 BGH, Urt. v. 17.11.2014, Az. I ZR 177/13, GRUR 2015, 667, Tz. 27; LG Köln, Urt. v. 18.08.2022, Az. 14 O 350/21, GRUR-RS 2022, 43572, 69; *Vogel*, in: Schricker/Loewenheim/Leistner (Hrsg.), UrhR, [6]2020, § 57, Rn. 11.; *Lüft*, in: Wandtke/Bullinger (Hrsg.), UrhR, 2022, § 57, Rn. 2.

Dies wird auch nicht durch die Tatsache geändert, dass beispielsweise ein in einem Zeitschriftenartikel deutlich sichtbar getragenes T-Shirt mit einem geschützten Design keine Verbindung zum Thema des Artikels aufweist[814] oder der deutlich sichtbare, urheberrechtlich geschützte Schmuck einer Rednerin mangels stilbildender oder dramaturgischer Bedeutung für die Parlamentsrede[815] jeweils als unwesentliches Beiwerk eingestuft wurden. Wie eine in bunten Farben gehaltene Fototapete wesentlichen Einfluss auf das optische Raumgefühl eines fotografierten Zimmers hat,[816] prägen sichtbare Tattoos das äußere Erscheinungsbild einer Person wesentlich mit. Wie bereits oben ausgeführt, ist bei Berichterstattung oder Selbstdarstellung über das äußere Erscheinungsbild einer Person zudem stets ein unmittelbarer Zusammenhang zwischen Teilen des äußeren Erscheinungsbilds und dem Zweck der Darstellung festzustellen. Alle Teile dieses äußeren Erscheinungsbilds und damit auch sichtbare Tattoowerke haben direkten stil- und stimmungsbildenden Einfluss. Sie sind nicht hinwegzudenken, ohne den Eindruck eines objektiven Betrachters wesentlich zu verändern.

III. US-Rechtsprechung

Die Ablehnung der Einordnung von bildlichen Verwertungen von Tattoowerken als unwesentliches Beiwerk i. S. d. § 57 UrhG findet auch im Urteil des US District Court, S. D. Illinois im Fall der Tätowiererin Catherine Alexander gegen Take-Two Interactive Software, Inc. und World Wrestling Entertainment, Inc.[817] eine Stütze, während in dem Fall Solid Oak Sketches, LLC vs. Take-Two Interactive Software, Inc. et. al.[818] das damals angerufene Gericht noch entgegengesetzt entschieden hatte.

So hatte der US District Court, S. D. New York bereits Zweifel an der Schöpfungshöhe der streitgegenständlichen Tattoos. Weiter diskutierte er stillschweigend eingeräumte Lizenzen und betrachtete die Darstellung der streitgegenständlichen Tattoos im Rahmen der Darstellung des äußerlichen Erscheinungsbilds verschiedene Profisportler als Fair Use und de minimis-Nutzung.

---

814 OLG München, Urt. v. 24.10.2007, Az. 21 O 4956/07, ZUM-RD 2008, 260.

815 *Dreyer*, in: Dreyer/Kotthoff/Meckel u. a. (Hrsg.), UrhR, ⁴2018, § 57, Rn. 12.; *Vogel*, in: Schricker/Loewenheim/Leistner (Hrsg.), UrhR, ⁶2020, § 57, Rn. 11.; *Lüft*, in: Wandtke/Bullinger (Hrsg.), UrhR, 2022, § 57, Rn. 2.

816 LG Köln, Urt. v. 18.08.2022, Az. 14 O 350/21, GRUR-RS 2022, 43572, 70 f.

817 *Yandle*, Memorandum and Order, 22.09.2022 (https://storage.courtlistener.com/recap/gov.uscourts.ilsd.78396/gov.uscourts.ilsd.78396.281.0_1.pdf), 2 (geprüft am 29.09.2024).

818 *Swain*, Memorandum Opinion and Order, 26.03.2020 (https://storage.courtlistener.com/recap/gov.uscourts.nysd.452890/gov.uscourts.nysd.452890.164.0_1.pdf), 11 ff. (geprüft am 29.09.2024).

Nach Auffassung der zuständigen Richterin Swain handele es sich unter anderem deshalb um unwesentliches Beiwerk, da nur drei der rund 400 auswählbaren Spieler im Computerspiel die streitgegenständlichen Tattoos trügen, diese im Spiel zudem sehr klein wiedergegeben und wegen der dem Sportspiel implizierten raschen Bewegungen bei normaler Benutzung des Spiels kaum erkennbar seien. Schließlich sei nicht z. B. auf dem Titelbild des Computerspiels mit den streitgegenständlichen Tattoos geworben worden.

Bezüglich der Klage der Tätowiererin Alexander hingegen befand die dort zuständige Richterin Yandle in einer Klarstellung vom 22. September 2022, dass die von den Beklagten neben der Behauptung einer stillschweigenden Lizenz und der Fair-Use-Doktrin gewählte de minimis-Verteidigung nicht tragfähig sei.

Unter Bezugnahme auf Vorentscheidungen befand das Gericht, dass allenfalls die Nutzung kleiner Teile eines Werks als de minimis-Nutzung zu werten sein könnte. Da hier aber vollständige urheberrechtlich geschützte Werke verwertet würden, greife der de minimis-Einwand nicht.

Unabhängig von den weiteren Argumenten des New Yorker Gerichts im o. g. NBA2K-Fall betreffend Zweifel an der Schöpfungshöhe, Fair Use etc. vermag die Begründung der Annahme einer de minimis-Nutzung nicht zu überzeugen. So mag sein, dass im Spielablauf aufgrund des schnellen Basketballspiels und der Art und Größe der Darstellung der einzelnen Spieler die streitgegenständlichen Tattoos sehr klein und häufig kaum wahrnehmbar sind. Ebenso zum Spiel gehört aber auch die Auswahl der Spieler, bei der die Tattoos wesentlich deutlicher zu sehen sein dürften. Auch besteht heutzutage jederzeit die Möglichkeit, Screenshots vom Spielgeschehen anzufertigen, auf denen die streitgegenständlichen Tattoos dann ebenfalls wesentlich besser zu erkennen und auch größer darstellbar wären, ebenso bei Nahaufnahmen, beispielsweise bei Freiwürfen, Zeitlupenaufnahmen etc.

Zwar schließt die herrschende Rechtsprechung in Deutschland zu § 57 UrhG wie bereits oben dargestellt selbst die vollständige Nutzung eines z. B. zufällig wiedergegebenen Werks nicht aus, geht somit nicht so weit wie die o. g. Entscheidung des US District Court, S. D. Illinois.

Wie ebenfalls bereits oben ausgeführt, hat die Wiedergabe von tatsächlich vorhandenen Tattoos bei der gezielten Wiedergabe des äußeren Erscheinungsbilds einer Person aber zwangsläufig stil- und stimmungsbildenden Einfluss auf das Gesamtbild. Sie sind nicht hinwegzudenken, ohne dass sich das Gesamtbild und der Gesamteindruck für einen objektiven Durchschnittsbetrachter wesentlich verändert.

IV. Änderungsverbot, § 62 UrhG

In Bezug auf das Änderungsverbot gemäß § 62 UrhG ist auf die bereits oben getroffenen Ausführungen anlässlich der Betrachtung von § 51 UrhG (s. o. S. 219 f.) und § 53 UrhG (s. o. S. 244) zu verweisen.

V. Keine Pflicht zur Quellenangabe, § 63 UrhG

Im Bereich der Schranke des § 57 UrhG findet die Pflicht zur Quellenangabe gemäß § 63 UrhG keine Anwendung.[819]

VI. Zwischenergebnis

Nach alldem ist festzustellen, dass sichtbare Tattoowerke jedenfalls dann nicht als unwesentliches Beiwerk i. S. d. § 57 UrhG angesehen werden können, wenn ihre Wiedergabe anlässlich der gezielten Darstellung einer Person erfolgt. Die Schranke des § 57 UrhG erlaubt hier keine Nutzung ohne die Zustimmung des Urhebers.

Anders kann dies mit der herrschenden Rechtsprechung zu § 57 UrhG allenfalls dann zu werten sein, wenn ein Tattoowerk keinen stil- oder stimmungsbildenden Einfluss auf den Gesamteindruck der Darstellung hat und ohne optischen Einfluss hinweggedacht werden kann, beispielsweise, wenn eine mit einem Tattoowerk tätowierte Trägerperson anlässlich von Filmaufnahmen, Landschafts- oder Architekturfotografie aufgenommen wird.

Die o. g. Fälle werden im Folgenden anlässlich der Betrachtung von § 59 UrhG zu prüfen sein.

E. Panoramafreiheit, § 59 UrhG

Der Bedarf für die Anwendung der Schranke des § 59 UrhG in Bezug auf Tattoowerke erscheint zunächst fernliegend. Jedenfalls dann, wenn das Tattoowerk oder die Person innerhalb der Vervielfältigung als Beiwerk erscheint, liegt die Prüfung des § 57 UrhG (s. o. S. 246 ff.) als Schranke näher.

Ist das Tattoowerk jedoch wesentliches Beiwerk oder sogar Hauptgegenstand der Vervielfältigung, zeigt sich der Bedarf für eine Prüfung, ob die Nutzung derartiger Vervielfältigungen von Tattoowerken z. B. in Foto- oder

---

819 *Spindler*, in: Schricker/Loewenheim/Leistner (Hrsg.), UrhR, ^{6}2020, § 63, Rn. 10.; *G. Schulze*, in: Dreier/G. Schulze/Raue u. a. (Hrsg.), UrhG, 2022, § 63, Rn. 6.; *Bullinger*, in: Wandtke/Bullinger (Hrsg.), UrhR, 2022, § 63, Rn. 7.

Filmform gemäß § 59 UrhG zulässig ist. Dass solche Fälle realistisch und auch im Geltungsbereich des UrhG jederzeit vorstellbar sind, zeigt das Verfahren Brophy v. Almanzar et al. vor dem US District Court, C. D. California, Southern Division.[820] Zwar ging der Kläger in dem US-Verfahren in erster Linie aus persönlichkeitsrechtlichen Gründen dagegen vor, dass sein großflächiges *„backpiece"* als Teil eines ihm moralisch anstößig erscheinenden Musikalbum-Covers von der Beklagten genutzt worden war.[821] Damit ist aber auch der Fall denkbar, dass sich statt oder neben der Trägerperson ein Tattoo Artist als Urheber gegen eine derartige Verwertung seines Tattoowerks wendet. Die bekannten Fälle des rechtlichen Vorgehens von Rechteinhabern gegen die Verwertung von Tattoos in Werbespots[822], Computerspielen.[823], Kinofilmen sowie auf Kinoplakaten[824] oder Spieleverpackungen[825] bestärken diese Ansicht. Damit erscheint es wiederum auch wahrscheinlicher, dass sich ein Verwerter auf § 59 UrhG beruft, weil das z. B. von einer Trägerperson sichtbar gezeigte Tattoowerk im öffentlichen Raum aufgenommen worden sei. Unabhängig von den oben angedeuteten

820 *Carney*, Brophy v. Almanzar, 03.05.2018 (https://casetext.com/case/brophy-v-almanzar) (geprüft am 29.09.2024).

821 *Gardner*, Cardi B Order, 22.08.2019 (https://www.documentcloud.org/documents/6327281-Cardi-B-Order.html) (geprüft am 29.09.2024); *Gardner*, Cardi B Must Face Lawsuit Over Distinctive Tattoo on Album Cover, 23.08.2019 (https://www.hollywoodreporter.com/thr-esq/cardi-b-face-lawsuit-distinctive-tattoo-album-cover-1234057) (geprüft am 29.09.2024).

822 *Brown*, Complaint at 3, Reed v. Nike, Inc., No. 3:05-CV-00198 (D. Or. Feb. 10, 2005). (https://www.plainsite.org/dockets/jtxzqu59/oregon-district-court/reed-v-nike-inc-et-al/) (geprüft am 29.09.2024).

823 *Masnick*, Tattoo Copyright Strikes Again: Tattoo Artist Sues THQ For Accurately Representing Fighter's Tattoo In Game (https://www.techdirt.com/articles/20121207/07502921303/tattoo-copyright-strikes-again-tattoo-artist-sues-thq-accurately-representing-fighters-tattoo-game.shtml) (geprüft am 29.09.2024); *Boyko*, Hayden v. 2K Games, Inc. et al, No. 1:2017cv02635 – Document 17 (N.D. Ohio 2019), 2019 (https://law.justia.com/cases/federal/district-courts/ohio/ohndce/1:2017cv02635/238799/17/) (geprüft am 29.09.2024).

824 *Belloni*, Warner Bros. Settles 'Hangover II' Tattoo Lawsuit (Exclusive), 20.06.2011 (https://www.hollywoodreporter.com/thr-esq/warner-bros-settles-hangover-ii-203377) (geprüft am 29.09.2024); *Kronenzeitung*, „Hangover"-Klage: Urheberrechte an Körperkunst?, 22.05.2011 (https://www.krone.at/264065) (geprüft am 29.09.2024); *Süddeutsche Zeitung*, Klage: Hollywood hat echtes Leben kopiert, 19.10.2011 (https://www.sueddeutsche.de/kultur/rechtsstreit-um-hangover-2-klage-hollywood-hat-echtes-leben-kopiert-1.1168325) (geprüft am 29.09.2024); *Stern*, Ärger wegen Gesichtstattoo, 25.05.2011 (https://www.stern.de/kultur/film/-hangover-2--aerger-wegen-gesichtstattoo-3576670.html) (geprüft am 29.09.2024).

825 *Law360.com* (Hrsg.), EA, Ex-NFL Star Face Copyright Suit Over Game Cover Tattoos – Law360, 07.01.2013 (https://www.law360.com/ip/articles/404977?nl_pk=fb02bb7a-fd96-48cb-b6cf-0ca6e361ba29&utm_source=newsletter&utm_medium=email&utm_campaign=ip) (geprüft am 29.09.2024).

persönlichkeitsrechtlichen Implikationen stellt sich damit die Frage, ob sich Verwerter von Tattoowerken in einem solchen Fall tatsächlich erfolgreich auf § 59 UrhG berufen können.

Voraussetzung einer gem. § 59 Abs. 1 S. 1 UrhG zulässigen Nutzung ist, dass das Werk sich bei der Vervielfältigung bleibend an öffentlichen Wegen, Straßen oder Plätzen befand. Maßgeblich für die Bewertung ist die Überlegung des Gesetzgebers, dass die Platzierung eines Kunstwerks an öffentlichen Orten verdeutlicht, dass das präsentierte Werk für die Allgemeinheit bestimmt ist. Daher rechtfertigt diese Bestimmung eine Einschränkung des Urheberrechts, indem jedem erlaubt wird, das Werk zu vervielfältigen und die Vervielfältigungen zu nutzen.[826]

I. Werk i. S. d. § 59 UrhG

Unter den Werkbegriff des § 59 UrhG fallen sowohl Werke der bildenden Künste als auch solche der angewandten Kunst.[827] Tattoowerke unterfallen mithin immer dem Werkbegriff des § 59 UrhG.

II. An öffentlichen Wegen, Straßen oder Plätzen

An öffentlichen Wegen, Straßen und Plätzen befinden sich Werke, die jedenfalls von dort aus ohne Nutzung von Hilfsmitteln wie Leitern o. Ä. sichtbar sind,[828] auch wenn die Werke sich dabei auf Privatgrund befinden.[829] Als öffentlich gelten Wege, Straßen oder Plätze, die im Gemeingebrauch stehen und jedermann frei zugänglich sind.[830]

Bewegen sich Trägerpersonen in der Öffentlichkeit oder auf Privatgrundstücken mit vom öffentlichen Straßenraum aus sichtbaren Tattoowerken, befinden sich diese Werke mithin an öffentlichen Wegen, Straßen oder Plätzen i. S. d. § 59 Abs. 1 S. 1 UrhG.

---

826 RegE UrhG 1962, 76; BGH, Urt. v. 24.01.2002, Az. I ZR 102/99, GRUR 2002, 605, 605; BGH, Urt. v. 05.06.2003, Az. I ZR 192/00, GRUR 2003, 1035, 1037; BGH, Urt. v. 27.04.2017, Az. I ZR 247/15, GRUR 2017, 798, 800, Rn. 16.

827 *Lüft*, in: Wandtke/Bullinger (Hrsg.), UrhR, 2022, § 59, Rn. 3.; *Dreier*, in: Dreier/G. Schulze/Raue u. a. (Hrsg.), UrhG, 2022, § 59, Rn. 2.

828 OLG München, Urt. v. 16.06.2005, Az. 6 U 5629/99, ZUM 2005, 755, 757; OLG Hamm, Urt. v. 27.04.2023, Az. 4 U 247/21, ZUM 2023, 604, 608 ff.

829 *Vogel*, in: Schricker/Loewenheim/Leistner (Hrsg.), UrhR, [6]2020, § 59, 21 f.; *Dreier*, in: Dreier/G. Schulze/Raue u. a. (Hrsg.), UrhG, 2022, § 59, Rn. 4.

830 *Czychowski*, in: A. Nordemann/J. B. Nordemann/Czychowski (Hrsg.), UrhR, 2018, § 59, Rn. 6.; *Lüft*, in: Wandtke/Bullinger (Hrsg.), UrhR, 2022, § 59, Rn. 3.; *Dreier*, in: Dreier/G. Schulze/Raue u. a. (Hrsg.), UrhG, 2022, § 59, Rn. 3.

III. Bleibend

Um ohne Zustimmung des Urhebers gem. § 59 UrhG vervielfältigt, verbreitet oder öffentlich wiedergegeben werden zu dürfen, müssen Werke sich bleibend an öffentlichen Wegen, Straßen oder Plätzen befinden. Werke gelten als bleibend an öffentlichen Wegen, Straßen oder Plätzen, wenn sie dort dauerhaft und nicht nur vorübergehend präsent sind.[831] Entscheidend für die Dauerhaftigkeit sind insbesondere Wille und Widmung des Urhebers.[832] Er muss sich dafür entschieden haben, das Werk dauerhaft und bleibend im öffentlichen Raum zu präsentieren.[833]

Wie Graffiti an Hauswänden und vergleichbare, selbst eher kurzlebige Werke[834] werden auch Tattoowerke nach der Intention des Schöpfers unbefristet präsentiert und damit als dauerhaft und bleibend anzusehen sein. Dem widerspricht auch nicht, dass sie im Gegensatz zu Graffiti nicht ortsfest sind, sondern sich ihre Trägerpersonen selbstbestimmt fortbewegt, denn die Schranke des § 59 UrhG findet auch auf nicht ortsfeste Werke Anwendung, z. B. auf sich bestimmungsgemäß im öffentlichen Raum bewegende Verkehrsmittel.[835] Das Interesse der Allgemeinheit am Fotografieren und Filmen im öffentlichen Raum würde ansonsten über Gebühr eingeschränkt,[836] zumal der Urheber eines im öffentlichen Raum verwendeten Werkes mit dessen Nutzung auf die in § 59 UrhG freigegebene Weise rechnen muss.[837]

Die genannten Argumente können nicht nur auf Werke an mobilen oder immobilen Gegenständen, sondern auch auf solche an natürlichen Personen wie z. B. Tattoowerke Anwendung finden. Entscheidend bleibt, dass der Urheber, der sein Werk an einer Hauswand, einem Schiff oder einer natürlichen Person anbringt, davon ausgehen muss, dass sein Werk von der Öffentlichkeit wahrgenommen wird.

---

831 *Dreier*, in: Dreier/G. Schulze/Raue u. a. (Hrsg.), UrhG, 2022, § 59, Rn. 5.

832 *Lüft*, in: Wandtke/Bullinger (Hrsg.), UrhR, 2022, § 59, Rn. 4.

833 *Czychowski*, in: A. Nordemann/J. B. Nordemann/Czychowski (Hrsg.), UrhR, 2018, § 59, Rn. 8.; *Dreier*, in: Dreier/G. Schulze/Raue u. a. (Hrsg.), UrhG, 2022, § 59, Rn. 5.; *Lüft*, in: Wandtke/Bullinger (Hrsg.), UrhR, 2022, § 59, Rn. 4.; *Schack*, 609 f.

834 LG Berlin, Urt. v. 14.12.1995, Az. 16 O 532/95, NJW 1996, 2380, 2381; LG Frankenthal, Urt. v. 09.11.2004, Az. 6 O 209/04, ZUM-RD 2005, 408, 409; *Vogel*, in: Schricker/Loewenheim/Leistner (Hrsg.), UrhR, [6]2020, § 59, Rn. 27.; *Dreier*, in: Dreier/G. Schulze/Raue u. a. (Hrsg.), UrhG, 2022, § 59, Rn. 5.; *Lüft*, in: Wandtke/Bullinger (Hrsg.), UrhR, 2022, § 59, Rn. 5.

835 BGH, Urt. v. 08.05.2002, Az. I ZR 98/00, GRUR 2002, 799; BGH, Urt. v. 27.04.2017, Az. I ZR 247/15, GRUR 2017, 798, Rn. 28; *Vogel*, in: Schricker/Loewenheim/Leistner (Hrsg.), UrhR, [6]2020, § 59, Rn. 23.; *Lüft*, in: Wandtke/Bullinger (Hrsg.), UrhR, 2022, § 59, Rn. 5.

836 BGH, Urt. v. 27.04.2017, Az. I ZR 247/15, GRUR 2017, 798, Rn. 29.

837 BGH, Urt. v. 27.04.2017, Az. I ZR 247/15, GRUR 2017, 798, Rn. 28 f.

Das Gegenargument, demzufolge Tattoos nicht ständig in der Öffentlichkeit wahrnehmbar sind, sondern häufig z. B. unter Kleidung der Wahrnehmbarkeit entzogen werden, ist nicht valide. Ihm ist entgegenzuhalten, dass auch z. B. an Fahrzeugen angebrachte Werke nicht ständig öffentlich wahrgenommen werden können, wenn die Fahrzeuge etwa außerhalb ihrer Nutzungszeiten in nicht einsehbaren Garagen oder anlässlich von Reparaturen verhüllt abgestellt werden.

Es bleibt dabei, dass das Interesse der Allgemeinheit am Fotografieren und Filmen im öffentlichen Raum eine Einschränkung der Rechte der Urheber rechtfertigt, zumal sie selbst ihre Werke jedenfalls auch für eine Darstellung in der Öffentlichkeit angefertigt und gewidmet haben (s. o. S. 177 ff.) und somit mit ihrer Nutzung im Rahmen des § 59 UrhG rechnen müssen

Demgemäß befinden sich sichtbare Tattoowerke bleibend an öffentlichen Wegen, Straßen und Plätzen i. S. d. § 59 Abs. 1 S. 1 UrhG.

IV. Zwischenergebnis

Tattoowerke können im Rahmen des § 59 UrhG genutzt und dürfen selbst gewerblich verwertet werden, da sie sich i. S. d. § 59 Abs. 1 S. 1 UrhG bleibend an öffentlichen Wegen, Straßen und Plätzen befinden.

Dem Argument, dass jedenfalls eine gewerbliche Verwertung über die von Tattoo Artists geduldete Nutzung ihrer Werke hinausgehe, zumal Urheber von im öffentlichen Raum angebrachten Kunstwerken für Nutzungen ihrer Werke im Rahmen des § 59 UrhG vergütet würden, Tattoo Artists jedoch nicht, ist entgegenzuhalten, dass auch Tattoo Artists solche Nutzungsformen in ihre Preisgestaltung einfließen lassen müssen oder bei realistischer Betrachtung längst haben einfließen lassen, da sie mit dem bereits oben geschilderten menschlichen Verhalten und derartigen Nutzungen rechnen müssen (s. o. S. 177 ff.). Anderenfalls wäre auch das berechtigte Interesse der Allgemeinheit am Fotografieren und Filmen im öffentlichen Raum in unzulässiger Weise beschränkt oder gefährdet.

Eine etwa gewerbliche Verwertung von Tattoowerken im Rahmen des § 59 UrhG wird auch weder die Verwertung des Originalwerks noch sonstige ökonomische Interessen von Tattoo Artists gefährden. Auch wird schon die Qualität so entstandener Vervielfältigungen in aller Regel nicht für solche Verwertungszwecke ausreichen.

Tattoo Artists werden auch keine Angst davor haben müssen, dass sich Copycats auf § 59 UrhG berufen können, um identische Kopien der Tattoowerke in Tattooform rechtfertigen zu können, denn nur die zweidimensionale Form der Vervielfältigung oder Verbreitung ist im Rahmen des § 59 UrhG zulässig.[838] Unzulässig hingegen ist z.B. das Aufbringen einer Fotografie auf einen dreidimensionalen Träger, sodass dadurch eine Vervielfältigung in dreidimensionaler Form entsteht, jedenfalls dann, wenn neben der physischen Verbindung eine innere, künstlerische Verbindung und damit ein einheitliches Werk entsteht.[839] Auch beim Tätowieren wird eine zweidimensionale Illustration in Form der Vorlage auf ein dreidimensionales Objekt, den Körper der Trägerperson, aufgebracht und sodann durch Einbringen der Farbpigmente in die Haut der Trägerperson mit ihr verbunden, sodass ein einheitliches, vom künstlerischen Willen des Urhebers getragenes Werk entsteht. Da beim Tätowieren zudem Farbpigmente nicht auf, sondern in die Haut der Trägerperson eingebracht werden und dabei auch teilweise reliefartige Erhöhungen oder Narbengewebe entstehen, liegt es nahe, Tattoos als dreidimensionale Vervielfältigungen und Verbreitungen anzusehen.

Selbst bei Zweifeln daran, dass es sich bei der Vervielfältigung eines Tattoowerks in Tattooform um eine dreidimensionale Form handelt, bleibt es dabei, dass zulässige Formen der Vervielfältigung, Verbreitung und öffentlichen Wiedergabe von Werken im Rahmen des § 59 UrhG nur die Mittel der Malerei, Grafik, Fotografie und des Films sind. Das Tätowieren wird nicht erwähnt und kann aufgrund seiner technischen Besonderheiten auch nicht mit z.B. der Malerei oder Grafik gleichgesetzt werden.

Ein solches nachschaffendes Tätowieren wäre auch nicht vom Schutzzweck des § 59 UrhG umfasst, der das freie Fotografieren und Filmen sowie Zeichnen und Malen in der Öffentlichkeit schützen soll. Es besteht aber schon kein besonders schützenswertes gesellschaftliches Interesse am Tätowieren öffentlicher Ansichten.

Den Ruf des Urhebers gefährdende Nutzungsformen werden über das Entstellungsverbot des § 14 UrhG unterbunden werden können, zumal auch das Änderungsverbot gemäß § 62 UrhG (s.o.S. 219 f., 244) zu beachten sein wird.[840]

Wegen der Pflicht zur Quellenangabe gem. § 63 UrhG schließlich ist auf die obigen Ausführungen dazu zu verweisen (s.o.S. 221 f.).

Jegliche persönlichkeitsrechtlichen Probleme der Trägerperson mit einer Nutzung eines Tattoowerks durch Dritte, das erkennbar verwertet und ihr

---

838 *Vogel*, in: Schricker/Loewenheim/Leistner (Hrsg.), UrhR, ^{6}2020, § 59, 29 f.; *Lüft*, in: Wandtke/Bullinger (Hrsg.), UrhR, 2022, § 59, Rn. 6.; *Dreier*, in: Dreier/G. Schulze/ Raue u. a. (Hrsg.), UrhG, 2022, § 59, Rn. 7.

839 BGH, Urt. v. 19.01.2017, Az. I ZR 242/15 (KG), GRUR 2017, 390; *Vogel*, in: Schricker/Loewenheim/Leistner (Hrsg.), UrhR, ^{6}2020, § 59, Rn. 30.; *Dreier*, in: Dreier/G. Schulze/Raue u. a. (Hrsg.), UrhG, 2022, § 59, Rn. 7.; *Lüft*, in: Wandtke/Bullinger (Hrsg.), UrhR, 2022, § 59, Rn. 6.

840 *Lüft*, in: Wandtke/Bullinger (Hrsg.), UrhR, 2022, § 59, Rn. 7.

zugerechnet wird, unterfallen nicht § 59 UrhG, sondern werden von der betroffenen Trägerperson über ihr allgemeines Persönlichkeitsrecht sowie die §§ 22, 23 KUG zu lösen sein.

F. Bildnisse, § 60 UrhG

Zu prüfen ist, ob § 60 UrhG die Anfertigung von Tattoos anhand der Vorlage eines Bildnisses oder die Anfertigung von Vervielfältigungen von einem Tattoowerk gestattet.

Dass sich solche Fragestellungen im alltäglichen Leben ohne Weiteres stellen können, zeigen die Fälle des US-amerikanischen TV-Entertainers und Stuntman *Stephen „Steve-O" Glover*, der ein großflächiges Porträt seiner Person als *„backpiece"* trägt und in der Öffentlichkeit zeigt,[841] sowie des deutschen Fußballnationalspielers Leroy Sané, der ein eigenes Ganzkörperporträt als *„backpiece"* trägt und sich stolz mit Fotos des Tattoos auf Social-Media-Plattformen wie Instagram[842] und Snapchat[843] präsentiert.

Zwar werden die Fotos in den o. g. Fällen wegen der Platzierung der Tattoos aller Wahrscheinlichkeit nach nicht von den Trägerpersonen selbst angefertigt worden sein. Wegen der bereits mehrfach erwähnten Möglichkeit und gesellschaftlichen Tendenz dazu, sich mit modernen Smartphones jederzeit zu fotografieren und in sozialen Netzwerken darzustellen, besteht aber dennoch Klärungsbedarf, ob solche Vervielfältigungen, Verbreitung und öffentlichen Zugänglichmachung von Tattoowerken durch die Schranke des § 60 UrhG zulässig sind.

Wie bereits oben festgestellt, kann die Spezialschranke des § 60 UrhG nach dem Willen des Gesetzgebers einzig Vervielfältigungen oder Verbreitungen erlauben, deren Hauptgegenstand die Wiedergabe einer Person oder mehrerer Personen ist (s. o. S. 147 ff.).

Auch erlaubt § 60 UrhG die o. g. Nutzungshandlungen nur dem Besteller eines Bildnisses oder dem Abgebildeten eines bestellten Bildnisses sowie deren jeweiligen Rechtsnachfolgern.

---

841 Body Art Guru, Steve-O's 30 Tattoos & Their Meanings – Body Art Guru, 2016 (https://bodyartguru.com/steve-o-tattoos/) (geprüft am 29.09.2024).

842 *Krämer/Zalisz*, Fußballer-Tattoos: Bemalte Krieger, so weit das Auge reicht, 09.06.2018 (https://www.rundschau-online.de/sport/fussballer-tattoos-bemalte-krieger-so-weit-das-auge-reicht-331095) (geprüft am 29.09.2024).

843 Redaktion, Hier zeigt Ex-Schalke-Star Sané sein gigantisches Rücken-Tattoo, 26.07.2017 (https://www.derwesten.de/sport/fussball/s04/hier-zeigt-ex-schalke-star-sane-sein-gigantisches-ruecken-tattoo-id211361403.html) (geprüft am 29.09.2024).

I. Tattoo von Bildnis

Wird ein Tattoo von einem Bildnis i. S. d. § 60 UrhG angefertigt, so handelt es sich dabei nicht nur um eine Vervielfältigung (s. o. S. 113 ff.), sondern auch um eine Verbreitung (s. o. S. 115 ff.). Wird ein solches Tattoo vom Besteller des Bildnisses, von auf dem bestellten Bildnis abgebildeten Personen oder deren jeweiligen Rechtsnachfolgern angefertigt oder beauftragt, liegt eine Zulässigkeit gemäß § 60 Abs. 1 S. 1 UrhG nahe, denn die gem. § 60 UrhG zulässigen Nutzungshandlungen dürfen auch von durch die berechtigten Personen beauftragten Dritten vorgenommen werden.[844] Zwar wird eine solche Auftragstätowierung in aller Regel nicht unentgeltlich erfolgen, was angesichts des Wortlauts des § 60 Abs. 1 S. 1 UrhG Zweifel an der Zulässigkeit weckt. Derartige Verbreitungshandlungen durch Dritte müssen aber – anders als in § 53 Abs. 1 S. 2 UrhG – nicht unentgeltlich sein.[845]

Soll das Tattoo jedoch von einem Bildnis angefertigt werden, bei dem es sich um ein Werk der bildenden Künste handelt, entfällt gemäß § 60 Abs. 1 S. 2 die Zulässigkeit, da die Schranke nur die Verwertung durch Lichtbilder erlaubt. So ist beispielsweise das Abmalen eines Gemäldes unzulässig. Die Beschränkung soll verhindern, dass der Besteller oder Abgebildete ein Werk der bildenden Kunst als solches im gleichen Medium vervielfältigt und damit dessen Absatz Konkurrenz machen könnte.[846] Zwischen einem Gemälde und einer Tätowierung besteht jedoch kein Konkurrenzverhältnis, das den Absatz des Gemäldes beeinträchtigen könnte.

Um die Beschränkung weiter zu erläutern, erklärte der Gesetzgeber, dass er die persönliche Bindung des Fotografen zu seinem Lichtbildwerk als weniger stark ansehe als die des Urhebers eines Werkes der bildenden Kunst. Während diese Begründung zu Recht in der Literatur umstritten ist,[847] erscheint als nachvollziehbarer Grund für die Ausnahme, dass die Fotografie von verstorbenen Personen meist die einzige Grundlage für ein posthum anzufertigendes künstlerisches Bildnis in Form eines Werks der bildenden Kunst bleibt.[848]

Während Tattoos von Bildnissen in Fotoform damit für die Berechtigten i. S. d. § 60 UrhG zulässig sind, gilt dies nicht für Tattoos von Bildnissen, die Werke der bildenden Kunst darstellen.

---

844 *Dreier*, in: Dreier/G. Schulze/Raue u. a. (Hrsg.), UrhG, 2022, § 60, Rn. 5.
845 *Vogel*, in: Schricker/Loewenheim/Leistner (Hrsg.), UrhR, ^{6}2020, § 60, Rn. 25.
846 *Dreier*, in: Dreier/G. Schulze/Raue u. a. (Hrsg.), UrhG, 2022, § 60, Rn. 10.
847 *Vogel*, in: Schricker/Loewenheim/Leistner (Hrsg.), UrhR, ^{6}2020, § 60, Rn. 27.
848 *Ders.*, in: Schricker/Loewenheim/Leistner (Hrsg.), UrhR, ^{6}2020, § 60, Rn. 27.

II. Vervielfältigung oder Verbreitung Tattoobildnis

Wie bereits anhand der beiden Fälle oben geschildert, gibt es auch Tattoos, die die möglichst fotorealistische Wiedergabe von Personenansichten zum Hauptgegenstand haben. Zudem lassen sich immer wieder Menschen nicht nur Porträts von berühmten Persönlichkeiten, sondern auch z. B. von geliebten Familienangehörigen als Tattoo stechen.

Da der Gesetzgeber die Technik der Personendarstellung nicht definiert hat, ist die gewählte künstlerische Ausdrucksform der Personendarstellung unerheblich.[849] Somit können auch Tattoos ein Bildnis i. S. d. § 60 UrhG darstellen und ihre Vervielfältigung und unentgeltliche Verbreitung im Rahmen des § 60 UrhG zulässig sein. Erreicht die tätowierte Personenansicht jedoch die Schöpfungshöhe eines Tattoowerks und folgt man der hier vertretenen Ansicht, dass es sich bei Tattoowerken um Werke der bildenden Kunst handelt (s. o. S. 22 ff.), so wird angesichts § 60 Abs. 1 S. 2 UrhG auch hier nur die Verwertung durch Lichtbild zulässig sein.

III. Zwischenergebnis

Angesichts der obigen Ergebnisse ist festzustellen, dass sowohl das Anfertigen eines Tattoos von einem Bildnis als auch die Vervielfältigung oder Verbreitung eines Bildnisses in Tattooform innerhalb des Anwendungsbereichs der Schranke des § 60 UrhG zulässig sein können, soweit die Nutzungshandlungen durch die gemäß § 60 UrhG Berechtigten oder in ihrem Auftrag stattfinden. Jegliche Nutzungsformen werden sich aber auch im Rahmen des § 60 UrhG am Änderungsverbot gemäß § 62 UrhG (s. o. S. 219 f., 244) messen müssen.[850] Der Pflicht zur Quellenangabe unterliegt eine Nutzung im Rahmen des § 60 UrhG allerdings nicht.[851]

Abschließend bleibt darauf hinzuweisen, dass nur die in § 60 Abs. 1 S. 1 UrhG genannten Nutzungsformen zulässig sind. Jegliche Form der öffentlichen Wiedergabe einschließlich der öffentlichen Zugänglichmachung i. S. d. § 19 UrhG bleibt im Rahmen des § 60 UrhG unzulässig.[852] Sowohl Besteller

---

849 *Vogel*, in: Schricker/Loewenheim/Leistner (Hrsg.), UrhR, [6]2020, § 60, 17, 19.; *Dreier*, in: Dreier/G. Schulze/Raue u. a. (Hrsg.), UrhG, 2022, § 60, Rn. 4.

850 *Vogel*, in: Schricker/Loewenheim/Leistner (Hrsg.), UrhR, [6]2020, § 60, Rn. 7.; *Dreier*, in: Dreier/G. Schulze/Raue u. a. (Hrsg.), UrhG, 2022, § 60, Rn. 11.

851 *Vogel*, in: Schricker/Loewenheim/Leistner (Hrsg.), UrhR, [6]2020, § 60, Rn. 10.; *Dreier*, in: Dreier/G. Schulze/Raue u. a. (Hrsg.), UrhG, 2022, § 60, Rn. 12.; *G. Schulze*, in: Dreier/G. Schulze/Raue u. a. (Hrsg.), UrhG, 2022, § 63, Rn. 6.

852 OLG Köln, Urt. v. 19.12. 2003, Az. 6 U 91/03, GRUR 2004, 499, 501; *Vogel*, in: Schricker/Loewenheim/Leistner (Hrsg.), UrhR, [6]2020, § 60, Rn. 12.; *Dreier*, in: Dreier/G. Schulze/Raue u. a. (Hrsg.), UrhG, 2022, § 60, Rn. 13.

eines Bildnisses als auch die auf dem bestellten Bildnis abgebildeten Personen werden sich somit bei öffentlicher Zugänglichmachung einer Vervielfältigung des Bildnisses nicht auf § 60 UrhG berufen können.

10. Kapitel: Verwandte Schutzrechte

A. Ausübender Künstler, § 73 ff. UrhG

Angesichts der §§ 73 ff. UrhG ist im Folgenden zu prüfen, ob Tattoo Models ausübende Künstler i. S. v. § 73 ff. UrhG sind.

Um als ausübender Künstler i. S. d. § 73 UrhG zu gelten, ist erforderlich, dass Tattoo Models Werke darbieten oder bei einer solchen Darbietung künstlerisch mitwirken.

I. Werk i. S. d. § 73 UrhG

Unter den Werkbegriff des § 73 UrhG fallen Werke i. S. v. § 2 UrhG.[853] Die juristische Literatur geht bislang allerdings größtenteils einschränkend davon aus, dass nur Werke gemäß § 2 Abs. 1 Nr. 1 bis 3 UrhG als Werke i. S. d. § 73 UrhG in Betracht kämen, da lediglich sie sich darbieten ließen.[854] Teile der Literatur halten hingegen eine Darbietung auch bei anderen Werkkategorien jedenfalls theoretisch für vorstellbar.[855]

Der einschränkenden Ansicht ist nachzulassen, dass sich die Erkenntnis, bei Tattoowerken handele es sich um Werke der bildenden Kunst, erst langsam durchsetzt und in die juristische Literatur bislang kaum Einzug gehalten hat (s. o. S. 22 f.). Ihr ist aber entgegenzuhalten, dass ein Tattoowerk nicht mit den bislang anerkannten Arten von Werken der bildenden Kunst vergleichbar ist. So erscheint es – im Gegensatz etwa zu einem Gemälde oder einer Plastik – zumindest möglich, ein Tattoowerk in seiner bestimmungsgemäßen Platzierung sichtbar auf dem Körper seiner Trägerperson beispielsweise im Rahmen von Tanzkunst oder pantomimischen Darstellungen darzubieten. Auch geht aus der Begründung des Gesetzgebers lediglich hervor, dass es sich bei einem Werk i. S. d. § 73 UrhG um ein Werk handeln muss, das dargeboten werden kann.[856] Eine Beschränkung auf Werke gem. § 2 Abs. 1 Nr. 1 bis 3 UrhG findet sich in der Begründung des Gesetzgebers somit nicht. Ge-

---

853 *Vogel*, in: Loewenheim (Hrsg.), Handbuch Urheberrecht, ³2021, Rn. 41; *Dreier*, in: Dreier/G. Schulze/Raue u. a. (Hrsg.), UrhG, 2022, § 73, Rn. 8.; *Büscher*, in: Wandtke/Bullinger (Hrsg.), UrhR, 2022, § 73, Rn. 6.; *Stang*, in: Götting/Lauber-Rönsberg/Rauer (Hrsg.), UrhR, 2024, § 73, Rn. 5.

854 *Grünberger*, in: Schricker/Loewenheim/Leistner (Hrsg.), UrhR, ⁶2020, § 73, Rn. 16.; *Vogel*, in: Loewenheim (Hrsg.), Handbuch Urheberrecht, ³2021, Rn. 44; *Dreier*, in: Dreier/G. Schulze/Raue u. a. (Hrsg.), UrhG, 2022, § 73, Rn. 8.; *Büscher*, in: Wandtke/Bullinger (Hrsg.), UrhR, 2022, § 73, Rn. 7.

855 *Büscher*, in: Wandtke/Bullinger (Hrsg.), UrhR, 2022, § 73, Rn. 7.; *Stang*, in: Götting/Lauber-Rönsberg/Rauer (Hrsg.), UrhR, 2024, § 73, 5.1.

856 RegE UrhG 1962, 90.

dacht war vielmehr an alle Leistungen, die sich ihrem Wesen nach zur Aufnahme auf Bild- oder Tonträger oder zur Sendung eignen,[857] was sich auch aus den auf § 73 UrhG folgenden Paragrafen ergibt, die ausweislich ihres Regelungsgehalts von auf diese Arten verwertbaren Leistungen ausgehen.

Solche Leistungen sind auch für Tattoowerke vorstellbar, deren Darbietung ohne Weiteres fotografiert oder gefilmt sowie gesendet werden kann. Die o. g. einschränkende Ansicht erscheint deshalb zu eng gefasst und ist abzulehnen.

Tattoowerke als eher außergewöhnliche Werke der bildenden Kunst (s. o. S. 22 ff.) sind daher ebenfalls als Werke i. S. d. § 73 UrhG anzusehen.

II. Darbietung

Wie bereits oben ausgeführt, erscheint die Darbietung von Tattoowerken möglich.

Doch nicht jede Aufführung o. Ä. stellt eine Darbietung i. S. d. § 73 UrhG dar, da dessen Schutzgegenstand die Interpretation eines Werkes ist.[858] Durch die Interpretation soll das Publikum einen Stimmung, Empfinden, Gefühl oder Phantasie anregenden Sinneseindruck empfangen.[859] Dies setzt eine künstlerische Ausgestaltung der Darbietung voraus.[860] Damit ist bei der Prüfung, ob eine Darbietung i. S. d. § 73 UrhG vorliegt, zwischen einer bloßen Wiedergabe und einer künstlerischen Interpretation als maßgeblichem Abgrenzungskriterium zu unterscheiden. So scheiden z. B. rein reproduzierende, sportliche oder artistische und ähnliche Leistungen aus.[861] Eine eigene Schöpfungshöhe der interpretierenden Darbietung wurde in der Vergangenheit für die Darbietung i. S. d. § 73 UrhG allerdings nicht als erforderlich angesehen.[862] Wie *Grünberger* richtig ausführt, fordert die Darbietung

---

857 *Dreier*, in: Dreier/G. Schulze/Raue u. a. (Hrsg.), UrhG, 2022, § 73, Rn. 10.

858 *Ders.*, in: Dreier/G. Schulze/Raue u. a. (Hrsg.), UrhG, 2022, § 73, Rn. 10.

859 BGH, Urt. v. 14.11.1980, Az. I ZR 73/78, GRUR 1981, 419, 421.

860 BGH, Urt. v. 14.11.1980, Az. I ZR 73/78, GRUR 1981, 419, 420 f.; LG Hamburg, Urt. v. 11.07.1975, Az. 74 O 14/75, GRUR 1976, 151, 152; *Schaefer*, in: A. Nordemann/J. B. Nordemann/Czychowski (Hrsg.), UrhR, 2018, § 73, S. 7.; *Grünberger*, in: Schricker/Loewenheim/Leistner (Hrsg.), UrhR, [6]2020, § 73, 23 f.; *Dreier*, in: Dreier/G. Schulze/Raue u. a. (Hrsg.), UrhG, 2022, § 73, Rn. 10.; *Büscher*, in: Wandtke/Bullinger (Hrsg.), UrhR, 2022, § 73, Rn. 7.; *Dünnwald/Gerlach*, Schutz des ausübenden Künstlers, 2008, Rn. 22; *Schack*, Rn. 729.

861 *Grünberger*, in: Schricker/Loewenheim/Leistner (Hrsg.), UrhR, [6]2020, § 73, Rn. 17.; *Dreier*, in: Dreier/G. Schulze/Raue u. a. (Hrsg.), UrhG, 2022, § 73, Rn. 12.; *Büscher*, in: Wandtke/Bullinger (Hrsg.), UrhR, 2022, § 73, Rn. 8.

862 BGH, Urt. v. 09.11.1973, Az. I ZR 114/72, GRUR 1974, 672, 673; BGH, Urt. v. 14.11.1980, Az. I ZR 73/78, GRUR 1981, 419, 10; *Dreier*, in: Dreier/G. Schulze/

i. S. d. § 73 UrhG eine gestaltende persönliche Wiedergabe des Werkes mit künstlerischem Eigenwert oder eigenpersönlicher Ausprägung.[863] In Ansehung des heute EU-weit harmonisierten Begriffs von Werk und Schöpfungshöhe (s. o. S. 25 ff.) ist festzustellen, dass die Forderung nach einer persönlichen Note der Interpretation des Werks im Wesentlichen der Anforderung der zum Ausdruck gebrachten Originalität des harmonisierten Begriffs der Schöpfungshöhe entspricht.[864] Dem folgend kann nur noch dann von einer Interpretation mit künstlerischem Eigenwert gesprochen werden, wenn die Darbietung eine persönliche Note[865] des Interpreten aufweist,[866] was im Ergebnis dem harmonisierten Begriffs der Gestaltungshöhe mindestens nahekommt. Letztlich ist es ein nachvollziehbares Ziel, den Kreis der Leistungsschutzberechtigten klein zu halten und nicht bloß Wiedergebende – etwa Nachrichtensprecher[867] – auf eine Stufe mit künstlerischen Interpreten zu stellen.[868]

Somit wird nicht jedes Tattoowerk von seiner Trägerperson zwingend dargeboten werden. Meist wird es an schon an der künstlerischen Ausgestaltung der Darbietung mangeln.

Tattoowerke können aber ohne Weiteres künstlerisch interpretiert und damit dargeboten werden. Gerade im Bereich der sog. Body-Art stellt die Darbietung des Tattoowerks durch die Trägerpersonen als lebende Leinwand einen wesentlichen Teil des Werks der bildenden Kunst dar. So erstrecken sich manche Tattoowerke über die Körper mehrerer Trägerpersonen,[869] sodass erst deren Zusammenkommen und -wirken das Kunstwerk vervollständigen. Bewegen sich diese Trägerpersonen und interagieren sogar miteinander, entsteht ein immer neuer Anblick oder Eindruck des Tattoowerks, der das Werk stets neu interpretiert und dem Publikum durch die Trägerpersonen dargeboten wird.

Bei einigen Tattoowerken ist die Trägerperson sogar der originäre Urheber und Künstler, während der Tattoo Artist lediglich Anweisungen ausführt. Körper oder Körperstelle sowie Art und Weise der Präsentation vor Publikum gehören wesentlich zum Konzept des Werks der bildenden Kunst.[870]

Raue u. a. (Hrsg.), UrhG, 2022, § 73, Rn. 10.; *Büscher*, in: Wandtke/Bullinger (Hrsg.), UrhR, 2022, § 73, Rn. 12.

863 *Grünberger*, in: Schricker/Loewenheim/Leistner (Hrsg.), UrhR, [6]2020, § 73, Rn. 24.

864 *Ders.*, in: Schricker/Loewenheim/Leistner (Hrsg.), UrhR, [6]2020, § 73, Rn. 25.

865 EuGH, Urt. v. 04.10.2011, Az. C-403, 429/08, GRUR 2012, 166, Tz. 92.

866 *Grünberger*, in: Schricker/Loewenheim/Leistner (Hrsg.), UrhR, [6]2020, § 73, Rn. 25.

867 LG Hamburg, Urt. v. 11.07.1975, Az. 74 O 14/75, GRUR 1976, 151; *Dreier*, in: Dreier/G. Schulze/Raue u. a. (Hrsg.), UrhG, 2022, § 73, Rn. 12.

868 *Schack*, Rn. 743.

869 *Appel*, 55 ff.; *Lamm*, 21 ff.

870 *Rieck*, in: Kohrs/Wittmann (Hrsg.), Der Tätowierer und Piercer Helmut Horst ‚Samy' Streckenbach, 2025 (angekündigt), S. 65, 66.

Sobald die Body-Art-Konzeptkünstlerin *VALIE EXPORT* den ihr tätowierten Strumpfhalter zeigt, wird die von ihr beabsichtigte Aussage im Zusammenwirken mit ihrem Körper oder der tätowierten Körperstelle deutlich und entfaltet das Tattoowerk seine dem Konzept entsprechende Aussage des Aufbegehrens gegen patriarchalische Bekleidungszwänge und ungewollte Sexualisierung (s. o. S. 56). Mit fortschreitendem Lebensalter von Trägerperson und Tattoo ändern sich der Eindruck und damit die Darbietung. Nur wenn *Tim Steiner* das Tattoowerk von *Wim Delvoye* auf seinem Rücken jährlich in Museen präsentiert, wird das Gesamtkunstwerk „TIM“ der Öffentlichkeit zugänglich und in seinen Sitzungen damit von ihm dargeboten (s. o. S. 140, 169 f.). Erst wenn *Timm Ulrichs* stirbt, schließen sich seine Lider final und wird damit endlich sein Tattoowerk „The End“, tätowiert auf sein Augenlid, abschließend dargeboten, indem die Vergänglichkeit menschlichen Lebens gleich einem Filmende aus der Stummfilmzeit zelebriert wird (s. o. S. 56).

III. Zwischenergebnis

Im Ergebnis ist damit festzustellen, dass Trägerpersonen von Tattoowerken ausübende Künstler i. S. v. § 73 UrhG darstellen können.

Tattoowerke als Werke der bildenden Kunst sind – entgegen der bisher herrschenden Meinung – Werke i. S. d. § 73 UrhG, d. h. für eine Darbietung geeignet (s. o. S. 261 f.). Wegen der besonderen Anforderungen der von § 73 UrhG geforderten künstlerischen Darbietung wird es sich bei der Darstellung von Tattoowerken jedoch nur in seltenen Einzelfällen um eine Darbietung im Sinne des § 73 UrhG handeln (s. o. S. 262 ff.).

Nicht jedes Tattoo Modell ist also ausübender Künstler i. S. d. § 73 UrhG.

B. Schutz des Datenbankherstellers, §§ 87a ff. UrhG

Wie bereits oben festgestellt, können Trägerpersonen, die mehrere Tattoowerke tragen, ohne Weiteres eine Werkgesamtheit in Form eines Sammelwerks und somit i. S. d. § 4 Abs. 1 UrhG darstellen (s. o. S. 166 ff.). Herstellerin der Sammlung wird in der absoluten Mehrzahl der Fälle die Trägerperson sein, da sie über Erhalt und Verbleib der Tattoowerke in der Sammlung entscheidet (s. o. S. 169 ff.).

Der Schutz des Datenbankherstellers gemäß §§ 87a ff. UrhG unterscheidet sich jedoch von einem urheberrechtlichen Schutz einer Sammlung, da er den Schutz von Investitionen für Beschaffung, Zusammenstellung, Überprüfung, Aufbereitung und Darbietung des Datenbankinhalts gewährleistet, nicht aber die potenziell mit Schöpfungshöhe ausgestattete Auswahlleistung.[871]

Darüber hinaus muss eine Datenbank i. S. v. § 4 Abs. 2 UrhG und § 87a Abs. 1 S. 1 UrhG jedoch systematisch oder methodisch angeordnet sein. Systematik bedeutet eine Ordnung nach vordefinierten logischen oder sachlichen Kriterien, Methodik eine planmäßige Strukturierung zur Verwirklichung eines bestimmten Zwecks.[872] Analoge Datenbanken sind typischerweise alphabetisch, numerisch, geografisch oder chronologisch angeordnet.[873] Eine bloße Aneinanderreihung ist für die Annahme einer systematisch oder methodisch angeordnet Datenbank nicht ausreichend.[874]

Die Tattoos oder sogar Tattoowerke von Trägerpersonen werden in aller Regel jedoch weder alphabetisch, numerisch, geografisch oder chronologisch, sondern aufgrund einer für jedes einzelne Tattoo individuellen Auswahlentscheidung, die durch mehr oder weniger spontane Impulse sowie körperliche Gegebenheiten der Trägerperson getroffen wird, angeordnet sein. Die Anordnung von Tattoos auf dem Körper einer Trägerperson ist damit weder systematisch noch methodisch i. S. d. § 87a Abs. 1 S. 1 UrhG.

Angesichts der Definition einer Datenbank i. S. d. § 87a UrhG erscheint es damit fernliegend, tätowierter Körper einer Trägerperson als Datenbank gemäß §§ 87a ff. UrhG angesehen werden kann.

871 *Dreier*, in: Dreier/G. Schulze/Raue u. a. (Hrsg.), UrhG, 2022, Vor 87a, Rn. 1.

872 *Czychowski*, in: A. Nordemann/J. B. Nordemann/Czychowski (Hrsg.), UrhR, 2018, § 87a, Rn. 11.; *Dreier*, in: Dreier/G. Schulze/Raue u. a. (Hrsg.), UrhG, 2022, § 87a, Rn. 7.

873 *Czychowski*, in: A. Nordemann/J. B. Nordemann/Czychowski (Hrsg.), UrhR, 2018, § 87a, Rn. 11.; *Vogel*, in: Schricker/Loewenheim/Leistner (Hrsg.), UrhR, 62020, § 87a, Rn. 19.; *Dreier*, in: Dreier/G. Schulze/Raue u. a. (Hrsg.), UrhG, 2022, § 87a, Rn. 7.

874 KG, Urt. v. 26.05.2000, Az. 5 U 1171/00, ZUM-RD 2001, 88; OLG München, Urt. v. o9.11.2000, Az. 6 U 2812/00, GRUR-RR 2001, 228.

11. Kapitel: Gesetzliche Ansprüche

Da es sich bei Tattoos um urheberrechtlich geschützte Werke der bildenden Kunst handeln kann (s. o. S. 22 ff.), löst die Verletzung von Ausschließlichkeitsrechten daran gesetzliche Ansprüche der jeweiligen Rechteinhaber gem. §§ 97 ff. UrhG aus. Im Folgenden ist deshalb zu prüfen, welche gesetzlichen Ansprüche aus der Verletzung von Rechten an Tattoowerken oder durch die Anfertigung von Tattoos aus sonstigen Werken neben den bereits oben angesprochenen gesetzlichen Ansprüchen bestehen oder durchsetzbar sind.

A. Unterlassung, § 97 Abs. 1 S. 1 UrhG

Werden fremde Urheberrechte oder andere nach dem UrhG geschützte Rechte verletzt, haben die Rechteinhaber gemäß § 97 Abs. 1 S. 1 UrhG u. a. einen Anspruch auf Unterlassung des rechtsverletzenden Verhaltens, sofern die Rechtsverletzung widerrechtlich geschieht und Wiederholungsgefahr vorliegt.

Die Rechtswidrigkeit ergibt sich aus der tatbestandsmäßigen Verletzung eines fremden Urheberrechts oder eines anderen nach dem UrhG geschützten Rechts.[875] Ergreift jemand eine nicht vom Rechtsinhaber gestattete und nicht erschöpfte Art und Weise der Nutzung eines fremden geschützten Werks oder einer fremden geschützten Leistung, die weder durch eine Schrankenbestimmung abgedeckt ist noch durch die Einräumung oder Übertragung eines entsprechenden Nutzungsrechts oder einer sonstigen schuldrechtlichen Genehmigung durch den Rechteinhaber legitimiert wurde, stellt dies ohne rechtfertigenden Grund eine Rechtsverletzung dar.[876] Das Bewusstsein der Rechtswidrigkeit des Handelns ist keine Tatbestandsvoraussetzung.[877]

Eine bereits begangene Rechtsverletzung indiziert die für das Bestehen des Unterlassungsanspruchs erforderliche Wiederholungsgefahr. Insofern besteht eine tatsächliche Vermutung.[878]

875 *Specht-Riemenschneider*, in: Dreier/G. Schulze/Raue u. a. (Hrsg.), UrhG, 2022, § 97, Rn. 14.; *Wolf/Bullinger*, in: Wandtke/Bullinger (Hrsg.), UrhR, 2022, § 97, Rn. 39.; *Reber*, in: Götting/Lauber-Rönsberg/Rauer (Hrsg.), UrhR, 2024, § 97, Rn. 84.

876 *Specht-Riemenschneider*, in: Dreier/G. Schulze/Raue u. a. (Hrsg.), UrhG, 2022, § 97, Rn. 14.

877 BGH, Urt. v. 02.05.1991, Az. I ZR 227/89, GRUR 1991, 769, 770.

878 BGH, Urt. v. 06.07.1954, Az. I ZR 38/53, GRUR 1955, 97.

Aktivlegitimiert ist nur der Urheber selbst oder der Inhaber des verletzten Nutzungsrechts.[879] Im Falle einer Miturheberschaft wird jeder Miturheber berechtigt sein, Ansprüche aus der Verletzung des gemeinsamen Urheberrechts geltend zu machen. Allerdings kann stets nur eine Leistung verlangt werden, die allen Miturhebern zugutekommt.[880]

Passivlegitimiert sind Täter und Anstifter sowie in Bezug auf die Tatbestandsvoraussetzungen vorsätzlich[881] agierende Gehilfen als Teilnehmer der Rechtsverletzung.[882]

Wird gegen Urheberrechte des Tattoo Artists verstoßen, z. B., wenn das Tattoowerk gegen seinen Willen verbreitet oder öffentlich zugänglich gemacht wird, hat er gem. § 97 Abs. 1 S. 1 UrhG Unterlassungsansprüche gegen den Verletzer, d. h. denjenigen, der sein Tattoowerk verbreitet oder öffentlich zugänglich gemacht hat, sowie gegen etwaige Anstifter oder Gehilfen. Bei auf die Trägerperson übergegangenen Ausschließlichkeitsrechten aus dem Tattoowerk (s. o. S. 165) ist sie die Inhaberin des Unterlassungsanspruchs.

Wird durch die Anfertigung eines Tattoos gegen die Rechte des Urhebers eines sonstigen Werks verstoßen, hat er den Unterlassungsanspruch gem. § 97 Abs. 1 S. 1 UrhG gegen den Verletzer sowie gegen etwaige Anstifter oder Gehilfen.

B. Beseitigung, § 97 Abs. 1 S. 1 UrhG

Zusätzlich zum Anspruch auf Unterlassung besteht auch ein Anspruch auf Beseitigung, wenn trotz des Unterlassens der verletzenden Handlung weiterhin eine Störung vorliegt, die eine fortlaufende Gefahr für das widerrechtlich verletzte Recht darstellt.[883] Einzige Voraussetzung des Beseitigungsanspruchs ist das Vorliegen einer konkreten Störung, nicht jedoch

879 *Wolf/Bullinger*, in: Wandtke/Bullinger (Hrsg.), UrhR, 2022, § 97, Rn. 7 ff.; *Specht-Riemenschneider*, in: Dreier/G. Schulze/Raue u. a. (Hrsg.), UrhG, 2022, § 97, 3, 18.; *Reber*, in: Götting/Lauber-Rönsberg/Rauer (Hrsg.), UrhR, 2024, § 97, Rn. 2.

880 *G. Schulze*, in: Dreier/G. Schulze/Raue u. a. (Hrsg.), UrhG, 2022, § 8, 20 f.; *Reber*, in: Götting/Lauber-Rönsberg/Rauer (Hrsg.), UrhR, 2024, § 97, Rn. 18.

881 BGH, Urt. v. 11.03.2004, Az. I ZR 304/01, GRUR 2004, 860, 864; *Specht-Riemenschneider*, in: Dreier/G. Schulze/Raue u. a. (Hrsg.), UrhG, 2022, § 97, Rn. 25.

882 *Specht-Riemenschneider*, in: Dreier/G. Schulze/Raue u. a. (Hrsg.), UrhG, 2022, § 97, Rn. 23.; *Wolf/Bullinger*, in: Wandtke/Bullinger (Hrsg.), UrhR, 2022, § 97, Rn. 14.; *Reber*, in: Götting/Lauber-Rönsberg/Rauer (Hrsg.), UrhR, 2024, § 97, 35 ff.

883 *Specht-Riemenschneider*, in: Dreier/G. Schulze/Raue u. a. (Hrsg.), UrhG, 2022, § 97, Rn. 69.; *Wolf/Bullinger*, in: Wandtke/Bullinger (Hrsg.), UrhR, 2022, § 97, Rn. 50.; *Reber*, in: Götting/Lauber-Rönsberg/Rauer (Hrsg.), UrhR, 2024, § 97, Rn. 86.

Verschulden.[884] Der Beseitigungsanspruch gemäß § 97 Abs. 1 S. 1 UrhG unterliegt dem allgemeinen Verhältnismäßigkeitsgebot, muss somit notwendig, geeignet und dem Störer zumutbar sein, was im Rahmen einer umfassenden Interessenabwägung zu prüfen ist.[885]

Ebenso wie der Unterlassungsanspruch wird dem in seinen Rechten verletzten Urheber mithin auch ein Beseitigungsanspruch gemäß § 97 Abs. 1 S. 1 UrhG zustehen.

Handelt es sich jedoch um ein unrechtmäßiges Vervielfältigungsstück in Form eines Tattoos wie beispielsweise bei einem Copycat-Tattoo wird die Durchsetzung des Beseitigungsanspruchs scheitern. Bei der Beseitigung eines Tattoos handelt es sich um einen schwerwiegenden Eingriff in die körperliche Integrität, das allgemeine Persönlichkeitsrecht und die Menschenwürde der Trägerperson des illegal erstellten Tattoos. Die erforderliche Interessenabwägung zwischen den eher wirtschaftlichen Interessen des in seine Rechten verletzten Urhebers und den fundamentalen o. g. Interessen der Trägerperson lässt den letztlich auch eine Körperverletzung darstellenden Eingriff zwar mindestens geeignet und wahrscheinlich auch erforderlich, jedenfalls aber unzumutbar erscheinen. Die Abwägung wird deshalb stets zugunsten der Trägerperson ausfallen. Der Beseitigungsanspruch ist deshalb gegen Tattoos nicht durchsetzbar. Dies gilt ebenfalls, wenn der Urheber eines sonstigen Werks von einer Verletzung seiner Rechte durch die Anfertigung eines Tattoos betroffen ist. Auch er kann aus o. g. Gründen keine Beseitigung des Tattoos durchsetzen.

Die Anfertigung eines weiteren, möglicherweise sogar identischen Vervielfältigungsstücks des Werkoriginals bleibt jedoch ein erheblicher Eingriff in wesentliche Rechte und ein Schaden des Urhebers. Die Verwertbarkeit des Werks erscheint negativ beeinträchtigt. Der Tattoo Artist als Urheber hat der Trägerperson seines Werkoriginal u. U. sogar Exklusivität zugesichert und deshalb auf die weitere Verwertung des Werks verzichtet. Zudem gefährdet bereits die bloße Existenz eines weiteren Vervielfältigungsstücks in Tattooform in einem solchen Fall sowohl den Ruf des Tattoo Artists als Unikatkünstler als auch sein Recht auf Anerkennung als dessen Urheber. Die Existenz eine weiteren z. B. im Internet beworbenen Vervielfältigungsstücks eröffnet nicht nur ein weiteres Publikum,[886] sondern vernebelt dadurch auch die Identität des tatsächlichen Urhebers.

---

884 *Specht-Riemenschneider*, in: Dreier/G. Schulze/Raue u. a. (Hrsg.), UrhG, 2022, § 97, Rn. 70.; *Reber*, in: Götting/Lauber-Rönsberg/Rauer (Hrsg.), UrhR, 2024, § 97, Rn. 87.

885 BGH, Urt. v. 09.06.1983, Az. I ZR 70/81, GRUR 1984, 54; *Wolf/Bullinger*, in: Wandtke/Bullinger (Hrsg.), UrhR, 2022, § 97, Rn. 51.

886 BGH, Urt. v. 10.1.2019, Az. I ZR 267/15, GRUR 2019, 813, 43 ff.

Der Urheber eines sonstigen Werks wird ebenfalls darin beeinträchtigt, sein Werk zu verwerten, da z. B. die Möglichkeit der Lizenzierung als Tattoovorlage bereits durch die Existenz eines das Werk vervielfältigenden Tattoos mindestens eingeschränkt ist.

In diesem Zusammenhang ist daran zu erinnern, dass wesentliches Ziel der urheberrechtlichen Gesetzgebung ist, Urhebern eine faire Vergütung für ihr schöpferisches Schaffen zu gewährleisten. Dem widerspräche ein für den Verletzter folgenloses Entfallen des Beseitigungsanspruches. Vielmehr erscheint die Nichtdurchsetzbarkeit des Beseitigungsanspruches in solchen Fällen wie ein immaterieller Schaden i. S. d. § 97 Abs. 2 S. 4 UrhG, der nur durch eine Geldzahlung kompensiert werden kann. Näheres dazu wird anlässlich der Prüfung von Schadensersatzansprüchen zu prüfen sein.

C. Schadensersatz, § 97 Abs. 2 UrhG

Voraussetzung für den Schadensersatzanspruch gemäß § 97 Abs. 2 UrhG ist neben der Rechtsverletzung schuldhaftes Handeln des Verletzers. Der Verletzte kann den Schaden in Form des entgangenen Gewinns, im Wege der sogenannten Lizenzanalogie oder im Wege der Herausgabe des Verletzergewinns geltend machen.[887]

Während sich sowohl die Feststellung der Rechtsverletzung als auch des Vorliegens von vorsätzlichem oder fahrlässigem Handeln auch im Tattoobereich nach allgemeinen, von Rechtsprechung und Literatur anerkannten Grundsätzen richten, bedarf die Bemessung des durch eine Urheberrechtsverletzung im Tattoobereich entstandenen materiellen und immateriellen Schadens näherer Betrachtung. So entziehen sich jedenfalls Urheberrechtsverletzungen durch die Anfertigung von Tattoos den bekannten Grundsätzen zur Schadensberechnung bei Rechtsverletzungen an anderen urheberrechtlich geschützten Werken. Insbesondere bei der illegalen Herstellung eines Copycat-Tattoos von einem Tattoowerk erscheint die Schadensbemessung schwierig.

Während die Herausgabe des Verletzergewinns noch leicht zu bemessen wäre, wenn der verletzende Tätowierer für die Anfertigung des Copycat-Tattoos eine Vergütung eingenommen hat, stellt sich sowohl bei der

---

887 BGH, Urt. v. 30.01.1959, Az. I ZR 82/57, GRUR 1959, 379, 383; BGH, Urt. v. 07.12.1979, Az. I ZR 157/77, GRUR 1980, 227, 232; BGH, Urt. v. 16.11.1989, Az. I ZR 15/88, GRUR 1990, 353; BGH, Urt. v. 22.03.1990, Az. I ZR 59/88, GRUR 1990, 1009; BGH, Urt. v. 02.02.1995, Az. I ZR 16/93, GRUR 1995, 349, 351 f.; *Specht-Riemenschneider*, in: Dreier/G. Schulze/Raue u. a. (Hrsg.), UrhG, 2022, § 97, Rn. 75.; *Wolf/Bullinger*, in: Wandtke/Bullinger (Hrsg.), UrhR, 2022, § 97, Rn. 66 f.; *Reber*, in: Götting/Lauber-Rönsberg/Rauer (Hrsg.), UrhR, 2024, § 97, Rn. 107.

Berechnung des entgangenen Gewinns als auch im Wege der sogenannten Lizenzanalogie die Frage, anhand welcher Kriterien die Höhe des Schadens zu ermitteln ist.

Der entgangene Gewinn ist zumeist nur schwer zu ermitteln, da es hierzu konkreter Nachweise über entstandene Umsatzeinbußen oder einer nachprüfbaren Feststellung des verletzungsbedingt entgangenen Gewinns bedarf.[888] Hat sich der Tattoo Artist aber z. B. gegenüber der Trägerperson des Originalwerks verpflichtet, dass Tattoowerk nur einmal anzufertigen, ist durch die Erstellung eines illegalen Vervielfältigungsstücks durch einen Dritten gerade kein Gewinn entgangen, denn gemäß § 252 S. 2 BGB gilt als entgangen nur der Gewinn, der im gewöhnlichen Verlauf oder unter Berücksichtigung der besonderen Umstände, insbesondere der getroffenen Maßnahmen und Vorbereitungen, mit Wahrscheinlichkeit zu erwarten war. Eine zusätzliche Vergütung für das Anfertigung eines Vervielfältigungsstücks des Tattoowerks konnte der Urheber aber gerade nicht erwarten, da er sich vertraglich dazu verpflichtet hat, kein das Tattoowerk vervielfältigendes Tattoo anzufertigen.

Damit bleibt für die Schadensberechnung noch die Lizenzanalogie. Hier dürfte sich in Ermangelung anderer Lizenzmodelle als lebensnah und praktikabel erweisen, mindestens die Kosten für Erstellung der Vorlage und Anfertigung des Tattoowerks als fiktive Lizenzkosten anzusetzen. Dies folgt auch dem Prinzip der Lizenzanalogie, das besagt, dass der Verletzer die angemessene Lizenzgebühr zahlen muss, die vernünftige Parteien unter Berücksichtigung der wahren Rechtslage und der spezifischen Umstände vereinbart hätten, wenn sie einen Lizenzvertrag abgeschlossen hätten,[889] oder ist vielmehr als vorrangige Lizenzpraxis[890] des verletzten Urhebers anzusetzen. Der Verletzer steht damit auch nicht besser oder schlechter als ein ordnungsgemäßer Lizenznehmer.

Erfolgt die Verletzung z. B. in Form der Verbreitung oder öffentlichen Zugänglichmachung ohne Urhebernennung, liegt es daneben nahe, diese Verletzung des Urheberpersönlichkeitsrechts gemäß § 13 UrhG als Schaden wegen des entgangenen Werbeeffekts und etwa entgangener Folgeaufträge mit dem z. B. aus dem Fotobereich bekannten Aufschlag von 100 % auf die Lizenzgebühr zu bewerten.[891] Dem mag entgegengehalten werden, dass eine Urheberbenennung am Werk im Tattoobereich branchenunüblich sei und der

888 *Specht-Riemenschneider*, in: Dreier/G. Schulze/Raue u. a. (Hrsg.), UrhG, 2022, § 97, Rn. 81.

889 BGH, Urt. v. 22.03.1990, Az. I ZR 59/88, GRUR 1990, 1009, 1009.

890 BGH, Urt. v. 26.03.2009, Az. I ZR 44/06, GRUR 2009, 660, 17; BGH, Urt. v. 20. 9. 2012, Az. I ZR 177/11, GRUR-RR 2013, 360.

891 BGH, Urt. v. 15.1.2015, Az. I ZR 148/13, GRUR 2015, 780, Rn. 40; *Specht-Riemenschneider*, in: Dreier/G. Schulze/Raue u. a. (Hrsg.), UrhG, 2022, § 97, Rn. 84.

Tattoo Artist als Urheber freiwillig auf sein Recht auf Urheberbenennung verzichtet habe (s. o. S. 84 ff.). Dies kann aber allenfalls für den Fall der Verbreitung in Tattooform verfangen, denn auf sein Recht auf Urheberbenennung z. B. bei der öffentlichen Zugänglichmachung von Vervielfältigungen des Tattoowerks hat der Urheber nicht verzichtet (s. o. S. 88 ff.). Gerade im Internet ist der Werbeeffekt immens und sein Verlust infolge fehlender Urhebernennung ein schwerwiegender Schaden für den Urheber. Die auch aus dem Fotobereich bekannte Praxis des prozentualen Aufschlags auf die Lizenzgebühr ist deshalb auch hier anzuwenden.

Schließlich stellt sich noch die Frage nach dem Ersatz sonstigen immateriellen Schadens gem. § 97 Abs. 2 S. 4 UrhG. So war anlässlich der Prüfung des Beseitigungsanspruchs gem. § 97 Abs. 1 S. 1 UrhG die Frage aufgekommen, ob der wegen Unzumutbarkeit für die Trägerperson eines Copycat-Tattoos nicht durchsetzbare Beseitigungsanspruch als immaterieller Schaden im Rahmen des § 97 Abs. 2 S. 4 UrhG abgefunden werden kann. Eine Entschädigung auf der Grundlage des § 97 Abs. 2 S. 4 UrhG ist zwar neben den Ansprüchen aus § 97 Abs. 1 und Abs. 2 S. 1 UrhG möglich,[892] besteht aber nur bei Verletzung des Urheberpersönlichkeitsrechts.[893] Zudem werden ausschließlich Schäden in Form emotionaler und seelischer Beeinträchtigungen erfasst.[894] Schließlich muss es sich um schwerwiegende Eingriffe handeln.[895]

Der wegen Unzumutbarkeit nicht durchsetzbare Beseitigungsanspruch in Bezug auf ein illegales Vervielfältigungsstück in Form eines Copycat-Tattoos kann daher nicht als immaterieller Schaden i. S: d. § 97 Abs. 2 S. 4 UrhG geltend gemacht werden, da es sich dabei weder um eine emotionale oder seelische Beeinträchtigung noch um einen schwerwiegenden Fall handeln dürfte.

---

892 *Specht-Riemenschneider*, in: Dreier/G. Schulze/Raue u. a. (Hrsg.), UrhG, 2022, § 97, Rn. 95.

893 BGH, Urt. v. 05.03.1971, Az. I ZR 94/69, GRUR 1971, 525, 526; BGH, Urt. v. 08.06.1989, Az. I ZR 135/87, GRUR 1995, 668; *Wolf/Bullinger*, in: Wandtke/Bullinger (Hrsg.), UrhR, 2022, § 97, Rn. 92.

894 *Specht-Riemenschneider*, in: Dreier/G. Schulze/Raue u. a. (Hrsg.), UrhG, 2022, § 97, Rn. 95.

895 BGH, Urt. v. 05.03.1971, Az. I ZR 94/69, GRUR 1971, 525, 526; *Specht-Riemenschneider*, in: Dreier/G. Schulze/Raue u. a. (Hrsg.), UrhG, 2022, § 97, Rn. 99.; *Wolf/Bullinger*, in: Wandtke/Bullinger (Hrsg.), UrhR, 2022, § 97, Rn. 94.

D. Anspruch auf Vernichtung, Rückruf und Überlassung von Vervielfältigungsstücken, § 98 UrhG

Sofern es sich bei den illegal angefertigten Vervielfältigungsstücken um Tattoos handelt, wird der Anspruch auf Vernichtung, Rückruf oder Überlassung von Vervielfältigungsstücken gemäß § 98 UrhG wie der Anspruch auf Beseitigung gemäß § 97 Abs. 1 UrhG (s. o. S. 267 f.) aus den bereits o. g. Gründen unverhältnismäßig i. S. d. § 98 Abs. 4 UrhG und deshalb nicht durchsetzbar sein.

Handelt sich bei den illegalen Vervielfältigungsstücken jedoch nicht um Tattoos, steht der Durchsetzung des Anspruchs gemäß § 98 UrhG kein gewichtiges Interesse des Verletzers entgegen.

Gemäß § 98 Abs. 1 S. 2 UrhG besteht der Anspruch auf Vernichtung nicht nur gegen illegal hergestellte Vervielfältigungsstücke, sondern auch gegen die im Eigentum des Verletzers stehenden Vorrichtungen, soweit sie vorwiegend zur Herstellung dieser Vervielfältigungsstücke gedient haben. Unter den Begriff der Vorrichtungen i. S. d. § 98 Abs. 1 S. 2 UrhG fallen nicht nur Druckvorlagen, sondern gegebenenfalls auch Kopiermaschinen und ähnliche Gerätschaften.[896] Nach dieser Definition werden damit auch Tätowiermaschinen unter die Definition der Vorrichtung fallen. Um dem Vernichtungsanspruch zu unterfallen, besteht die Voraussetzung, dass die Gerätschaften zwar nicht ausschließlich, aber mindestens vorwiegend zur Herstellung der illegalen Vervielfältigungsstücke gedient haben.[897] Vorwiegend dienen Vorrichtungen dann zur Vervielfältigung rechtswidrig hergestellter Vervielfältigungsstücke, wenn sie in der Vergangenheit in einem überwiegenden Ausmaß dazu benutzt worden sind.[898]

Die zur Erstellung von Copycat-Tattoos von Tattoowerken verwendeten Tätowiermaschinen können damit Vorrichtungen gemäß § 98 Abs. 1 S. 2 UrhG sein und dem Vernichtungsanspruch des verletzten Urhebers unterliegen. Der Nachweis, dass die Tätowiermaschinen vorwiegend zur Erstellung illegaler Copycat-Tattoos verwendet wurden, dürfte allerdings schwerfallen.

---

896 *Wimmers*, in: Schricker/Loewenheim/Leistner (Hrsg.), UrhR, [6]2020, § 98, 11 f.; *Dreier*, in: Dreier/G. Schulze/Raue u. a. (Hrsg.), UrhG, 2022, § 98, Rn. 9.; *Bohne*, in: Wandtke/Bullinger (Hrsg.), UrhR, 2022, § 98, Rn. 31.

897 *Wimmers*, in: Schricker/Loewenheim/Leistner (Hrsg.), UrhR, [6]2020, § 98, Rn. 12.; *Dreier*, in: Dreier/G. Schulze/Raue u. a. (Hrsg.), UrhG, 2022, § 98, Rn. 13.; *Bohne*, in: Wandtke/Bullinger (Hrsg.), UrhR, 2022, § 98, Rn. 27.

898 *Dreier*, in: Dreier/G. Schulze/Raue u. a. (Hrsg.), UrhG, 2022, § 98, Rn. 13.

E. Zwischenergebnis

Die gesetzlichen Ansprüche wegen der Verletzung von Rechten an Tattoowerken oder durch die Anfertigung von Tattoos aus sonstigen Werken bestehen weitestgehend wie bei anderen Urheberrechtsverletzungen. Lediglich die Ansprüche auf Beseitigung, Vernichtung, Rückruf und Überlassung sind gegenüber Trägerpersonen von illegal erstellten Tattoos wegen Unzumutbarkeit nicht durchsetzbar (s. o. S. 266 ff.).

Hinsichtlich der weiteren gesetzlichen Ansprüche ergeben sich in Bezug auf Tattoos keine Besonderheiten, sodass auf deren Darstellung verzichtet wird

Die Verletzung urheberrechtlicher Ausschließlichkeitsrechte stellt schließlich auch einen Angriff auf die vom Staat im Wege des Immaterialgüterrechts vorgenommene Zuordnung immaterieller Güter dar.[899] Neben den zivilrechtlichen Schutz tritt deshalb parallel[900] der strafrechtliche Schutz der §§ 106 ff. UrhG hinzu. Auch hier gibt es jedoch keine auf den Tattoobereich zurückzuführenden Besonderheiten, sodass auf eine Prüfung verzichtet wird.

---

899 *Specht-Riemenschneider*, in: Dreier/G. Schulze/Raue u. a. (Hrsg.), UrhG, 2022, Vor § 97, Rn. 2.

900 *Dies.*, in: Dreier/G. Schulze/Raue u. a. (Hrsg.), UrhG, 2022, Vor § 97, Rn. 9.

12. Kapitel: Änderungsvorschläge

Der Verlauf der Arbeit zeigt, dass weite Teile der dem Tattoobereich eigenen Besonderheiten mit dem vorhandenen Handwerkszeug der urheberrechtlichen Gesetzgebung sowie deren Auslegung und Anwendung durch Rechtsprechung und Literatur angemessen berücksichtigt werden können. In wenigen Ausnahmefällen erscheinen jedoch eine Anpassung oder Klarstellung der vorhandenen Normen erforderlich. Sie sind im Folgenden kurz zusammenzufassen.

A. Verträge über unbekannte Nutzungsarten, § 31a UrhG

Anlässlich der Prüfung des Wortlauts des § 31a Abs. 3 UrhG wurde festgestellt, dass auch eine Werkgesamtheit tatbestandsmäßig sein kann, bei der mehrere Werke oder Werkbeiträge nur eines Urhebers miteinander verbunden werden, obwohl der Gesetzgeber angesichts der Begründung nur einen Fall mit mehreren Urhebern erwähnt (s. o. S. 165 ff.). Deshalb muss davon ausgegangen werden, dass es sich bei der Formulierung der Begründung um ein Versehen des Gesetzgebers handelt, da er offensichtlich die Möglichkeit übersah, dass auch mehrere Werke oder Werkbeiträge eines einzelnen Urhebers eine Werkgesamtheit bilden können. Da ein solcher Fall einer von einem Urheber geschaffenen Werkgesamtheit ohne Weiteres denkbar erscheint, sollte idealerweise eine Klarstellung des Wortlauts der Norm erfolgen.

B. Recht zur anderweitigen Verwertung nach zehn Jahren bei pauschaler Vergütung, § 40a UrhG

Bislang hat sich gezeigt, dass § 40 Abs. 1 UrhG auf Tattoowerke keine Anwendung finden, sondern zur angemessenen Berücksichtigung der vom Gesetzgeber dem Urheber beigemessenen Recht zur anderweitigen Verwertung jedenfalls § 40a Abs. 3 Nr. 2 UrhG analog auf Tattoowerke angewendet werden sollte (s. o. S. 196 ff.). Als ideale Lösung erscheint die Änderung des Wortlauts von § 40a Abs. 3 Nr. 2 UrhG zu *„es sich um ein Werk der Baukunst, ein Tattoowerk oder Entwürfe solcher Werke handelt"* (Änderungen unterstrichen). Anderenfalls drohen die ursprünglich als ausschließlich eingeräumten Nutzungsrechte der Trägerpersonen von Tattoowerken gem. § 40 Abs. 1 S. 1, 2 UrhG nach Ablauf von zehn Jahren nur noch als einfache

Nutzungsrechte fortzubestehen. Dies widerspricht der von Tattoo Artist und Trägerperson angenommenen dauerhaften Exklusivität von speziell für die Trägerperson angefertigten Tattoowerken.

C. Vervielfältigungen zum privaten und sonstigen eigenen Gebrauch, § 53 UrhG

Ein weiteres Ergebnis ist, dass es an der die Schranke des § 53 UrhG rechtfertigenden Vergütung für von Privatkopien in Tattooform betroffene Tattoo Artists und Urheber von durch Tattoos kopierte sonstige Werke mangelt (s. o. S. 237 ff.). Zur Ausräumung ernstzunehmender verfassungsrechtlicher Bedenken erscheint deshalb gesetzgeberische Aktivität angeraten. Klar- und sicherzustellen ist, dass auch auf Tätowiermaschinen und vergleichbare Geräte die Kopierabgabe zu erheben ist.

13. Kapitel: Ergebnisse der Untersuchung

A. Bestätigung/Widerlegung der Thesen

Metahypothese der Arbeit ist, dass auf Tattoos bezogene Rechtsstreitigkeiten in nahezu allen Bereichen des Urheberrechts in Deutschland jederzeit möglich und keineswegs fernliegend sind. Die geschilderten Fallbeispiele – ob hypothetisch oder real, z. B. aus dem Ausland – belegen diese Metahypothese.

Auch die erste und grundlegende Hypothese der Arbeit wurde verifiziert (s. o. S. 24 ff.). Nicht nur das Anfertigen von Vorlagen für Tattoos, sondern auch das Anfertigen von Tattoos selbst durch Einbringung von Farbpigmenten in Hautschichten kann eine persönliche, geistige Schöpfung mit Schöpfungshöhe und mithin urheberrechtsfähig sein (s. o. S. 64). Ergebnis der Arbeit ist zudem, dass es sich bei derartigen Tattoowerken um Werke der bildenden Kunst handelt (s. o. S. 61).

Die auf der ersten Hypothese aufbauende zweite Hypothese der Arbeit konnte ebenfalls verifiziert werden. Tattoo Artists sind bei der Verletzung ihrer Urheberpersönlichkeits-, Nutzungs- und Verwertungsrechte weitestgehend anderen Urhebern wie Fotografen, Bildhauern oder Malern gleichgestellt. Lediglich in einigen Teilbereichen wie z. B. der Entstellung (s. o. S. 92 ff.), Umgestaltung (s. o. S. 124 ff.) oder Durchsetzung von Beseitigungsansprüchen (s. o. S. 267 f.) – jeweils gegen die Trägerperson und betreffend Tattoos – ergeben sich Besonderheiten wegen einer Interessenabwägung jeweils zugunsten der Trägerperson.

Die o. g. Besonderheiten falsifizieren damit die dritte Hypothese der Arbeit. Tattoo Artists können nicht erfolgreich gegen die Veröffentlichung von bearbeiteten Versionen oder die Entstellung ihrer Tattoowerke vorgehen. Das allgemeine Persönlichkeitsrecht und die Handlungsfreiheit des Trägerpersonen überwiegen im Tattoobereich in einer Abwägung mit den Rechten der Urheber.

B. Ausblick/Prognose künftiger Entwicklungen

Bereits wenige Wochen nach dem ersten Bekanntwerden der Klage eines Tattoo Artist gegen ein Unternehmen und einen prominenten Sportler wegen unlizenzierter, gewerblicher Verwertung eines Tattoos in Werbespots[901]

901 *Brown*, Complaint at 3, Reed v. Nike, Inc., No. 3:05-CV-00198 (D. Or. Feb. 10, 2005). (https://www.plainsite.org/dockets/jtxzqu59/oregon-district-court/reed-v-nike-inc-et-al/) (geprüft am 29.09.2024).

gab der Autor und IT-Trainer *Pariah Burke* auf seinem gewerblichen Blog einen prophetischen Kommentar[902] zu der durch die Klage zu erwartenden Entwicklung in der Tattoobranche und den Auswirkungen wachsenden (Urheber-)Rechtsbewusstseins bei Tattoo Artists auf deren Werke verwertende Branchen wie Sportartikel- und Computerspiele-Unternehmen sowie bekannte Sportler ab. Die von *Burke* unterstellte *„Gier"* als vorwiegendes Motiv der Geltendmachung von Rechten durch den betroffenen Tattoo Artist *Reed*, erscheint übertrieben und im Lichte der durch urheberrechtliche Normen sicherzustellenden, auskömmlichen Vergütung der Urheber für die gewerbliche Verwertung ihrer Werke auch falsch. *Burke* prophezeite bei einem Erfolg der Klage u. a.

- den Rückfall auf die Kundengruppen *„only bikers and Marines"* für Tattoo Artists generell,
- die flächendeckende Verpixelung oder digitale Entfernung sichtbarer Tattoos in Medien und Werbung,
- Probleme bei der Verwertung von Content wegen der schwierigen Identifikation der jeweiligen Tattoo Artists,
- ökonomische Fehlanreize und falsche Urheber-Behauptungen in Betrugsabsicht sowie
- die Übervorteilung rechtlich eher unerfahrener Tattoo Artist durch besser beratene Prominente.

Von einer „Öffnung der Fluttore" für Klagen von Tattoo Artist wie von *Burke* damals ebenfalls prophezeit, kann bislang jedoch keine Rede sein. Auch sind Tattoos in Medien und Werbung heute nicht weitgehend verpixelt oder digital entfernt. Festzustellen sind allerdings ein wohl auch durch den Generationenwechsel hin zu immer mehr hochschulgebildeten Tattoo Artists befördertes zunehmend künstlerisches Selbstbewusstsein[903] und Interesse der Tattoobranche an immaterialgüterrechtlichen Themen wie dem Urheberrecht.

Den Prophezeiungen *Burkes* ist insofern zuzustimmen, als in einer Vielzahl der Fälle ökonomische Interessen treibende Kraft für das rechtliche Vorgehen von Tattoo Artists sein dürften. Dies ist entgegen *Burke* aber ein von den einschlägigen Normen abgedeckter, legitimer Beweggrund. Auch die weiteren von *Burke* vorhergesagten Probleme sind keine urheberrechtlichen Unbekannten. Vielmehr bieten die geltenden urheberrechtlichen Normen weitestgehend auch Lösungen für die prophezeiten Probleme im Tattoobereich

902 *Burke*, Damning the Ink: Tattoo Artist vs. Nike & Rasheed Wallace by Pariah Burke Publishing & Design Consulting & Training, 05.03.2005 (https://web.archive.org/web/20171115085048/http://iampariah.com/blog/creative-pro/tattoo-artist-vs-nike-a-really-bad-idea.php) (geprüft am 29.09.2024).

903 SG Hamburg, Urt. v. 18.06.2020, Az. S 48 KR 1921/19, openJur 2020, 47924, 24.

an, wie die Arbeit zeigt. Identifikation von Rechteinhabern, Streit über den Umfang von Rechtübertragungen, falsche Urheberbehauptungen und Abschreckungseffekte aufgrund von Professionalisierung der Rechtedurchsetzung sind keine Ausnahmen oder Eigenheiten der Verwertung von Tattoos, sondern stellen alltägliche urheberrechtliche Probleme in allen verwertenden Branchen dar. Derartige Probleme haben die Verwertung kreativer Werke bislang weder zum Erliegen gebracht noch ist es deshalb bei Kreativen zu grundlegenden Einbrüchen ihrer Lizenzierungsmöglichkeiten und -umsätze gekommen. Vielmehr ist es in einer sich auch und gerade wegen technischen Fortschritts ständig wandelnden Kreativbranche ständig erforderlich, das eigene Verhalten, verwendete Vertragsklauseln, Normen und Rechtsprechung an diesen Wandel anzupassen, um den kreativen und ökonomischen Austausch aufrechtzuerhalten sowie die auskömmliche Vergütung Kreativer bei gleichzeitig möglichst unkomplizierter Nutz- und Verwertbarkeit urheberrechtlich geschützter Werke sicherzustellen.

Auch wenn sich Tattoo Artists zunehmend ihrer Urheberrechte bewusst werden, ist nicht mit einer Abmahnwelle oder Prozessexplosion zu rechnen. Die im urheberrechtlichen und persönlichkeitsrechtlichen Umfeld zitierten Fälle zeigen aber ein realistisches Potenzial für zukünftige Rechtsstreitigkeiten im Zusammenhang mit der gewerblichen Verwertung von Tattoowerken. Die Arbeit zeigt, dass das geltende Urheberrecht auch mit derartigen Fällen aus dem Tattoobereich weitestgehend nicht überfordert ist. Der geringe gesetzgeberische Anpassungsbedarf wurde identifiziert (s. o. S. 274 f.)

C. Desiderate

Die vorliegende Arbeit zeigt Teilbereiche, die einer vertieften Betrachtung würdig erscheinen. Die Vertiefung würde jedoch den Rahmen sprengen.

I. Recht am eigenen Bild

In einer rechtlichen Konfrontation zwischen den Rechten des Tattoo Artists und jenen der Trägerperson werden – wie gezeigt – im Rahmen der erforderlichen Interessenabwägung die Persönlichkeitsrechte der Trägerperson schwerer als die Urheberrechte des Tattoo Artists wiegen. Angesichts einer Vielzahl von Portraittattoos stellt sich allerdings die Frage, wie eine Interessenabwägung zwischen den Rechten der abgebildeten Person und der Trägerperson ausgeht, wenn die abgebildete Person nicht oder nicht so in Tattooform oder auf dem Körper dieser Trägerpersonen abgebildet werden möchte.

II. Gewerbliche Schutzrechte

Ähnlich wie natürliche Personen können sich auch Unternehmen daran stören, mit ihren Unternehmenskennzeichen, markenrechtlich geschützten Logos etc. Gegenstand von Tattoos zu sein. Gerade wenn der Inhalt der Tattoos den Ruf oder sogar die Kreditwürdigkeit des Unternehmens schädigen kann oder mit der Erstellung derartiger Tattoos in Gewinnerzielungsinteresse geworben wird, stellt sich die Frage der Rechtslage im Dreiecksverhältnis zwischen Unternehmen, Trägerperson und Tattoo Artist.

III. Gesetzlicher Vergütungsanspruchs des Urhebers bei Ausstellung i. S. d. § 18 UrhG

Wie die Arbeit zeigt, ist der Tattoo Artist nur bei bislang unveröffentlichten Tattoowerken am eigenen Körper Rechtsinhaber des Ausstellungsrechts. In allen anderen Fällen liegen das Veröffentlichungs- und Ausstellungsrecht bei der Trägerperson (s. o. S. 79 ff., 118 f.). Als finanziellen Ausgleich dafür erscheint es auch im Hinblick auf die wünschenswerte auskömmliche Vergütung von Urhebern für ihr Schaffen jedenfalls auf den ersten Blick angemessen, hier ebenfalls einen gesetzlichen Vergütungsanspruchs des Urhebers anzunehmen, wenn sich Trägerpersonen zur Teilnahme an einer entgeltlichen Ausstellung „ihrer" Tattoowerke zu Erwerbszwecken entschließen. Dies bedarf aber einer ausführlicheren Prüfung, als es im Rahmen der vorliegenden Arbeit möglich ist.

IV. Tattooschutz analog Lichtbildschutz gem. § 72 UrhG

Angesichts der Ausführungen zur angemessenen Werkkategorie für künstlerisch anspruchsvolle Tattoos (s. o. S. 22 ff.) stellt sich Frage, ob ein abgestufter Schutz für künstlerisch wertvolle Tattoos und eher handwerklich, aber dennoch individuell gestaltete Tattoos ähnlich der Abstufung zwischen Lichtbildwerk und Lichtbild oder Filmwerk und Laufbild bestehen sollte. Dies würde zu einem weitreichenden, aber abgestuften Schutz von Tattoos aller Art führen. Dabei wäre dem Tattoo Artists z. B. ein Leistungsschutzrecht zuzuordnen, das die mit der Herstellung eines Tattoos verbundene technische Leistung, ähnlich wie bei der Anfertigung von Licht- oder Laufbildern[904] als immaterielles Gut honorieren soll.

Berechtigung, konkrete Gestaltung und Rechtsfolgen dieses Ansatzes bedürfen aber einer eingehenden Untersuchung, die den Rahmen der vorliegenden Arbeit sprengen würde.

904 RegE UrhG 1962, 37.

V. Mitgliedschaft Verwertungsgesellschaft

Trotz seiner ausweislich der jüngsten Gesetzgebungsinitiativen im Urheberrecht zunehmenden Bedeutung für die Geltendmachung von Auskunfts- und Vergütungsansprüchen spielt das Thema der Verwertungsgesellschaften im Tattoobereich bislang nahezu keine Rolle. Die bisherige obergerichtliche Rechtsprechung in Deutschland, die Tattoos bislang nicht als urheberrechtsfähig und insbesondere nicht als Werke der bildenden Kunst anerkannt hat (s. o. S. 25 ff.), dürfte maßgeblich dazu beigetragen haben.

Tattoo Artists ist jedoch schon wegen der Geltendmachung der Auskunftsansprüche zur Durchsetzung des Folgerechts gemäß § 26 Abs. 4, 5 UrhG (s. o. S. 140 ff.), des Vergütungsanspruchs aus § 27 UrhG (s. o. S. 143 ff.) sowie zur Partizipation an der Privatkopieabgabe (s. o. S. 245) und der Bestimmung der Angemessenheit von Vergütungen gemäß § 36 Abs. 1 S. 1 UrhG (s. o. S. 195) dringend zur Mitgliedschaft in einer Verwertungsgesellschaft zu raten, zumal es sich um deren konstituierende Tätigkeiten handelt.[905] Um das Interesse von Tattoo Artists an Verwertungsgesellschaften zu befördern, erscheint es darüber hinaus wünschenswert, dass Letztere den Tattoobereich als Betätigungsfeld erkennen und auf Tattoo Artists als potenzielle Mitglieder zugehen, um deren urheberrechtliches Bewusstsein zu stärken und die rechtmäßigen Ansprüche gegenüber Verwertern wie in anderen künstlerischen Bereichen nachhaltig durchzusetzen.

Bei der Frage nach einer für Tattoo Artists geeigneten Verwertungsgesellschaft liegt aufgrund der Nähe der Tätowierkunst zu Grafik und Illustration die Verwertungsgesellschaft Bild-Kunst (im Weiteren: VG Bild-Kunst) nahe. Die VG Bild-Kunst hat unter ihren Mitgliedern mittlerweile auch Tattoo Artists. Sie haben dort die Möglichkeit, Mitglied der Berufsgruppe II zu werden, in der neben Fotografie, Design und Grafik auch Illustration, Comic und Karikatur vertreten sind.[906]

Neben den sonstigen Mitgliedern aus den o. g. Bereichen sowie weiteren wie z. B. Film ist die Anzahl der Tattoo Artists innerhalb der VG Bild-Kunst jedoch verschwindend gering. In Ermangelung einer Erfassung der Eigenschaft als Tattoo Artist schätzte die VG Bild-Kunst die Anzahl der Tattoo Artists unter ihren Mitgliedern Anfang Mai 2023 als im kleinen zweistelligen Bereich liegend ein.[907] Angesichts einer deutlich im fünfstelligen Bereich anzunehmenden Anzahl von Tattoo Artists in Deutschland (s. o. S. 1) muss somit davon ausgegangen werden, dass bislang allenfalls ein im nied-

905 *Heine*, in: Heine/Holzmüller (Hrsg.), Verwertungsgesellschaftengesetz, 2019, § 2, Rn. 10.

906 In-House Counsel VG Bild-Kunst (Freischem, Sandra), Wahrnehmung Rechte Tattoo Artists durch VG Bild-Kunst (09.05.2023).

907 *Dass.*, Anzahl Tattoo Artists in VG Bild-Kunst (10.05.2023).

rigen einstelligen Promillebereich liegender Anteil der deutschen Tattoo Artists Mitglied der VG Bild-Kunst ist. Jedenfalls im nicht rein reproduzierenden, künstlerischen Bereich tätigen Tattoo Artists ist zur Wahrnehmung ihrer o. g. Ansprüche dringend zur Mitgliedschaft in der VG Bild-Kunst zu raten. Dazu sind bei Antragstellung durch Tattoo Artists Professionalität im Sinne einer beruflichen Tätigkeit durch Ausübung der Tätowierkunst sowie Veröffentlichung ihrer Tätowierkunst in der öffentlichen Berichterstattung nachzuweisen.[908]

Abschließend stellt sich noch die Frage, welche Verwertungsgesellschaft sich für die Wahrnehmung der Leistungsschutzrechte der ausübenden Künstler z. B. in Form von Tattoo Models (s. o. S. 261 ff.) zuständig fühlt.

908 *Dass.*, Wahrnehmung Rechte Tattoo Artists durch VG Bild-Kunst (09.05.2023).

14. Kapitel: Literaturverzeichnis

Aitken-Smith, Trent, Tattoo Dictionary – An A-Z guide to the secret language of tattoos 2017.

Aka, Balduin, das Nachtgespenst, 2020, https://de.wikipedia.org/w/index.php?title=Balduin,_das_Nachtgespenst&oldid=207114156 (geprüft am 29.09.2024).

Akintola, Olaleye, Eine Tätowierung ist wie ein Trip in die Folterkammer, Süddeutsche Zeitung 13.05.2018.

Albrand, Sven, Tattoo Studio Berlin Friedrichshain, 28.05.2023, https://www.fuerimmertattoo.de/ (geprüft am 29.09.2024).

Heine, Robert/Holzmüller, Tobias (Hrsg.), Verwertungsgesellschaftengesetz – Kommentar, Berlin/Boston 2019.

Appel, Christa, Tätowierungen in der Kunst seit 1970 – Arbeiten „auf“ eigener und fremder Haut, Masterarbeit, Ruhr-Universität Bochum 2014 (zit. *Appel*, Tätowierungen).

Arbeitskreis des Bundesverbandes Professioneller Bildanbieter e. V., Bildhonorare 2024 – Übersicht der marktüblichen Vergütungen für Bildnutzungsrechte, Berlin.

Herzog, Roman/Scholz, Rupert/Herdegen, Matthias/Klein, Hans H./Dürig, Günter/Maunz, Theodor (Hrsg.), Grundgesetz – Kommentar, München 2024.

Baker, Thomas, NBA 2K Tattoo Copyright Suit Offers Two Compelling Legal Arguments, But Only One Seems Practical, 04.01.2019, https://www.forbes.com/sites/thomasbaker/2019/01/04/lebron-smartly-sides-with-the-producers-of-nba-2k-in-tattoo-copyright-case-but-will-that-be-enough/ (geprüft am 29.09.2024).

Balzter, Sebastian, Tattoo-Boom: Edding wird zum Tätowierer, 2019, https://www.faz.net/aktuell/wirtschaft/mittelstand/der-stifte-hersteller-edding-wird-zum-taetowierer-16452965.html (geprüft am 29.09.2024).

Becker, Silvia, Lebendiges Tattoo-Kunstwerk: Tim Steiner: „Ich lasse mir für die Kunst die Haut abziehen“, Hamburger Morgenpost 09.04.2015.

Benecke, Mark, Dr. Mark Benecke und seine Fans: Autogramme & Tattoos, 22.10.2017, https://home.benecke.com/video1/dr-mark-benecke-und-seine-fans-autogramme-tattoospicture (geprüft am 29.09.2024).

—, Vorwort für Fachbuch ‚Tätowierungen‘, 06.05.2022, https://home.benecke.com/publications/vorwort-fachbuch-taetowierungen (geprüft am 29.09.2024).

Berger, Christian/Freyer, Simon, Neue individualvertragliche und kollektivrechtliche Instrumente zur Durchsetzung angemessener Urhebervergütungen, ZUM 2016, S. 569–579.

Bidlo, Oliver, Tattoo – Die Einschreibung des Anderen, Essen 2010.

Binnie, Alex, „An der Schläfe, in der Leiste, auf dem Knie – überall fühlen sich diese Muster heimisch!“ – Onto-dermatologische Metamorphosen des Selbst, in: Campbell, Paul-Henri 1982 (Hrsg.), Tattoo & Religion – Die bunten Kathedralen des Selbst, Heidelberg 2019, S. 20–31.

Bloethe, Holger, Für 180 000 Euro: Tattoo-Rücken an Kunstsammler verkauft, BILD 21.05.2014.

Body Art Guru, Steve-O's 30 Tattoos & Their Meanings – Body Art Guru, 2016, https://bodyartguru.com/steve-o-tattoos/ (geprüft am 29.09.2024).

Wandtke, Artur-Axel/Bullinger, Winfried (Hrsg.), Praxiskommentar Urheberrecht – UrhG, UrhDaG, VGG, InsO, UKlaG, KUG, EVtr, InfoSoc-RL, Portabilitäts-VO, München 2022 (zit. *Bearbeiter*, in: Wandtke/Bullinger (Hrsg.), UrhR).

Bornkamm, Joachim, Ungeschriebene Schranken des Urheberrechts? – Anmerkungen zum Rechtsstreit Botho Strauß/Theater heute, in: Erdmann, Willi (Hrsg.), Festschrift für Henning Piper – Zum 65. Geburtstag, München 1996, S. 641–652.

Boyko, Christopher A., Hayden v. 2K Games, Inc. et al, No. 1:2017cv02635 – Document 17 (N. D. Ohio 2019), 2019, https://law.justia.com/cases/federal/district-courts/ohio/ohndce/1:2017cv02635/238799/17/ (geprüft am 29.09.2024).

Bradshaw, Peter, The Man Who Sold His Skin review – tattooed refugee story offers up art-world satire, 26.09.2021, https://www.theguardian.com/film/2021/sep/24/the-man-who-sold-his-skin-review (geprüft am 29.09.2024).

Brauner, Frank, Das Haftungsverhältnis mehrerer Lizenznehmer eines Filmwerks innerhalb einer Lizenzkette bei Inanspruchnahme aus § 32 a UrhG, ZUM 2004, S. 96–104.

Brown, Anna J., Complaint at 3, Reed v. Nike, Inc., No. 3:05-CV-00198 (D. Or. Feb. 10, 2005)., https://www.plainsite.org/dockets/jtxzqu59/oregon-district-court/reed-v-nike-inc-et-al/ (geprüft am 29.09.2024).

Burke, Pariah, Damning the Ink: Tattoo Artist vs. Nike & Rasheed Wallace by Pariah Burke Publishing & Design Consulting & Training, 05.03.2005, https://web.archive.org/web/20171115085048/http://iampariah.com/blog/creative-pro/tattoo-artist-vs-nike-a-really-bad-idea.php (geprüft am 29.09.2024).

Carney, Cormac J., Brophy v. Almanzar, 03.05.2018, https://casetext.com/case/brophy-v-almanzar (geprüft am 29.09.2024).

Cooper, Lori/Aronowitz, Paul, DNR tattoos: a cautionary tale, Journal of General Internal Medicine 2012, S. 1383.

Cornelius, Marc, Sailor Jerry Redrawn, 12.05.2023, https://www.instagram.com/cybe/p/B-CeeHiDkCS/?img_index=1 (geprüft am 29.09.2024).

Cwojdzinski, Julia, Die Tätowierung als Medium, Köln 2019.

Datta, Amit, Die angemessene Vergütung des Urhebers – Risiken und Grenzen des Buy-out Vertrages im Filmbereich, Tübingen 2018.

DeMello, Margo, Bodies of inscription – A cultural history of the modern tattoo community, Durham, NC 2003.

—, Inked – Tattoos and body art around the world, Santa Barbara, California u. a. 2014.

Die Presse, Kunstsammler kauft Tattoo auf der Haut eines Schweizers, Die Presse 02.09.2008.

Diekmaennken, Marvin, Kunstsammler – Tätowierte Menschen und ihre Erfahrungen, 01.02.2018, https://feelfarbig.com/kunstsammler/ (geprüft am 29.09.2024).

Doc.Heintz, Lyle Tuttle, 2021, https://de.wikipedia.org/w/index.php?title=Lyle_Tuttle&oldid=217918315 (geprüft am 29.09.2024).

—, Fukushi Masaichi, 09.10.2022, https://de.wikipedia.org/wiki/Fukushi_Masaichi (geprüft am 29.09.2024).

—, Christian Warlich, 03.12.2022, https://de.wikipedia.org/wiki/Christian_Warlich (geprüft am 29.09.2024).

Dogramaci, Burcu, Doppelte Leinwand – Tätowierungen in der Malerei der Neuen Sachlichkeit, in: Kampmann, Sabine/Herrmann, Anja u. a. (Hrsg.), Tattoo, Bielefeld 2011, S. 36–39.

Donelly, Jennifer R., 5 Reasons Why Barcode Tattoos Aren't Such A Great Idea, 2020, https://www.tattoodo.com/a/5-reasons-why-barcode-tattoos-arent-such-a-great-idea-4815 (geprüft am 29.09.2024).

dpa, Jeder Fünfte in Deutschland ist tätowiert, 2019, https://www.sueddeutsche.de/gesundheit/gesundheit-jeder-fuenfte-in-deutschland-ist-taetowiert-dpa.urn-newsml-dpa-com-20090101-190923-99-994055 (geprüft am 29.09.2024).

dpa/lno, Museum nimmt Tattoo-Ikone von St. Pauli in den Fokus, 26.11.2019, https://www.sueddeutsche.de/kultur/ausstellungen-hamburg-museum-nimmt-tattoo-ikone-von-st-pauli-in-den-fokus-dpa.urn-newsml-dpa-com-20090101-191126-99-892258 (geprüft am 29.09.2024).

Dreier, Thomas/Schulze, Gernot/Raue, Benjamin/Specht-Riemenschneider, Louisa (Hrsg.), UrhG – Urheberrechts-Diensteanbieter-Gesetz, Verwertungsgesellschaftengesetz, Nebenurheberrecht, Kunsturhebergesetz : Kommentar, München 2022.

Dreyer, Gunda/Kotthoff, Jost/Meckel, Astrid/Hentsch, Christian-Henner (Hrsg.), Urheberrecht – Urheberrechtsgesetz, Verwertungsgesellschaftengesetz, Kunsturhebergesetz, 4. Aufl., Heidelberg 2018 (zit. *Bearbeiter*, in: Dreyer/Kotthoff/Meckel/Hentsch (Hrsg.), UrhR).

Dünnwald, Rolf/Gerlach, Tilo, Schutz des ausübenden Künstlers – Kommentar zu §§ 73 bis 83 UrhG einschließlich der entsprechend geltenden Vorschriften aus dem ersten Teil des UrhG und des Schutzes der ausländischen Künstler nach Fremden- und Konventionsrecht, Stuttgart 2008.

Dustmann, Andreas/Nordemann, Wilhelm, Urheberrecht, in: Ebling, Klaus/Schulze, Marcel (Hrsg.), Kunstrecht – Zivilrecht, Steuerrecht, Stiftungsrecht, 2. Aufl., München 2012, S. 95–141.

Duvigneau, J. Philipp A., Urheberrechtlicher Schutz von Tätowierungen, ZUM 1998, 535.

Eberhard, Igor, Tätowierte Kuriositäten, Obszönitäten, Krankheitsbilder? – Die Heidelberger Sammlung Walther Schönfeld unter besonderer Berücksichtigung von Tätowierungen und ihren „tattoo narratives“, Dissertation, Universität Wien 2015 (zit. *Eberhard*, Tätowierte).

Ebert, Saskia, Preisübersicht – Wie viel kostet ein Tattoo?, 29.03.2022, https://www.stuttgarter-zeitung.de/inhalt.wie-viel-kostet-ein-tattoo-mhsd.a812579f-bb42-4dac-87ad-bdf1b447d200.html (geprüft am 29.09.2024).

Eichelberger, Jan/Wirth, Thomas/Seifert, Fedor (Hrsg.), UrhG – Urheberrechtsgesetz : UrhG, UrhDaG, VGG : Handkommentar, 4. Aufl., Baden-Baden 2022.

Eidt, Alina, Wanna Do Tattoos – BUNAMI INK, 03.05.2021, https://bunami.ink/wanna-dos/ (geprüft am 29.09.2024).

Ekrutt, Joachim W., Urheberrechtliche Probleme beim Zitat von Filmen und Fernsehsendungen, Hamburg 1973.

Erdmann, Willi, Urhebervertragsrecht im Meinungsstreit, GRUR 2002, S. 923–931.

ETERNA, Cover Shirt, https://www.eterna.de/de/slim-fit-cover-shirt-in-weiss-unifarben/1sh05518-00-01-42-1-1 (geprüft am 29.09.2024).

EU-Kommission, Verordnung (EG) Nr. 1907/2006 des Europäischen Parlaments und des Rates zur Registrierung, Bewertung, Zulassung und Beschränkung chemischer Stoffe (REACH) betreffend Stoffe in Tätowierfarben oder Permanent-Make-up – REACH, 13.05.2023, https://eur-lex.europa.eu/legal-content/DE/TXT/HTML/?uri=CELEX:32020R2081&qid=1608042969866&from=EN#d1e40-6-1 (geprüft am 29.09.2024).

Europäische Akademie Bozen, Neuentdeckte Tätowierung auf Ötzis Körper torpediert bisherige Erklärungen Ötzi: Tattoos geben Rätsel auf – scinexx | Das Wissensmagazin, 27.01.2015, https://www.scinexx.de/news/medizin/oetzi-tattoos-geben-raetsel-auf/ (geprüft am 29.09.2024).

Europäisches Parlament, RICHTLINIE 96/9/EG DES EUROPÄISCHEN PARLAMENTS UND DES RATES vom 11. März 1996 über den rechtlichen Schutz von Datenbanken – Datenbank-RL, 11.03.1996, https://eur-lex.europa.eu/LexUriServ/LexUriServ.do?uri=CELEX:31996L0009:de:HTML (geprüft am 29.09.2024).

—, Richtlinie 2001/29/EG des Europäischen Parlaments und des Rates vom 22. Mai 2001 zur Harmonisierung bestimmter Aspekte des Urheberrechts und der verwandten Schutzrechte in der Informationsgesellschaft – InfoSoc-RL, 22.05.2001, https://eur-lex.europa.eu/legal-content/DE/TXT/HTML/?uri=CELEX:32001L0029 (geprüft am 29.09.2024).

—, Richtlinie 2009/24/EG des Europäischen Parlaments und des Rates vom 23. April 2009 über den Rechtsschutz von Computerprogrammen – Software-RL, 23.04.2009, https://eur-lex.europa.eu/LexUriServ/LexUriServ.do?uri=OJ:L:2009:111:0016:0022:DE:PDF (geprüft am 29.09.2024).

—, Richtlinie (EU) 2019/790 des Europäischen Parlaments und des Rates vom 17. April 2019 über das Urheberrecht und die verwandten Schutzrechte im digitalen Binnenmarkt, 17.04.2019, https://eur-lex.europa.eu/legal-content/DE/TXT/?uri=CELEX%3A32019L0790 (geprüft am 29.09.2024).

Fairley, Juliette, LeBron James Finds Himself at Center Court in Tattoo Copyright Case: Judge Rules Game Likenesses Don't Infringe Artist Rights, 13.05.2020, https://www.pacermonitor.com/articles/2020/05/13/lebron-james-finds-himself-at-center-court-in-tattoo-copyright-case-judge-rules-game-likenesses-dont-infringe-artist-rights/ (geprüft am 29.09.2024).

feelfarbig, Wannado, Flash oder Custom Tattoo? Das ist der Unterschied! – Feelfarbig, 2019, https://feelfarbig.com/beginners/wannado-flash-custom-tattoo/ (geprüft am 29.09.2024).

Feige, Marcel/Krause, Bianca, Tattoo- & Piercing-Lexikon – Kult und Kultur der Körperkunst, Berlin 2004 (zit. *Feige/Krause*, Tattoo-Lexikon).

Feige, Marcel/Streckenbach, Samy, Ein Tattoo ist für immer – Die Geschichte der Tätowierung in Deutschland, Berlin 2003.

Finke, Frank-P., Tätowierungen in modernen Gesellschaften – Ihre sozialen Funktionen und Bedeutungen, Osnabrück 1996.

Finke, Karl, Karl Finke Buch No. 3 – Ein Vorlagealbum des Hamburger Tätowierers : a flash book by the Hamburg tattooist, Henstedt-Ulzburg 2017.

Fischer, Jenny, Tattoo nachstechen: Frischer Look für Dein Tattoo, 05.06.2023, https://tattoomed.de/blog/wann-lasse-ich-mein-tattoo-nachstechen-tipps-zum-auffrischen (geprüft am 29.09.2024).

Friederich, Matthias, Tätowierungen in Deutschland – Eine kultursoziologische Untersuchung, Würzburg 1993.

Gamm, Otto-Friedrich von (Hrsg.), Urheberrechtsgesetz, München 1968.

Gardner, Eriq, LeBron James Testifies in Video Game Suit, 24.08.2018, https://www.hollywoodreporter.com/business/business-news/lebron-james-i-thought-i-had-right-license-what-i-look-like-1137315/ (geprüft am 29.09.2024).

—, Cardi B Order, 22.08.2019, https://www.documentcloud.org/documents/6327281-Cardi-B-Order.html (geprüft am 29.09.2024).

—, Cardi B Must Face Lawsuit Over Distinctive Tattoo on Album Cover, 23.08.2019, https://www.hollywoodreporter.com/thr-esq/cardi-b-face-lawsuit-distinctive-tattoo-album-cover-1234057 (geprüft am 29.09.2024).

Gilbert, Stephen G., The tattoo history source book, New York 2000 (zit. *Gilbert*, Tattoo History).

Goethe, Johann Wolfgang von, Wilhelm Meisters Lehrjahre – Ein Roman, Frankfurt, M./Leipzig 2019.

Götting, Horst-Peter, § 38, in: Loewenheim, Ulrich (Hrsg.), Handbuch Urheberrecht, 3. Aufl., München 2021.

Götz, Ulrike, KUKA mit Tele-Tattoo-Roboter auf der Digital X in Köln, 01.09.2022, https://www.kuka.com/de-de/unternehmen/presse/news/2022/09/kuka-auf-der-digital-x (geprüft am 29.09.2024).

Grassmann, Ferdinand, Der elektronische Kopienversand im Rahmen der Schrankenregelungen – Rechtsvergleich vor allem zwischen deutschem und englischem Urheberrecht, Baden-Baden 2006.

Grohmann, Hans, Das Recht des Urhebers, Entstellungen und Änderungen seines Werkes zu verhindern, Erlangen 1971.

Hansen, Gerd/Schwarz, Mathias, 48. Kapitel. Urheberpersönlichkeitsrechte und ihre Beschränkung, in: Schwarz, Mathias/Hartlieb, Holger von u. a. (Hrsg.), Handbuch Filmrecht, 6. Aufl., München 2021.

Hardy, Don Ed, Life & death tattoos, Honolulu 1988.

—, Pierced hearts and true love – A century of drawings for tattoos ; [on the occasion of the exhibition Pierced Hearts and True Love: A Century of Drawings for Tattoos at the Drawing Center, New York, September 16 – November 11, 1995, Williams College Museum of Art, Williamstown, Mass., December 2, 1995 – March 17, 1996, Joan Lehman Museum of Contemporary Art, Miami, April 18 – May 26, 1996, Center for the Arts at Yerba Buena Gardens, San Francisco, June 20 – August 18, 1996, Honolulu 1995.

—, Ed Hardy – The Official Store, 23.05.2021, https://edhardyofficial.co.uk/ (geprüft am 29.09.2024).

Hartwig, Henning, Porsche, Birkenstock und Zauberwürfel – Einige kritische Anmerkungen zur jüngsten urheberrechtlichen Rechtsprechung, GRUR 2022, S. 1023–1028.

Haut (neu) – frwiki.wiki, 23.08.2022, https://de.frwiki.wiki/wiki/Peau_%28nouvelle%29 (geprüft am 29.09.2024).

Heim, Heide, Blast-Over – Knall´s drauf!, Tätowier Magazin 2017, S. 100–103.

Heitner, Darren A./Wilmot, Alan, Score a Touchdown, Kiss Your Tattoo, and Get Sued for Copyright Infringement? Infringement?, Jeffrey S. Moorad Sports Law Journal. Vol. 21, Iss. 2, Article 2, 2014, https://digitalcommons.law.villanova.edu/cgi/viewcontent.cgi?article=1312&context=mslj (geprüft am 29.09.2024).

Hellenbrand, Kate, Sailor Jerry's tattoo stencils 2002.

Hensen, Christian, Immer und Ewig Tattooing, 17.04.2023, https://immerundewig-tattooing.de/ (geprüft am 29.09.2024).

Hetmank, Sven/Lauber-Rönsberg, Anne, Künstliche Intelligenz – Herausforderungen für das Immaterialgüterrecht, GRUR 2018, S. 574–582.

Hilty, Reto M./Peukert, Alexander, Das neue deutsche Urhebervertragsrecht im internationalen Kontext, GRUR-Int 2002, S. 643–668.

Hintz, Gregor, Einstieg in den Tattoo-Markt mit selbst entwickelten, EU-konformen Farben im eigenen Tattoostudio, 2020, https://web.archive.org/web/20220704084547/https://www.edding.tattoo/presse/edding-einstieg-in-den-tattoo-markt (geprüft am 29.09.2024).

Hoeren, Thomas, I. Bearbeitungen und andere Umgestaltungen, in: Loewenheim, Ulrich (Hrsg.), Handbuch Urheberrecht, 3. Aufl., München 2021.

—, Internetrecht – Ein Grundriss, 4. Aufl., Berlin/Boston 2021.

—, Das Entfernen einer Tätowierung – Urheberrecht hautnah, in: Kubis, Sebastian/Peifer, Karl-Nikolaus u. a. (Hrsg.), Ius Vivum: Kunst – Internationales – Persönlichkeit – Festschrift für Haimo Schack zum 70. Geburtstag, Tübingen 2022, S. 183–193.

Hoeren, Thomas/Düwel, Timm, EuGH: Keine Abweichung von Urheberrechten außerhalb der in der Urh-RL vorgesehenen Ausnahmen und Beschränkungen – Afghanistan-Papiere, MMR 2019, S. 660–668.

Hoeren, Thomas/Risthaus, Hendrik, Das Entfernen einer Tätowierung – Urheberrecht hautnah, in: Hoeren, Thomas (Hrsg.), Neue juristische Glossen und Kommentare – Noch mehr Hintersinniges aus dem Professorenleben, Berlin 2021, S. 137.

Hoffmann, Herbert, Traditionelle Tattoo-Motive, Mannheim 2008.

Holt, Gregory E./Sarmento, Bianca/Kett, Daniel/Goodman, Kenneth W., An Unconscious Patient with a DNR Tattoo, The New England journal of medicine 377 (2017), S. 2192–2193.

Hönisch, Mirjam/Schmitt, Thomas, Die österreichische Urheberrechts-Novelle 2015 – aus Alt mach' Neu?, GRUR Int 2016, S. 1–11.

Hopkins, Amy, William Grant defends 'fair purchase' of Sailor Jerry, 2019, https://www.thespiritsbusiness.com/2019/06/william-grant-defends-fair-purchase-of-sailor-jerry/ (geprüft am 29.09.2024).

Huber, Heidrun, Zulässigkeit von Veränderungen am fertiggestellten Filmwerk im Hinblick auf das Urheberpersönlichkeitsrecht des Filmregisseurs, Frankfurt am Main u. a. 1993.

Hüter, J., Die beidseitige Radikaloperation der Mammakarzinomstadien T0 und T1 (N0, M0) und die Rekonstruktion beider Brüste, Warzenhöfe und Mamillen in einer Sitzung bei der Frau – Bilaterale radikale und simultan Ray konstruktive Mastektomie, Geburtshilfe und Frauenheilkunde 36 (1976), S. 10–19.

In-House Counsel VG Bild-Kunst (Freischem, Sandra), Wahrnehmung Rechte Tattoo Artists durch VG Bild-Kunst, Bonn, 09.05.2023.

—, Anzahl Tattoo Artists in VG Bild-Kunst, Bonn, 10.05.2023.

InkLabs GmbH, AI Tattoo Generator, https://www.inklabs.de/tools/ink-ai (geprüft am 29.09.2024).

Jacobs, Rainer, Was ist »beiläufig«? Ein Beitrag zu § 57 UrhG, in: Büscher, Wolfgang/Erdmann, Willi u. a. (Hrsg.), Rechtsdurchsetzung – Rechtsverwirklichung durch materielles Recht und Verfahrensrecht : Festschrift für Hans-Jürgen Ahrens zum 70. Geburtstag, Köln 2016.

James, LeBron, DECLARATION of LeBron James in Support re: 127 MOTION for Summary Judgment . Document filed by 2K Games, Inc., Take-Two Interactive Software Inc., 24.08.2018, https://www.courtlistener.com/docket/4356525/solid-oak-sketches-llc-v-visual-concepts-llc/#entry-134 (geprüft am 29.09.2024).

Jentzsch, Isabelle, Gefährliche Inhaltsstoffe: EU verbietet weitere Tattoo-Farben, 13.05.2023, https://www.merkur.de/verbraucher/tattoo-farben-gefaehrliche-inhaltsstoffe-eu-verbot-reach-giftig-92008724.html (geprüft am 29.09.2024).

Junge Helden e. V., OPT.INK – Das Organspende-Tattoo, 2023, https://junge-helden.org/optink#map (geprüft am 29.09.2024).

Kamalzadeh, Dominik, Satire auf den scheinheiligen Kunstbetrieb: „Der Mann, der seine Haut verkaufte", 24.02.2022, https://www.derstandard.de/story/2000133606295/satire-auf-den-scheinheiligen-kunstbetrieb-der-mann-der-seine-haut (geprüft am 29.09.2024).

Kampmann, Sabine, Tattoo-Kunst und Kunst-Tattoos – Die Tätowierung als künstlerisches Medium seit den 1970er Jahren, in: Kampmann, Sabine/Herrmann, Anja u. a. (Hrsg.), Tattoo, Bielefeld 2011.

Kanyuk, Gabor, WANNA DOS, 25.02.2024, https://www.spatzmithirn-tattoo.de/wanna-do-s/ (geprüft am 29.09.2024).

Kapalschinski, Christoph, Tattoos: Edding-Aus weckt große Zweifel an gesundheitlich unbedenklicher Tinte, 2024, https://www.welt.de/wirtschaft/article253714516/Tattoos-Edding-Aus-weckt-grosse-Zweifel-an-gesundheitlich-unbedenklicher-Tinte.html (geprüft am 29.09.2024).

Karger, S., Tätowierte: Anzahl der Tattoos Statista, 2010, https://de.statista.com/statistik/daten/studie/160696/umfrage/taetowierte-anzahl-der-tattoos/ (geprüft am 29.09.2024).

Katzenberger, Paul, Das Folgerecht im deutschen und ausländischen Urheberrecht, München 1970.

Kisch, Egon Erwin, Der rasende Reporter (1925) – Meine Tätowierungen, in: Uhse, Bodo/Kisch Gisela (Hrsg.), Gesammelte Werke in Einzelausgaben – Band V, 2. Aufl., Berlin 1974, S. 87–96.

Klees-Wambach, Marie-Luise, Kriminologische und kriminalistische Aspekte des Tätowierens bei Rechtsbrechern, Freiburg im Breisgau 1976.

Koch, Christian, Tattoorecht: Anzahlung oder Terminkaution?, 24.10.2019, https://www.kleymann.com/aktuelles/news/tattoorecht-anzahlung-oder-terminkaution/ (geprüft am 29.09.2024).

Kohrs, Manfred, Geschichte machen, Geschichte schreiben – Zwischen Praxis, Erinnerung und Forschung, in: Campbell, Paul-Henri 1982 (Hrsg.), Tattoo & Religion – Die bunten Kathedralen des Selbst, Heidelberg 2019.

König, Dominik/Beck, Benjamin, Die immaterialgüterrechtliche Schutzfähigkeit von »Affen-Selfies«, ZUM 2016, S. 34–38.

Kosut, Mary, The Artification of Tattoo: Transformations within a Cultural Field, Cultural Sociology 8 (2014), S. 142–158.

Krämer, Christian/Zalisz, Dieter, Fußballer-Tattoos: Bemalte Krieger, so weit das Auge reicht, 09.06.2018, https://www.rundschau-online.de/sport/fussballer-tattoos-bemalte-krieger-so-weit-das-auge-reicht-331095 (geprüft am 29.09.2024).

Kreienbrink, Matthias, Tätowieren als Job: Stich für Stich, 11.07.2020, https://www.sueddeutsche.de/karriere/tattoo-job-ausbildung-bezahlung-karriere-1.4945115 (geprüft am 29.09.2024).

Kreutzer, Till, Der Pastiche im Urheberrecht – Gutachten über eine urheberrechtsspezifische Definition des Pastiche-Begriffs nach § 51a UrhG URHEBERRECHTSSPEZIFISCHE DEFINITION DES PASTICHE-BEGRIFFS NACH § 51A UrhG, 2022, https://freiheitsrechte.org/uploads/documents/

Demokratie/Urheberrecht/Gutachten_Kreutzer_Pastiche.pdf (geprüft am 29.09.2024).

Kriest, Ulrich, Tattoo, https://www.filmdienst.de/film/details/516335/tattoo (geprüft am 29.09.2024).

Kroker, Michael, Deutschland Digital 2021: 66 Millionen Social-Media-Nutzer – plus 13 Prozent gegenüber 2020, 2021, https://blog.wiwo.de/look-at-it/2021/02/17/deutschland-digital-2021-66-millionen-social-media-nutzer-plus-13-prozent-gegenueber-2020/ (geprüft am 29.09.2024).

Kronenzeitung, „Hangover"-Klage: Urheberrechte an Körperkunst? – Tyson-Tattoo, 22.05.2011, https://www.krone.at/264065 (geprüft am 29.09.2024).

Kruhm Verlag – Tattoo-Spirit, Blast-Over, 29.05.2014, https://tattoo-spirit.de/tsp/blast-over/ (geprüft am 29.09.2024).

Kunter, Manfred, Zur Geschichte der Tatauierung und Körperbemalung in Europa, Paideuma: Mitteilungen zur Kulturkunde 1971, S. 1–20.

Lamm, Stefanie, Raumgreifende Körperkonzepte – Zur Bildlichkeit körperüberschreitender Tätowierungen, Georg-August-Universität Göttingen 2015 (zit. *Lamm*, Raumgreifende).

Lampmann, Arno, Tattoos und Urheberrecht: Wem gehört die Körperkunst?, 05.03.2019, https://www.lhr-law.de/magazin/urheber-designrecht/tattoos-und-urheberrecht/ (geprüft am 29.09.2024).

Lauber-Rönsberg, Anne, Autonome „Schöpfung" – Urheberschaft und Schutzfähigkeit, GRUR 2019, S. 244–253.

—, Reform des Bearbeitungsrechts und neue Schrankenregelung für Parodien, Karikaturen und Pastiches, ZUM 2020, S. 733–740.

law360.com (Hrsg.), EA, Ex-NFL Star Face Copyright Suit Over Game Cover Tattoos – Law360, 07.01.2013, https://www.law360.com/ip/articles/404977?nl_pk=fb02bb7a-fd96-48cb-b6cf-0ca6e361ba29&utm_source=newsletter&utm_medium=email&utm_campaign=ip (geprüft am 29.09.2024).

Legner, Sarah, Erzeugnisse Künstlicher Intelligenz im Urheberrecht, ZUM 2019, S. 807–812.

Leistner, Matthias, in: Haesner, Christoph M./Kreile, Johannes u. a. (Hrsg.), Zwischen Gestern und Morgen – Medien im Wandel : Festschrift für Mathias Schwarz zum 65. Geburtstag, München 2017, S. 19–26.

Leßmöllmann, Timo/Peifer, Karl-Nikolaus, Tattoo-Recht: Diese Strafen drohen bei kopierten Motiven!, 2019, https://feelfarbig.com/artikel/diese-strafen-drohen-bei-kopierten-motiven/ (geprüft am 29.09.2024).

Levy, Janey, Tattoos in modern society, New York, New York 2009.

Lewinski, Silke von/*Dreier, Thomas*, Kolorierung von Filmen, Laufzeitänderung und Formatanpassung: Urheberrecht als Bollwerk?, GRUR Int 1989, S. 635–646.

Lobstädt, Tobias, Tätowierung, Narzissmus und Theatralität – Selbstwertgewinn durch die Gestaltung des Körpers, Wiesbaden 2011.

Lodder, Matt, Body Art: Body Modification as Artistic Practice – Thesis submitted for the degree of Doctor of Philosophy, 2010, https://www.researchgate.net/publication/282667817_Body_Art_Body_Modification_as_Artistic_Practice (geprüft am 29.09.2024).

Schricker, Gerhard/Loewenheim, Ulrich/Leistner, Matthias (Hrsg.), Urheberrecht – UrhG, KUG, VGG : Kommentar, 6. Aufl. 2020 (zit. *Bearbeiter*, in: Schricker/Loewenheim/Leistner (Hrsg.), UrhR).

Lombroso, Cesare, Der Verbrecher in anthropologischer, aerztlicher und juristischer Beziehung, Hamburg 1887.

Loos, Adolf, Ornament und Verbrechen – Die Schriften zur Architektur und Gestaltung, Stuttgart 2019.

Lucas-Schloetter, Agnés, Das neue Urhebervertragsrecht, GRUR 2017, S. 235–241.

Ludyga, Hannes, Der urheberrechtliche Schutz von Tätowierungen, ZUM 2023, S. 22–26.

Lyte, Brittany, Widow Of Tattoo Legend 'Sailor Jerry' Sues Rum Distillers, 14.06.2019, https://www.civilbeat.org/beat/widow-of-tattoo-legend-sailor-jerry-sues-rum-distillers/ (geprüft am 29.09.2024).

Magnus, Dorothea, Patientenautonomie im Strafrecht, Tübingen 2015.

Maschka, K., Zur Tätowierungsfrage, Archiv für Kriminal-Anthropologie und Kriminalistik 1899, S. 320–330.

Masnick, Mike, Tattoo Copyright Strikes Again: Tattoo Artist Sues THQ For Accurately Representing Fighter's Tattoo In Game, https://www.techdirt.com/articles/20121207/07502921303/tattoo-copyright-strikes-again-tattoo-artist-sues-thq-accurately-representing-fighters-tattoo-game.shtml (geprüft am 29.09.2024).

Matthias, Redrawing of Christian Warlich flash sheet in Progress, 20.05.2023, https://www.zeitgeist-tattoo.com/matthias-tattoos/redrawing-of-christian-warlich-flash-sheet-in-progress-nachlass-warlich-ch/ (geprüft am 29.09.2024).

McCallum, Donald, Historical and Cultural Dimensions of the Tattoo in Japan, in: Rubin, Arnold (Hrsg.), Marks of civilization – Artistic transformations of the human body, Los Angeles, Calif. 1988.

Meier, Daniel, Inked: 0,3 mm unter der Haut der Gesellschaft – Empirische Analyse gesellschaftlicher Diskriminierungs- und Exklusionsprozesse in der Moderne – untersucht am Phänomen der Tätowierung, Berlin 2010.

Melville, Herman, Moby-Dick oder Der Wal – Roman, München 2017.

Memento (2000) – IMDb, https://www.imdb.com/title/tt0209144/ (geprüft am 29.09.2024).

Mezger, Lukas, Die Schutzschwelle für Werke der angewandten Kunst nach deutschem und europäischem Recht, Dissertation, Christian-Albrechts-Universität zu Kiel 2016 (zit. *Mezger*, Schutzschwelle).

Milbradt, Friederike, Tattoo-Studios. Aus der Serie: Deutschlandkarte ZEIT MAGAZIN. 46, 2015, https://www.zeit.de/zeit-magazin/2015/46/tattoo-studios-bayern-deutschlandkarte (geprüft am 29.09.2024).

Millan, Diana, Cartoon Tattoos, ein Rückblick auf unsere Kindheit, Tatuantes 14.10.2016.

Götting, Horst-Peter/Lauber-Rönsberg, Anne/Rauer, Nils (Hrsg.), BeckOK Urheberrecht – UrhG, KUG, VerlG, VGG : Kommentar, München 2024 (zit. *Bearbeiter*, in: Götting/Lauber-Rönsberg/Rauer (Hrsg.), UrhR).

Morel, Chantel, Lash Enhancement Tattoos Are About to Be the Hottest New Trend, 13.02.2017, https://www.allure.com/story/lash-enhancement-tattoos-are-about-to-be-the-hottest-new-trend (geprüft am 29.09.2024).

Müller, Paulus, Ötzis therapeutische Tattoos, 2016, https://www.deutschlandfunknova.de/beitrag/gletschermumie-oetzis-therapeutische-tattoos (geprüft am 29.09.2024).

Müller, Ute, Zuhälter-Methoden: Für Fluchtversuch verprügelt, rasiert und tätowiert, 26.03.2012, https://www.welt.de/vermischtes/weltgeschehen/article13947307/Fuer-Fluchtversuch-verpruegelt-rasiert-und-taetowiert.html (geprüft am 29.09.2024).

Norak, Sandra, Eigentums-Tattoos von Zuhältern – Betroffene identifizieren, 2020, https://sandranorak.com/2020/10/17/eigentums-tattoos-von-zuhaltern-betroffene-identifizieren/ (geprüft am 29.09.2024).

—, Tattoos in der Prostitution als Eigentumsstempel der Zuhälter, 02.06.2020, https://www.trauma-and-prostitution.eu/2020/06/03/tattoos-in-der-prostitution-als-eigentumsstempel/ (geprüft am 29.09.2024).

Nordemann, Wilhelm, Das neue Urhebervertragsrecht – Ein Grundriss, München 2002.

Nordemann, Axel/Nordemann, Jan Bernd/Czychowski, Christian (Hrsg.), Urheberrecht – Kommentar zum Urheberrechtsgesetz, zum Verlagsgesetz und zum Urheberrechtswahrnehmungsgesetz, Stuttgart 2018 (zit. *Bearbeiter*, in: Nordemann/Nordemann/Czychowski (Hrsg.), UrhR).

Oekonimidis, Demetrius, Die Zitierfreiheit im Recht Deutschlands, Frankreichs, Großbritanniens und der Vereinigten Staaten, Berlin, Frankfurt a.M. 1970.

Oettermann, Stephan, Zeichen auf der Haut – Die Geschichte der Tätowierung in Europa, Frankfurt a.M. 1979.

Oldenburger, Albert, Die Geschichte der Tattoos: Das Phänomen der Zeit, 22.05.2022, https://www.mytattoo.com/de/blog/die-geschichte-der-tattoos/ (geprüft am 29.09.2024).

Petermann, Werner, Die Kunst, die unter die Haut geht, in: Eberwein, Markus/ Petermann, Werner (Hrsg.), Die Tätowierung in den deutschen Hafenstädten – Ein Versuch zur Erfassung ihrer Formen und ihres Bildgutes, München 1993.

Peukert, Alexander, Die Zerstörung eines Werkstücks. Ein Fall des § 14 UrhG?, ZUM 2019, S. 567–573.

Pilath, Monika, Wer schön sein will, muss zahlen? – KRANKENKASSEN Kontroverse um Kostenbeteiligung für Folgebehandlungen, 18-19, 2012, https://www.das-parlament.de/2012/18_19/Innenpolitik/38792174-318496 (geprüft am 29.09.2024).

Plassmann, Clemens, Bearbeitungen und andere Umgestaltungen in § 23 UrhG, Berlin 1996.

Platho, Rolf, „Colorization“ – und die Möglichkeiten ihrer Verhinderung durch die Mitwirkenden am Filmwerk, GRUR 1987, S. 424–431.

Poeppel, Jan, Die Neuordnung der urheberrechtlichen Schranken im digitalen Umfeld, Göttingen 2005.

Postmaa, Danny, AI-powered Tattoo Artist, 02.03.2023, https://www.tattoosai.com/ (geprüft am 29.09.2024).

PR Newswire, One in Five U. S. Adults Now Has a Tattoo, 2012, https://www.prnewswire.com/news-releases/one-in-five-us-adults-now-has-a-tattoo-140123523.html (geprüft am 29.09.2024).

Prechtel, Günther, Die Bedeutung der Glaubwürdigkeit und des persönlichen Eindrucks für die Beweiswürdigung, ZJS 2017, S. 381–395.

Prengel, Timo, Bildzitate von Kunstwerken als Schranke des Urheberrechts und des Eigentums mit Bezügen zum Internationalen Privatrecht, Frankfurt am Main u. a. 2011.

Prison Break (TV Series 2005–2017) – IMDb, https://www.imdb.com/title/tt0455275/?ref_=nv_sr_srsg_0 (geprüft am 29.09.2024).

Rauda, Christian, Der Rückruf wegen gewandelter Überzeugung nach § 42 UrhG – Von Web 2.0 aus dem Dornröschenschlaf geweckt?, GRUR 2010, S. 22–27.

Razzouk Family, Razzouk Tattoo | Since 1300, http://razzouktattoo.com/ (geprüft am 29.09.2024).

Reber, Nikolaus, Fallstricke des § 32a Abs. 2 UrhG – der Anspruch des Urhebers auf „Fairnessausgleich“ (Bestseller) gegenüber dem Drittnutzer, GRUR Int 2015, S. 802–809.

Redaktion, Hier zeigt Ex-Schalke-Star Sané sein gigantisches Rücken-Tattoo, 26.07.2017, https://www.derwesten.de/sport/fussball/s04/hier-zeigt-ex-schalke-star-sane-sein-gigantisches-ruecken-tattoo-id211361403.html (geprüft am 29.09.2024).

Redbubble, Die menschliche Leinwand: Tim, der Tattoo-Mann, 14.09.2017, https://blog.redbubble.com/de/2017/09/die-menschliche-leinwand-tim-der-tattoo-mann/ (geprüft am 29.09.2024).

Osterrieth, Albert/Marwitz, Bruno (Hrsg.), Das Kunstschutzgesetz, 2. Aufl., Berlin 1929.

Rauer, Nils/Bibi, Alexander, Die Grenzen des Verzichts auf Urhebernennung, K&R 2024, 10.

Reichard, Jula/Schaab, Philipp, Piercings neu entdecken, Tätowier Magazin 2020, S. 62–75.

Reinhard, Tim/Distelkötter, Julia, Die Haftung des Dritten bei Bestsellerwerken nach § 32 a Abs. 2 UrhG, ZUM 2003, S. 269–275.

Reporter, Scotsman, Widow of tattooist Sailor Jerry sues whisky giants William Grant for “cashing in” on her husband’s legacy, 23.06.2019, https://www.scotsman.com/news/people/widow-tattooist-sailor-jerry-sues-whisky-giants-william-grant-cashing-her-husbands-legacy-1414767 (geprüft am 29.09.2024).

Rieck, Lars, Müssen Ärzte ein „Keine Wiederbelebung!“-Tattoo beachten?, 13.12.2017, https://tattoo-recht.de/muessen-aerzte-ein-bitte-nicht-wiederbeleben-tattoo-beachten/ (geprüft am 29.09.2024).

—, Operation Tat-Type: Tattoos für den nuklearen Ernstfall, 28.01.2019, https://tattoo-recht.de/operation-tat-type-tattoos-fuer-den-nuklearen-ernstfall/ (geprüft am 29.09.2024).

—, Bilder auf der Haut – Das Tätowieren von Fotovorlagen in Kollision mit dem Urheberrecht, IPRB 2022, S. 233–236.

—, Urheberrecht im kooperativen künstlerischen Werk Streckenbach/Ulrichs/Export, in: Kohrs, Manfred/Wittmann, Ole (Hrsg.), Der Tätowierer und Piercer Helmut Horst ‚Samy‘ Streckenbach, 2025 (angekündigt), S. 65–66.

RINCK Notare Rechtsanwälte Fachanwälte, Tätowiertes Testament?! Die Kirche soll erben, 25.05.2024, https://www.youtube.com/shorts/Jxpk4yWOQP0 (geprüft am 29.09.2024).

Rödel, Dirk-Boris, Alles über japanische Tätowierungen – Die japanische Tätowierkunst der Edo-Zeit und ihre Entwicklung bis zur Gegenwart, Uhlstädt-Kirchhasel 2004.

Rieck, Lars (25.07.2024), Umfrage über Vergütung unter Tattoo Artists und von Freunden/Bekannten (nicht repräsentativ),

Rojkov, Alexandra, Auschwitz-Gedenken: Tätowiertes Mahnmal, 26.01.2015, https://www.zeit.de/gesellschaft/zeitgeschehen/2015-01/auschwitz-gedenken-tattoos-kz-nummern (geprüft am 29.09.2024).

Rosati, Eleonora, Copyright in the digital single market – Article-by-article commentary to the provisions of directive 2019/790, Oxford 2021.

ROSE PARTNER Rechtsanwälte Steuerberater, Tisch, Tätowierung, Testament, 09.11.2020, https://www.rosepartner.de/blog/tisch-taetowierung-testament.html (geprüft am 29.09.2024).

Ruhnke, Christa, Die Tätowierung, eine soziokulturelle und medizinische Betrachtung, Marburg 1974.

Sailor Jerry, Sailor Jerry Spiced Rum – Original Tattoos & Caribbean Rum – Sailor Jerry, https://sailorjerry.com/en/ (geprüft am 29.09.2024).

Sannwald, Daniela, Die süße Haut | Tattoo, 23.08.2022, https://www.filmportal.de/node/46489/material/605404 (geprüft am 29.09.2024).

Schaab, Philipp/Kohrs, Manfred, Wie das Piercing in Deutschland Bekanntheit erlangte, Tätowier Magazin 2020, S. 80–81.

Schack, Haimo, Urheber- und Urhebervertragsrecht, Tübingen 2021.

Schmidt, Steffen, Das äußere Erscheinungsbild von Beamtenbewerbern – Eine Untersuchung des Spannungsverhältnisses zwischen Art. 33 Abs. 2 GG, beamtenrechtlichen Dienstpflichten und Art. 2 Abs. 1 GG, Baden-Baden 2017.

Schulze, Gernot, Urheber- und Leistungsschutzrechte des Kameramanns, GRUR 1994, S. 855–871.

Sedlik, Gary S., Sedlik-v.-Kat-Von-D-Complaint, Case 2:21-cv-01102, 09.02.2021, https://www.courtlistener.com/recap/gov.uscourts.cacd.809742/gov.uscourts.cacd.809742.1.0.pdf (geprüft am 29.09.2024).

Setzer, Michael, Der König der Tätowierer – Nadelstiche der Geschichte, 06.05.2022, https://www.stuttgarter-nachrichten.de/inhalt.der-koenig-der-taetowierer-nadelstiche-der-geschichte.c8cfdfeb-7abf-44b3-9191-7cf4f106df02.html (geprüft am 29.09.2024).

Sidner, Sara, Zuhälter brandmarken ihre Prostituierten als Eigentum, 2015, https://www.woman.at/gesellschaft/zuhaelter-prostituierte (geprüft am 29.09.2024).

Siggard, Nate, Skin Motion™ – Tattoos brought to life!, 2018, https://www.youtube.com/watch?v=-7U1LWoDZUQ (geprüft am 29.09.2024).

Slamal, Urban, Einwilligungserklaerung, https://www.tattoosafe.org/media/pdf/0d/49/eb/Einwilligungserklaerung.pdf (geprüft am 29.09.2024).

—, Urheberrecht an Tattoos: Was Tätowierte dürfen, 2017, https://www.lto.de/recht/hintergruende/h/tattoo-kunst-rechte-urheber-taetowierer-taetowierte-was-sie-duerfen/2/ (geprüft am 29.09.2024).

Sondermann, Natalie, Was kostet ein Tattoo? – Wir erklären das Tabuthema Preis!, 27.01.2020, https://feelfarbig.com/artikel/was-kostet-ein-tattoo/ (geprüft am 29.09.2024).

—, Tattoofarben 2023: Blau und Grün müssen bald gehen – Feelfarbig, 2022, https://feelfarbig.com/artikel/tattoofarben-2023-blau-und-gruen-muessen-bald-gehen/ (geprüft am 29.09.2024).

Sontag, Peter, Das Miturheberrecht, Köln 1972.

Spamer, Adolf, Die Tätowierung in den deutschen Hafenstädten (1933) – Ein Versuch zur Erfassung ihrer Formen und ihres Bildgutes, in: Eberwein, Markus/Petermann, Werner (Hrsg.), Die Tätowierung in den deutschen Hafenstädten – Ein Versuch zur Erfassung ihrer Formen und ihres Bildgutes, München 1993, S. 33–114.

Spindler, Gerald, Die Archivierung elektronischer Pressespiegel, AfP 2006, S. 408.

Spindler, Gerald/Sein, KArin, Die Richtlinie über Verträge über digitale Inhalte – Gewährleistung, Haftung und Änderungen, MMR 2019, S. 488–493.

Staff, Tattoo Style Remix, 10.10.2018, https://www.inkedmag.com/culture/tattoo-style-remix (geprüft am 29.09.2024).

Stender, Daniel, Dein Rücken gehört mir, 21.03.2014, https://www.deutschlandfunknova.de/beitrag/kunstmarkt-wie-ein-mann-seinen-r%C3%BCcken-verkaufte (geprüft am 29.09.2024).

Stölzner, Judith, Das Erbe der Shoa: Die Häftlingsnummer als Bricolage, 2016, https://www.zukunft-braucht-erinnerung.de/das-erbe-der-shoa-die-haeftlingsnummer-als-bricolage/ (geprüft am 29.09.2024).

Stutzmann, Carolin, Der Selbstverschuldungs-Paragraph, 2012, https://pro-tattoo.org/2012/04/13/der-selbstverschuldungs-paragraph/ (geprüft am 29.09.2024).

Swain, Laura T., Memorandum Opinion and Order, 26.03.2020, https://storage.courtlistener.com/recap/gov.uscourts.nysd.452890/gov.uscourts.nysd.452890.164.0_1.pdf (geprüft am 29.09.2024).

Tätowierkunst e. V., SATZUNG, 26.06.2021, https://www.taetowierkunst.org/satzung/ (geprüft am 29.09.2024).

—, Ziele unserer Arbeit, 05.04.2023, https://www.taetowierkunst.org/ (geprüft am 29.09.2024).

Traub, Fritz, Umformung in einen anderen Werkstoff oder eine andere Dimension, UFITA 80 (1977), S. 159.

Tuttle, Lyle, Skin Game, 9, 1972, https://books.google.de/books?id=d1IEAAAAMBAJ&pg=PA58&hl=de&source=gbs_toc_r&cad=2#v=onepage&q&f=false (geprüft am 29.09.2024).

Ulmer, Eugen, Urheber- und Verlagsrecht, Berlin/Heidelberg 1980 (zit. *Ulmer*, UrhR).

UNESCO, Übereinkommen zur Erhaltung des immateriellen Kulturerbes, 2003, https://www.unesco.de/sites/default/files/2023-03/%C3%9CEK_IKE_D_040313.pdf (geprüft am 29.09.2024).

US District Court for the District of Hawaii, Docket – N.K. Collins, LLC v. William Grant & Sons, Inc. et al, 2019, https://dockets.justia.com/docket/hawaii/hidce/1:2019cv00386/145356 (geprüft am 29.09.2024).

Vail, D. Angus, tattoos are like potato chips … you can't have just one: the process of becoming and being a collector, Deviant Behavior 20 (1999), S. 253–273.

—, The Outside of a Thigh Is Half a Back: Negotiating the Canvas among Fine Art Tattoo Collectors, The Journal of Arts Management, Law, and Society 28 (1999), S. 261–276.

van Eekhoorn, Natalie, Muss ich mein Tattoo selber zeichnen?, 2019, https://feelfarbig.com/beginners/muss-ich-mein-tattoo-selber-zeichnen/ (geprüft am 29.09.2024).

Verlagsrecht – Kommentar zum Gesetz über das Verlagsrecht vom 19.6.1901, 3. Aufl., München 2001.

Vogel, Martin, § 44 – Schutz des ausübenden Künstlers, in: Loewenheim, Ulrich (Hrsg.), Handbuch Urheberrecht, 3. Aufl., München 2021.

Warlich, Christian, Tätowierungen – Vorlagealbum des Königs der Tätowierer, 3. Aufl., Dortmund 1981.

WARLICH RUM, Start, 23.05.2021, https://www.warlich-rum.de/ (geprüft am 29.09.2024).

Weber, Markus, Soziologische Aspekte der europäischen Körpertätowierung – Funktionen und funktionaler Wandel des Hautbildes, Norderstedt 2003.

Weigandt, Artur, Neuer Tattoo-Trend: Tätowierungen gehorchen nun dem „Ignorant Style", 29.07.2019, https://www.faz.net/aktuell/stil/mode-design/neuer-tattoo-trend-der-ignorant-style-wird-immer-beliebter-16306911.html (geprüft am 29.09.2024).

Winkler, Gerd, Der Meisterstecher – Kunst auf lebender Haut – Wer in Frankfurt zu Samy geht, ist gezeichnet bis ans Ende seiner Tage, pardon 1975 (01.04.1975), S. 14–20.